中国第一历史档案馆 编

皇史宬微信文集
（2021—2022）
上册

学苑出版社

图书在版编目（CIP）数据

皇史宬微信文集. 2021-2022 / 中国第一历史档案馆编. -- 北京 ：学苑出版社，2024. 12. -- ISBN 978-7-5077-6933-3

Ⅰ．K248.07-53

中国国家版本馆 CIP 数据核字第 20248H3D06 号

责任编辑：战葆红
出版发行：学苑出版社
社　　址：北京市丰台区南方庄 2 号院 1 号楼
邮政编码：100079
网　　址：www.book001.com
电子信箱：xueyuanpress@163.com
联系电话：010-67601101（营销部） 67603091（总编室）
经　　销：新华书店
印　刷　厂：河北赛文印刷有限公司
开本尺寸：710×1000　1/16
印　　张：34.25
字　　数：400 千字
版　　次：2024 年 12 月第 1 版
印　　次：2024 年 12 月第 1 次印刷
定　　价：198.00 元（上下册）

《皇史宬微信文集》（2021—2022）编辑委员会

主　任　王鸿运
副主任　高建平　王金龙　任俊伟　赵建雪　牛永胜
编　委　（按姓氏笔画排序）
　　　　　王　宁　王　征　王旭东　王郅文　伍媛媛
　　　　　刘杜英　安治国　李　刚　杨太阳　宋　宇
　　　　　陈宜耘　倪晓一　徐　杰　徐春峰

主　编　王鸿运
副主编　杨太阳　卢　溪
编　辑　刘毓兴　郑海鑫　丁　威　王慧萍　石文蕴
　　　　　郑涵予　陈　浩　党　辙

《明永乐朝词臣献颂》

大玉牒外观（左）及内页（右）

康熙帝致妃嫔及公主等信函

康熙年间礼部仪制司致内阁典籍厅的手本

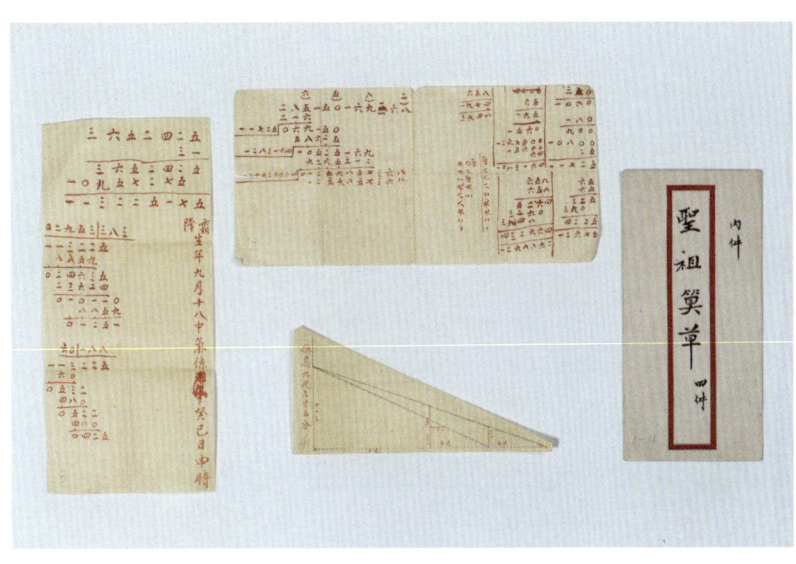

康熙帝练习数学的《圣祖算草》

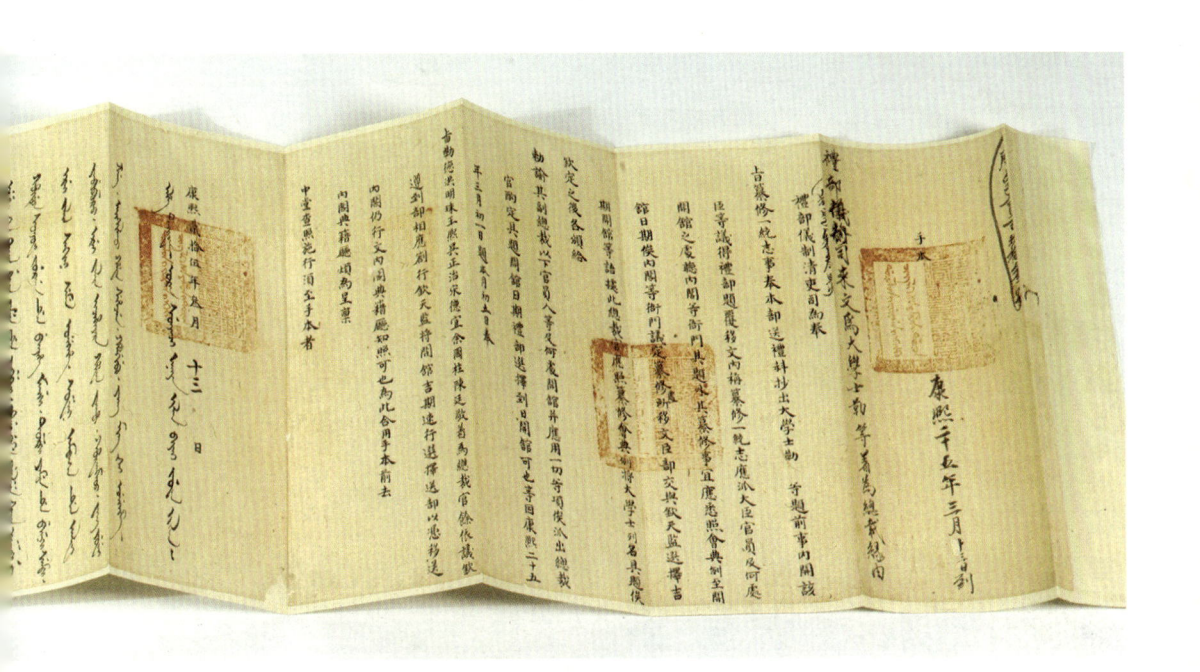

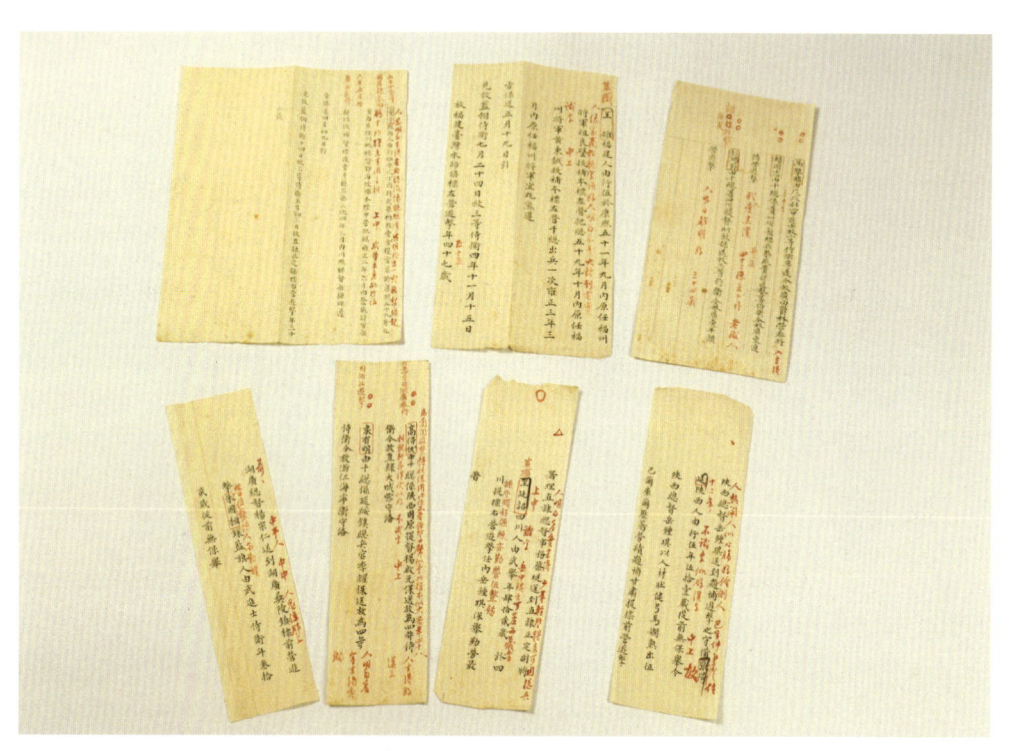

雍正朝官员引见档案

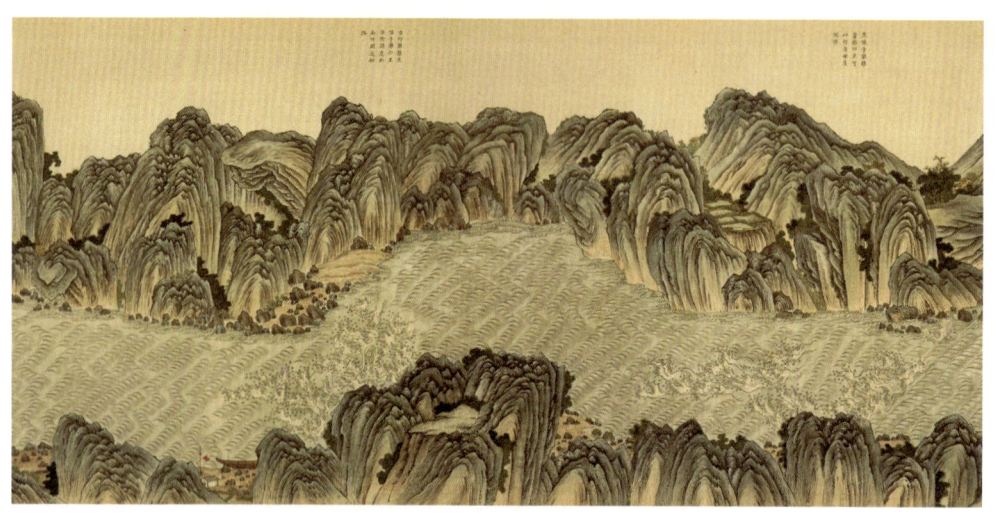

《金沙江上下两游山水全图》(局部)

《猫册》《犬册》

《福建马尾船坞图》

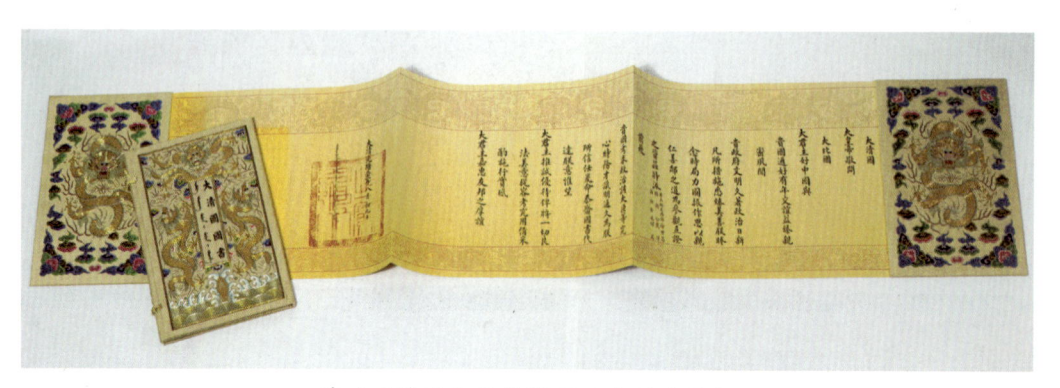

清政府特派大臣考察事致比利时国书

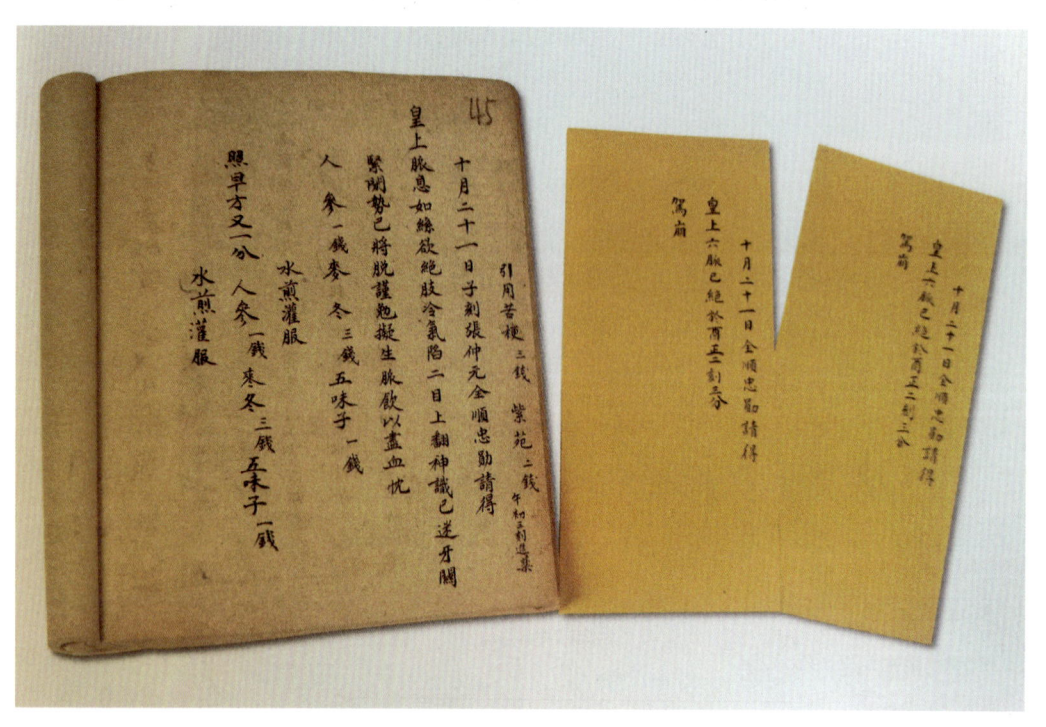

光绪帝病危脉案

前　言

中国第一历史档案馆收藏的1000多万件明清历史档案，是我国迄今为止最系统最完整的古代王朝档案，不仅是中华民族的重要文化遗产，更是全人类共同的珍贵历史记忆。

习近平总书记高度重视加强文化遗产保护传承和弘扬中华优秀传统文化，强调指出："要系统梳理传统文化资源，让收藏在禁宫里的文物、陈列在广阔大地上的遗产、书写在古籍里的文字都活起来。"2016年，为了进一步加强对馆藏历史档案的活化利用及展示传播，中国第一历史档案馆开通官方微信公众号"皇史宬"。近9年来，我们依托海量馆藏资源，深耕档案价值挖掘，以读者喜闻乐见、适应新媒体传播的方式，推广宣传蕴藏在档案中的真实历史趣闻，这些凝聚着中国第一历史档案馆干部职工心血的原创文章得到公众的持续关注和无数好评。

为进一步推动明清档案工作创造性转化和创新性发展，不断讲好明清档案故事，从2020年起，我们推出《皇史宬微信文集》系列出版物。目前已结集出版二部四册，其中第一辑（2020年）收录2016—2018年的142篇文章；第二辑（2022年）收录2019—2020年的106篇文章；本书为第三辑，仍延续以往体例，分"珍档品读""宫苑趣事""岁时节令""旧档细说"四部分，将2021—2022年110篇文章汇编付梓，以飨读者。

目 录

珍档品读

《明永乐朝词臣献颂》 石文蕴 /3

清代玉牒形制 孙 丹 张佳爱 /6

康熙帝致妃嫔及公主等信函 石文蕴 /17

康熙年间手本 刘文华 /19

康熙帝练习数学的《圣祖算草》 哈恩忠 /21

清代官员引见档案 刘文华 /23

直隶河道总督报降瑞雪事奏折 卢 溪 /25

《金沙江上下两游山水全图》 刘洪胜 /27

乾隆帝的《经筵御论》 孙 莹 /33

《皇史宬全图》 王金龙 /36

甘肃巡抚为劝植树木事奏折 石文蕴 /42

《琉球国都图》——中琉友好交往见证 吴焕良 /44

乾隆帝封授土尔扈特部首领上谕 朱文丽 /51

英国国王写给乾隆帝的信 石文蕴 /53

清代翻译科试卷 郑海鑫 /56

盛京移居宗室官房图式　赵增越 /59

清宫《猫册》《犬册》　卢　溪 /61

道光三年春分观候事题本　卢　溪 /64

林则徐为虎门销烟事奏折　朱琼臻 /66

《清军进攻独流镇战图》　卢　溪 /68

罕见的洪秀全亲笔诏书　刘文华 /71

清军大沽口重挫英法联军事奏折　赵增越 /76

清军在八里桥鏖战事奏折　卢　溪 /79

广西提督冯子材新春奏折　石文蕴 /82

僧格林沁阵亡事奏折　王　澈 /84

《福建马尾船坞图》　郭　琪 /87

晚清股票　王慧萍 /89

慈禧太后膳食《特记册》　石文蕴 /92

慈禧太后"普天同庆"戏单　哈恩忠 /94

光绪十六年印制《中国电线地图》　郭子梦 /96

优恤黄海海战阵亡将士奏折　伍媛媛 /98

台湾绅民不服割台事电报　卢　溪 /100

光绪二十四年《户部京察册》　伍媛媛 /103

光绪帝谕令停止科举取士　卢　溪 /105

清政府致比利时国书　卢　溪 /107

中国参加比利时黎业斯万国博览会获奖清单　哈恩忠 /110

徐锡麟刺杀恩铭事件档案　王道瑞 /112

清末绘制的《中国水师兵舰等旗帜图式》　朱琼臻 /117

宫苑趣事

浅醉明清御窑红　倪晓一 /123

嘉靖皇帝祭拜生父　邓　涛 /133

皇帝"保镖"那些事儿　郭　琪 /136

清宫里的太医　郑海鑫 /143

"缓"个冻梨进宫来　哈恩忠 /150

清宫茶事　倪晓一 /156

金榜题名赴御宴　张瑞英 /162

新疆珍贡哈密瓜　哈恩忠 /167

流光溢彩的清宫玻璃　倪晓一 /173

清宫西洋画师郎世宁　陈宜耘 /179

乾隆帝和他的三位皇后　郭　琪 /184

乾隆朝万寿节念经那些事　赵郁楠 /190

颐和园里风满楼　刘桂林 /195

中正殿写佛号处　赵郁楠 /202

中正殿喇嘛饭房　赵郁楠 /207

清宫仿制澄泥砚　张　蕾 /211

晚清的一位"编外"御医　屈春海 /215

珍档品读

《明永乐朝词臣献颂》

石文蕴

《明永乐朝词臣献颂》内府抄本是明永乐十五年（1417年）翰林院学士杨荣进呈给永乐帝的关于始建紫禁城这一重大事件的颂词。该档案为纸本，横28厘米，纵45厘米，经折装，四周双边，朱丝栏。

《明永乐朝词臣献颂》

杨荣在其中的《圣德瑞应颂》内称颂了永乐帝选择在北京肇建都城的正确性，北京乃永乐帝的"龙潜之地"，且地理位置优越，气候条件适宜，其"地势之雄壮、山川之险固，实当天地之中。寒暑之应候、阴阳之不忒，尤得四时之正"，建都北京可以"正南面而临天下，抚万国而驭四夷"。同时，词颂中还描写了在肇建紫禁城时，采伐木材时曾出现"其木自行冲山裂石"的异象，以及奉天殿、乾清宫上所现的祥瑞之兆等内容。

明朝建立后，明太祖朱元璋始建都于南京。为巩固其对地方的统治，朱元璋将其子孙分封各地为王，其子朱棣便被封为燕王，驻守北京，且手握兵权。明太祖病逝后，由于太子朱标亦早逝，因此长孙朱允炆继位，即建文帝。执政后的建文帝非常担心燕王等藩王拥兵自重、尾大不掉，与亲信大臣采取系列削藩措施。他的这一举动引发了皇族内部的矛盾，于是燕王于建文元年（1399年）起兵，经过了3年的战争，燕王攻下南京，此战史称"靖难之役"。由此朱棣夺取了帝位，改元永乐。

永乐帝即位后，出于解决北部的边患问题、加强对北方地区的控制等原因，决定迁都北京。迁都虽遭到了一些臣属的反对，但永乐帝排除众议，于永乐十五年起驾北上，并命朝臣率群工于同年十一月初二日始建紫禁城奉天殿、乾清宫，这标志着北京新都肇立，永乐帝从此长驻北京。

明翰林院学士杨荣为明初的政治家、文学家。他先后历事四朝，在文渊阁治事38年，谋而能断，尤其擅长谋划边防事务。朱棣即位后，杨荣入值文渊阁，而后5次随朱棣北征。杨荣还好诗文，为"台阁体"文学代表人物之一。在迁都问题上，由于明朝许多官员生在江南，并不愿远离故土迁都北上，但杨荣却深知迁都北京的战略意义，坚决支持迁都。

《明永乐朝词臣献颂》是杨荣为歌颂皇帝瑞应而作，目的是为永乐帝迁都北京、肇建紫禁城制造声势，使其能够被人们理解和接受。

而今，这部《明永乐朝词臣献颂》不仅可以使我们直观地了解明朝"台阁体"这一文学作品的形式，更可以从其内容中了解北京紫禁城的肇建原因、始建年代、建筑规模、建材来源等重要信息，是难得的紫禁城研究史料。

清代玉牒形制

孙 丹　张佳爱

皇族的族谱称为玉牒，起源于唐代，是系统记载家族世系人物及相关信息的历史文献。中国历代王朝均修玉牒，仅清代玉牒保存至今。清代玉牒可分为宗室玉牒和觉罗玉牒，记载了自显祖皇帝以下子孙及各宗族名谱，内容包括生育、婚嫁、继嗣、封爵、受职、升迁、降格及死亡等详细情况，装帧精美，有极高的研究价值。

大玉牒外观（左）及内页（右）

清代玉牒纂修制作

玉牒纂修

玉牒由宗人府所属玉牒馆专门负责纂修，每逢纂修之年由钦天监挑选吉日开馆，宗人府、内阁、礼部、翰林院等派提调官、满汉纂修官、满汉誊录官、收掌官、笔帖式、供事官、侍读、书吏等若干，此外还有纸匠、装订匠、界划匠等匠役，皇帝钦派大学士充任总裁，督率吏员纂修，修成后闭馆。玉牒每十年一修，三年内修成，自乾隆三十一年（1766年）改为一年内修成。至1921年溥仪小朝廷时期最后一次纂修，清代共修玉牒28次。

纂修玉牒时，以宗人府所藏上届玉牒副本作为底本，粘签涂改，夹签标记，分页编号，缮写誊录，经严格审核、抄录、校对，确认无误后呈给皇帝审阅。待此次纂修玉牒新书告成后，要将所有散页归齐装于封套交宗人府于黄柜尊藏，不能随意丢放。玉牒馆虽为临时机构，但纂修玉牒有清晰的工作流程、严格的审核措施和完善的归档制度。

小玉牒夹签

制作玉牒物料

"恭缮"玉牒用料讲究、耗费巨大，每届玉牒纂修需向户部申领缮写工具——笔墨纸砚等。玉牒主要采用白鹿纸和金线榜纸，其次还有镜面高丽纸、抬连纸、大西毛头纸、黄榜纸、红榜纸、白榜纸、西呈文纸等。

为了避免纸张随意支取与无度浪费，用纸采取"岁有定额，按数支领"的原则。每届玉牒馆开馆首次申领纸张都按上届支领数量申领，纂修期间根据需求续领，直到玉牒修成时核算领纸数量和使用数量，剩余纸张交还户部核销。玉牒书写、界划使用紫毫笔、湖笔、纯毫笔、大红袍画笔等,采用徽墨、朱墨,配以紫石砚台,此外还需银朱、广胶、藤黄等。

档案记载光绪二十三年(1897年)纂修玉牒采买物料费用:"采买泾县榜纸共二十五万五千张,每张银二钱八分,共合银七万一千四百两""紫石砚台五百二十方,每块银一钱,共合银五十二两""紫毫笔六千五百支,每支银一钱,共合银六百五十两""大红袍画笔五千三百支,每支银一钱,共合银五百三十两""徽墨五百二十斤,每斤银一两五钱,共合银七百八十两"。仅笔墨纸砚合银73412两。同年秋季顺天府粟米每石价银约2两,此项银钱可购置36706石粟米,相当于503.6万斤,可见耗费之巨。

不仅玉牒制作所用物料讲究,纂修官缮写时所用家具、工具等也都有定式,届时向工部领取,如金漆八仙桌、紫漆矮八仙桌、紫漆杌子、紫漆板凳、界划大案、黄案红案、案子布套、夹板等,还有黄红大油柜、黄红大箱子,配铜锁铜钥,尊放缮写好的玉牒以及装订时所用的绒线、封面绫子、红黄云缎包袱等。

制作玉牒工匠

玉牒内容由吏员编纂,而书写、界划、校对等"恭缮"工序由相应工匠完成,每届按照增添篇页的数量"以人计字,以日记工"。

光绪二十三年:"恭缮帝系清字汉字大档,列祖子孙黄红正副大男女直档共九万九千六百二十四页,计字九千九百六十二万四千个,每千字工价银二钱八分,共合银二万七千八百九十四两七钱二分""恭缮列祖子孙黄红正副大小横档,统共六万一千四百四十九页,每页工价银九分，共合银五千五百三十两零四钱一分""恭校帝系牒序并黄红男女大小正副直档横档，统共二十二万六千四百七十二页，每百页校对修补银八钱五分，恭校二次共合银三千八百五十两零三分""界划大小直横各档界划匠，每工发给实银一钱界划大档纸十页，小档纸三十页折大档纸十页，共大小档纸七万六千一百九十八工，共合工价银七千六百一十九两八钱"。

此处界划大档纸、小档纸即为现存大、小玉牒所用，大档纸长85到90厘米、宽45到50厘米，小档纸长30到53厘米、宽22到32厘米，大档纸幅面约为小档纸3倍。"恭缮大档工银"约为"大小横档工银"的3倍，而界划与校对工银相差不多。"恭缮"工序依据技术难度和工作量定价，工匠则按劳取酬。

光绪二十三年纂修玉牒，仅采买泾县榜纸一项即耗银71400两，泾县榜纸幅面大，其造纸原料、生产环境及工艺等都有严苛的要求，价格也最为昂贵，而笔、墨、砚合银约2000两，与纸相比开支不大。同年"恭缮"工价银共计44895两，与物料价银对比，工匠的收入比较丰厚。天潢繁衍宗支绵延，每届纂修玉牒篇页逐次递增，所需物料、工匠、银钱等也随之递增。

清代玉牒保存

清代皇室不仅重视玉牒纂修，也很重视后续的保存和转运。大玉牒正本共两份，分别尊放于皇史宬和盛京敬典阁；小玉牒正本一份，尊放于乾清宫；另有大小玉牒副本及备查本，存于宗人府档房。嘉庆十二年（1807年）因皇史宬修缮曾将保存在皇史宬的大玉牒正本移至景山寿皇殿存置。

保存、转运玉牒所用柜、箱

清早期玉牒存放于黄红插盖箱内，箱子根据当年纂修玉牒增加篇页逐年加高几寸。直到乾隆三十二年，插盖箱高度已达1丈1尺有余，若再加高箱盖将难以开启，所以改箱为柜，即为龙柜。

龙柜随玉牒纂修同期赶制，需工部派员"照式查明绘图，开写尺寸、做法"，

龙柜

经玉牒馆查核"是否合式"、确认"照式成造"后才能制作。保存至今的龙柜样式统一，尺寸略有不同，应为玉牒馆根据当年纂修体量定制尺寸。

以乾隆三十二年为例，"成造黄红大柜各二座，各高七尺、宽五尺、进深三尺二寸，鱼胶合角、斗尖顶底、连替三层、杉木成造，四面顶板、柜身俱雕饯流云、新填红黄飞金、镀金锁匙什件，外面明黄漆什二座、里面明黄油什、外面硃红漆什二座、里面硃红油什，正面中柱刻清汉字"，所造龙柜的式样、尺寸、做法、配件等细节记录明晰。

大玉牒运往盛京所需行李箱由内务府造办，因玉牒书高体重且篇页逐次增多，需先派人到玉牒馆丈量尺寸而后定制。运送时，每只行

李箱内玉牒用黄棉榜纸一层包好，再用棉花裹住，将黄包袱裹紧，外用纺丝油单一层，最后用布油单一层总体包好，周围夹缝用棉花填塞。仅运送一届玉牒需用黄棉榜纸500张、棉花500斤。

玉牒日常维护

除了为玉牒提供良好的保存环境和装具，清代还设有玉牒日常维护定例。

乾清宫尊藏玉牒，每间隔一年四月都要搬出抖晾，以防止潮湿霉烂和虫蛀的现象发生。抖晾玉牒由钦天监择吉日，内务府则照例先行准备黄案，确定日期后先知照敬事房、批本处，由军机处奏派满汉文职大臣各2名率批本处各员及乾清宫总管首领太监等于辰时开始抖晾。抖晾完毕后，查验无虫蛀当即归架，若有虫蛀需先行修补后再归架。

如嘉庆二年抖晾期间发现，玉牒第三套汉文黄绫本第一册绫面书签上角、第七套汉文红绫本第一册绫面书签上角及第八册后幅绫面下角，略微有虫蛀，即奏请上交懋勤殿修补完毕后再行按次归架。稍有虫蛀便立即修补，可见皇室对玉牒的重视，也体现出当时就有了防微杜渐的保护意识。

清代玉牒装帧形制

大玉牒外包装——黄红云缎包袱

清早期玉牒使用黄红云缎包袱包裹，宗室用黄云缎，觉罗用红云缎。乾隆三十二年起在云缎包袱四角增画泥金流云，中心画泥金团龙，

黄色包袱（左）和红色包袱（右）　　　　牙质别子

配牙质别子，更显华丽尊贵。每届纂修玉牒使用的包袱数量、尺寸不一。如咸丰七年（1857年）纂修玉牒，领用四丈二尺黄云缎四十八匹、大红云缎六十六匹，所用别子折合象牙共计一百一十三寸一分九厘见方，相当于二十八斤四两重。

大玉牒规格

大玉牒页面长85到90厘米、宽45到50厘米，厚度随每届纂修篇页不同，最厚的将近1米。如此巨大的皇室族谱，显然不便日常翻阅，庄重的规格主要体现出对血脉正统的尊崇。

大玉牒装帧

大玉牒正本多为包背装。自同治时期开始不再包裹书脊，而是将书页折叠，对齐打眼，用长纸捻或麻绳固定后，三边裁齐，再加装封面、封底。如果在这种装帧形式基础上再打眼穿线，就成为标准线装。毛装是用纸捻将书页连同封面一起装订，不裁齐三边，而"无包背"玉牒四边整齐，明显区别于毛装。这种装帧形式介于线装和毛装之间，这一时期的大玉牒装帧形制无法准确定义。

大玉牒幅面很大，且成书厚度逐年递增，而保存至今装订依旧紧实、工整。普查时发现有些厚本玉牒先分为数层穿纸捻固定，最后再用一根粗线麻绳整本穿起。

麻绳（左）和纸捻（右）

所用纸捻也并非纯是纸质，有的纸捻内还包裹了数十根捻在一起并浆过的细线，初步判断为棉线，这种做法使纸捻韧性得到明显提升。

　　玉牒多以绫子作为封面，绫子细薄、轻柔，上有平纹、回字纹、万字纹、云、龙、鹤、花等图案。宗室玉牒封面为黄色，觉罗玉牒封面为红色。封面上角贴签，签上画方框文武线，墨笔书写卷名，贴签颜色与绫子一致，满文玉牒左侧装订、右侧翻开，长签贴于右上角；汉文玉牒右侧装订、左侧翻开，长签贴于左上角。此外，还有少量玉牒使用绢、纸作为封面，纸质封面为宣纸托裱染色而成，上无花纹图案。

大玉牒纸张

　　清早期制作大玉牒使用白鹿纸，白鹿纸精细莹滑，将三层纸托成一张，砑光后使用，成品纸张坚实挺括。随着玉牒篇页增加，三层托

三层纸和单层纸

裱的纸张成书太厚，难以翻阅抖晾，而且容易受潮长霉，不利于长久保存，自乾隆三十二年改用金线榜纸，不再托裱三层，直接书写使用。

金线榜纸也称泾县榜纸，产自安徽，因"金线"发音与"泾县"相近，档案中常把"金线榜纸"和"泾县榜纸"混用。金线榜纸纸幅较宽，棉质纯厚，纸色精洁，白度较高，比白鹿纸更加"贵重"。玉牒改用金线榜纸，单层即可直接书写，更利于永久保存。

大玉牒内页

玉牒使用满文和汉文两种文字，墨笔楷书抄写。玉牒内页版式按内容分为直格（竖格）和横格两类，画朱丝栏。直格表示第次，每页15列直格。横格表示辈分，每页11至18横格不等。到了清末，18格已不够续写，在溥仪小朝廷最后一次纂修玉牒时加了2格改为20横格。

小玉牒装帧形制

小玉牒幅面较小，单册厚度多在2至5厘米，正本供皇帝御览，副本为誊写之用。小玉牒为四眼包角线装，穿线采用黄红丝绒线，书脊两角处包绫锦。小玉牒正本配有四合函套，所谓"四合"是将书的

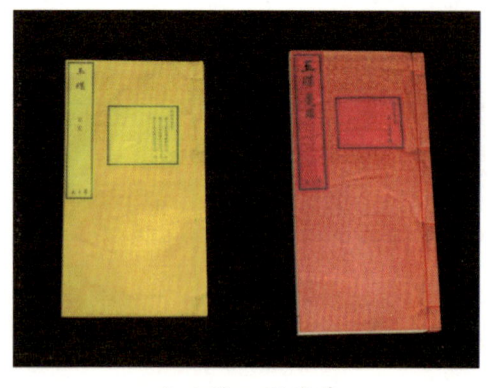

小玉牒 四眼线装　　　　　　红色牙质别子

"前后左右"四面保护，上下两边露在函套外。四合套为厚纸板外包绫子制成，厚纸板为数十层合背纸，函套颜色与玉牒封皮一致。函套封面右侧贴签，书口一侧有两个别子用于固定书套，所配别子为牙质，雕刻精美花纹，颜色有红白两种。小玉牒内页栏线分朱墨两色，文字分满文和汉文两种，墨笔抄写。

清代玉牒保存现状

清代"恭缮"玉牒时就以永久保存为目标，选用最好的纸张，外裹包袱皮或函套保护，专门定制转运、存放装具，注重保存环境管理。

通过对玉牒普查发现，玉牒正本保存状况较好，未见严重破损，主要问题是纸张局部颜色变深呈斑点状，斑点分布不均匀，通常三层托裱的纸张会比单层纸张出现更多斑点。普查也发现个别玉牒副本、稿本已出现絮化、霉变、污染、褶皱、粘连等病害，有的封皮缺失，甚至出现散页、缺页，仅凭文字记载内容一时难以辨别其纂修朝代，显然副本、稿本用料和保管状况与正本有明显差距。

清代玉牒保存至今，封皮颜色艳丽，纸张挺括细滑，体现出当时精湛的造纸技术、考究的装裱技艺，更离不开历经数百年不曾间断的抖晾、修补等日常维护。

清代玉牒内容纂修严谨，制作用料考究，装帧精美，体现了清代宫廷档案编纂及书籍制作的最高标准。清代实行中央集权管理，礼法森严，正统皇室血脉承袭是皇帝执政的礼法基础，玉牒不仅是记录皇族世系的珍贵档案，更是清代维持稳定统治的有力保障。若只为保存信息小玉牒就能胜任，且保存、查阅等实用性方面小玉牒明显优于大玉牒。而清代皇室，即便到了经济拮据的晚清时期，仍然不惜耗费大量人力、物力纂修大玉牒，且制作大玉牒不考虑实用功能，装帧形制力求严正庄重，即便不知大玉牒所载内容，仅看外观便能给人深沉宏大之感，充分体现了皇权至高无上的核心地位。

　　清代玉牒所载信息是研究清代皇族人口及宗室关系等历史问题的重要凭证，其独特的装帧形制也体现出中国传统政治文化的历史内涵和深厚底蕴。清代玉牒是中华文明的宝贵遗产，已被列入《中国档案文献遗产名录》。了解玉牒的纂修过程，掌握玉牒制作工序和所用物料，理解其装帧形制内涵，对开展玉牒保护和修复工作意义重大。

康熙帝致妃嫔及公主等信函

石文蕴

康熙二十年（1681年）三月，太皇太后圣躬违和，康熙帝亲奉太皇太后前往遵化汤泉疗疾，直至五月初回宫。康熙帝在外期间，亦不忘关心宫中的妃嫔和公主，时有写信询问近况。

康熙帝致妃嫔及公主等信函

其中写给两位公主的信件，所用信笺纸张考究，上绘有彩色海水云龙图案。信封的朱框内书写满文 hese（满文采用拉丁字母转写，下同），意为"谕"，信封折口处押"凯旋消息"朱印，外包装纸上写有满文 xeng dzu hvwangdi asigan i funde araha manju bithe（圣祖皇帝年轻时所书写的清字文书）。

康熙帝给两位公主的信件译成汉文大意如下：

谕两位公主，近日太皇太后祖母慈体大安，朕躬亦安。尔等二人好吗？想必尔等并不想念皇阿玛，否则为何不来信请安呢？二公主打耳孔情形如何？此文到日，明白缮文，将两位公主之安好一并寄来。为此特谕。

康熙二十年四月初四日

时至康熙二十年，康熙帝的后妃已诞下六位公主，然而有三位夭折，仅有三位公主承欢膝下，分别是时年8岁的二公主、7岁的三公主以及2岁的四公主。从康熙帝在信中轻松诙谐的语气推测，此信应该是康熙帝写给二公主与三公主二人的。两位公主一直深得父皇喜爱，直至出嫁时，分别被封为固伦荣宪公主与和硕端静公主。

这一组康熙帝的信函字里行间皆体现着身为父亲的康熙帝对女儿们的关爱，浓浓亲情溢于言表，反映了皇家生活鲜为人知的细节。

康熙年间手本

刘文华

手本是明清时期的一种平行文书。明初，手本并不属于《行移体式》所规定的正式公文。随着明代政治制度的发展变化，手本作为一种"准公文"逐渐流行，至明末使用已较为普遍，尤其是明中央六部内部各司之间、各司与他部各司之间的文移往来多使用手本。

下图是一件康熙年间礼部仪制司致内阁典籍厅的手本。礼部仪制司告知纂修《一统志》有关事宜，并请内阁典籍厅将此禀报大学士。康熙二十五年（1686年），清廷下令开馆纂修《一统志》，以大学士勒德洪、明珠、王熙、吴正治、宋德宜，户部尚书余国柱，左都御史陈廷敬等为总裁官，原任左都御史徐元文、内阁学士徐乾学、翰林院学士张英等为副总裁官，翰林院侍读彭孙遹和编修黄士埙、钱金甫等为纂修官，由陈廷敬、徐乾学专理馆务。

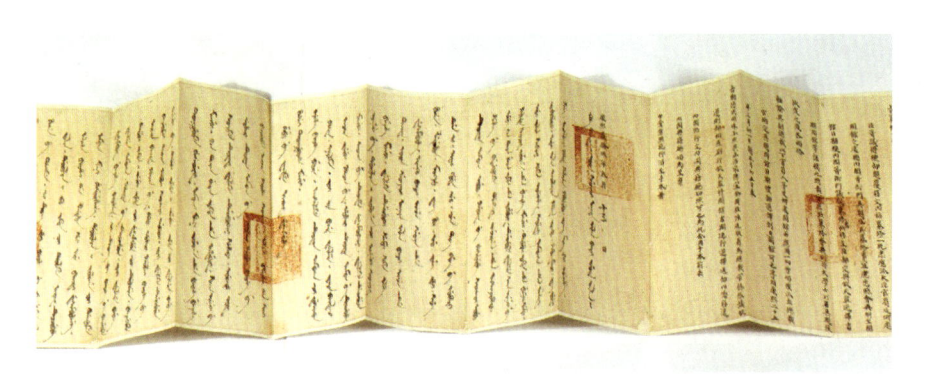

康熙年间礼部仪制司致内阁典籍厅的手本（局部）

通常，礼部通报此事应直接咨行内阁，但内阁并无堂上衙门，一般的日常事宜由内阁典籍厅办理，因而礼部并无对应行文机构，就以礼部仪制司的名义行手本予内阁典籍厅，再由内阁典籍厅报知内阁大学士。

此件公文为满汉合璧，汉文从右至左写起，满文从左至右写起。汉文部分封面写"手本"二字，满文部分封面为满文"咨文"。所盖印为满汉合璧"礼部仪制清吏司之印"。

康熙帝练习数学的《圣祖算草》

哈恩忠

康熙帝8岁继位，一生勤学好读、兴趣广泛，自言"朕在宫中，手不释卷"，史籍中亦记载其"帝王政治、圣贤心学、六经要旨，无不融会贯通"。除了学习中国传统的经史文学外，康熙帝在数学、天文、地理、水利、医药、音乐诸多方面也广有涉猎。

《圣祖算草》是康熙帝练习西洋数学的朱笔算稿，涉及乘法、几何等数学内容，装在标有"圣祖算草"字样的封套内。

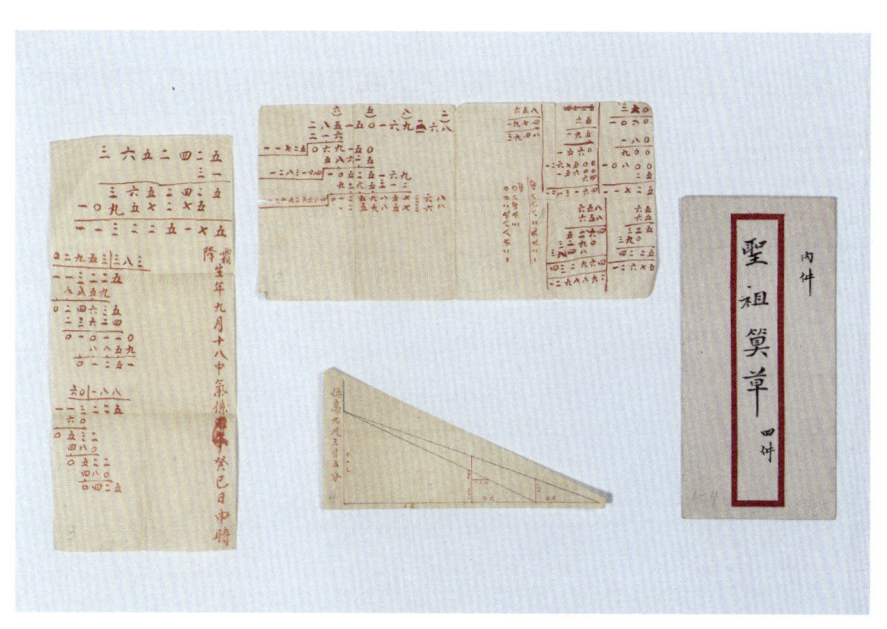

康熙帝练习数学的《圣祖算草》

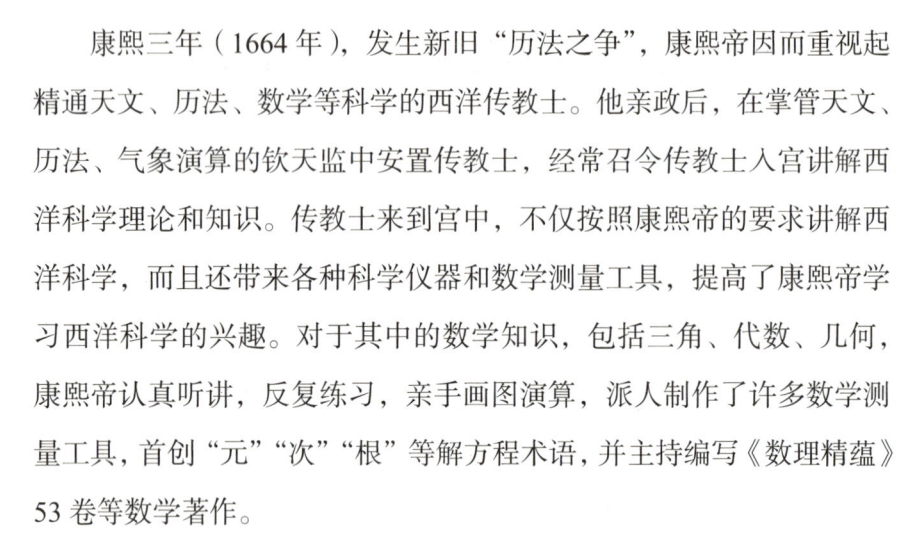

康熙三年（1664年），发生新旧"历法之争"，康熙帝因而重视起精通天文、历法、数学等科学的西洋传教士。他亲政后，在掌管天文、历法、气象演算的钦天监中安置传教士，经常召令传教士入宫讲解西洋科学理论和知识。传教士来到宫中，不仅按照康熙帝的要求讲解西洋科学，而且还带来各种科学仪器和数学测量工具，提高了康熙帝学习西洋科学的兴趣。对于其中的数学知识，包括三角、代数、几何，康熙帝认真听讲，反复练习，亲手画图演算，派人制作了许多数学测量工具，首创"元""次""根"等解方程术语，并主持编写《数理精蕴》53卷等数学著作。

康熙五十二年，康熙帝在畅春园成立算学馆，选调八旗世家子弟学习算法，曾亲自讲解数学知识。还多次在出巡途中测算河湖水位、河水流量，采取相应措施，避免灾祸，屡屡告诫身边官员要学习数学知识。因此，康熙帝也是在数学上有所建树的帝王。

清代官员引见档案

刘文华

在清代文书档案中，官员引见档案十分有趣，档案内容虽然不长，但记载的信息反映出皇帝"面试"官员所给的印象分及选人用人的意见。

引见，是清代中下级官员由王公大臣引领面见皇帝的政治活动，是清代皇帝掌控用人权的重要手段之一。引见是清代皇帝一项重要的

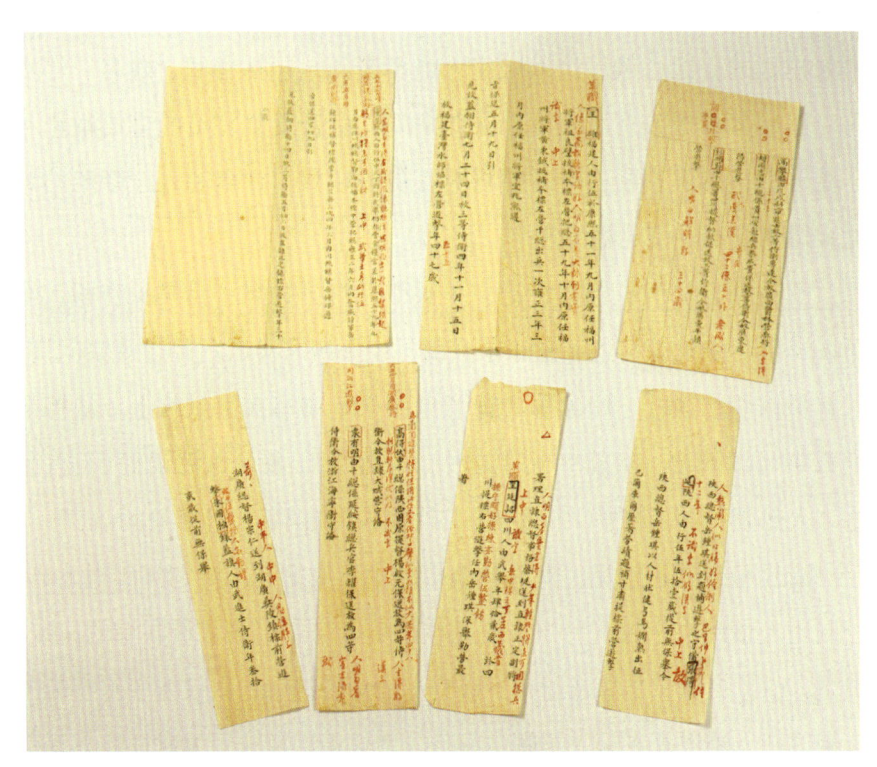

雍正朝官员引见档案

日常性工作，即使在一些特殊时期，如祭祀、出巡，甚至包括服丧辍朝期内，引见活动也照常举行。引见场所一般在紫禁城内乾清宫、养心殿，或圆明园勤政殿等地进行，皇帝巡幸时则在行宫。

引见制度涉及官员入仕选拔任用、升迁调补、降革处罚等各个方面，清代引见制度始于顺治朝，乾隆朝最终定型，并一直持续施行至清朝灭亡。

引见档案有引见折、单、片，其内容即开列引见官的简单履历和引见缘由等。引见前，引见官以五六人为一排，每排的班首班尾，都以部院司官一人领之，一为领班，一为押尾。当引见时，皇帝升座，带领的王公大臣进殿跪于御座一侧，呈递引见单、片等，引见官按照事先排好的班次，依序进入殿宇，跪奏履历，包括官职、姓名、年岁等。然后，皇帝或有所问询。在此期间，皇帝观察官员的言语举止和年貌体格，形成判断，有时便将对官员的印象、评语和升迁降革的意见，用朱笔写在引见档案上。

雍正朝官员引见档案，记录了被引见官员姓名、籍贯、官职、经历以及皇帝朱批等信息。雍正帝在引见中下级官员时，经过观察问询，对官员体貌、谈吐、印象等考评意见用朱笔书写在引见片上。从档案记载中可以看出，雍正帝用上、中、下给出印象分，评语简明直白，如"人热闹""人明白""中平人""伶俐人""识字"等形象的语言。

清代皇帝通过引见，对人数众多的中下级官员，辨别其年力才具，控制用人最终决定权。另外，引见也是皇帝与中下级官员联系的纽带。但是，引见毕竟只是皇帝与中下级官员的短暂接触，仅仅能了解官员的年貌谈吐，难以真正深入了解。而且，清代中后期，引见时往往只是引见官自报履历，皇帝很少加以问询，引见制度渐渐流于形式。

直隶河道总督报降瑞雪事奏折

卢 溪

乾隆六年（1741年）正月十二日，直隶河道总督顾琮途经武清、固安，发现两地"大雪积地八九寸不等，农民欢忭，咸谓二麦可望收成"，同时得固安县报称十一日至十二日县属地方天降瑞雪一尺，遂按清代雨雪粮价汇报制度向乾隆帝如实奏报。乾隆帝朱批："欣悦览之"，帝王的心情竟和新年的瑞雪密切关联在一起。

俗话说"瑞雪兆丰年"，一场适时的冬雪往往提高农作物的墒情，预兆着来年的丰收。古代中国是农业社会，气候尤其是雨雪情况深深

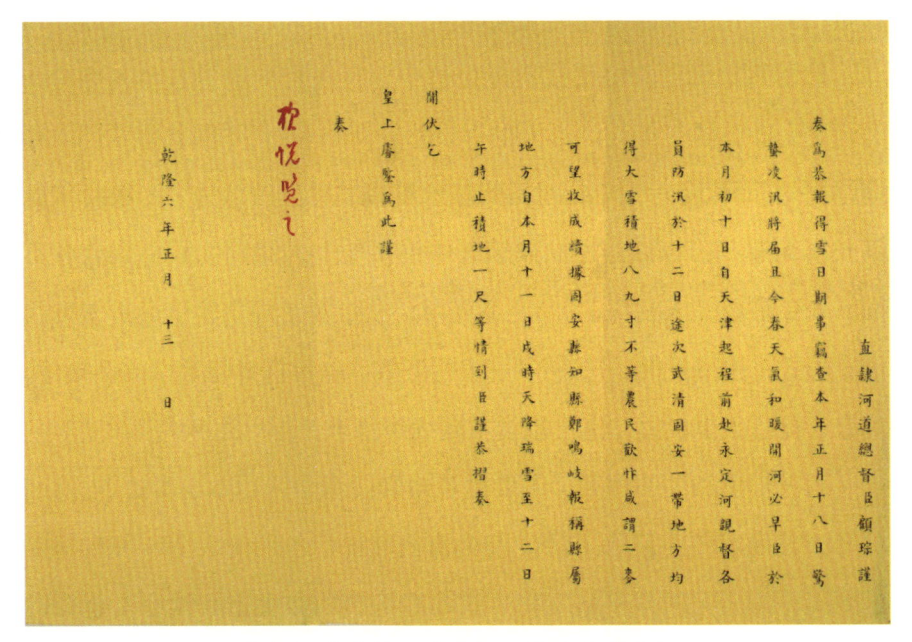

直隶河道总督顾琮为报天降瑞雪事奏折

影响着农业收成，也显著影响着社会稳定，所以历朝历代均重视雨泽情形，逐渐形成了雨泽上报传统：睡虎地秦简记载有秦代地方向中央呈报雨水之事，《后汉书》记载东汉时"自立春至立夏，尽立秋，郡国上雨泽"，明仁宗朱高炽曾下旨"自今四方所奏雨泽，至即封进，朕亲阅焉"。这一传统在清代逐渐定型为雨雪粮价汇报制度。

清代雨雪粮价汇报制度起源于康熙朝，成熟于乾隆朝，各地总督、巡抚、布政使、按察使、盐政、税关监督、织造、八旗驻防将军、提督、总兵等均有权专折奏报，官吏出任、赴任、觐见时也可奏报。奏报内容有时仅表述某地某日降有雨雪、庄稼长势如何，有时会精确记录雨雪分寸和实时粮价，记录雨量以入土深度为准、雪量以积雪厚度为准。对于这些事关农业收成的奏折，皇帝往往亲自批阅。掌握各地雨雪和粮价情况，也便于官方进行籴粜调控。

但雨雪粮价汇报制度在实际执行中，存在官员疏忽甚至有意粉饰等问题。如乾隆三年乾隆帝朱批直隶总督李卫奏折："因欣慰朕怀而存掩饰之念。"乾隆六十年针对贵州粮价奏报，乾隆帝认为"米粮时价原系长落无定……今该藩司一律填著中平，与上月相同，只一二处各不同，未免疏忽，未足凭信"。至道光朝，皇帝对于雨雪粮价奏折朱批已流于形式，往往只批"知道了"，上行下效，除督抚日趋敷衍的例报外，其余官员已很少奏报，这一制度虽延续至清末，但已逐渐名存实亡。

雨雪粮价相关的档案，主要是各地督抚奏呈的题本、奏折、奏片、单等，其内容集中反映了清代康熙朝至宣统朝各地的农业、气候、粮价情况，为研究清代气候变化、农业经济、地方史志和社会变革等内容提供了翔实的资料。

《金沙江上下两游山水全图》

刘洪胜

《金沙江上下两游山水全图》是一幅清代绘制的精美画卷，该图为清代疏浚金沙江的工程图，画卷细腻地展现出金沙江云南至四川段沿岸的风景民俗，是研究金沙江水利史和民俗风情的珍贵史料。此图是迄今所知国内最长的地图。

该图绢质，纵51厘米，横7740厘米。

《金沙江上下两游山水全图》（局部）

画卷右起共分三部：第一部分为云南巡抚张允随奏报金沙江流域的水势情况、疏浚计划以及工程进行情况；第二部分为形势图，总体描绘了沿途的山川形势；第三部分为金沙江详图。

此图所绘范围，由云南东川府起，至四川叙州府止，方位上南下北、左东右西，绘有上游52滩、下游82滩，同时详细描绘了山脉地形、城池口岸、名胜古迹、铜房驿站、营卫兵弁、纤道驮帮等沿途风土人情。

档案背后的故事

在清代，铜是铸钱的重要原料。云南的铜、锡、银等金属储量丰富，尤以东川的铜矿产量大、含量纯，被称为"滇铜"，需运至京城铸钱。

从云南东川运铜到北京的路线，分为陆路和水路两条。陆路经威宁、贵阳、长沙至武汉，再转水路至北京；水路可由金沙江至绥江，经叙州府（今宜宾）、泸州沿长江而下，运至北京。陆路运输成本很高，但走水运自东川至叙州段的金沙江水路险滩林立不便通航，因此，开通金沙江水路成为增加滇铜外运数量、降低运输成本的关键。

疏浚金沙江水路，早有提议但议而未决。有人认为金沙江乃"自古以来之天险，非人力所能开凿"。云南总督庆复及其继任者张允随则积极支持和推动疏浚金沙江。庆复带领人在乾隆六年（1741年）二月开始动工，先从上游开始，一面勘察，一面绘图，一面试修，主要在蜈蚣岭、安吉等10处滩点施工。同年五月，张允随署理云南总督，承接了疏浚金沙江的任务。

鉴于对该工程仍有异议，乾隆七年五月，清廷指派反对开凿金沙江的川陕总督尹继善、支持者云南总督张允随以及钦差大臣新柱共同到工程现场查看商议。经勘查，钦差新柱也支持开凿，该工程最终得到了朝廷的支持认可。

乾隆七年十一月十七日，张允随向清廷上报了工程进度、水流走向、需用款项、开浚益处等。在奏折后，张允随将勘察成果《金沙江上下两游山水全图》作为附件，绘成长卷一并呈送。

疏浚金沙江的工程，上游自乾隆六年二月开凿，至八年三月完成，其中蜈蚣岭至双佛的15处滩之间的路程开凿陆路，绕过险滩。下游工程自乾隆八年十一月开始至十年四月完工。上游15处滩在乾隆十二年十二月至十三年四月完工。自开工至结束共历时7年多，共用银约17万两。

金沙江水路的疏浚工程，直接促进了"滇铜"的外运，降低了运铜成本，缓解了因进口受限出现的用铜紧张局面，也改善了云南交通闭塞的面貌，四川省的盐米等货物随之流入了云南东川等地。乾隆帝曾称张允随开凿金沙江工程"卿督率有方，成千古未成之巨工，甚可嘉也"。

疏浚工程图的典范

金沙江的疏浚工程浩大，张允随等人计划分为上游和下游分别开修，故其呈进的为工程服务的地图也秉承了这个理念。上游自双龙滩至河口滩共52滩673里，下游自利远滩至新开滩共82滩646里。该图将穿行在崇山峻岭中、蜿蜒曲折的金沙江延展拉平，细致入微地展

《金沙江上下两游山水全图》：建铜房

现出来。

打开图卷，首先映入眼帘的是金沙江沿岸的山岭、河流、树木等自然风貌，尤其针对河流的描绘可谓细致入微，江水或平缓或湍急，滩头或平缓或陡峭都一目了然。在实地踏勘自然状况的基础上，用文字在各险滩处记注滩名、此滩与上一滩的距离，并标注了开修的工程做法。如：

豆沙溪滩，离小虎跳崖滩五里，系次险滩，应于北岸开修纤路；
贵担子滩，离豆沙溪四里，系次险滩，应于南岸开修纤路；
溜桶滩，离贵担子滩六里，系险滩，滩尾抛渡中流涌急，应于北岸开通船路并开纤路；
猪肚石滩，离溜桶滩十五里，系次险滩，应于北岸开通纤路；

门坎三滩，离猪肚石滩八里，系次险滩，应于北岸开修船路并开纤路；

特衣滩，离门坎三滩十五里，系险滩，南岸有巨石起浪，应于北岸开修船路并开纤路；

小锅圈崖滩，离特衣滩六里，系险滩，南岸峭壁，应于北岸开通纤路；

大锅圈崖滩，离小锅圈崖滩二里，系最险滩，水势奔腾，应于两岸各就形势开修船路并开纤路。

对应文字描述的开修办法，在图上也明显地描绘出来。

《金沙江上下两游山水全图》：修筑双佛滩办法

如米贴滩，为次险滩，修浚办法为"应于北岸挂铁链，以便钩挽"，在该滩石头上绘有铁链。

如大雾基滩，为最险滩，修浚办法为"南岸石多浪涌，岸高浪急，应于北岸开通船路并开纤路"，在该滩江中阻碍船只的石头上绘有用木材搭建的船路，岸边绘有七名纤夫拉船。

又如热风滩、得路滩、峡口滩、猴崖头滩等处均为险滩、最险滩，难以开凿，则从陆路运输，此段陆路上就画有行人、马匹、挑夫等。如此，该图图文并茂地展示了张允随等人治理险滩、疏通金沙江航运的思路和办法。

该图除主要描绘修浚金沙江航道外，还记录了当时民生的部分生活场景。图中绘有不同的人物、马匹，还有飞云渡滩的房舍，小溜筒滩的房舍院落和田地等。

《金沙江上下两游山水全图》：山路上的行人

长达77米的画卷，呈现了层峦叠嶂的高山、水流湍急的河道、沿途丰富的风土人情，堪称工程图的经典。

乾隆帝的《经筵御论》

孙 莹

经筵，源于宋代帝王为讲经论史而特设的御前讲席，发展至明代分月讲与日讲。清朝皇帝沿用前代"经筵制度"，设"经筵"与"日讲"，由讲官为国君讲习典学。在"经筵"仪式中，国君围绕经筵讲题抒发感想，涉及治国方针政策的阐发、理学经学的体会等等，讲官恭听"御论"，在仪式后由翰林院将"御论"缮录成册，即《经筵御论》。

清初诸帝吸取明代帝王倦怠弃学的教训，对经筵比较重视，经筵制度也得以坚持和发展。如在乾隆七年（1742年），经筵之日遇雨，大臣奏请改期，乾隆帝未允，并讲述了战国时魏文侯冒雨守约的故事，简化礼仪定下规矩，日后遇雨照此办理，足见其重视。乾隆帝在位期间共举行经筵49次，阐发《经筵御论》98篇，汇编为6册。

《经筵御论》的内容体现了乾隆帝深厚的儒学功底和独到的儒学见解，如乾隆九年春季经筵时，乾隆帝就《论语·宪问篇》发表如下见解"子曰：古之学者为己，今之学者为人。此圣人叹世道之衰微而慨想古之人也。夫学者，何明明德以新民，而止于至善，惟行其心之所安而尽其分之当为耳，岂有人己之分哉……"

清代经筵大典始于顺治十四年（1657年），一般分春、秋两次举行。春季经筵多设在仲春二月，秋季经筵设在仲秋八月，经筵开讲日期通常在年初确定，以便礼部和翰林院准备。乾隆朝以后基本上每年只在仲春二月举行一次经筵。同治元年（1862年），慈安、慈禧两宫太后

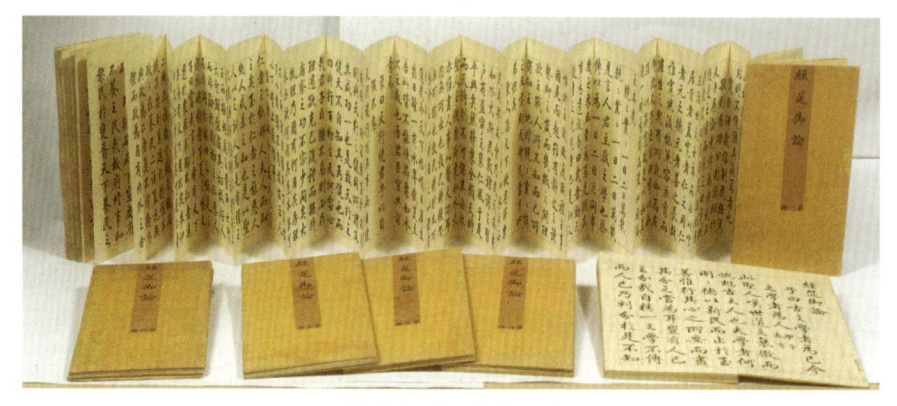

乾隆朝《经筵御论》

垂帘听政，经筵暂停，之后同治、光绪、宣统三朝也一直未再举行。

据统计，清朝入关后共开经筵184次，其中顺治朝6次、康熙朝60次、雍正朝13次、乾隆朝49次、嘉庆朝23次、道光朝25次、咸丰朝8次。

经筵仪式自顺治十四年至康熙二十四年（1685年），基本都是在保和殿举行，康熙二十五年文华殿建成，此后历朝经筵都是在文华殿举行。

经筵大典流程概括主要有以下三个：

首先是经筵前的告祭。在经筵前一日或当日，要告祭于奉先殿和传心殿。有时是皇帝亲祭，有时是遣官告祭。

其次是经筵大典进讲。典礼当日，满汉讲官、侍班满汉大学士等各员皆穿着补服侍立于文华殿丹墀两旁，鸿胪寺官预设皇帝书案及讲官讲案，翰林院官将御览讲章正本及讲官所用副本预设于案上，四书讲章在左，五经讲章在右。

吉时至，礼部奏请皇帝乘舆出宫御文华殿升座，官员们行礼进入殿内，典礼正式开始。开讲时先讲"书"后讲"经"，讲"书""经"环节，先由满讲官用满语宣讲，后由汉讲官用汉语宣讲，而后由皇帝宣讲御论，群臣跪听，最后百官再行跪叩之礼，礼部奏请经筵礼成。

最后是经筵后的赐宴。清初多在协和门赐宴，乾隆四十年，改在本仁殿。乾隆四十一年文渊阁落成，又在经筵赐宴之前增加了"文渊阁赐茶"。

经筵进讲内容仅限于"四书""五经"。题目由掌院学士会同值讲官在"四书""五经"中各选出两条，提前五天奏请钦点。皇上钦点题目后值讲官分头撰写讲章。讲章要各准备正、副两套，用满、汉文分别誊写后进呈御览。

清代以前，经筵中时常有皇帝与经筵讲官的问答或议论，但没有帝王专篇御论。清初，经筵中皇帝偶发议论但非常简短。到了乾隆时期，经筵中增加了皇帝发御论的固定环节，"经筵御论"成为经筵的核心环节，留下了皇帝学思不辍的佳话。

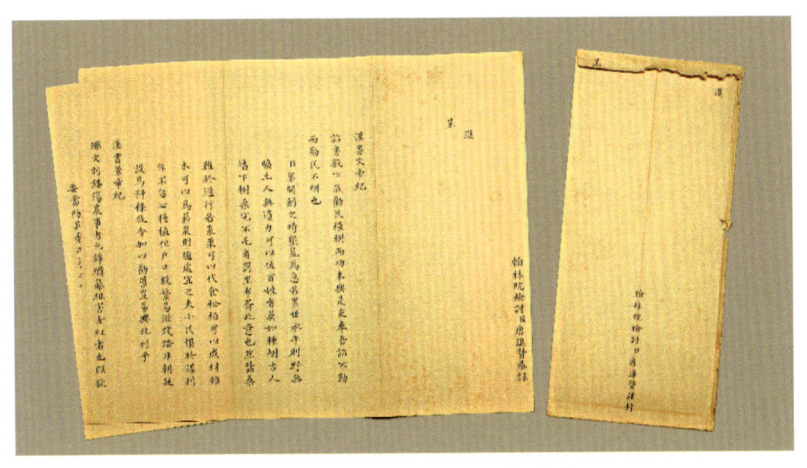

翰林院检讨唐进贤所呈经筵讲章

《皇史宬全图》

王金龙

皇史宬，地处北京中轴线上，为典型的"石室金匮"式建筑。石室正殿未用一钉一木，全部用砖石筑成，内有铜皮鎏金的金匮，存放明清两代皇家档案。有关皇史宬在清朝不同时期正殿金匮摆放位置变化以及制造金匮所需金两的记载，收藏于中国第一历史档案馆的众多档案中，其中乾隆朝《皇史宬全图》，便是这些档案中较有代表性的一件，档案详细真实记录了乾隆初期皇史宬的历史原貌和我们并不熟知的这座珍贵历史文化遗产背后的故事。

乾隆朝《皇史宬全图》为纸本墨绘，横78厘米、纵99厘米。该图完整、清晰、详细地画出了当时皇史宬正殿、东配殿、西配殿、皇史宬门、值房等主要建筑布局，记录了内藏档案的种类、数量等情况，但绘制时间未注明。这是我们了解皇史宬历史的重要档案。

通过此图还可以了解当时皇史宬所藏档案的情况。皇史宬正殿内贮藏的主要有满、汉、蒙古文大红绫本清帝实录，满、汉文圣训，清代皇族家谱——玉牒（嘉庆十二年（1807年）移到景山寿皇殿东西室存放），还有《大清会典》《朔漠方略》以及将军印信。西配殿主要存放通政使送到内阁的题本副本，东配殿保存石刻法帖以及明朝存放实录的19座金匮。

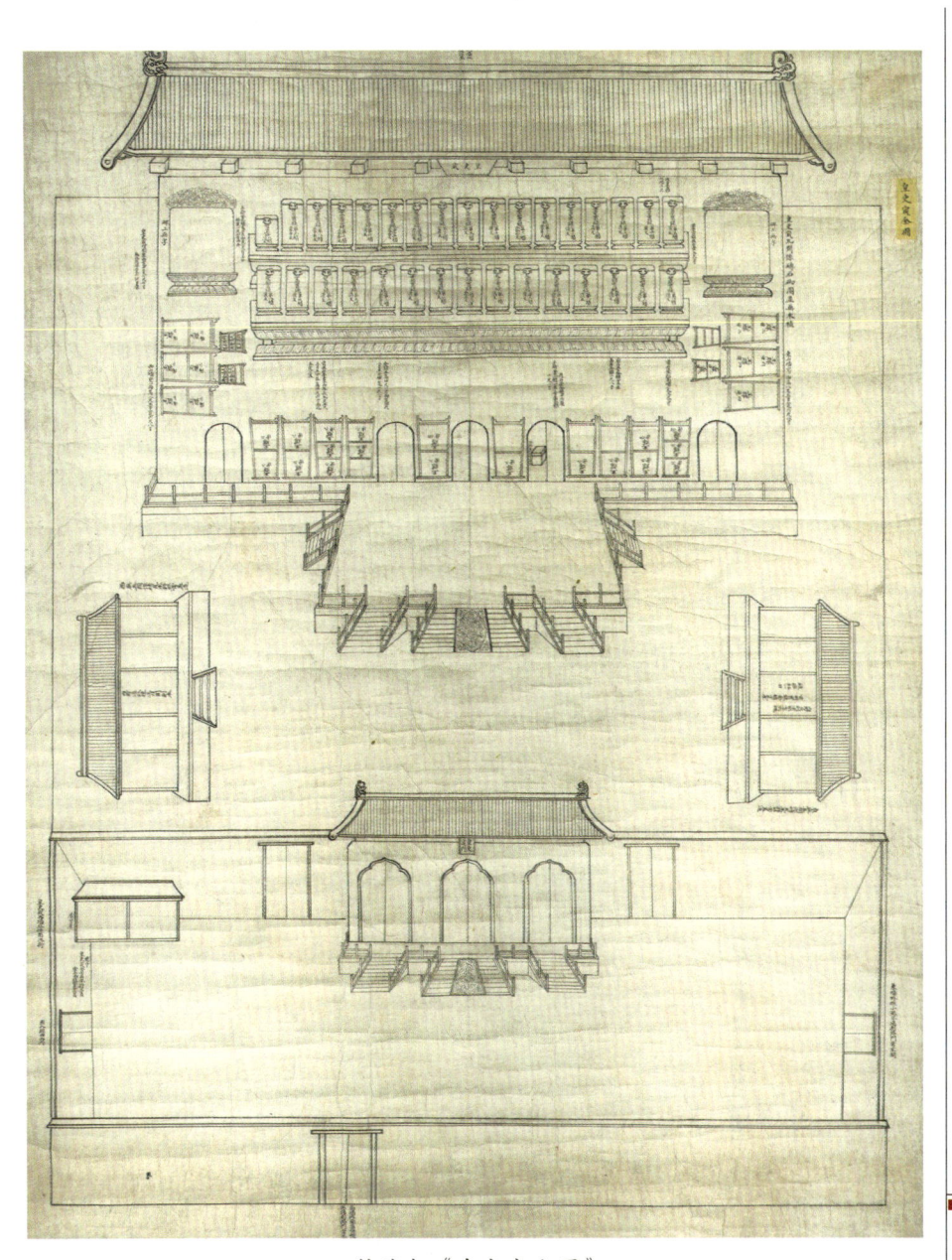

乾隆朝《皇史宬全图》

绘图时间

图中不仅绘出了放置于石台上的金匮位置和数量，还详细标示出每座金匮内存放了哪位皇帝何种文字的实录。从金匮内所存档案看，清太祖努尔哈赤至雍正帝5位皇帝的《实录》和《圣训》已存入皇史宬正殿的金匮内，乾隆帝的《实录》和《圣训》尚没有放入，由此推断，此图绘制时间应为乾隆朝。但具体绘制于乾隆朝何时，还需根据图中内容并结合相关档案做进一步查考。

从图中看，正殿内除了存有五朝《实录》和《圣训》外，还存有一柜清世宗清文上谕，而且用的是比其他金匮尺寸略小的"金漆柜"，图中文字对这座金漆柜的尺寸有明确说明："上谕金漆柜高三尺，面宽二尺六寸八分，横宽一尺四寸四分。"此柜世宗清文上谕存入皇史宬的时间，档案中有明确的时间记载。

据军机处录副奏折记载，乾隆五年（1740年）三月，武英殿就是否刊刻世宗清文上谕一事，奏请乾隆帝指示办法，大学士鄂尔泰等提出的意见是："八旗上谕皆系训饬旗人，是以兼清汉文颁发，至内阁上谕，为颁布中外之书，现有汉文人人通晓，似不必更兼清文刊刻……其内阁清文上谕，应请缮写三部，将现在进呈一部存贮大内，再写二部，一交内阁敬谨收贮，一送实录馆，俟实录告成之后送皇史宬收贮可也。"得到乾隆帝同意。乾隆九年四月初三日，世宗清文上谕与世宗大红绫本实录一并入藏皇史宬。

由此看来，《皇史宬全图》的绘制时间应不早于乾隆九年四月。

此外，从《皇史宬全图》看，位于石台东西两侧的石碑明确标示

"碑上无字",但现在殿内的两座石碑上均刻有文字。其中位于石台东北侧的石碑上刻有乾隆帝《恭瞻皇史宬》御制诗,诗文为:

  五代神谟秘典垂,崇宬扃钥壮鸿规。
  兰台令史无惭笔,纶阁元臣有职司。
  百世聪听钦宝训,万年永茂衍宗枝。
  瑶函金匮前朝制,殷鉴兢兢念在兹。

最后书写"乾隆庚午御制并书",乾隆庚午即乾隆十五年。

位于石台西北侧石碑上刻有以下文字:

  恭送列祖皇考实录、御容及玉牒至盛京尊藏,卜吉启程,瓣香致敬。

    齑沛陪京地,肇兹王业兴。
    二陵钦陟降,万代谨绳承。
    于铄帝居壮,允宜神御凭。
    宗枝绵玉牒,实录灿金绳。
    赍送垂宜典,瞻依矢惕兢。
    皇图开奕叶,家法示孙曾。

最后也书写"乾隆庚午御制并书"。

前述诗文是乾隆帝将清太祖至清世宗五朝实录、圣训、玉牒送到盛京贮藏时所写。乾隆八年五月,在皇史宬已保存一份实录、圣训、

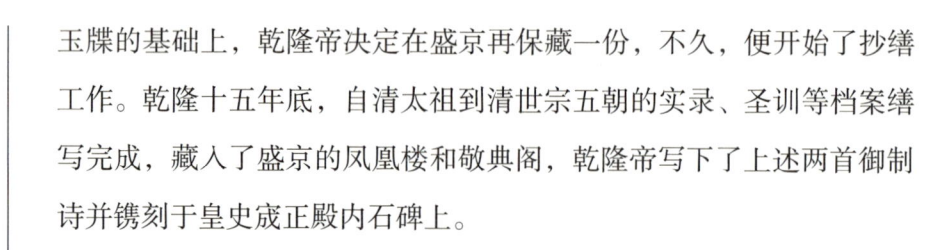

玉牒的基础上，乾隆帝决定在盛京再保藏一份，不久，便开始了抄缮工作。乾隆十五年底，自清太祖到清世宗五朝的实录、圣训等档案缮写完成，藏入了盛京的凤凰楼和敬典阁，乾隆帝写下了上述两首御制诗并镌刻于皇史宬正殿内石碑上。

《皇史宬全图》中位于石台东西两侧的石碑上标示"碑上无字"，说明此图绘成于乾隆十五年底之前。据此考证，《皇史宬全图》应绘于乾隆九年至十五年间。

图注翔实

乾隆朝《皇史宬全图》完整绘制出了正殿、东西配殿、宬门、值房等主要建筑，正殿内的石台、石碑、金匮、玉牒柜以及所藏档案的情况也都进行了详细标示。

图中皇史宬正殿内有前后两座石台，前石台离南墙一丈三尺三寸（4.256米），前石台离后石台五尺二寸（1.644米），后石台离北墙三尺（0.96米）。两座石台均长九丈五尺三寸五分（30.512米），高四尺六寸（1.472米），宽三尺（0.96米）。

如今，皇史宬正殿内则是一座石台，经实测，这座石台长45.3米，宽7.53米，高1.43米。这座石台比乾隆时的两座小石台大了许多。这又是怎么一回事？

据史料证实，因为当时乾隆帝的实录、圣训纂修完成后，总数达1800卷，但殿内的两座小石台无法容纳更多金匮存储这些档案，于是，嘉庆十二年重修皇史宬，对正殿内石台进行改筑，将两座小石台改筑为一座大石台，可以容纳更多的金匮。

在改筑石台的同时，还在皇史宬院内东北角修筑了御碑亭，嘉庆帝亲题《重修皇史宬记》，并镌刻于碑亭内的石碑之上，以纪念皇史宬重修和藏入乾隆帝的实录、圣训。现将碑上文字摘录如下：

重修皇史宬记

皇史宬，建于前明嘉靖年间，藏洪武以来御笔实录，四周石室，中藏金匮，具有深意焉。我世祖章皇帝定鼎燕京，因其旧制，恭藏实录、圣训、玉牒，一脉相承，万世永保，猗欤盛哉！

正中石室内石台尊藏五朝实帙，兹恭编皇考高宗纯皇帝圣训三百卷，实录一千五百卷告成，琅函充积，振古铄今，诚未有之盛典也。石室围墙及黄瓦，历年既久，不免风雨剥落，爰命所司量加修葺，红垣画栋，焕然一新，谂吉恭奉圣训、实录全部分贮金匮，入室尊藏，而旧贮玉牒，敬移于景山寿皇殿之东西室，用抒诚敬而昭法守。

洪惟皇考继列祖之鸿猷，开亿龄之景运，御极六十三年，久道化成，丰功大业，笔不能述，旷古未闻。金匮排列石台，较五朝倍之，予小子瓣香，九叩瞻仰，感慕之诚，衷实不能已。系以铭曰：地建前明，相因旧制，受命自天，大清万世，石室敬藏，列祖统系，暨我高宗，久敷仁惠，文德武功，上蟠下际，宝笈琅函，千八百计，金匮瑶台，巍焕壮丽。惟予小子殚心绍继，竭力守成，夙夜自励，殷鉴匪遥，苞叶是系，安益求安，永延带砺，敬告后人，引长勿替。

嘉庆十有二年，岁在丁卯，长至月御笔。

甘肃巡抚为劝植树木事奏折

石文蕴

乾隆九年（1744年），时任甘肃巡抚的黄廷桂向乾隆帝报告甘肃省劝植树木情况。从奏折中可见当时的官员已经对植树造林、涵养植被十分关注。甘肃地区深居西北内陆，本就气候条件复杂，自然环境

甘肃巡抚黄廷桂为甘肃省劝植树木情形事奏折（局部）

较差，加之过度开垦，使得当地生态环境愈加恶劣，荒漠化严重，进而致使干旱、洪涝、风沙等自然灾害频发。面对这些问题，当地一些官员积极行动，宣传并带动民众一起植树造林。

黄廷桂在奏折中首先阐释了植树的益处："有种之于大路之边者，所以表道里、荫行人、美观瞻也；有种之于山谷之间、园圃之旁者，所以丰土产、供物材、佐生业也。"随后，他又介绍了甘肃目前的植被覆盖情况，河东一带只有在近城的地方才有树木，其他地区如同不毛之地，而河西各处都是荒山，难见绿色。继而黄廷桂又说明了榆、槐、杨、柳几种树木的特点，它们生长适应力强，在各类土地上都可以种植，同时还提出了在不影响百姓迫切生计的前提下，劝导百姓在路旁屋边、山坳沟渠等不占用耕地的地方种树的方法。待树木长成后，木材可"供修盖器用"，连小树枝也能"备薪炭之需"。黄廷桂还奏报了上一年他已令甘肃地方官员让民众按照其推行的方法种植树木的成绩，全省共种植成活树木62万余株。同时他还要求民众对树木采取养护措施：按照时节砍伐、防止牛羊践踏等。在奏折的最后，黄廷桂向乾隆帝请求，继续按照上一年的做法来引导百姓种植树木，并且希望将这一举措制度常态化，以后可以年年如此。乾隆帝深表赞同，朱批"好，知道了。"

《琉球国都图》
——中琉友好交往见证

吴焕良

古代中国与琉球国友好交往的历史源远流长，明清两朝琉球国王累世接受中国皇帝册封，定期派遣使臣经福建进京，奉表纳贡，双方维系了500多年的和平友好交往，《琉球国都图》就是这段历史的档案见证。

《琉球国都图》

渡海封赐

琉球国王也称中山王，每逢中山王嗣位，均依例请求明清朝廷遣使册封。明清易代之际，顺治六年（1649年），琉球国差官奉表纳款，两年后再次差官来京请封，清廷要求其缴还明代赏赐的印信诏书敕谕等。顺治十一年，琉球国王世子尚质以王舅马宗毅为使，奉表进贡方物，缴还明朝政府颁给的镀金银印一颗、袭封王爵诏一道、敕谕一道，清廷册封其为"琉球国中山王"，赐驼钮镀金银印。这次册封，因故延宕数年，直至康熙元年（1662年）清廷再次遣使渡海册封，才最终完成。此后，清廷又于康熙二十二年、康熙五十八年两次遣使册封尚真、尚敬为中山王。此时印文已比照朝鲜体例，不再称"琉球国中山王"，而径称"琉球国王"。

乾隆二十一年（1756年），在前中山王尚敬薨逝5年后，乾隆帝派出以翰林院侍讲全魁、编修周煌（依册封诏书为编修，后升任侍讲）为正、副使的册封使团，前往琉球国。在代表朝廷完成祭奠已故中山王尚敬、册封新王尚穆等仪式后，使团于次年返回，陛见复命。

《琉球国都图》即由这次册封琉球国出使归来的使臣周煌绘制，在进呈御览后，入藏宫中，流传至今。全图横约144厘米、纵约78.2厘米，原藏清宫造办处舆图房。该图为传统山水绘法，青绿着色绘出琉球国鸟瞰图。周煌在图中将琉球国的首里、山南、山北三座王城及其他重要聚落、关隘、口岸、名胜等一一注出，清晰扼要。此图除指掌舆地外，还是不可多得的山水景物图。图幅清雅秀丽，全岛苍翠葱郁，周围海水以波纹形象绘出，波涛涌动，浪花飞溅，更凸显了

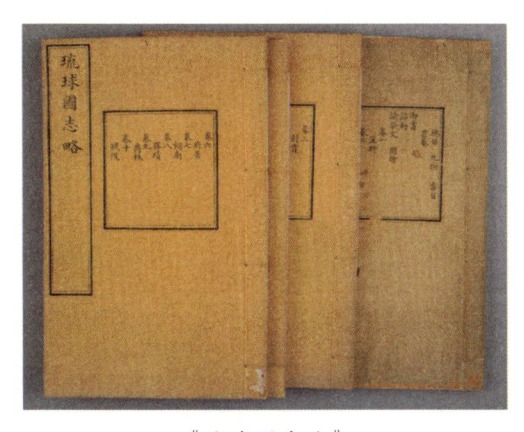

《琉球国志略》

琉球国为一方海外桃源、人间乐土之境。

除《琉球国都图》外，周煌出使途中，还留意当地掌故，并随手记录。回国后又参阅大量史籍，整理编辑为《琉球国志略》一书，进呈乾隆帝御览。此书现存有故宫博物院的墨格抄进呈本，1函6册。该书依"地理总志"体例，内容包罗万象。尤其是附图部分，除将前文所述《琉球国都图》编入其中外，另绘刻《琉球星野图》《琉球国全图》《王府图》《先王庙图》《天使馆图》《球阳八景图》《封舟图》《玻璃漏图》《罗星图》及《针路图》等。其中《针路图》即航海图，图内载明航线、航向、重要地理标记及航程信息等。

朝贡往来

按清朝定例，琉球国每两年派出朝贡使团，携土产制品或朝廷指令的贡物，渡海至福建五虎门，再溯闽江而上至省城福州。使团总人数不超过150人，其中只允准正、副使带从人15名由福建地方官员差人陪同入京，之后由礼部负责接待处置一应朝贡事宜，其余人员留闽待命。

除两年一次的正贡外，如适逢新帝登极、万寿等重大节礼时，琉球国也同样派出使团前来庆贺。查《乾隆朝钦定大清会典》所载，使团所携带的物品，除贡物外，其附载货物，皆可免税与内地商民交易，或于福建售于商行或运至北京发售。

琉球国进贡物品，分庆贺方物及常贡方物。常贡方物定例为硫磺12600斤、红铜3000斤、白刚（钢）锡1000斤，其中硫磺一项由福建巡抚收贮，而红铜、白刚（钢）锡则交送宫廷内务府查收。庆贺方物，即通俗意义上的贡品，则花样名目繁多，但总以土特珍稀物产为主。琉球国土产布匹，如素蕉布、花蕉布、土蕉布，以及雅扇、腰刀等便是贡物常项，这其中尤以布匹数量为大，以至于内务府需定期拣选库存，发交崇文门官商变卖。

琉球国入京使团会受到朝廷礼遇，并依例领取封赏。除国王、王后例有份额外，进京朝贺的使团成员也各有不等的赏赐。以乾隆四十七年为例，使团进贡硫磺等常项后，清廷赏赐仅加项部分有赏琉球国王内库缎20匹、砚2方、玉器5件、玻璃器10件、瓷器100件，赏使臣缎4匹、银50两。

除赏赐一项外，使团一行沿途食住起居等一应费用，均由朝廷承担。《乾隆朝钦定大清会典》载使团一日饮食供给标准：

> 琉球国入贡陪臣王舅，日给鹅一、鸡一、猪肉三斤，菽乳二斤，各种菜三斤，酒二瓶，清酱、酱各六两，香油六钱，花椒一钱，盐一两，茶一两。

> 正议大夫，日给鸡一、猪肉三斤，菽乳一斤八两，菜二斤，酒一瓶，清酱、酱各四两，香油四钱，花椒八分，盐一两，茶六钱。

> 四节官、都通事官，各日给鸡一、猪肉二斤，菽乳一斤，菜一斤，酒一瓶，清酱、酱各四两，香油四钱，花椒五分，盐一两，茶五钱。

> 王舅下通事，日给猪肉三斤，菽乳一斤，花椒五分。

从役，日给猪肉一斤，菜十两，盐一两。

送来通事，日给猪肉二斤，盐一两。

汉风远播

清廷除对琉球国例行册封、颁赐诏书印宝、赏赐银钱布帛外，皇帝还不时专门御笔赐书。康熙二十一年，御书"中山世土"颁赐中山王尚真；雍正二年（1724年），御书"辑瑞球阳"赐王尚敬；乾隆四年，御书"永祚瀛壖"。而今这三座清帝御书制作的牌匾依旧悬挂于首里城正殿。

封贡体系下，双方往来不断，琉球国与福建地区商贸交往尤其密切，其衣食起居、婚丧嫁娶，亦深受影响。

早在明洪武二十五年（1392年），朱元璋即下令迁福建"善操舟者三十六姓"入琉球国"以便往来"，而后双方密切的往来关系使得海上航路越发成熟通畅。《琉球国志略》所载《针路图》，便极为准确地标示出自福建福州至琉球国那霸的往返航路。

值得注意的是，画面上方航路为福建至琉球国去程，沿途过澎湖、（台湾）鸡笼山、钓鱼台、黄尾屿、赤尾屿、姑米山、那霸。封舟行此，向于"黑水沟"行海祭仪式，以明过沟出境、代国祭神之意。在周煌途中所作诗文中，自注有"舟过黑水沟，投牲以祭，相传中外分界处"。此黑水沟远在钓鱼岛以东，即今日中国台湾岛以东大陆架延伸尽头的海沟。可见至迟在明清两代，中琉双方民众即达成共识，黑水沟为"闽海"边界，载入国家认知中。这是钓鱼岛为中国界内岛屿之又一力证。

在《琉球国都图》中，对那霸港及周边区域描绘格外翔实，有迎恩亭、长虹桥、先王庙及那霸市镇，其中房屋栉比、市集繁盛。展图观之，典制俨然，虽海邦千里之外，幅面看来却一派中土模样，全不觉身处异域。

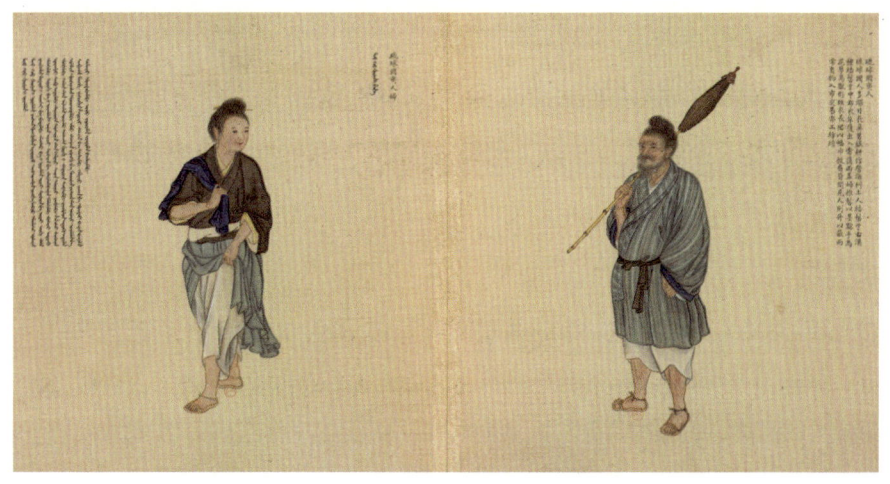

《皇清职贡图·琉球人像》（台北故宫博物院藏）

琉球国习俗，尚与福建通婚。乾隆朝《皇清职贡图》中就有两组琉球国人男女绘像，上为官员与贵妇，下为平民夫妇。其中上图官员画像上的墨题，主要介绍了琉球国基本情况及其与明清两朝的关系，同时还介绍了各自服饰装扮的特点。下图平民墨题则称："妇，椎髻，以黥手为花草鸟兽形，短衣长裙，以幅巾披肩背间。见人则升以蔽面，常负物入市交易。"览此画面，与华人无异，状若明代汉民。

除册封、朝贡及依托贡船而实施的双方贸易外，中琉友好交往的另一个重要方面便是难民救护。无论渔民或商船船员，舟行洋面，风浪莫测，时有遭风遇险船民，各方对这些"难民"均有救助责任且有明确规制，档案中就不乏相关记载。

以清廷定例而言，漂落大陆的琉球国人由官府供给衣食，待使团到来之际统一移交。而对于漂落琉球国的大陆民众，清廷以赏赐形式补偿琉球国所提供的衣食安置照料等费用。就档案史料看，大陆方面报告的发现安置琉球国遭风难民者，自鲁至粤东部沿海各省均有记录。而琉球国送还的难民，除福建居多外，也有宁波、常熟等江南人氏。

友好尊重和平往来，文化交流弦歌不辍，保持了中国与琉球国500多年的紧密关系。一幅《琉球国都图》固然无法承载如此厚重的历史，但作为一种真实的记录，它见证了顺风相送、往来不绝的一段历史佳话。

乾隆帝封授土尔扈特部首领上谕

朱文丽

乾隆三十六年（1771年）九月十七日，乾隆帝在避暑山庄颁布了封授上谕，受封者是率领土尔扈特部万里东归的首领渥巴锡等人。

谕，即皇帝特降的指示和命令。乾隆帝上谕对渥巴锡等人的回归表示了肯定："土尔扈特台吉渥巴锡、策伯克多尔济、舍楞、和硕特台吉恭格等，因与俄罗斯习俗不同，并多遭派遣征战，不得安

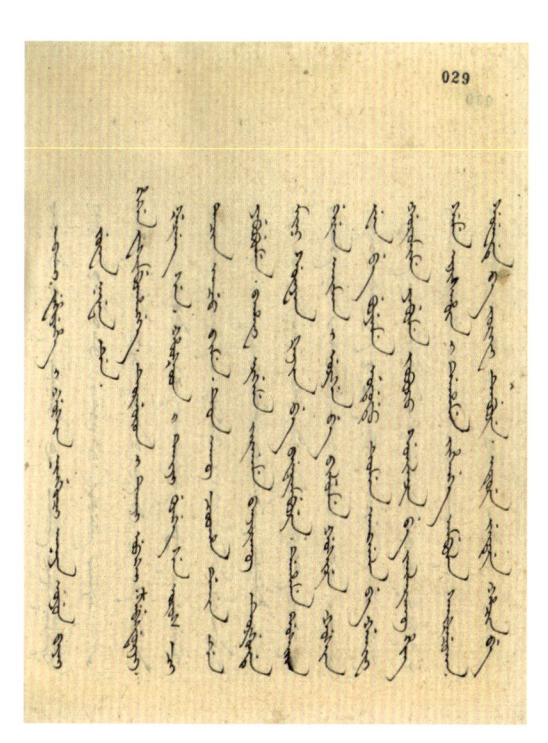

乾隆帝封授土尔扈特部首领渥巴锡等人的上谕（局部）

居，故慕朕大兴黄教、抚恤来顺诸藩之造化，乃携数万人口，长途跋涉，不辞辛苦，诚心来归者，殊为可嘉。"上谕还记载了清廷对土尔扈特部的安置措施："故与尔等指地安置，接济衣食等物品，拨给孳生牲畜，获得永生之道……"

上谕还记载了对首领渥巴锡等一一封爵："理应施恩封衔，以表

朕仁慈之心。其中，授封台吉渥巴锡为乌讷恩素珠克图旧土尔扈特部之卓里克图汗，策伯克多尔济为乌讷恩素珠克图旧土尔扈特部之布延图亲王，舍楞为青色特奇勒图新土尔扈特部之弼哩克图郡王，巴木巴尔为弼锡呼勒图郡王，恭格为巴启色特奇勒图和硕特部之土谢图贝勒，默们图为济尔哈朗贝勒，旺丹为鄂勒哲依贝子，沙喇扣肯为乌察拉勒图贝子，奇布腾为伊特格勒贝子，雅兰丕尔为阿木尔聆贵贝子，额默根乌巴什为巴雅尔图贝子，拜济瑚为辅国公，封诺海、伯尔哈什哈一等台吉，统为札萨克。其余台吉，亦均分别施恩，授阿喇克巴、博克班、蒙衮、德勒德什、巴雅尔拉瑚、策登、博罗、业林、巴木巴尔之子达木拜扎勒桑、根敦诺尔布之子腾特克等十三人为闲散一等台吉……。"

上谕最后，乾隆帝对渥巴锡等谆谆教诲："尔等果然感戴朕恩，能谨遵朕之训旨，即可得以长久安居乐业，且至子孙，永享朕之无限恩泽也。恪谨，勿怠。"

乾隆帝此次封爵，共封了汗王 1 人、亲王 1 人、郡王 2 人、贝勒 2 人、贝子 5 人、辅国公 1 人、一等台吉 2 人、闲散一等台吉 13 人、二等台吉 6 人、三等台吉 3 人、四等台吉 11 人，从封赏爵位之高、数量之众也可看出乾隆帝对土尔扈特东归一事的高度重视。

土尔扈特万里东归是体现以爱国主义为核心的伟大民族精神的历史佳话。清朝政府对东归的土尔扈特部众妥善安置，对土尔扈特部首领渥巴锡等人隆重封赏，对于维护和促进中国统一多民族国家的发展有着重要历史意义。

英国国王写给乾隆帝的信

石文蕴

中国第一历史档案馆藏乾隆五十八年（1793年）英国国王乔治三世致乾隆帝信，2003年被列入《中国档案文献遗产名录》。

该信由英国国王乔治三世委托使臣马戛尔尼在乾隆帝83岁寿诞庆典时转交。这封信有英文、法文各一份，英文底稿有1500余字，送达中国后，清廷又将其译成满、汉两种文字。

翻译底稿

乾隆五十八年八月十三日，乾隆帝的贺寿庆典在避暑山庄的澹泊敬诚殿隆重举行，英国使臣马戛尔尼等人应邀参加贺寿。据《起居注》记载：十三日，万寿圣节。上御澹泊敬诚殿，随驾皇子、王公，蒙古王、贝勒、额驸、台吉等，英吉利国正使马戛尔尼、副使斯当东及副使之子多马斯当东，还有都尔伯特公鄂哲依鄂罗什呼、公布德格呼勒二人，行庆贺礼。随后，马戛尔尼使团向乾隆帝进献贺礼，包括地球仪等天文地理仪器、枪炮军器模型、船只模型、玻璃器具、毡毯毛货等等。乾隆帝接受了贺礼，同时为了显示其"天朝"的富庶，"薄来厚往"，重赏了使团中的正副使以及随从，礼品包括各色绸缎、瓷器、

马戛尔尼画像

玉器、茶叶、丝织品、手工艺品等等。

除了上述贡品，英国使团还给乾隆帝呈递了一份特别的寿礼，一封英国国王乔治三世致乾隆帝的信。乾隆帝命传教士索德超将内容译出，大体内容为英国国王乔治三世向乾隆帝问安贺寿，同时说明了遣使来中国的缘由："闻得各处惟有中国大皇帝管的地方，一切风俗礼法比别处更高，至精至妙，实在是头一处，各处也都赞美心服的，故此越发想念着来向化输诚……如今本国与各处全平安了，所以趁此时候，得与中国大皇帝进献表贡，盼望得些好处。"又写道："从前本国的许多人到中国海口来做买卖，两下的人都能得好处。但两下往来，各处都有规矩，自然各守法度。惟愿我的人到各处去，安分守规矩，不叫他们生事。但人心不一样，如没有一个人严格管束他们，就恐不能保其不生事。故此求与中国永远平安和好，必得派一我国的人，带我的权柄，住在中国地方，以便弹压我们来的人。有不是，罚他们，有委曲，亦可护他们。这样办法，可保诸事平安。"英国乔治三世国王在信中提出要派英国使臣进京常驻，以便照料本国买卖。

乾隆帝看后，断然回绝了英国遣使驻京的请求，特书一封回信给乔治三世。回信中写道："至尔国王请派一尔国之人住居天朝，照管尔国买卖一节,此则与天朝体制不合,断不可行……今尔国王欲求派一尔国之人居住京城,既不能若来京当差之西洋人,在京居住不归本国,又不可听其往来,常通信息,实为无益之事。"

英国国王乔治三世致乾隆帝的这封信是中国与英国第一次正式接触的历史见证。虽然马戛尔尼使团没有达到他们真正的目的,但这一次中西方文明的碰撞与交流,却对日后中英两国关系的发展产生了重要影响。约半个世纪后,鸦片战争爆发,英国用武力打开了中国的大门,使中国社会发生了根本性的变化,清朝皇帝"天朝上国"的美梦由此破灭。

清代翻译科试卷

郑海鑫

翻译科考试是清代特定考试科目之一，专为培养满文、蒙古文、汉文之翻译而设，参加考试的考生限于满、蒙古、汉八旗士子。顺治朝初设翻译科时只考取翻译生员，雍正朝时可考取举人，乾隆朝时定为会试，考中参加复试及格即赐给进士出身。与科举相似，翻译科考试分为童试、乡试、会试，通常翻译乡试定在十一月，会试定在二月，每场考试的具体日期需预先奏定。

此件档案为盛京总管内务府的翻译科试卷。本试卷的卷面为朱栏木刻，封背折页处开列闱号，卷尾姓名处折叠弥封糊名、压印。题目为汉翻满经解一道："为学养心，患在不由直道，去利欲，由直道，任

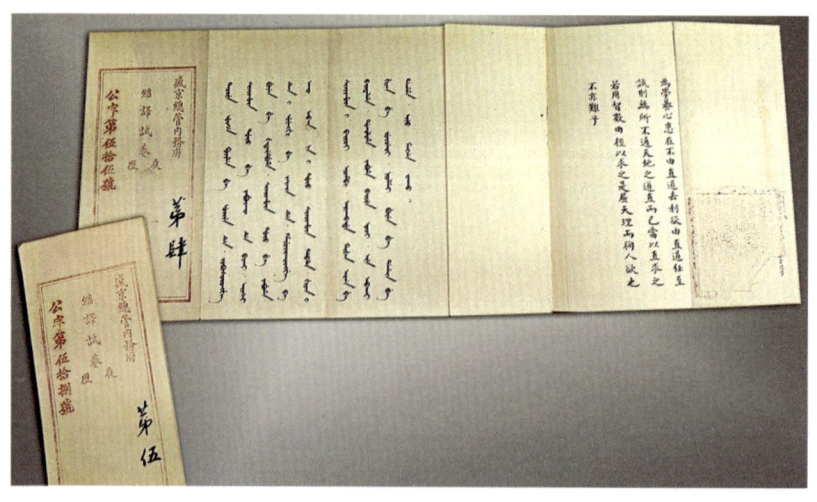

翻译科试卷

至诚，则无所不通。天地之道直而已，当以直求之，若用智数，由径以求之，是屈天理而徇人欲也，不亦难乎？"

翻译科的试题"向系《日讲》《四书》一段，及新到通本一件"，后来增添了上谕一道作为试题，以考上谕代替考通本。乾隆元年（1736年），因翻译科考试经年使用上谕为题，有的上谕被重复使用多次，影响了考试效果，因此乾隆帝"令主考官于《性理精义》及《小学》内择数条，俱不得过三百字，密封进呈，恭候钦定"。本翻译科试卷的试题，正是选自清人李光地编纂的

《御纂性理精义》康熙五十四年武英殿刻本（故宫博物院藏）

《御纂性理精义》中收录的宋代邵雍《皇极经世书》中的内容。

翻译科考试中，考生在答卷结束后，试卷需要派专人进行弥封。在翻译科考试归并到文闱后，因汉官不识满文，专门拣派部院满洲官二员，办理翻译试卷弥封事务。弥封后，将红号簿和试卷一起封固，钤印"监临知贡举关防"，送至军机处，再由军机处向皇帝奏请派人阅卷。

翻译科的试卷有专人誊录，拣派专人进行阅卷，乡试试卷在文华殿校阅，会试试卷在内廷校阅，通常选在南书房、正大光明殿东配殿。在文华殿校阅的乡试试卷，皇帝派出满汉御史4名在校阅试卷处住宿稽查，因内廷守卫森严，在内廷校阅的会试试卷不必严加防范，会试

人数不多一日即可阅卷完成，阅卷人当天即可出宫，而乡试试卷较多，需要几日审阅。为防舞弊，所有阅卷相关人员均吃住在阅卷之地，直到阅卷工作结束。

乾隆四年八月举行的翻译科会试，取中 22 名，因人数太少取消了殿试，乾隆帝赐全部 22 人进士出身。其中以优者任六部主事，次者在主事上学习行走。乾隆五年，准翻译班进士科充补咸安宫学翻译教习。

嘉庆十四年（1809 年），参加翻译科蒙文会试的士子只有 3 人。这让嘉庆帝大为恼火，认为以往中试的蒙古士子不在少数，而本届会试仅 3 人参加，嘉庆帝认为这些举子或是找到了别的差事或是"由别途授职"因而心生懈怠，不能勤加练习，以致不能参加会试。因此，嘉庆帝严厉申饬了对举子负有管理之责的大臣，而此次参加会试的 3 人"俱著扣除"，派出校阅蒙古试卷的大臣等人"著即出闱"，可谓是"最尴尬的考试"了，因人数不够导致不能考试的 3 位考生也是十分倒霉。此后，嘉庆帝规定，报考蒙文会试士子达到七八人才准开考，人数不够即行停止。

盛京移居宗室官房图式

赵增越

清嘉庆时期，随着北京城的宗室人口繁衍日多，朝廷无力供养，以致其生活窘迫，宗室犯法的案件也越来越多。嘉庆十七年（1812年），嘉庆帝命盛京将军择地建盖住房，并由宗人府挑选京城无业的闲散宗室移住盛京。七月，吏部尚书松筠奉旨前往盛京，会同盛京将军和宁、盛京工部侍郎富俊等查办移驻宗室房屋地亩等事。为便于官员就近稽查，随时弹压，择定盛京小东门外城东北里许建盖移居宗室住房。所需一切物料俱于十七年冬间备齐。八月二十八日，松筠等详细估勘工程所需工料银两，酌议拨给地租粟米以资养赡，将相关情况上奏，并绘制移居宗室官房图式送呈御览。

如图所示，新建移住宗室官房按照健锐营规式，大街宽6丈，内里共建仰瓦房70所，每所有住房7间、门楼1间，院墙见方8丈。居中位置建盖宗室官员居住的住房、办事公所，以便其随时弹压。旁边有宗室学房。由盛京将军派出佐领、防御各一员，轮住公所，协同照料。周围筑做砖墙，建有大门更楼、望楼、堆拨，由领催、委官带同兵丁分班直宿巡更。北首居中建关帝庙一座。所有建筑连同备用空房总计80所622间。另建有影壁、月台、门楼、甬路、旗杆、井座等。

盛京移居宗室官房于嘉庆十八年四月开始动工，嘉庆帝派工部主事穆腾额等前往盛京监督，至八月竣工。工程共用工料及运费等合计约46878两。嘉庆十八年秋起，70户闲散宗室分三批陆续移住盛京。

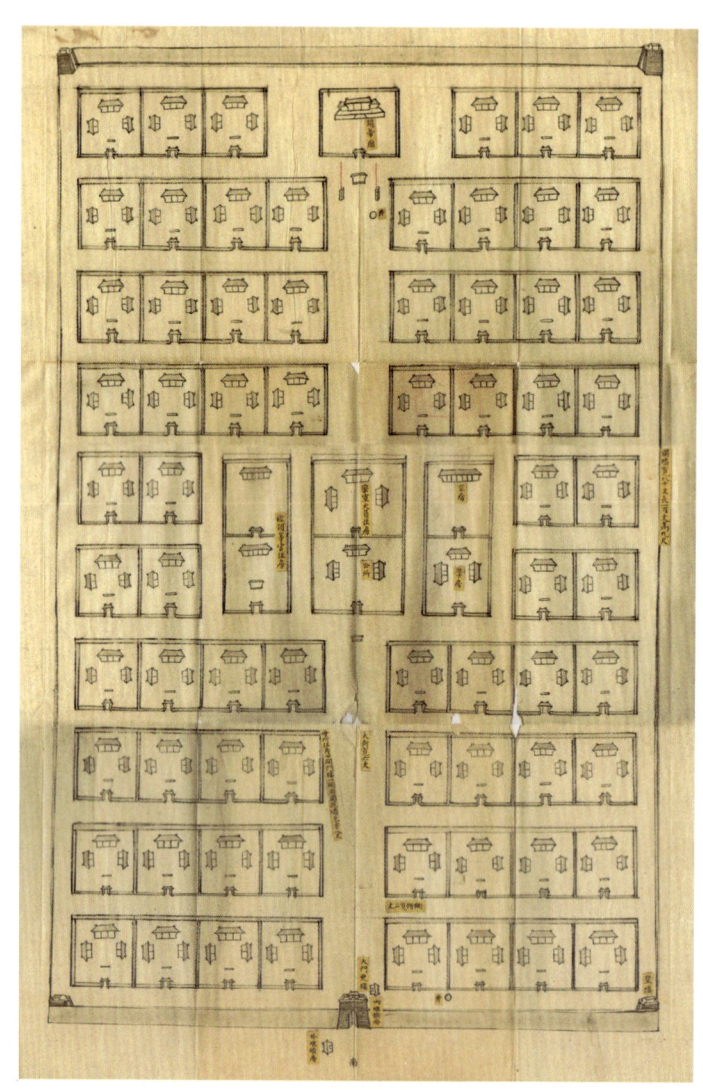

盛京移居宗室官房图式

　　这件嘉庆朝为安置从北京移居盛京（今沈阳）的宗室所修建的官房图式，对于研究清代建筑设计、旗人管理制度和人口迁徙等颇具价值。

清宫《猫册》《犬册》

卢 溪

清朝宫廷中豢养猫、犬等宠物是帝后和嫔妃的休闲娱乐方式之一。皇宫中的猫狗有着正式的"编制",每月有俸银,由专人负责其饮食、调教和修饰,过着养尊处优的生活。

《猫册》《犬册》,是清代道光朝记录宫廷宠物信息的档案。档案为折件2册,蓝底上贴有字条,每张字条上都记录了猫狗的名字、出生日期、死亡日期等信息,记录了道光二年(1822年)至道光二十八年间宫廷内豢养宠物的情况,对于研究清宫生活具有重要参考价值。

从档案中可以看出,宫中猫狗宠物的名字富有时代特点。

如猫的名字,有的以同属猫科动物的狮虎命名,如:金虎、银虎、

《猫册》《犬册》

玉虎、墨虎、玉狮子、喜豹；有的以植物命名，如：秋葵、金橘、灵芝、双桃儿、芙蓉；有的以物件命名，如：玉簪、小玉簪；也有的猫的名字拟人化，如：小丑儿、俊姐、金哥、花妞儿、花郎儿、金妞儿。

狗的名字，多喜欢用神兽或猛兽来命名，如：甪（角）端、玉狮子、喜豹、犼儿、玉虎；用植物命名的也很多，如：栀子、杏儿、栗子、桃花、玫瑰、杜鹃、狮子。

猫犬名多是汉名，也有满语音译的名字，如《猫册》里的玻呵（满语：墨），《犬册》里的呢初呵（满语：珍珠）、托啰（满语：桃子）。猫名中很多可以反映出其毛色，像墨虎应该是黑猫，而金虎应该是橘猫。相较之下，犬名里反映毛色的字眼就少得多。有的小猫、小狗是两个名字被记录在了一条上，但是出生和死亡日期一致，比如有一只小狗叫甪端，又叫犼儿。

满族仕女抱狗像单页（故宫博物院藏）

清代宫廷热衷养狗，设置有专门的养狗处，据《日下旧闻考》记载："内养狗处在东华门内东三所前路东，房十有九楹。外养狗处在东安门内南池子之南，房十有五楹。"乾隆朝时喜养猎犬，其中不乏

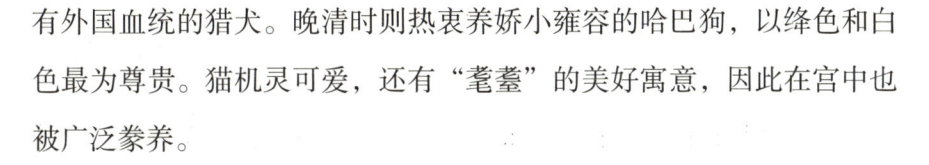

有外国血统的猎犬。晚清时则热衷养娇小雍容的哈巴狗，以绛色和白色最为尊贵。猫机灵可爱，还有"耄耋"的美好寓意，因此在宫中也被广泛豢养。

道光三年春分观候事题本

卢 溪

春分作为一年第四个节气，从这天起白昼将长于黑夜，气候逐渐转暖，因此在天文学和气象学上具有重要意义。古人看重春分时节的气象观测，认为这天的风向可以预兆一年运势。这件《管理钦天监事务乌尔恭阿为报春分观候事题本》中就有相关记录。

本件题本中，管理钦天监事务乌尔恭阿呈报道光三年（1823年）春分时刻为二月初九日酉初二刻，时风从正东（震）来，并将占书所载"春分之风，风从震来，五谷成"的占语具奏。

管理钦天监事务乌尔恭阿为报春分观候事题本（局部）

清代，钦天监负责天文和气象观测工作，其中气象观测工作由天文科负责，职责包括日常的晴雨、风向观测，汇录为《晴雨录》《观象台风呈》等上奏；也包括特定时节的观测，如初雷观测、正旦及八节的风向观测等。气象观测在钦天监衙署的司天台和外署的观象台开展。

风在古人看来是上天兆示吉凶的途径之一，古代历来有正旦和八节占风的传统，八节即二十四节气中的八个主要节气：立春、春分、立夏、夏至、立秋、秋分、立冬、冬至，古人认为此八节的盛行风向各占45天，风向按八卦方位分为乾（西北）、坎（北）、艮（东北）、震（东）、巽（东南）、离（南）、坤（西南）、兑（西）。

清代钦天监的正旦及八节风向观测，需及时用题本具报观测结果及占语。其占语原以《京房易》《观象玩占》为据，乾隆朝编撰《钦定天文正义》后即以此为准，春分风向占语大致为：

风从乾来，岁多寒，金铁倍贵；

风从坎来，豆菽不成，民疾病；

风从艮来，夏不热，米贵一倍；

风从震来，五谷成（五谷成，亦无盗贼）；

风从巽来，虫生，四月多暴寒；

风从离来，五月先水后旱；

风从坤来，小水，人多疟疾；

风从兑来，春寒。

需要注意的是，春分占风原属于古人基于气象观测推导出的朴素逻辑，后被演绎为带有封建迷信性质的占卜，其占卜结果并不十分准确。甚至钦天监本身也有为了吉兆篡改记录之事，如嘉庆四年（1799年）上谕档记载："如每岁分至占风，不论是日风自何方，竟预择应候协方者，取为佳兆，相沿已久，固属可笑。"

林则徐为虎门销烟事奏折

朱琼臻

19世纪30年代以前，欧洲资本主义国家经历工业革命后迅速崛起，亟须拥有庞大的海外市场。但中国自给自足的自然经济和清政府奉行的闭关锁国政策，成为西方国家向中国倾销其工业产品的"绊脚石"，中外贸易始终处于出超地位。为扭转贸易逆差的局面，以英国为首的西方国家向中国输入鸦片，中国白银大量外流，不仅扰乱了清朝的货币流通，还极大地削弱了军队战斗力，对百姓身心健康造成严重危害。

道光十八年（1838年）十一月，林则徐以钦差大臣身份赴广东主持禁烟。在两广总督邓廷桢、广东巡抚怡良的协助下，林则徐等采取了查封烟馆、逮捕烟贩、收缴鸦片等一系列行动，并于次年四月二十二日至五月十五日，在虎门将收缴的鸦片全部销毁。

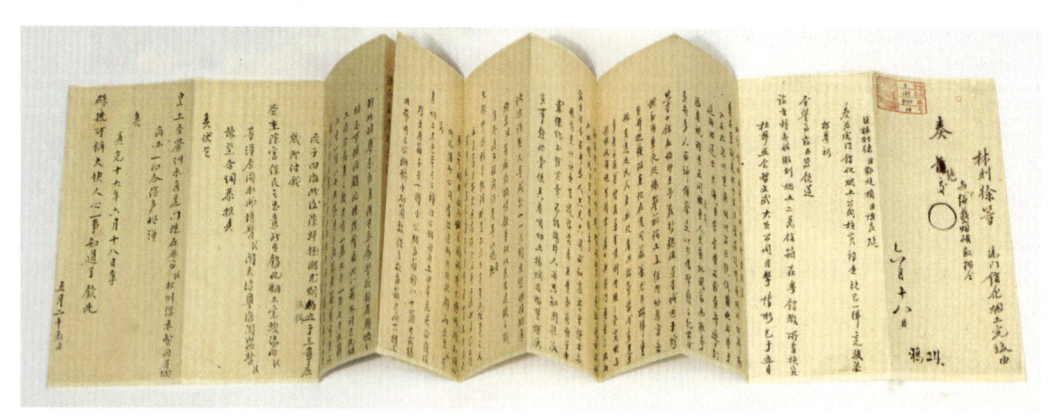

钦差大臣林则徐等为虎门销化烟土完竣事录副奏折

本件档案为军机处抄录林则徐等在销烟完毕后于道光十九年五月二十五日上呈的奏折，纸本，横120厘米，纵23厘米，记载了虎门销烟的具体情形。

折内不仅首次确认了外国输入中国的鸦片品种有公斑、白土、金花、小公斑4类，还详细记录了缴获烟土数量为19187箱又2119袋。为日后继续做好禁烟工作，准确辨别缴获烟土的真伪，林则徐等人建议"四种烟土每种各留两箱……作为采样土"。因此，实际销毁鸦片数量为19179箱又2119袋，除去包装箱袋，实重2376254斤。

折内还详述了销毁鸦片的方法，即"将烟土切碎抛入石池，泡以盐卤，烂以石灰，统俟戳化成渣，于退潮时送出大海"。道光帝阅看这份奏折后，提笔朱批"可称大快人心一事"。

虎门销烟大大抑制了帝国主义在中国的鸦片交易和贸易掠夺，展示了中国人民反抗外来侵略的觉醒意识。然而，禁烟触及了西方国家的利益，英国随即发动了第一次鸦片战争，于1842年迫使清政府签订了屈辱的不平等条约《南京条约》，从此中国社会发生了根本性的变化，开始沦为半殖民地半封建社会，同时也揭开了近代中国人民反抗外来侵略的历史篇章。

《清军进攻独流镇战图》

卢 溪

清朝档案中保存有部分战图，主要描绘战争场景，为战况增添了直观形象的画面感，对历史研究具有重要价值。咸丰三年至四年（1853—1854年），清军与太平天国北伐军在天津独流镇激战，《清军进攻独流镇战图》描绘了这次战斗的场景。此图为彩色纸本，纵136.6厘米，横297.4厘米。

战图完全站在清政府的角度，描绘清军占据有利地形，对出城的太平军发起猛烈攻击，太平军被包围后一片混乱、丢盔弃甲的场景。画面力图表现清军的英勇，清军将士排列有序、面目威严、衣甲整齐、旌旗猎猎；指挥官骑着高头大马、指挥若定，士兵列队进攻、秩序井然，炮兵正在射击、火力猛烈。清军兵器冷热混用，包括重型火炮、

《清军进攻独流镇战图》

子母炮、抬枪、火枪、弓箭、长枪等。而对太平军将士则进行了丑化，画中的太平军将士普遍面目丑陋，装备简陋，甚至有一名头戴黄巾的将官惊惶地从乘坐的轿子中跌出，模样可笑。除了一处被击溃的炮兵阵地外，太平军只有长枪、片刀等落后的冷兵器，以步兵和骑兵为主。

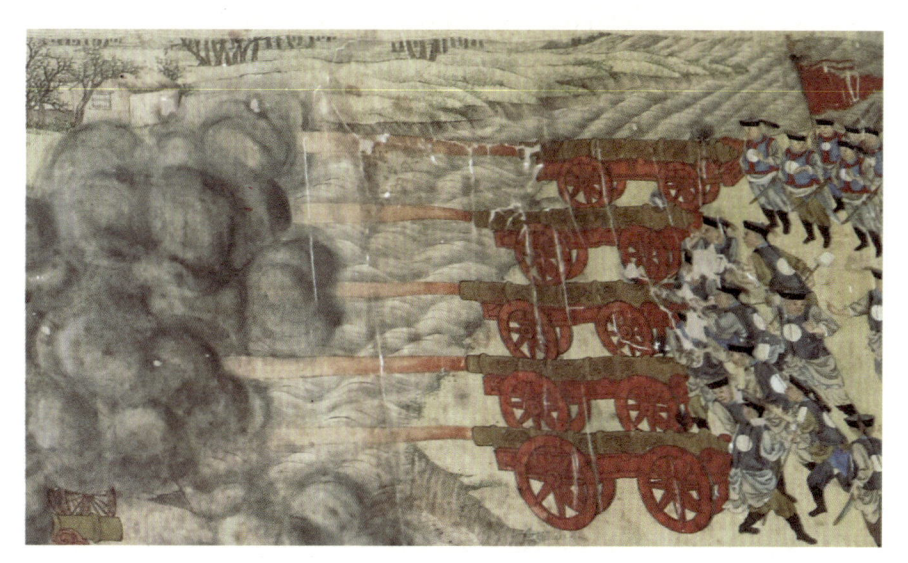

战图中清军装备的重型火炮

绘制战图、得胜图是清朝传统，如乾隆朝有《平定西域战图》《平定台湾得胜图》《平定两金川得胜图》等。在镇压太平天国运动和捻军起义后，清廷按惯例修纂剿平方略和绘制战图，以展示"武功"。光绪十六年（1890年），《平定粤匪战图》"全图告成，计百数十轴"，存于紫光阁，后在八国联军侵华时大部分遭劫掠流散。

据史料记载，独流镇之战的实际情况是：咸丰三年，北伐的太平军在林凤祥、李开芳率领下，从扬州出师，一路逼近京城，于当年九月占领静海县城和独流镇（均位于今天津市静海区），在两地驻防等

《皇朝礼器图式》中的武成永固大将军炮

待援军，引起清廷震动。清军胜保部奉命围剿北伐太平军，僧格林沁部为后援。胜保以少量兵力牵制静海太平军，亲率主力围攻独流镇，试图歼灭驻扎于独流镇的太平军。太平军则依托防御工事进行顽强抗击，让清军付出了巨大代价却始终无法取胜。战图中清军炮兵大发神威，实际上统率炮兵的清军副都统佟鉴在此役中被击毙。

北伐太平军始终未等来援军，又由于天寒地冻损失严重，坚守3个多月后主动突围南下，让清军在独流镇剿灭太平军的目的彻底落空。咸丰五年，在清军的围攻下，北伐太平军最终于山东冯官屯全军覆没。

罕见的洪秀全亲笔诏书

刘文华

太平天国天王洪秀全给薛之元的诏书，是相当罕见的洪秀全亲笔诏书。

天王洪秀全亲笔诏书

天王诏书

诏书用朱笔写成，前盖方形玺印，印文右为"奉天诛妖"，左为"斩邪留正"，中为"太平天王大道君王全"九个大字，四周雕有花纹。另盖一方小印，印文为"上帝圣旨天生真全坐山河"。

诏书全文如下：

朕诏答天豫薛之元弟知之：万有爷哥朕主张，残妖任变总灭亡，诏弟统兵镇天浦，兼顾浦口拓省疆。

朕昨令弟排拨官兵五千，亲自统带，星速赶赴六合镇守。今朕复思天浦省乃天京门户，弟有胆识，战守有方，足胜镇守之任。爰特诏弟统齐兵士，赶赴天浦省垣，协同将帅黄连生弟等实力镇守，安抚黎庶，造册举官，团练乡兵，以资防堵；征办粮饷，源源解京；鼓励将兵，严密堵剿，毋些疏虞。

今特命保天福刘庆汉，欢天福林世发，侍卫黄钦元、陆凤翔等捧诏前来，令弟星速带齐官兵前赴天浦省实力镇守，并排薛之武弟带同一队官兵前赴浦口镇守。弟等见诏，实力奉行，放胆雄心，力顶起爷哥朕江山万万年也。钦此。

诏书中有一些太平天国的专门用语："爷"指"天父"上帝，"兄"指"天兄"耶稣（洪秀全则自称"天父"之子，"天兄"之弟），"妖"则指清朝。

诏书中洪秀全令薛之元领兵镇守南京江浦一带（太平天国称为"天浦省"），这里是交通要道，也是北方解运粮饷的必经之处。洪秀全对薛之元颇为笼络，称赞他"有胆识，战守有方，足胜镇守之任"，命薛之元"镇天浦，兼顾浦口"。诏中说"天浦省乃天京门户"，地理位置重要，要求薛之元在江北"安抚黎庶、造册举官、团练乡兵"，并"征办粮饷，源源解京"，"鼓励将兵，严密堵剿"，"实力奉行"。

太平天国和捻军

咸丰三年（1853年），太平军夺取江苏省城南京，改名天京，定为太平天国都城，太平天国政权建立。淮北地区捻党的反清斗争受此鼓舞，闻风而起，积极呼应，逐渐转化成为捻军，势力日益壮大。咸丰五年秋，各路捻军在安徽亳州雉河集会盟，推张乐行为盟主。

咸丰七年春，太平军与捻军在安徽霍丘、六安交界处会师。从此，捻军在一定程度上接受太平天国领导，走上了与太平军共同抗清的道路。太平天国也给予捻军首领封号，如捻军盟主张乐行就先后被封为征北主将、鼎天福、义爵和沃王。捻军也同太平军一样蓄发，有的队伍甚至改用太平天国旗帜。太平天国经常派遣人员与捻军联系作战，还有专任代表常驻捻军，捻军也常派人至天京或陈玉成、李秀成处，联络会商，协同行动，共同对付清军。

总体来说，捻军依然保持了自己的领导系统和原有制度，"听封而不能听调用"，太平天国不具体过问捻军的内部事务，也不对捻军进行改编，两军的联合还是限制在一定程度内。但也有一些捻军首领由于种种原因而直接加入太平天国，其队伍也就被太平军收编，如李昭寿、薛之元等。

薛之元其人

诏令中提到的薛之元，又名薛小或薛老小，是河南固始人，原是捻军首领李昭寿的部下。

薛之元作战勇猛，当地有民谣称："薛小人不小，打仗头里跑，杀到霍丘县，得了顶子一大串。"薛之元先是跟随李昭寿在道员何桂珍的引诱下投降清朝，后又追随李昭寿杀死何桂珍，投奔太平天国。

加入太平军后，薛之元成为李秀成的部下，统率一队人马在江北沿岸征战。咸丰八年秋，太平军取得浦口之战的胜利，天王洪秀全写下亲笔诏书，晋封薛之元为"答天豫"。"豫"是太平天国后期增设的爵位，当时太平天国的爵位有王、天将、朝将、主将、义、安、福、燕、豫、侯十级。

虽然洪秀全对薛之元颇为器重，但薛之元反复无常，后来又投降清朝。据清军江北大营钦差大臣德兴阿奏称，薛之元踞守江浦城后，向城内的清军间谍言及投诚之事，咸丰九年正月二十一日，薛之元派遣亲属来到德兴阿军营，声称愿意"输诚效顺"。德兴阿即遣人告知薛之元，如果意欲归顺，必须先献江浦县城，与清军联合攻打六合，立功之后，再行奏请奖励，并保证会妥善安置薛之元所部人马。除了德兴阿之外，薛之元还联络了另一位清军大将胜保。正在薛之元与清军联络归降之事时，正月二十四日，太平军方面发现薛之元有叛变企图，即派兵包围江浦，但在薛之元与清军的夹击之下而失利。随后，李昭寿率军赶到江浦，薛之元遂率众12000余人剃发，向清朝投降。不过薛之元后来并未得到重用，反而因所部哗变而被杀。

薛之元的叛变，给太平天国造成了重大损失。江浦、浦口是天京的北大门，是供应太平天国粮食和军火的重要通道，也是清廷派兵南下镇压太平天国的必经之地。薛之元投降后，战略要地江浦、浦口陷落，使天京城随时都受到清军威胁。显然，洪秀全将具有如此重要战

人民英雄纪念碑浮雕"金田起义"

略地位的江浦、浦口交给反复无常的薛之元镇守，不能不说不够深思熟虑。

自此之后，江北要地被清军牢牢掌握。虽然咸丰十年太平天国再破江南大营，攻取苏南，进军上海，将势力范围扩展至浙江，但是并不能改变战略上的劣势。同治元年（1862年）夏，湘军进围天京。同治三年，天王洪秀全病逝、天京陷落，太平天国运动宣告失败。

清军大沽口重挫英法联军事奏折

赵增越

第一次鸦片战争后，英法等国为通过修约来达到扩大在华利益的目的，以亚罗号事件和西林教案为借口，组成联军，发动了第二次鸦片战争。咸丰八年（1858年）五月，英法联军攻陷了清军固守的大沽炮台，进而占领天津，逼迫清政府签订了《天津条约》。

《天津条约》签订后，英法联军撤离天津，沿海路陆续南下。咸丰帝对条约内容不满，令大学士桂良等与英法代表交涉修改。英法方面拒绝修改条款，并坚持要在北京换约。咸丰九年五月，英、法、美三国公使各率舰队到达大沽口外，企图以武力威慑清政府交换《天津

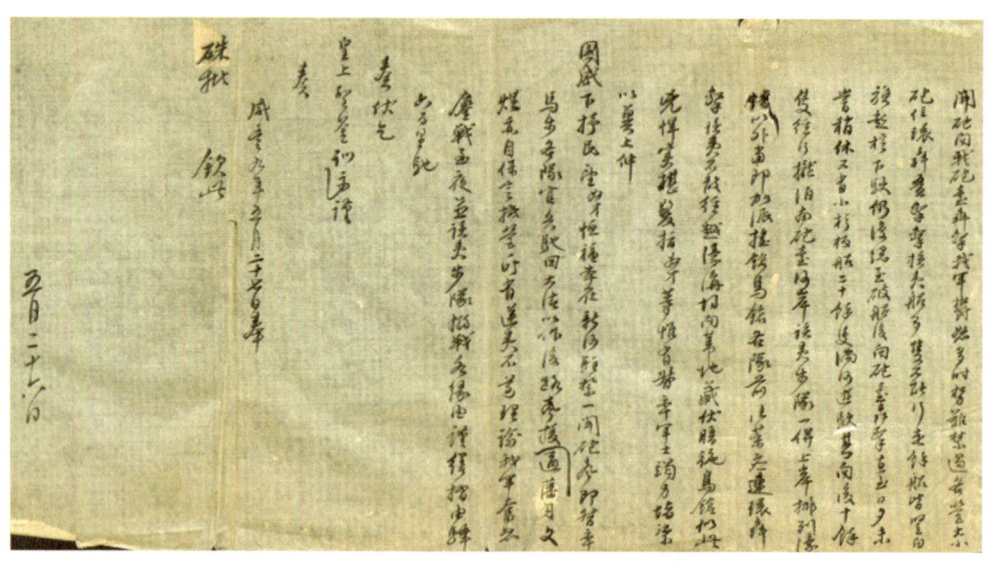

钦差大臣僧格林沁为大沽口重挫英法联军事奏折

条约》批准书。此时大沽的防卫已大大加强，铺设了层层拦河设施，使得大沽口成为无法通航的口岸。率军守护大沽口的博多勒噶台亲王僧格林沁奏请咸丰帝，谕令各国公使改由陆路进京。咸丰帝命直隶总督照会英法公使，指定他们由北塘登陆，经天津到北京换约，随员不得超过20人，并不得携带武器，遭到英法公使拒绝。

五月二十五日，英法军舰闯入大沽口，开始清除水中的障碍物。在僧格林沁的指挥下，守军英勇抵抗："夷船不遵理谕，闯入内河，先行开炮，向我轰击。我兵奋怒击毁夷船多只，余船皆竖白旗。仍有夷兵登南炮台河岸，一经轰击，皆向苇地藏伏。"战斗异常激烈，鏖战终日，直隶提督史荣椿等先后阵亡。英法联军最终惨遭失败，损失舰艇多艘，死伤400多人，英舰队司令何伯受重伤。

清军的坚决抵抗致使英法联军惨败，大沽口之战的胜利也大大鼓

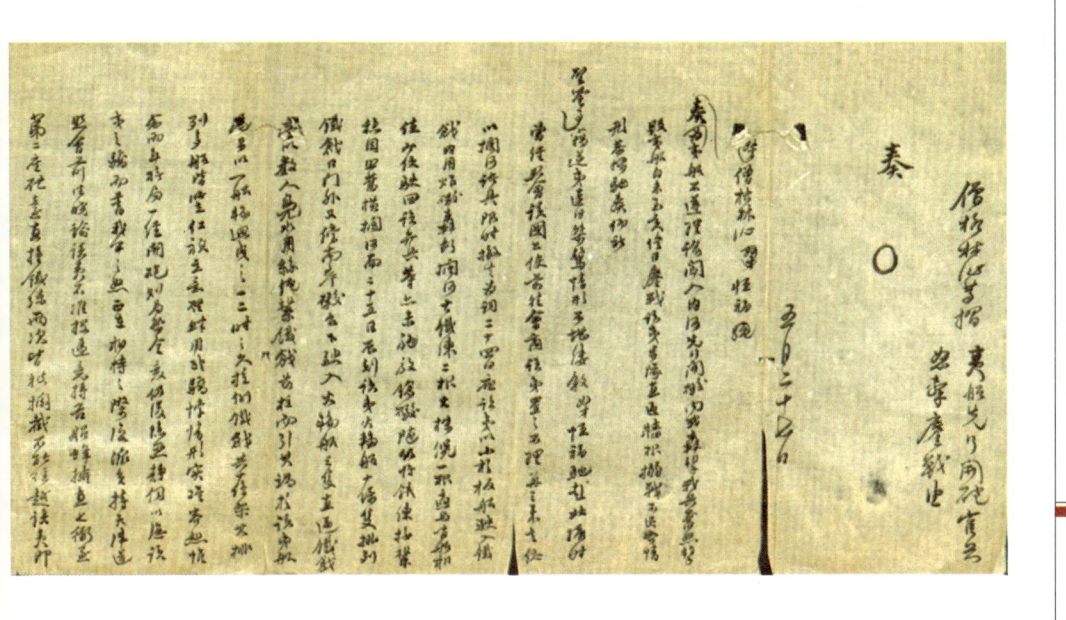

舞了中国人抗击外来侵略的士气。大沽获胜的捷报传入京城,咸丰帝非常兴奋:"夷人狂悖无理,经此次痛加惩创,自应知中国兵威未容干犯。该将弁等协力齐心,大获胜仗,实属异常奋勇。"

马克思在《新的对华战争》一文中指出:"中国人抵抗英国人的武装远征队,毫无疑义地也是有理的。中国人这种行动,并没有破坏条约,而只是挫败了英国人的入侵。"

英法联军惨败的消息传到欧洲,引发一片战争喧嚣。咸丰十年七月二十三日,英法联军又疯狂进攻大沽北岸主炮台西侧的石缝炮台,直隶提督乐善阵亡,僧格林沁率军退守通州。

清军在八里桥鏖战事奏折

卢 溪

咸丰十年（1860年）七月二十二日，清政府与英法两国代表谈判破裂，英法联军计划进犯北京。虽然清军曾经在第二次大沽口之战中击败过英法联军，但敌军增兵并大举进攻，此时大沽口炮台和天津均已沦陷。负责御敌的僧格林沁等清军将领率领部队在通州一带设防，以阻止英法联军进犯京城。

八月初四日，清军在张家湾一带与英法联军激战后退守八里桥，英法联军占领通州和张家湾。八里桥位于运河上，是一座石桥，距离通州8里，扼守着京城到通州的交通要道，是兵家必争之地。这里一旦失守，北京城将门户洞开。

八月初七日，英法联军进犯八里桥，著名的八里桥之战爆发。这场战斗分为两个阶段：第一阶段是清军马队在僧格林沁率领下，向英法联军发起多次勇敢的冲击，最终却在敌军密集的火力打击下不得不退却。第二阶段，英法联军的主力部队直接进攻八里桥清军阵地，猛烈的炮火下清军死战不退，和敌军展开了白刃战，直至清军将领胜保负伤方才退军。

此折为八里桥之战结束后前线指挥官瑞麟等人所上的奏折，详细描述了战斗情形：

当日，清军的瑞麟、胜保两部在八里桥以南策应僧格林沁部，英法联军由郭家坟一带兵分三路发起进攻。"僧格林沁亲督马队与贼接

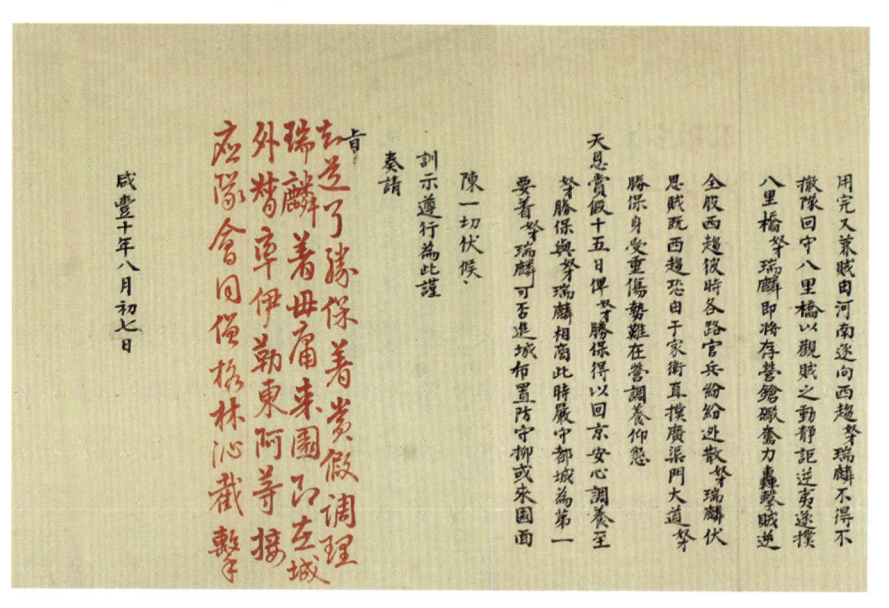

大学士瑞麟等奏八里桥鏖战情形奏折

仗""瑞麟督队迎其东股""胜保督队迎其南股"。虽然清军将士表现英勇,"各兵人人奋勇,连环轰击",但是由于清军的战术和武器装备都已经远远落后于时代,加上指挥官胜保负伤,清军苦战多时后不得不撤退。

本次战斗中,作为对手的英法联军对清军表现出的顽强斗志给予了高度赞赏。法军指挥官孟托班在回忆录中,称赞坚守八里桥的清军是"英勇作战的鞑靼皇帝的旗兵"。法军军官吉拉尔则描述"八里桥之役,中国军队以少有之勇敢迎头痛击联军……他们呼喊前进,勇猛和反复地冲杀",只是"法国和英国的炮兵压倒了他们的箭、矛、迟钝的刀和很不像样的炮"。

德里松伯爵的《翻译官手记》里,则记录了一则令人动容的事迹:

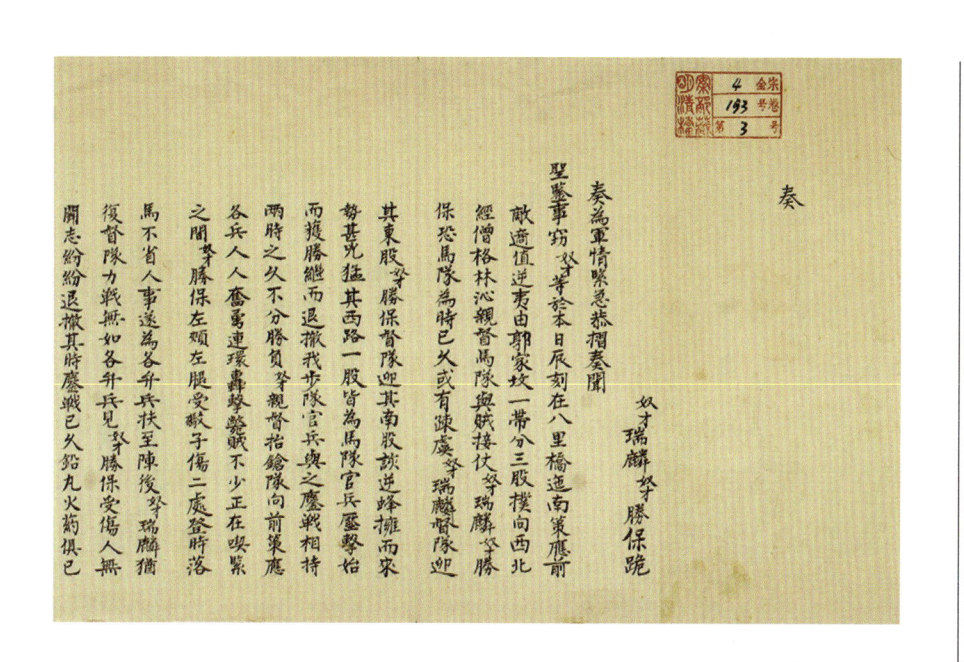

八里桥上站着一名身材极为高大的清军旗手，他手执一面写有黑字的大黄旗，不断挥舞旗帜向全体军队下达着命令。哪怕身边堆满了尸体，哪怕子弹和炮弹在他身边呼呼作响，他依然镇静不动。直到一发霰弹击中了他，他倒了下去，紧紧抓在手里的旗杆也最终倒下。这悲壮的一幕被呈现在影片《火烧圆明园》中。

八里桥激战失利后，咸丰帝匆匆逃往避暑山庄，英法联军攻入北京，犯下了洗劫和烧毁圆明园的罪行。

八里桥之战，是第二次鸦片战争期间清军为抵御外国侵略者而进行的一场激烈悲壮的战役，清军付出了惨重的代价，虽未能阻止英法联军最终攻入北京，但是在战斗中也展现出中国军民不畏强敌、敢于战斗的勇气和决心。

广西提督冯子材新春奏折

石文蕴

同治二年（1863年）十一月，时任广西提督的冯子材给同治帝上庆贺折，向皇帝庆贺同治三年元旦新禧。

冯子材（1818—1903），广西钦州人，历经了嘉庆、道光、咸丰、同治、光绪五朝。道光三十年（1850年）曾参加天地会反清起义，后降清参与镇压太平军，同治元年升为广西提督。中法战争时，年近七旬的冯子材精心策划指挥，坚决抵抗法军的侵略，取得了镇南关大捷，

广西提督冯子才为贺同治帝元旦新禧事奏折

为保卫祖国疆土做出了突出的贡献。

　　清代奏折根据其用途与性质，可分为请安折、谢恩折、庆贺折及奏事折几类。其中的庆贺折，便是在时至元旦（农历正月初一），或遇有贺捷庆胜、诞育皇子等喜庆之事时，臣子向皇帝或皇太后上奏表示庆贺的奏折，也可称为"贺折"。臣工缮写好庆贺折后，多将折子装入封套，外包黄纸，盛于折匣后加锁，再装垫黄褥，最后用黄绸包裹，亦有其他包装形式。包装好的庆贺折一般由专差赍送，交由宫廷奏事处再转奏皇帝阅览。

　　庆贺奏折，皇帝一般简单朱批"览"，或不加朱批，留中收藏。冯子材所上这件贺折，内有朱批"览"字，不知究竟是年幼的同治帝批写，还是慈安太后或者慈禧太后代笔所书。

僧格林沁阵亡事奏折

王 澈

僧格林沁，蒙古科尔沁左翼后旗人，博尔济吉特氏，道光五年（1825年）入嗣袭封扎萨克多罗郡王，曾击溃太平天国北伐军，俘获林凤祥、李开芳，因功晋封博多勒噶台亲王，被清廷称为"国之柱石"。僧格林沁在咸丰九年（1859年）的大沽口之战中击败英法联军，这是自鸦片战争以来清朝第一次在抗击外来侵略中取得胜利。

前杭州将军国瑞为查明亲王僧格林沁阵亡情形事奏折

这样一位有着赫赫战功的悍将，竟然阵亡在"剿捻"战役中，这使清廷上下异常震惊。前杭州将军国瑞上奏了僧格林沁阵亡情况，清廷认为奏报的内容不太详细，令其"续查具奏"。这件档案就是收到寄谕的国瑞经过再次调查后所上的奏折。其中详细地报告了僧格林沁"剿捻"最后一战的前后经过及阵亡情形。

僧忠亲王行猎图卷（首都博物馆藏）

当太平天国起义在南方轰轰烈烈地进行时，捻军也活跃在中国的北方。咸丰七年春，以马队为主的捻军接受太平天国领导，在淮南战场直接配合太平军行动，淮北战场则与太平军遥相呼应，清廷开始派遣重臣督办"剿捻"事宜。咸丰十年九月，蒙古亲王僧格林沁被任命为主帅，统领他的蒙古马队和步队，"追剿"行踪不定、飘忽无常的捻军，清军常常被捻军牵着鼻子被动追击，"日行百里以外"，使清军疲惫不堪，餐饮无时。"强刚自用"的僧格林沁本人更是寝食俱废，但并没有放缓追击的节奏。

同治四年（1865年）四月二十四日辰时，清军尾追赖文光、张宗禹率领的捻军至山东曹州府菏泽县，探知捻军已驻扎高庄集一带三日，正在集结兵力准备南下。众将官建议让过捻军前锋，兜后由北尾随"追剿"。僧格林沁力排众议，决定由南向北迎头对决，并将兵力分为东、中、西三路。双方先在沙堌堆激战，清军中、西两路败退，僧格林沁督战东路，被捻军逼至荒庄扎营。捻军三面合围，构筑营垒，并挑挖

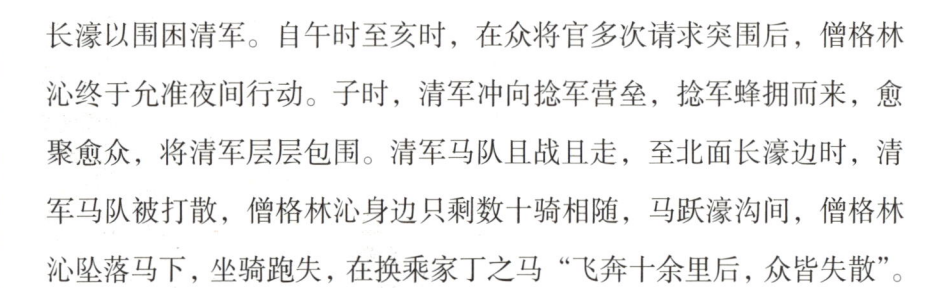

长濠以围困清军。自午时至亥时，在众将官多次请求突围后，僧格林沁终于允准夜间行动。子时，清军冲向捻军营垒，捻军蜂拥而来，愈聚愈众，将清军层层包围。清军马队且战且走，至北面长濠边时，清军马队被打散，僧格林沁身边只剩数十骑相随，马跃濠沟间，僧格林沁坠落马下，坐骑跑失，在换乘家丁之马"飞奔十余里后，众皆失散"。

掉队的家丁发现僧格林沁坐卧在路旁，正想带主人离开时，又来了几个捻军。家丁奉命藏入苇塘，远远望见几个捻军将僧格林沁围住……二十五日午时，副都统成保在曹州府城西北15里外的吴家店麦地内找到僧格林沁的尸体，受伤8处：颈项伤痕7处，其中3处刀伤，4处矛伤，另有右肩矛伤1处。

僧格林沁在出击捻军时中伏被杀，时年55岁。同治帝与两宫太后下旨辍朝3日，亲临祭奠，赐谥号"忠"，配享太庙，绘像于紫光阁。作为清朝倚重的大将，僧格林沁之死象征着八旗军事力量的没落，对晚清的政治格局和军事格局产生了重要影响。

《福建马尾船坞图》

郭 琪

19世纪60年代，以恭亲王奕䜣、两江总督曾国藩等人为核心的洋务派，主张引进西方先进的军事装备、机器生产和科学技术，希望达到"自强"和"求富"的目的，因为鸦片战争的深刻教训，第一步便是吸收西方的人才与设备，兴建属于自己的军事工业。

同治五年（1866年）五月十三日，闽浙总督左宗棠上奏同治帝，称如今"西洋各国向以船炮称雄海上……适火轮兵船已成，英吉利遂用以入犯，厥后寻衅生端，逞其狂悖"，请求拨款购买机器、招募专业人士，自建船厂。在得到同治帝的批准后，左宗棠经过多番考察，最终选择在福州马尾设立轮船局，筹建船厂。同年九月，左宗棠调任陕甘总督，便推荐沈葆桢出任总理船政大臣，接管轮船局，总理船政事务。沈葆桢就任后，很快将筹建船厂的各项事务推动开来。

《福建马尾船坞图》是沈葆桢于同治六年八月初八日向同治帝进呈的，图中详细绘制了马尾船厂已近完竣时的具体情况。船厂背靠三岐山，面向马尾江。船坞深一百四十七丈，阔一百六十二丈，船坞内设有外国办公所，并有铁路连通各处待建各厂。以船坞为核心，外围有官道、土堤。自东南环绕至西北，呈半圆状分布着煤炭厂、中国工匠房、艺童下处、船政学堂、日意格寓楼、船政公所、外国匠房、外国医生寓楼、德克碑寓楼、外国匠首寓楼、钢铁厂等建筑，三岐山上设营盘一座，有道路直接通往山下。

《福建马尾船坞图》

　　船厂整体规模宏大，布置井然有序，是中国近代海军的第一个造舰育才的重要基地。两年后，由船厂自行研造的第一艘轮船"万年青"号下水，一批批的海军学员开始从这里走出，中国近代海军事业的雏形已经悄然形成。

晚清股票

王慧萍

第一次鸦片战争后，广州、厦门、福州、宁波、上海五口相继对外开埠通商，洋行和洋商大量涌入中国，随着外资在华设立各类股份制公司，西方国家已普遍采用的股份制公司的生产经营形式和集股筹资的方法也被引入中国。与此同时，面对西方坚船利炮的威力，内忧外患的清政府为了维护统治发起了洋务运动。以"自强"为口号，采用西方先进技术，创办了一批军事工业，后来为了解决资金、原料、交通等方面的问题，继以"求富"为口号大力兴办民用企业。由于清政府财政困难，民用企业采取官督商办和官商合办的形式，仿效西方股份制，面向社会募股集资。

同治十一年（1872年），直隶总督兼北洋大臣李鸿章上奏清廷试办轮船招商局，首次采用股份制形式，面向社会筹集资本，成了近代中国第一家发行股票的新型股份制企业，"中华第一股"由此诞生。

新生的股票问世后在社会上得到了热烈追捧，轮船招商局的原始股每股为白银100两，到了光绪八年（1882年）八月，市场价已上涨为270两。由此兴起了一股兴办股份制企业的高潮，股份制公司形式在保险、采矿、纺织、电报、交通、金融等行业纷纷运用，一批华商股票应运而生，如仁和保险、开平煤矿、上海机器织布局等都是中国近代较早出现的华商股票。

股票价格的不断上涨，带动了民众购买华商股票的积极性，人们趋之若鹜，凡是公司股票，莫不奇货可居，甚至出现了股票供不应求的现象，也催生了中国第一家证券交易所的诞生。光绪八年九月上海平准股票公司成立，它的设立首开中国有组织的股票交易的先河。

股票的发行大大促进了近代民用企业的发展，但是股票市场的火热也隐藏着危机。受国际关系、经济局势以及过分投机影响，晚清股市先后经历过两次震荡，股票暴跌如同废纸，使许多民用企业损失惨重。

这组晚清股票中有山东博山玻璃有限公司、厚德商业银行、西山煤矿有限公司、商办湖南瓷业有限公司、湖北水泥厂股份有限公司等公司的股票、息单等。

其中，山东博山玻璃有限公司于光绪三十年由山东巡抚周馥批准

晚清股票

开办，拨官款库平足银 5 万两作为官股，由张謇、徐鼎霖、顾思远等人负责经营，为官商合办之举。四月，公司在上海的《中外日报》上刊登招股启事，广招股本。起初拟招集商股 10 万两，共计股本 15 万两，后来又扩充为 50 万两，因此重印股票换给新旧各股东。股票上载明年息银按照第七节章程办理，余利照第十二节章程分账，加盖山东全省农工商务总局关防。公司于光绪三十二年十月正式开工投产，采用世界上较先进的技术"吹泡摊片法"生产平板玻璃。由于资金不足难于应付巨额开支，加之管理不善、外商压榨等因素，公司于宣统二年（1910 年）停止了生产，虽然仅维持了 4 年，但生产平板玻璃的技术却被保留了下来，出现了博山平板玻璃的盛世。《中国实业志》称其为中国"新法制造玻璃之嚆矢"。

中国第一历史档案馆馆藏晚清股票覆盖了光绪朝到宣统朝股票发展的各个时期，对于研究清代股票的发展、洋务运动的兴衰以及晚清经济制度具有重要的史料价值和文物价值。

慈禧太后膳食《特记册》

石文蕴

清代内务府下设专为管理皇帝、后妃及其他宫中皇室成员饮食的机构，顺治初年时称为"茶房""膳房"，乾隆年间合为"御茶膳房"。还另设有专司皇太后饮食的寿茶房和寿膳房。此外，后宫皇太后、皇后、贵妃等还会专设自己的小厨房，用以烹饪偏爱的食物。这件慈禧太后膳食《特记册》就是私厨为其特制膳食的记录。

慈禧太后每日用膳2次，除按时配制外，另开设私厨烹制喜爱的食物，并由专人负责记录及保存食谱，即成《特记册》。《特记册》单册横23.3厘米、纵16.1厘米、厚0.5厘米。其封面正中书写时间，左上角处书"特记"二字。册内以时间为序，记录了慈禧太后早膳与晚膳的特制菜品。

慈禧太后膳食《特记册》

以光绪七年（1881年）四月初二日为例："早膳用里脊丝焖蒜苗一品、豆腐干炒豆芽菜一品、里脊丁花椒酱一品、疙瘩丁炒黄瓜豌豆一品、双莲花卷一品、小豆稻佛手卷一品、白蜂糕一品；晚膳用里脊丁炒黄瓜豌豆一品、豆腐干炒龙须菜一品、素焖云扁豆一品、小虾末炒韭菜一品、荷叶莲花卷一品、肘丝馒首一品、白蜂糕一品"，菜色虽较为简单，但不失精致可口。

慈禧太后的私厨又被称为西膳房，其下设五局：荤局专做鸡鸭鱼肉等各种荤食菜肴；素局负责制作素菜，多以豆腐、面筋为原料烹饪；饭局专门制作饭、面、粥、馒头、花卷等各色主食；点心局负责制作各式点心；饽食局则专司制作萨其马、酥皮饽饽等满族人喜食的点心。西膳房设有总管太监管理各局，下有小太监为徒，另有临时入宫帮忙之人，称为"效力"。

当慈禧太后离开紫禁城时，西膳房也会随驾侍候。据档案记载，光绪二十年，苏拉处值年内管领钟需等人呈明内务府："本年三月初七日，恭备皇太后、皇后前往颐和园驻跸，所有西膳房、西茶房、西司房、西他坦、敬事房、小花园、西药房各等处传用大车、抬夫、执灯苏拉等项差务用款甚巨"，请求先行支领银两。

慈禧薨逝后，西膳房归隆裕太后所用，后逐渐废弛。

慈禧太后"普天同庆"戏单

哈恩忠

清光绪年间"普天同庆"本宫班的戏单上记载了20余出剧目及演出时刻,其中如《狮子楼》《拾玉镯》等剧至今仍在上演。

清宫历来设有专门机构承应宫廷朔望节令、喜庆大典以及某些日常的戏曲演出活动。清初承袭明宫教坊司旧制,设"南府"与"景山";道光七年(1827年)南府改组为升平署,管理和承应宫廷戏曲演出活动,并沿袭至清末。承应演戏的艺人,既有宫内太监,也有来自江南等地的优秀民间艺人及从内务府三旗子弟中挑选的旗籍伶人。光绪末期,升平署还挑选大量的民间戏班入宫承应演出戏曲,如四喜、承庆、三庆、双奎、同春等戏班,其戏班名伶有谭鑫培、杨小楼、孙菊仙、陈秀华、杨隆寿、金秀山等。

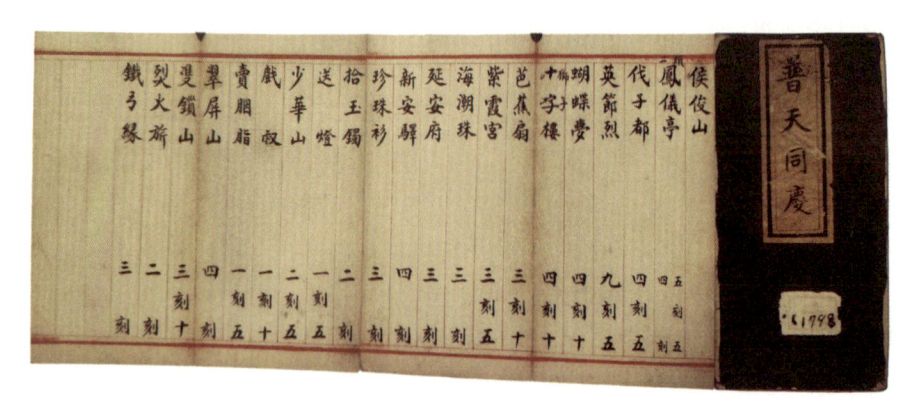

"普天同庆"本宫班戏单

慈禧太后素喜戏曲，欣赏戏曲亦是其在宫内的娱乐活动之一，在其当时寝居的长春宫体元殿后便设有戏台。《菊部丛谭》中言："慈禧太后工书画，知音律，尝命老伶工及知音律者编《四面观音》等曲，太后于词句有所增损。"光绪初年，慈禧太后为方便欣赏时兴的西皮、二黄诸腔戏，以其近侍太监为主成立"普天同庆"本宫班，学习和排练戏曲。《翁同龢日记》中对这个戏班也有记载："光绪十年十月，自初五日起，长春宫日日演戏，近支王公、内府诸公皆与。医者薛福辰、汪守正来祝，特命赐膳赐观长春之剧也……此数日，长春宫戏八点钟方散。有小伶长福者，长春宫近侍也，极儇巧"云云。

光绪十六年印制《中国电线地图》

郭子梦

光绪十六年（1890 年）冬，天津电报总局印制了《中国电线地图》。此处电线为电报电线之意，该图反映了当时中国电报线路建设 10 余年的发展情况。

该图绘制电报线最北端已达黑龙江，西北内陆地区最远达甘肃的肃州（今酒泉），西南达云南的大理、腾越，东南达福建、广东、台湾，标注了所有已通电报线路的省份（湖南电报当时正在建设中，其余未通电报线路省份未绘）。从图中可见，当时全国电报干线已初步具备网状结构，不仅方便官方的军事、外交、政治信息的传递，而且对繁荣和促进工商业的发展起了积极作用。

19 世纪 60 年代至 90 年代，清政府面临内忧外患，为维护清朝统治，部分开明官僚发起洋务运动，主张引进西方先进科学技术，实现富国强兵，挽救国运衰败的颓势。

作为洋务运动的一项重要举措，19 世纪 70 年代，电报开始酝酿创设。同治十三年（1874 年），钦差大臣沈葆桢赴台湾办理海防事宜，其间认识到"台洋之险，甲诸海疆，欲消息常通，断不可无电线"，提出中国应自行设立电报电线。是年五月初一日，清政府批准沈葆桢等筹办架设从厦门至台湾的电报电线。光绪七年，电报总局在天津成立，天津至上海的电报线路开通，清政府深感其传递信息便捷。一年后，电报总局的营业范围迅速扩展，其建设在数省铺开。"十年之间，南北东西纵横三万里,一气呵成……国计商情均有裨助。"

在洋务派积极推进下,当时中国电报已覆盖了大部分省份。以李鸿章为首的洋务派以"求强""求富"的旗号,创办了电报业,对于近代资本主义的发展起到了积极作用。但包括创设电报等在内的洋务举措,仅仅是为了维护摇摇欲坠的清政府统治,正因为这种局限性,洋务运动没有使中国走向富强,也未能挽救在对外战争中失败的命运,未能阻止中国社会半殖民地化。

光绪十六年《中国电线地图》(局部)

优恤黄海海战阵亡将士奏折

伍媛媛

光绪二十年（1894年）六月二十三日，日军以偷袭清军运兵舰船为发端，不宣而战，挑起了一场蓄谋已久的侵华战争，即中日甲午战争。这场战争从丰岛海战到鸭绿江溃败，从大连陷落到旅顺屠城，从大东沟决战到威海卫北洋水师全军覆没，成为中国近代史上规模最大、影响最深、教训最重的一次战争。

八月十八日，在鸭绿江口附近爆发的大东沟海战是中日双方海军的主力决战，在近5小时的鏖战中，北洋舰队官兵"奋力迎击"，"效死用命，愈战愈奋，始终不懈"，最终致远、经远、超勇、扬威4艘

李鸿章为邓世昌等黄海海战阵亡各员请予优恤事奏折

战舰在海战中或沉或焚，600多名官兵壮烈牺牲。

战后，钦差大臣李鸿章奏请优恤黄海海战中阵亡各员，在奏折中提到："（致远舰管带）邓世昌首先冲阵，攻毁敌船，被溺后遇救出水，自以阖船俱没，义不独生，仍复奋掷自沉"；"（经远舰）管带林永升奋勇督战，突中敌弹，脑裂阵亡"；"（提督）丁汝昌统率全军，身当前敌，受创后犹复舆疾往来，未尝少休"。北洋舰队"以寡敌众，转败为攻"，重创日舰多艘，使日本舰队受到了沉重的打击。

梁启超曾说："吾国四千余年大梦之唤醒，实自甲午战败，割台湾，偿二百兆以后始也。"甲午一战，加深了中国半殖民地进程，给积贫积弱的中国带来的是血与泪的耻辱，更唤醒了中华民族救亡图存的抗争与觉醒意识。

台湾绅民不服割台事电报

卢 溪

光绪二十一年（1895年）三月二十三日，清政府和日本政府在日本马关（今山口县下关市）签订不平等条约《中日马关新约》，条约内容包括割让台湾岛及其附属各岛屿、澎湖列岛给日本，日军遂大举入侵台湾，遭到台湾军民的坚决抵抗，史称"反割台斗争"。

本件档案记载了台湾民众不服割台、坚决抵抗的历史事实。档案

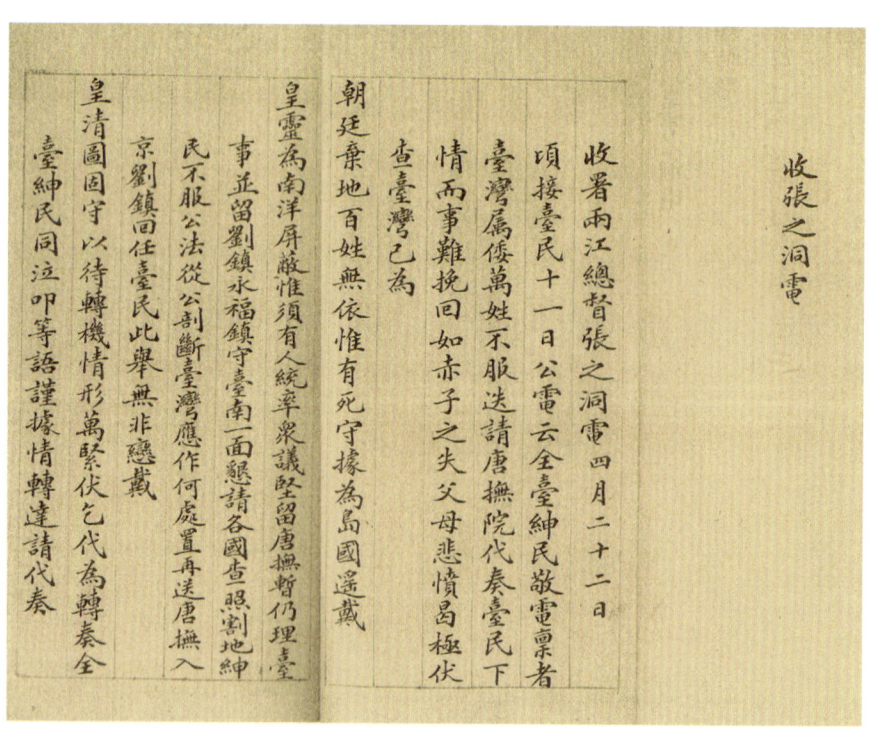

张之洞为台湾绅民不服割台愿留唐景崧刘永福固守事电报（局部）

中称"台湾属倭，万姓不服"，众议坚留署台湾巡抚唐景崧署理台湾政务，留署台湾镇总兵刘永福镇守台南，以统率百姓固守台湾。

布防保台

光绪二十年五月，中日甲午战争爆发前夕，日军出兵朝鲜，伺机寻找借口以发动侵略战争。

台湾作为祖国东南海疆上的战略要地，一直为日本侵略者窥伺，清政府意识到台湾当地守备力量不足，遂命骁勇善战的刘永福率黑旗军入台帮办防务，并接署福建台湾镇总兵一职。

刘永福是清末著名将领，曾在越南北部痛击法国侵略军，他抵达台湾接任后，驻守台南府城积极备战，在两岸募兵扩充黑旗军至8营。

抵制割台

《马关条约》签订后，震惊全国。清政府各级官员内而内阁大臣、御史、翰林，以及各省督抚司道纷纷上奏，反对割台。台湾地方官员也屡次发电，奏明民众的悲痛之情及抗日愿望，署台湾巡抚唐景崧向清廷发电报指出："战有生机，割地赔款实成绝路"，割台"则是安心弃我台民，台民已矣，朝廷失人心，何以治天下"。

唐景崧

光绪二十一年五月，日军大举登陆台湾，清军在基隆、台北等地血战不敌，台北沦陷，清政府命令唐景崧等官员及守军返回大陆。

不甘心屈服于侵略者的台湾民众自发组织，展开殊死抵抗。台湾士绅以丘逢甲为代表，纷纷投身于抗日保台的宣传动员、组建义军、筹备粮饷。刘永福拒绝离台，以帮办台湾防务的职衔在台南号召抗日，被当地民众推举为首领，领导军民抵抗侵略、保卫台湾。反割台斗争也得到了大陆爱国人士的积极响应和援助。

浴血守台

黑旗军和台湾义军在岛上协同作战，在当地民众支援下，先后取得了大甲溪、八卦山等战斗的胜利，击毙日本近卫师团少将山根信成，毙伤日本侵略军32000多人，给予侵略者沉重打击。

由于敌我力量悬殊，加之刘永福等人的保台义举得不到清政府支持，黑旗军和台湾义军浴血奋战5个月，粮食军械极为匮乏，损失惨重，不得不退守台南。10月下旬，刘永福等人被迫返回厦门，台南陷落，台湾全境沦陷。

反割台斗争是中国近代史上一次爱国主义壮举，虽然最后以失败告终，但是海峡两岸中国人协同共助、同仇敌忾、奋力抗争、荣辱与共，在近代中国人民反对帝国主义侵略、维护祖国领土和主权完整的斗争中写下了光辉的一页。

光绪二十四年《户部京察册》

伍媛媛

清代在京官员考核，称为京察；京外官员考核，称为大计。光绪二十四年（1898年）户部京察册，记录了户部官员的年龄、籍贯、从政经历、任职时间、四格、考语等京察信息。

京察是清代京官的考核制度，于顺治初年始行，雍正元年（1723年）成为定制，内外官员每三年考核一次。京察于子、卯、午、酉之年举行，其范围主要是在京各部院衙门的官员、地方督抚大员，以及

《户部京察册》

顺天府和盛京的官员。凡由各衙门出具考语参加考核的官员，均于三月十五日以前送至吏部。

京察的考核标准称为"四格"：一为"守"，即官员的操守，分为清、谨、平三类；二为"政"，即官员的政事，分为勤、平两类；三为"才"，即官员的才具，分为长、平两类；四为"年"，即官员的年力，分为青、壮、健三类。

凡京察，根据每个官员的奉职情形一一出具考语，确定升迁降革。卓异者，或议叙，或加一级，保举引见，以备外用，称为"举"；应留者，分为称职、勤职、供职三等，继续留任奉职，称为"平等"；应去者，列入贪、酷、不谨、罢软无为、浮躁、才力不及、年老、有疾这所谓的"八法"，轻则降调，重则革职拿问，称为"劾"。乾隆二十四年（1759年）后，改为"六法"，凡贪、酷之员，随时参劾。

光绪帝谕令停止科举取士

卢 溪

光绪三十一年（1905年）八月，清政府发布光绪帝上谕，接受直隶总督袁世凯等人的吁请，停止科举取士，大力兴办近代新式学堂。

上谕中阐明了废科举、兴实学的用意："今时局多艰，储才为急，朝廷以近日科举每习空文，屡降明诏，饬令各省督抚广设学堂，将俾全国之人咸趋实学。"规定，"自丙午科（1906年）为始，所有乡会试一律停止，各省岁科考试亦即停止"。上谕中还大力提倡新式教育，要求经此次谕旨后，学务大臣迅速颁发各种教科书。并责成各该督抚实力通筹府厅州县，"赶紧于城乡各处编设蒙小学堂，慎择师资，广

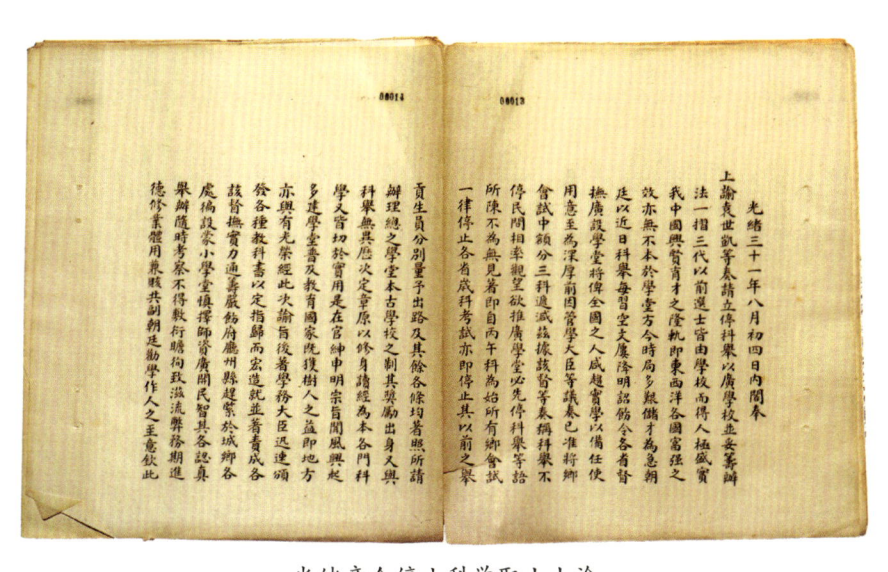

光绪帝令停止科举取士上谕

开民智"。

科举制度是我国封建社会通过设科考试选拔人才的重要制度，因为隋唐时期分科取士，故称科举。科举制度为历朝沿用，历经1300余年，影响深远。清朝建立后，延续前朝旧例，于顺治二年（1645年）首次开科取士，举行乙酉科乡试，次年举行丙戌科会试。清代科举分文武两途，每3年举行一次。文科科考以"四书""五经"的文句为题，规定文章格式为八股文，解释必须依照朱熹《四书集注》等书。

但自宋代以后，科举的消极性也逐渐凸显，日渐成为束缚知识分子思想的枷锁。随着近代中国时局的发展，科举选拔出的人才越来越难以应对当时的危局，改革人才培养和选拔制度已势在必行。洋务运动时期就有改革科举、学习西学的倡议，康有为等人"公车上书"中亦主张废除八股取士、发展新式教育。光绪二十七年清政府下诏改革科举，光绪二十九年清政府组织了最后一届科举考试，光绪三十一年，经直隶总督袁世凯、署理两江总督张之洞等人奏请，科举制度被正式废除。

清政府致比利时国书

卢 溪

清末，中国与世界各国陆续建立起近代外交关系，互派使臣，递交国书，或因派员前往部分国家办理重要事务，以国书知会介绍。其中清政府致比利时国书，从一个侧面记录了"五大臣出洋"这个重要历史事件。

该件档案函套为织锦面江崖海水龙纹，装帧精美，工艺精湛，富有皇家气派，正面有满汉文"大清国国书"字样，横23.1厘米，纵34.6厘米，厚2.2厘米。国书为纸本锦面，横224厘米，纵34.6厘米，满汉文合璧，日期为光绪三十一年（1905年）八月初九日，钤有"皇帝之宝"。

国书的主要内容为清政府以光绪帝名义请比利时国王利奥波德二世对特派大臣署兵部左侍郎徐世昌、镇国公载泽、商部右丞绍英一行

清政府特派大臣考察事致比利时国书

的考察予以接待。国书中称赞比利时"贵政府文明久著，政治日新，凡所措施，悉臻美善"，同时表明了清政府考察比国宪政以求治国良方的意愿："朕睠念时局，力图振作""俾将一切良法美意，从容考究，用备采酌施行"。

庚子事变后，清政府为挽救危局，开始接受资产阶级改良派"立宪"的口号，向西方学习，实行新政。光绪三十一年，清政府决定委派五位大臣出洋考察政治，史称"五大臣出洋"。但是国书中记录的特派大臣绍英因临行前在前门火车站遭革命党人吴樾炸弹袭击受伤，未能成行，徐世昌因兼任巡警部尚书也未成行，最终出行的是载泽、戴鸿慈、端方、尚其亨、李盛铎五位大臣，因此这件本应递交比利时的国书失去效力，留在了宫中。

五大臣考察德国老照片

五大臣出洋兵分两路，戴鸿慈、端方二位大臣从上海搭乘轮船出发，先赴日本，考察了日、美、英、法等15国；载泽、尚其亨、李盛铎三位大臣稍晚乘船赴日，考察了日、美、英、法、比5国。光绪三十二年，两批出洋大臣先后回国，向慈禧太后面奏，提出仿行宪政的主张，当年清政府即正式颁布"仿行立宪"上谕，由此开始了预备立宪改革。

但预备立宪是清政府迫于压力所采取的措施，有着保守性和欺骗性，希图借助立宪使"皇位永固"，而不是真心实行政治改革，最终反而加剧了社会矛盾，加速了清朝灭亡。宣统三年（1911年），被讥为"皇族内阁"的责任内阁名单公布后，立宪派的幻想随之破灭，民主革命运动更加高涨，清王朝终于在辛亥革命中被推翻。

中国参加比利时黎业斯万国博览会获奖清单

哈恩忠

1905年4月27日至11月6日，比利时政府为纪念建国75周年，在其重要的工业中心城市黎业斯（Liège，今译作列日）举办了万国博览会，中、英、法、美、德、日等31个国家参会。中国参展的物品来自京师、直隶、山东、云南、广西、广东、福建、浙江、江苏、安徽、江西、湖北、湖南、四川、盛京等地，5000余种。展览会设立评奖委员会，聘请12名中国人士为中国展品评奖委员，其中1人兼任展会

光绪末年中国参加比利时黎业斯万国博览会获奖清单

高等评奖委员。

这件档案是时任驻比利时大使杨兆鋆报告外务部关于黎业斯万国博览会中国获奖情况的咨呈及获奖清单。

此次参展，中国与以往相较有三个特点，一是适时作出政策调整，参展活动后由商部操办，并拟定《出洋赛会通行简章》，结束了持续30余年由海关总税务司承办中国参加世界博览会的历史；二是修建了具有典型中式建筑风格的展会场馆；三是展销货物主要以瓷器、扇子、漆器、丝绸、茶叶、中药等中国传统商品和手工艺品为主。

此件获奖清单记载了参展的中国商人共获得奖状107张、铜牌43面；使馆随员等获得奖状45张，其他办会人员获得奖状57张。

徐锡麟刺杀恩铭事件档案

王道瑞

光绪三十三年（1907年）五月二十六日，民主革命志士徐锡麟在安庆起义，刺杀安徽巡抚恩铭，在辛亥革命史上留下了光辉一页。关于这一著名历史事件的史实所述并不翔实，通过档案，互相印证，可以较详细地了解徐锡麟刺杀恩铭的前因后果。

事件始末

五月二十六日晨，安徽巡抚恩铭（字新甫）应徐锡麟邀请，亲自参加巡警学堂的学生毕业典礼，除了督练处的两名总办没能出席，安徽所属官员几乎到齐。

典礼一切正常，直到恩铭抵达礼堂门外栅下，高等科班毕业生刚刚退出，寻常班整列趋前之际，突然一个自制炸弹掉到恩铭面前，爆炸开来。恩铭惊恐之时，只见徐锡麟手持两把洋枪，还有两名同样持双枪之人（陈伯平、马宗汉）协助，在不足五尺的近距离向恩铭射击，恩铭身中七八枪，侧身倒地。

徐锡麟像

徐锡麟三人打光子弹，其他官员和学生惊慌奔走，文巡捕陆永颐也死在袭击中。武巡捕车德文的肩、腰、脊都受伤很重，还与候补道黄家玮和恩铭的仆人一起救护恩铭。他们将恩铭扶入斋室，放在榻上，车巡捕守在门外。恩铭带来的轿头和一个从山西随任来的内戈什急忙进来，背着恩铭逃走。被背出门时，恩铭还在含糊称"拿贼"。

此时徐锡麟三人正在院中装子弹，见状又赶到背着恩铭逃跑的内戈什身后，徐锡麟再度开枪射击，正中恩铭要害。恩铭的卫队急忙护卫他回到衙署，恩铭下令捉拿徐锡麟等。后来洋医生赶到，但恩铭不肯做开刀手术，于是伤重而死。

恩铭遇刺时，恩铭的抚幕张仲炘"在家闻变"，即代行巡抚职权，着手布置镇压起义事宜。当他了解到徐锡麟正在聚集队伍，立刻"一面令闭城门，守药局、银库，禁轮船傍岸，按段巡街，出示安民心，遣人搜逆寓，添派巡防一旗及常备军队、卫队、马队，四面围攻军械所。复令抛纸团令学生擒献，赏万两，且令人折后墙而入"。

由此可以看出，镇压起义的种种措施均出自张仲炘的安排。二十七日江苏布政使冯煦给端方的电报也称，事发后"幸藩司等会商，次山先生布置迅速，擒徐正法，人心始定"。

徐锡麟在巡警学堂枪杀恩铭得手后，本想趁势将其他在场官员一网打尽，因"其家丁不遵闭门之令"而未成功。徐锡麟遂带领起义队伍占领军械所。但是"至该局遍索枪弹，未能配合"。而缉捕营、巡防营及常备军已将军械所四面包围，随后，展开了激烈的枪战。久之，起义队伍"率因子弹不足"，只能分散逃跑，枪声停止。缉捕营冲入所内，未见一人，突然看见邻屋有人露出半个身子，正是徐锡麟。清军射击不中，冲入邻屋，抓住了徐锡麟等人。

徐锡麟被捕后，慷慨陈词，表现出为推翻清朝腐败统治视死如归、大义凛然的英雄气概。"徐匪自认党首""然彼不肯道死党及余党姓名",随后徐锡麟又转过身,大声地向兵卒作反清的宣传鼓动。张仲炘无可奈何,命人给徐锡麟送来纸笔,让他写供词,徐锡麟挥毫写下"为排满事蓄志十几年,为我汉人复仇,先杀恩铭,后杀端(方)、铁良、良弼等……别无他故。"

徐锡麟随即被押往巡抚辕门外,英勇就义,年仅35岁。

张仲炘其人

在上文中,我们可以看到事件前后,有一位关键人物——张仲炘。

张仲炘,字幕京,号次山(一说次珊),又号瞻园,湖北江夏县人,生于咸丰七年(1857年)。需要注意的是,以往常有不知张次山实为张仲炘者,在有关记载中将张仲炘与张次山目为两人。

张仲炘与恩铭关系特殊,既是恩铭的结义兄弟,也是恩铭的抚幕。在充恩铭幕僚之前,张仲炘曾为清廷正四品官员,并非泛泛之辈。张仲炘为光绪三年丁丑科进士,六年授翰林院编修。后陆续出任会试同考官、国史馆协修官、江南道监察御史、工科给事中、光禄寺少卿等职,于光绪二十五年去职。

张仲炘在光绪二十年中日甲午战争时,以御史身份多次上疏弹劾李鸿章妥协求和的行为。次年,他反对签署《马关条约》,坚决主张不割让台湾。光绪二十二年加入以变法强国为宗旨的北京强学会,戊戌政变后,他转而攻击维新派,上折要求严惩维新变法人物,并请"将康梁家属迅拿治罪"。

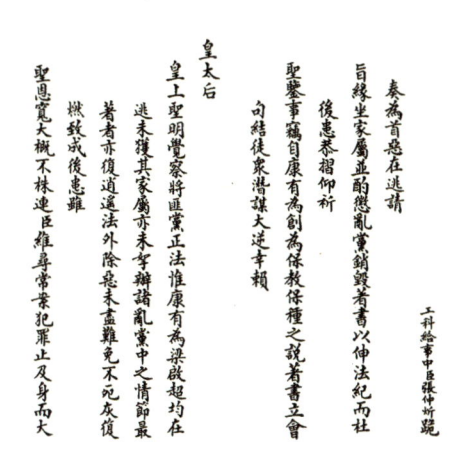

工科给事中张仲炘请迅拿康有为等家属治罪事奏折（局部）

光绪二十五年下半年张仲炘去职后，认识了恩铭，两人义气相投，遂结拜为盟，并于光绪三十二年随恩铭到安徽赴任，充为抚幕。

恩铭遗折

徐锡麟刺杀恩铭事件发生后，有一封以恩铭名义所上的遗折，折中主要是为恩铭本人开脱。

首先，遗折中简述了恩铭赴任后的功绩，如同时并举兴学、练兵、巡警、实业等要政，筹赈筹捐皖北大灾，四处侦缉枭会各匪等。

其次，简述本次刺杀事件的经过，指出徐锡麟刺杀之事并非与恩铭本人的私怨，而是他属于"革命军（光复会）"。重点突出恩铭负伤后依然"示以镇定，以安民心"，并"谕饬各营队分头严防""又复添队围攻"。

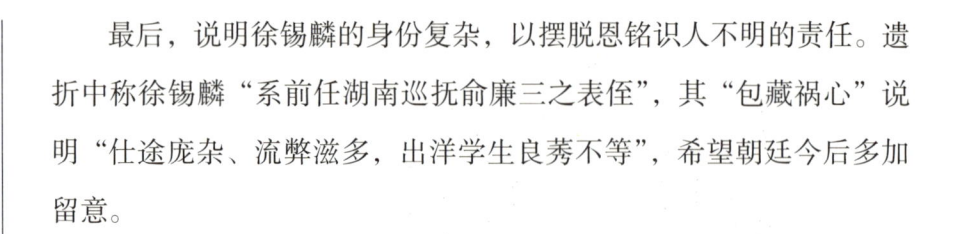

最后，说明徐锡麟的身份复杂，以摆脱恩铭识人不明的责任。遗折中称徐锡麟"系前任湖南巡抚俞廉三之表侄"，其"包藏祸心"说明"仕途庞杂、流弊滋多，出洋学生良莠不等"，希望朝廷今后多加留意。

记载不同

从相关档案中，可以看出与以往史料记载有三点不同之处：

第一，关于安庆起义时间的问题，以往认为是毕业典礼提前了2天，导致徐锡麟仓促发动。但部分档案显示毕业典礼其实是推迟了7天，而且也不是因为张母祝寿而改期。

如张仲炘称：毕业典礼"原定十九发凭，不知如何改期二十六（或其面请，新甫未谭）"。他虽然没谈到改期的原因，但如果是为张母祝寿，张仲炘没有必要隐瞒，而且他要隐瞒也是隐瞒不住的。因此，如果张仲炘所言为真，那么改期的最大可能还是徐锡麟为配合秋瑾在浙江的起义而改期为可靠。

第二，恩铭被枪伤，当内戈什背负逃跑时，是由徐锡麟抢上补射致恩铭于死地，而不是以前认为的陈伯平射中恩铭要害。

第三，恩铭遗折是由张仲炘一手炮制，完全出于解脱恩铭的责任和得到朝廷恩恤的目的而为。

历史档案的记载还原了革命志士徐锡麟等人刺杀恩铭事件的真相细节，徐锡麟的革命义举和英雄气概在辛亥革命史上留下了光辉一页，豪气干云。

清末绘制的《中国水师兵舰等旗帜图式》

朱琼臻

海军旗帜，是具有通信联络以及识别海军舰船所属国籍、军种兵种、职务军衔等功能的旗帜，是近现代海军中不可缺少的元素。这件清末绘制的《中国水师兵舰等旗帜图式》档案，内容为光绪三十三年（1907年）六面"已颁行海军各旗帜"的图式，对于研究中国近代海军旗帜发展演变具有重要价值。

"五大臣出洋"后，清政府开始着手预备立宪，光绪三十二年九月改兵部为陆军部，次年四月设立海军处，由陆军处兼管。在海军处设立之前，清政府已"将中国水师兵舰各等旗帜绘成图式，注明颜色、大小、尺寸"，附送美国海军部门转交"美国亚西亚舰队照当用之旗先行预备"。图中六面旗帜，分别为国旗、一等提督旗、二等提督旗、三等提督旗、代统旗和队长旗，每面旗长7尺2寸、阔4尺8寸。国旗为长方形黄龙旗，一等提督旗为六色中央团龙旗，二等提督旗为五色中央团龙旗，三等提督旗为五色角饰团龙旗，代统旗为四色角饰团龙旗，队长旗为四色燕尾旗。

第一次鸦片战争之前，中国并无近代海军旗帜的概念，军用船只悬挂的旗帜主要起到传统的军事职能，没有形成统一的制式标准，更不是国家符号。随着海军事业发展的需要，同治元年（1862年）总理衙门奏明朝廷之后，命令各省水师船只一律增挂用于识别国籍的三角黄龙旗，是为清朝使用近代海军旗帜之始。光绪十四年颁布的《北洋海军章程》(奏定本，天津图书馆藏)中规定："拟请将兵船国旗改为长方式，照旧黄色，中画青色飞龙，陆营国旗同式"，长方形黄龙旗遂成为清代最重要的海军旗帜。

《北洋海军章程》中同时规定了北洋水师将领旗："提督用五色长方旗，诸将用三色长方旗，旗之上角，各饰以锚形。"但在实际使用中，锚形图案后被龙形图案代替。

清末绘制的《中国水师兵舰等旗帜图式》

中日甲午战争后，海军受创严重，亟待恢复，海军旗帜制度也多次重订。光绪三十一年，北洋大臣袁世凯接到外交部转来的英国海军部编印的《各国旗式》一书，对其中的中国旗式稿本进行核复注释，将六色中央团龙旗标注为提督旗，五色中央团龙旗标注为二等提督旗，五色角饰团龙旗标注为三等提督旗，四色团龙旗标注为总兵旗。英国海军部编印的《各国旗式》记录的四种旗式和《中国水师兵舰等旗帜

1899年美国海军部编撰《各国船旗》中的中国海军旗帜龙形图案已替代锚形图案

图式》中的部分旗式基本一致，沿用了之前的黄龙旗、色条旗等元素。由此也可见1905年之前中国海军已完成海军旗帜的重新设计，并且这一旗式至少沿用到了1907年。

宣统元年（1909年），筹办海军大臣载洵上奏海军长官旗式，称："各国办理海军，自海军大臣以下各长官均有特别旗式悬挂桅端，以辨等威。"本次旗式变化较大，除黄龙旗元素保留外，色条旗底已经被替换为蓝底白星旗底，另有锚形等元素。由于清朝不久后被推翻，本式海军旗帜未见到实际应用的记载。

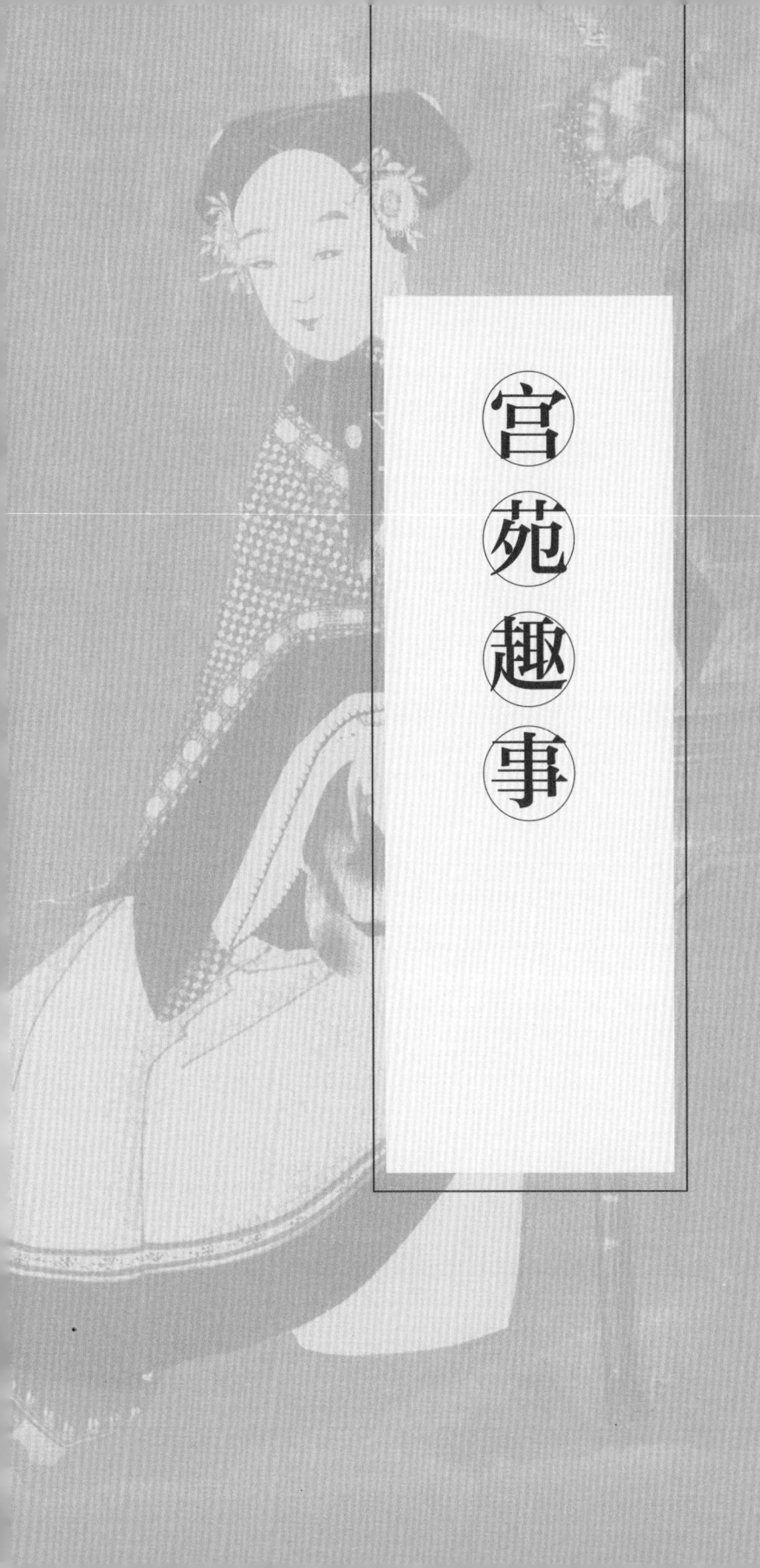

宫苑趣事

浅醉明清御窑红

倪晓一

我国以瓷闻名，制瓷是华夏古国一张古朴典雅的文化名片。明清时期制瓷工艺集前代之大成，特别是瓷器颜色釉的发展，几乎包罗万象，其中红色釉烧制难度大，工艺成熟较晚，却拥有传奇的身世和绚烂多变、神秘莫测的外表。景德镇御窑厂（明代称御器厂），作为明清两朝专门为宫廷烧造瓷器的机构，烧制的红釉瓷名品迭出，"御窑红"即御窑所烧造的以单一红色釉为装饰的瓷器。

清代粉彩御窑厂图大瓶（故宫博物院藏）

尚青与尚红

明清瓷器在色彩方面的审美趣旨，与前代并非全然继承的关系，而是发生了较大的转变，最为典型的就是从尚青转向尚红。

明清之前，瓷器的釉色以青色为主流。绿色、蓝色甚至黑色，都被纳入青色的范畴。许之衡《饮流斋说瓷》对"古瓷尚青"解释得非常到位："缥瓷入潘岳之赋，绿瓷纪邹阳之编。陆羽品茶，青碗为上。东坡吟诗，青碗浮香。柴窑则雨过天青，汝窑、哥窑、龙泉、东窑皆主青色，此宋以前尚青之明证也。"缥色就是淡雅如竹叶的青色。

检视以往的文学题咏中，文人显然对青瓷有一种珍而重之的情结。无论是柴世宗对柴窑所下著名注脚"雨过天青云破处，者般颜色作将来"，还是陆龟蒙盛誉"九秋风露越窑开，夺得千峰翠色来"，无不流露出对这种蕴藉雅致色调的极大欣赏。青色瓷占据宋代几大名窑的主流，亦是不争的事实。

古瓷尚青，固然与社会背景、文人学识理想、内省哲学等有密不可分的联系，随便一个视角都值得专著阐释。但抛开意识形态不谈，红色釉本身的烧制工艺上较青釉更难，在宋元及之前的时代，红釉瓷器的烧成率低、成本更高，也是客观实际。宋元时期，红釉不过是崭露头角，但到了明清时期，随着工艺的进一步成熟和人们审美观念的转变，鲜艳热烈的红釉瓷逐渐取代了含蓄质朴的青釉瓷，在制瓷史上铺就妩媚鲜妍的席位。

明清时期的红色釉到底有多少品类呢？许之衡详录瓷器红色釉（含紫色）的名目，总数竟达39种：

祭红、霁红、积红、醉红、鸡红、宝石红、朱红、大红、鲜红、抹红、珊瑚、胭脂水、胭脂红、粉红、美人祭、豇豆红、桃花浪、桃花片、海棠红、娃娃脸、美人脸、杨妃色、淡茄、云豆、均紫、茄皮紫、葡萄紫、玫瑰紫、乳鼠皮、柿红、枣红、橘红、矾红、翻红、肉红、羊肝、猪肝、苹果青、苹果绿。

红与紫相衍相近，古时曾一同被视为尊贵的"正色"。《论语》："红、紫不以为亵服",内衣的颜色不可用红、紫,以免亵渎正色,是把红与紫放在同样崇高的地位。因此紫色釉附于红釉之下也便顺理成章;而苹果青、苹果绿两种釉色是在烧制红釉时发生窑变的结果,故而也被附录此条。

如许之多曼妙变幻的红釉能够呈现世间,本身就足可说明当时人们对红瓷的欣赏。今人或以为红瓷冶艳而青瓷含蓄,红瓷俗而青瓷雅,据此认为明清时期对

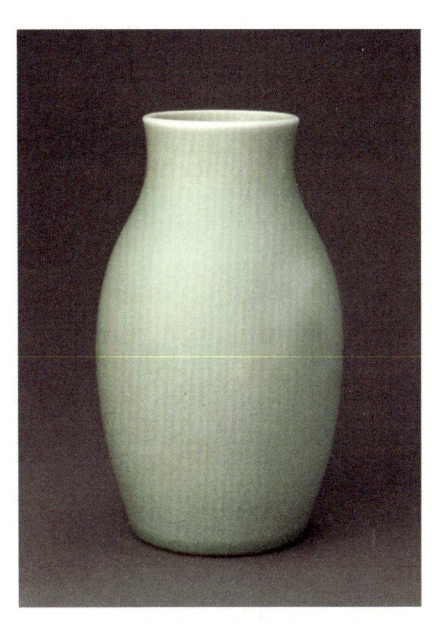

清代苹果青釉瓶(故宫博物院藏)

红釉的推崇是审美的倒退,红瓷不及青瓷。公平地说,青与红难分孰高孰低。色彩本身是一种生理现象,而非自然界的客观存在,人能看到什么样的颜色,依赖的是视锥细胞对可见光的接收和处理,而每个人视锥细胞的健全程度、敏锐程度不可能相同。从这个意义上看,每个人眼中都有一个与他人绝不雷同、不可复制的大千世界。审美本身更不可避免地带有个人烙印,极端地说,每个人都是带着"偏见"去发现美、审视美的。

即便如此,若要从缤纷的色彩中选最能代表中国的一种,红色仍可能是绝大多数人的首选,"中国红"至今仍是我们的色彩符号。青色固然集内敛浑厚与明翠动人的优点于一身,但千百年来,深深浅浅、各式各样的红落入不同人的眼中,也各有一番意味。有时它是荒荒油

云、寥寥长风中的一轮旭日，见出横绝太空的雄浑；有时它是春日里的奇花初胎、江花胜火，见出繁英灼灼的明艳。有时它是直如朱丝绳、清如玉壶冰的高洁，有时化身为几枝南国早发的红豆引人入骨相思，有时又调皮地跃上流尽光年的着雨樱颗。它是志士的热血，少女的酡颜，春日的海棠，夜光杯中的美酒，夕阳下的烟波……试想，一旦红与淬炼瓷魂的千年窑火相遇，又会衍变出怎样玄妙的光景呢？含蓄蕴藉淡雅是美，暄妍明媚热烈就不美吗？

身世成谜辩祭红

在如许之多深浅浓淡的红之中，祭红公推第一。相传，祭红釉瓷的烧造始于明宣德年间。宣宗要以鲜红色瓷器祭奠日神，景德镇的督窑官命令窑工昼夜试验，尝试了各种方法，但红色釉本就烧制困难，需要以氧化铜为着色剂在高温还原气氛中烧成，皇帝想要的是至为纯净的鲜红色，更是可遇不可求。这种艰难的情境下，窑工们屡被鞭责，有人甚至遭受牢狱之灾。正当一筹莫展之际，一位老窑工的女儿以身祭窑，殷红如血的瓷器终于烧成。据说从此之后，窑工们在封窑门时会用砖砌成少女的形象，这一习俗至今流传。宣德年间御窑瓷器上这种鲜妍夺目的红色釉也因此被称为"祭红"。

故事尽管哀婉动人，却也不难看出其中附会之处。后世常有人打笔墨官司，考证"祭"字用于此处的错谬，以民国时写《古玩指南》的赵汝珍说得最为诙谐生动。他说，有人认为"祭红"的"祭"字来源于宣德祭祀用的瓷器，以此为名；也有人认为应该是"霁"字，取其色如雨过天晴时的颜色。究竟为何字，难以定论。他用一连串的假设和反问来推论：古礼中未见关于祭祀瓷器颜色的规定，祭器的颜色又是非常丰富的，既然有"祭红"，为什么却没人提过祭白、祭黄、祭绿、祭紫或祭五彩呢？如果"祭"字可以作为颜色的形容词，那也可以有吃、饮、玩之类的形容词。祭祀之红叫"祭红"，那么皇帝吃饭用的红瓷是否可以叫"吃红"？饮茶者是否可以叫"饮红"？赏玩者是否可以叫"赏红"或"玩红"？但这些品类却没有人用过。据此，赵汝珍认为"祭红"的写法是不合理。至于"霁红"，他认为雨过云收之际的天色确实可称作"霁"，但此时的天色应是青色，颜色釉中有"霁青""霁蓝"都还合理，与"红"的关联却有些不搭调。他的观点是，古时没有关于制瓷的专著，一些称谓、名词都是匠人们口口相传，商贾市民但闻其音，不知其字，每个人在书写时都只是按照自己的理解来落笔的，久而久之，就出现了莫衷一是的局面。在赵汝珍看来，"祭红"很有可能就是非常通俗易懂的"极红"，是直观表述宣德红釉的红达到了某种极致。

无论"祭红"称谓合理与否，故事所传达出的两个信息却是可信的，其一是这种红釉烧造难度极大、技术要求非同寻常，因此晚明时彻底停止烧造，工艺几乎失传。其二是这种红釉的色泽鲜艳纯净，璀璨生动，如同宝石生辉，后世或称为"宝石红釉"。

妙手偶得郎窑红

宣德祭红釉近乎完美，也如同灵光乍现，很快就辉煌不再。明清

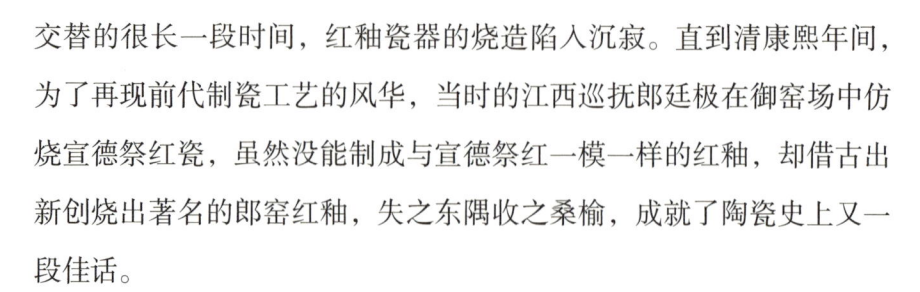

交替的很长一段时间，红釉瓷器的烧造陷入沉寂。直到清康熙年间，为了再现前代制瓷工艺的风华，当时的江西巡抚郎廷极在御窑场中仿烧宣德祭红瓷，虽然没能制成与宣德祭红一模一样的红釉，却借古出新创烧出著名的郎窑红釉，失之东隅收之桑榆，成就了陶瓷史上又一段佳话。

郎廷极，字紫衡，号北轩，出身汉军镶黄旗，在出任江西巡抚时监理景德镇陶政，正是在他督理下，仿宣红烧出了一种鲜秾明艳、如初凝牛血的釉色，人们称之为郎窑红或牛血红，在当时广受推崇。

与诸多红釉一样，郎窑红同样是以氧化铜为着色剂，经1300℃以上的高温还原烧造，对烧成的气氛、温度等技术指标要求很高，烧成率非常低。当时民谚称："若要穷，烧郎红。"郎窑红晶莹润泽，是铜红釉中最为鲜艳夺目的一种，因而无须自矜身份，也被公推为清代红色釉中具有开创意义的杰出代表。

美好意象寄无穷

此后，在景德镇御窑厂中，又成功烧制出豇豆红、胭脂红、霁红等著名红釉。

豇豆红也属于高温铜红釉。顾名思义，烧成器呈现出类似于豇豆般不均匀的粉红色，创烧于康熙晚期。在红釉瓷中，豇豆红器是独树一帜的。它不以明媚的鲜红色或晶莹的宝石质地取胜，而是展露出少女般清纯淡雅略带娇羞的色调，恰如难描难画的少女心，暗藏着千变万化。在红釉家族中，它的烧成难度指数可能是最高的，甚至难于郎红釉。存世的器形罕有大件，以文房用具居多，造型秀美轻灵。因为色泽变幻微妙，也被叫作娃娃面、桃花片、美人醉、美人霁等。在还原煅烧时，如果炉内的氧气量超出限度，烧成的豇豆红釉上会产生绿色斑点，这本来是明显的缺陷，却被人们诗意地形容为"满身苔点泛于桃花春浪间"，这也成为豇豆红独特魅力所在。

胭脂红是低温颜色釉，因为有微量的金元素作为着色剂，而所用红料据说由欧洲传入，故而也被称作金红、西洋红、洋金红或蔷薇红。它釉色细润，红艳足以媲美胭脂，创烧于清康熙末年，此后历朝均有烧造，一般认为以雍正朝所产最为出色。胭脂红釉的呈色有深有浅，深者为"胭脂紫"，浅者称"胭脂水"。

霁红从名称上看与明宣德祭红有着天然的联系。事实上，很多人认为二者属于同一种釉色，或至少是有继承关系的近似釉色。比如许之衡认为，明代祭红釉谱系一分为二，一种是宝石釉的宝石红，即大红色，清代郎窑红属于此类，又有衍生出的抹红、枣红、橘红、猪肝等；另一种则是鲜红釉的鸡红色，清代衍生出胭脂水、美人祭、豇豆红、桃花片等。

对比乾隆帝的几首吟咏红釉瓷器的诗作，不难发现，诗中对釉色的称谓虽不完全相同——有"霁红"和"宝石红"两种，但所类比的事物和意向却相近。

咏宣窑霁红瓶

晕如雨后霁霞红，出火还加微炙工。
世上朱砂非所拟，西方宝石致难同。

插花应使花羞色，比画翻嗤画是空。
数典宣窑斯最古，谁知皇祐德尤崇。

题霁红僧帽壶

宣德年中冶，太和斋里藏。
抚摩钦手泽，吟咏识心伤。
润透朱砂釉，盛宜沉瀣浆。
如云僧帽式，真幻定谁常。

咏宣德宝石红釉碗

雨过脚云梦尾垂，夕阳孤鹜照飞时。
泥澄铁镞丹砂染，此碗陶成色肖之。

诗中出现的霁霞、朱砂、宝石、夕照等，皆为明澄绚烂的红色。这也可在一定程度上佐证，至少在乾隆时期，人们认为，宣德瓷器的"祭红"、当世的"霁红"和"宝石红"是相同或极近似的红色釉。

乾隆时期，霁红釉大概很得皇帝青目，除了多有题咏之外，清宫档案中的记载也不在少数。限于篇幅，仅撷朱批奏折中与霁红有关的一段往事：乾隆八年（1743年）的一个冬日，陶瓷史上颇有名望的九江关监督唐英命人将新烧制的一批瓷器小心装桶，准备运往遥远的京师，进献给乾隆帝。在随之呈进的奏折中，字里行间均流露出这位陶人的欣喜之情。

奏爲奏明事竊以於乾隆捌年拾壹月貳拾壹日接到
內大臣海望寄字欽奉
上諭着唐英照此掛瓶花紋釉水顏色燒造此各欵式各
色鼻煙壺著其中不要大了亦不要小了其鼻煙壺盖
不必燒來欽此欽遵寄字到塋處着令欽遵辦理塋接
字之日正值泥土凝凍歲例停工各匠俱已回家窯
火亦皆停歇塋伏念鼻煙壺尚屬小件坯胎可以烘
烤製造亦便於包裹齎送因差人至各匠家傳集凢
江關署塋親自指點恭擬坯胎數種并畫定顏色花
樣即於新正齋赴廠署在民戶燒造粗瓷之塋柴窯
內贉行燒製並令星夜彩畫令償造得各欵式鼻煙

九江关监督唐英为恭进鼻烟壶及霁红瓷器事奏折（局部）

原来，除了例行烧造的瓷器，景德镇御窑厂里意外烧得少量窑变霁红圆器。"圆器"在清代御窑瓷中专指盘、碗、盅、碟等器皿，是与瓶、炉等需要琢磨成形的"琢器"相对的称谓。"窑变"亦称曜变，是烧窑过程中受温度、釉料、受热均匀程度等影响，导致烧成后的瓷器釉色变幻的现象。在古代，窑变一般发自偶然，其变幻的结果不可预料，因此窑变瓷一直都带有某种神秘的意味，巧夺天工的窑变釉也一直备受推崇。

　　这批窑变瓷器在唐英看来，虽不是霁红正色，但"其釉水变幻，实数十年来未曾经见，亦非人力可以制造"。因为窑变的不常见，"故窑户偶得一窑变之件，即为祥瑞之征，视同珍玩"。更为难得的是，霁红瓷器在发生窑变之后"除正色之外，类皆黑暗不堪，从未有另变色泽"，唯独此次的霁红窑变瓷器却色泽明艳生动，即便是经眼美器无数的唐英也不禁倍感惊艳，即刻进献给皇帝。

　　这一烧得窑变霁红器的过程，看起来颇具神秘色彩。恰如清人龚鉽在《景德镇陶歌》中所书："官古窑成重霁红，最难全美费良工。霜天晴昼精心合，一样搏烧百不同。"而郑廷桂的《陶阳竹枝词》显得更加意味深长："龙缸曾读唐公记，成器成人总靠天。"

　　事实上，在当时的技术条件下，通过人工手段来操控窑变已经有许多成功先例，积累了大量的实践经验，工匠们甚至可以预设想要得到的釉色效果。档案记载的这次窑变霁红究竟是天然还是人为，今天的我们不得而知。

　　恰是在唐英督造的"唐窑"之后，景德镇御窑厂最鼎盛的时期告一段落。虽然此后也不乏可观之作，却难与当年的盛况并论。不过，对红釉的钟爱并未止息。时至今日，当人们走进博物馆，穿行于历经岁月洗濯的诸般名瓷之间，仍会不经意间被那一抹或鲜烈或娇羞的红色牵动驻足。那时，不知你的眉间心上，一掠而过的是关于青红的一番品评，或是祭红与霁红各自的一段公案。

嘉靖皇帝祭拜生父

邓 涛

不同帝王的巡幸，史书有不同的评价，褒贬不一。明代帝王最后一次离京出巡的是嘉靖帝，此次出巡是为了祭拜生父。

身世特殊的皇帝

嘉靖帝的身世在明代很特殊，不算南明的话，嘉靖帝是明朝唯一一个父亲不是皇帝、生长在京外藩邸却能继承大统的皇帝。嘉靖帝的父亲兴献王朱祐杬，是明孝宗的异母弟。成化二十三年（1487年）被封为兴王，弘治七年（1494年）朱祐杬就藩湖广安陆州（现湖北省钟祥市及周边）；正德二年（1507年）嘉靖帝朱厚熜出生于安陆州的兴王府。正德十六年正德皇帝南巡时不慎落水染疾死去。由于正德帝膝下无子，其堂弟朱厚熜被选为皇位继承人，是为嘉靖皇帝。

嘉靖皇帝像

此时嘉靖帝的生父业已去世，即位后嘉靖帝追尊生父兴献王为帝并下令将兴献王园寝按帝陵规制进行改建。嘉靖三年（1524年）将兴献帝之陵定名为显陵。嘉靖十年，安陆州被升为承天府，治钟祥县（今湖北钟祥市），下辖五县二州，至清顺治时改承天府为安陆府。

南巡为尽孝道

明朝不少皇帝也有南巡之举，但多为游山玩水，而嘉靖帝此次南巡是一次祭拜之旅，也是归乡之旅。

嘉靖十七年，嘉靖帝生母蒋太后去世。嘉靖帝欲将生父的显陵迁到北京，使父母得以合葬。但是，承天府奏报显陵玄宫渗水被淹难以搬迁。嘉靖帝听了十分震惊，便不顾大臣们的反对，欲南巡承天府查看显陵情形。

《明史》有关巡狩仪制的记载

为确保南巡顺利进行，嘉靖帝从稳定京师、加强北部边防、筹措南巡经费、布置沿途护卫、甄选扈从官员等方面作了详细部署。嘉靖十八年二月十六日，嘉靖帝从北京出发开启南巡之旅，沿途安排随行人员祭拜圣贤古迹，接受所到之处藩王们的朝拜。

嘉靖十八年三月，嘉靖帝到达承天府。他先后两次拜谒了显陵，并写下《初谒纯德山喜而自得之诗》《再谒显陵之歌》表达自己的心境。

拜谒结束后，嘉靖帝带领文武百官举行了多项礼仪活动，在临走时，特地颁诏免去了承天府三年的田税。嘉靖帝启程返京，四月壬子回到北京。"是行也，往返凡六十日，驿路五千四百余里。"回到京师后，嘉靖帝最终决定把蒋太后的梓宫送往承天的显陵同兴献王合葬。

再次南巡搁浅

到了嘉靖四十五年，嘉靖帝病重，见自己的病情迟迟不见好转，考虑到承天府是他自己的生长地，也是他双亲陵寝所在，嘉靖帝希望再次南巡承天府祭拜显陵，在父母的保佑下得以尽快康复。史籍记载"上居恒念承天生长地，与徐阶及司礼太监黄锦屡议南幸"。

这一年的二月，嘉靖帝给徐阶下了一道密谕，借《承天大志》编撰完成的日子"南一视承天，拜亲陵取药服气。此原受生之地，必奏功。诸王不必朝迎从，官免朝，我用卧辇至，七月终还京"。徐阶劝谏说承天路途遥远，往返奔波，嘉靖帝身体难以承受。在徐阶的劝告下，他不得不搁置了南巡的念头。直到这一年年底嘉靖帝去世，他也未能如愿再次踏上回乡的路。

皇帝"保镖"那些事儿

郭 琪

紫禁城作为清代帝后居住的重要场所，安保防护自然是十分重要的。因此，在紫禁城内设置了众多由侍卫亲军、八旗骁骑营等组成的禁卫人员，他们就是俗称的"大内侍卫"。那么，大内侍卫的具体组成、职责、级别和待遇又是如何呢？这其中出现过哪些名将能臣？清朝的衰落又给他们带来怎样的影响呢？

紫禁城里的保卫处

顺治元年（1644年），清朝定都北京，不久便将明朝时原本负责皇帝仪仗、侍卫等工作的锦衣卫一分为二，其中銮仪卫负责掌管仪仗，侍卫处则负责保护皇宫的安全。由于紫禁城的面积远远大过盛京的皇宫，因而侍卫处的人员数量也需大大增加。同时，考虑到这些侍卫负责贴身保护皇帝，其人选务必要求十分可靠。为此，清朝规定这类人员只能从由皇帝亲自统率的镶黄旗、正黄旗、正白旗这上三旗中进行选拔，选出的侍卫则主要承担紫禁城宫门值班宿卫和出巡扈跸，其中设置领侍卫内大臣一职负责统率。

此后，侍卫处不断扩充，至康熙时期又专门设立了御前侍卫和乾清门侍卫，前者负责在皇帝身边"朝夕侧侍"，后者则以随侍皇帝乾清门听政而得名，均属于皇帝的贴身保镖。而其人员都是在侍卫处中

"重以贵戚或异才乃擢为御前侍卫""其有才勇擢侍乾清门"。其中乾清门侍卫主要承担乾清门以内的侍卫及各项事务，单独设置御前大臣一职负责统率。

侍卫处的领侍卫内大臣为武职正一品官员，是武官中最高级别。皇帝在挑选人员时十分谨慎，仍是从上三旗中每旗挑选二人担任，早期所选都是王和贝勒，到后期相对较松，通常是在内大臣、散秩大臣、满洲都统等人中选授。领侍卫内大臣以下，有内大臣和散秩大臣协助管理，前者为武职从一品，从散秩大臣等中破格选拔，后者为从二品，可以说都是武官晋升的最高点。御前大臣一职则更为重要，起初由有功劳的大臣担任，从乾隆朝开始则由满、蒙的亲贵王公兼任，虽然不再单独规定品级，但由于具有"代王宣言"的权力，因此更得皇帝的信任与依赖，其影响力更甚于领侍卫内大臣等。

紫禁城里的侍卫处实际的编制名额仅有570人，分为一、二、三等及蓝翎侍卫，时有增减，并可从其他侍卫队伍中调拨人员。这些大内侍卫的待遇因其特殊地位显得十分优渥。顺治朝早期，清皇室在北京城周边推行"跑马圈地"，占有了大量的土地，其中便有不少被用于赏赐和分封。大内侍卫之中，一等侍卫可分得42亩田地，二等侍卫可分得30亩，三等侍卫可分得24亩，仅是这些田产，就是一笔巨大的收入。而在俸禄上，一等侍卫一年可得银130两、米65石，二

乾清门

等侍卫可得银 105 两、米 52 石，三等侍卫可得银 80 两、米 40 石，蓝翎侍卫可得银 60 两、米 30 石，其所得俸禄粮米与在京的同级文武百官相当。

除了正常的俸禄、俸米外，雍正五年（1727 年），雍正帝还曾下旨，要求给乾清门侍卫按其级别加倍发放俸银；至乾隆帝时，又下旨给御前侍卫、乾清门侍卫们每年增加赏银 1 万两，而侍卫处的其他侍卫们所得虽不及这些皇帝的贴身侍卫，但只要值班，侍卫处都会按时发放饭银作为值班津贴。不仅如此，侍卫们还有每年的例赏和帝后诞辰等各类喜庆活动的额外赏银。事实上，这些大内侍卫相比那些寒窗苦读的文官和浴血沙场的武将们，待遇上是相当优厚。

清乾隆时期二等侍卫塔尼布画像

侍卫们的高光时刻

作为大内侍卫需要绝对忠诚和武艺高强，他们中凭借着自身的真本事在疆场上建功立业者不乏其人。从顺治朝开始，许多大内侍卫都曾经奉旨出征，在平定"三藩之乱"、安定新疆等维护国家统一与稳定的战场上，亲率大军奋勇厮杀，涌现出一批批的优秀将领。

希尔根，原是皇太极的贴身侍卫，顺治帝继位后，他跟随英亲王阿济格追剿农民军李自成，三战三捷。康熙朝"三藩之乱"时，希尔根又奉旨征讨江西、福建一带的耿精忠军队。当时的耿精忠已经攻占了广信、抚州等城，将清军打得连连败退。希尔根来到前线后，很快就稳定住了局势，他率军围困了抚州，并采取了围点打援的策略，将多路前来支援的叛军一一击退，抚州叛军无奈之下，只得弃城而逃。之后，希尔根率部斩杀了柯隆、李梁等叛军将领，攻占了耿精忠的多个营地，收复了多座城池，粉碎了耿精忠占领江西与吴三桂会师的企图。康熙十四年（1675年），希尔根又与吴三桂交手。当时湖南战场的安亲王岳乐曾上奏康熙帝："俟内大臣希尔根军自饶州至，创击石硖逆贼，歼贵溪诸寇，拨兵守要地，得便，即进取长沙。"可见他对希尔根的期望之高。希尔根也不负众望，与简亲王喇布配合围攻吴三

《大清圣祖仁皇帝实录》载安亲王岳乐向康熙帝汇报希尔根的作战情形

桂部占领的江西吉安，次年便将该城叛军击溃，取得大胜。

在康熙、雍正、乾隆三朝，亦曾涌现出一大批作战英勇、奋不顾身的侍卫，尤其在平定新疆的过程中，他们作出了巨大的贡献。

康熙二十九年，伊犁河流域的漠西蒙古准噶尔部在首领噶尔丹的带领下侵吞周围部落的土地，占领了整个河西走廊西部，一度东进到离京城仅700余里的内蒙古地区。康熙帝派裕亲王福全前往古北口截击，侍卫内大臣佟国纲跟随福全出征，在乌兰布通与噶尔丹部相遇。噶尔丹的数万人马按阵排列，与清军隔水相望。佟国纲身先士卒，亲率大军冲击敌阵，将之击退，却不料被敌人流弹所伤，回营后即去世，康熙帝深感其勇，命诸皇子、上三旗大臣等为其送葬，赐谥号"忠勇"。佟国纲长子鄂伦岱、弟弟佟国维均为一等侍卫出身，他们继承其遗志，于六年后跟随康熙帝出征噶尔丹。此后，在雍正帝、乾隆帝多次出征平定新疆的过程中，又先后涌现出了侍卫莽古赉、明瑞、兆惠等诸多沙场名将。

大内侍卫们除在战场上为国奋战、建功立业之外，有些在官场上也有一番作为。其中最有名的富察氏一族，自康熙朝的米思翰至乾隆朝的傅恒，都是从大内侍卫出身而至尚书、大学士的。可以说，许多大内侍卫都曾以过人的胆识和高超的本领创造了自己的高光时刻。

纨绔子弟闹笑话

随着康乾盛世的结束，大内侍卫一职逐渐沦为了各旗纨绔子弟的去处，不要说再现此前那般沙场名将，就连守卫紫禁城的本职工作都完成得一塌糊涂，屡屡闹出各种荒诞笑话。

乾隆帝在位期间，在大内侍卫中就已有滥竽充数的现象了。乾隆帝鼓励满族子弟要"熟满语、善骑射"，可惜当时不少大内侍卫都是各旗各家的"二世祖"，来当侍卫不过是为了混个出身，他们不仅满语说不上几句，就连骑马射箭的基本功也荒废了。在考试中，有的上不了马，有的即便上去了但很快就又被摔下来了，有的射箭成绩稀松，甚至有人连箭靶都射不到。乾隆帝为此十分生气，对这些不合格的大内侍卫或罚俸、或降级，施以严惩。

嘉庆帝继位后，此类现象更加严重，大内侍卫甚至惯于偷懒耍滑、纪律涣散。每逢天气炎热之时，值班的大内侍卫往往就躲在荫凉处歇息，即便去值班站岗，也是披衣敞怀、衣衫不整；而到了天冷或者下雨时，他们又往往躲在屋内围炉聊天，甚至聚众赌博，把侍卫的本职工作完全抛到了脑后。嘉庆帝曾经在谕旨中无奈地表示："朕又闻午门之外，往往有市井闲人，只图行路省便，穿走朝门，来往自如，无人过问。"

正是由于大内侍卫的松懈，嘉庆帝竟然在紫禁城里遭遇多次行刺，如嘉庆八年（1803年）著名的陈德刺杀皇帝案，侍卫们就表现得惊慌失措、非常狼狈。可见彼时的侍卫们不仅毫无警觉性，武功也基本荒废。

侍卫们的无能致使嘉庆帝整日提心吊胆、草木皆兵。嘉庆二十三年八月十一日，嘉庆帝驻扎在沙河大营的营帐内，忽然有一个武备院的披甲人吉宁，直接掀开围护着嘉庆帝大帐的黄布围挡，直往嘉庆帝的大帐而去，当时的侍卫们居然毫无反应，反倒是嘉庆帝的随身太监发现后将其擒获。嘉庆帝连忙命人严刑审讯，吉宁供称自己是负责管理屏风的，当天是睡过头了，以为嘉庆帝已经起驾，便前来收拾帐内屏风，这才误入禁地。嘉庆帝气愤之余，严惩了武备院的官员，还将御前侍卫哈朗阿逐出队伍，发往乾清门行走，并罚其半年的俸禄。

尽管如此，大内侍卫的状况却依旧毫无改善。从道光朝开始，大内侍卫的待遇一落千丈，这使他们更加无所顾忌，逃岗、脱岗的现象屡有发生，使得商贩等各类人群经常混进宫中，甚至还将宫内武备库中的兵器偷盗出去变卖。鸦片战争爆发后，几任皇帝无心整顿纪律，侍卫制度日趋崩坏，大内侍卫也彻底褪去了精英的外衣，成了旗人们养家糊口的普通工作。

清宫里的太医

郑海鑫

在古代社会，专门为帝王及其家族成员看病的医生被称为太医或御医。明代太医院设有十三科，清代大体继承了明代宫廷医政制度，太医院作为官方机构，其设置、职能、官员品秩和执掌都有严格的规定。

清代铜柱钮"太医院印"及钤本（故宫博物院藏）

太医能看什么病

《大清会典则例》载，清代太医院取消原有金镞、按摩、祝由三科，增设痘疹科，共设十一科：大方脉、小方脉、伤寒科、妇人科、疮疡科、针灸科、眼科、口齿科、咽喉科、正骨科、痘疹科。后又进行了归并，将痘疹科归入小方脉科，将咽喉、口齿科合并为口齿科，成为九科，清末光绪年间又合并为：大方脉、小方脉、外科、眼科和口齿五科。

大方脉科专门治疗成年人疾病，相当于现在的内科。早在宋代就已经在宫廷医疗机构设置此科，元、明、清承袭。大方脉科排在太医院众科之首，足见其重要，在这一科配备的医生和学生数量也比较多。小方脉科相当于现在的儿科，专治小儿疾病。伤寒科是专门治疗外感疾患的，类似于现代内科中设置的某些专科。妇人科专治妇女疾病。疮疡科专门治疗肿疡、溃疡、金疮等疾病。痘疹科专治天花，在宫廷医疗机构中作为专科设立尚属首次，因满人入关后极畏天花，北京地区又是天花高发地区，因此增设此科。

康熙十九年（1680年）十一月，康熙帝年仅7岁的太子胤礽出天花，经人举荐傅为格"善为小儿种痘"，且康熙帝了解到种痘后可不再受天花侵害，因此将此人召入宫内，为太子种痘。此时的种痘技术是种人痘，即用痘疹患儿的痘浆或痘痂作为疫苗，植入被种痘人的鼻中，使被种者出一次轻症天花而获得免疫力。种痘这种治疗天花的方法得到了官方的认可，康熙帝在太医院设立痘疹科，任命专人负责种痘、治痘之事。痘疹科的设立表明清朝官方已经较为有效地掌握了预防天花的方法。

如何成为一名太医

太医院隶属礼部，长官称院使，官居正五品；院使下设左右院判各1人，正六品；御医15人，正八品；吏目30人，其中15人为正八品，15人为正九品；有医士40人、医员30人，这70人没有明确的品级。可见太医的品级普遍不高。

从院使到医员至少须精通某一科"以治疾"。此外设有医生26人，"掌灸治之法"，主要是负责内廷制药，不负有治病之职。清初规定药材出入均由礼部负责，直到顺治十六年（1659年）药材的出入权才正式归入太医院执掌。

同前代一样，清代的太医院不仅有诊疗、制药之职责，还负有医疗教学的职责，在太医院设有教习2人，御医和吏目中医术高超者才有被选为教习的资格。

学习考试是进入太医院并成为医官的常规途径。

出身太医院医官世家的子弟，可以直接进入太医院学习；而非世家子弟者想要进入太医院学习需要有人担保，还要参加太医院组织的面试才可进入学习；三年学习期满，通过礼部主持的考试方可成为太医院的医官。

进入到太医院医官系统后，再根据品级、缺额情况进行升补。医士可升补为吏目，吏目可升补为御医，御医可升补为右院判，右院判可升补为左院判，左院判可升补为院使。太医院正副长官的选择需要由礼部拟定上报吏部，御医、吏目的任选、升补则需要由太医院内部经过考核、筛选，测试个人品质、医术水平后拟定名单，上报礼部并报送吏部注册。

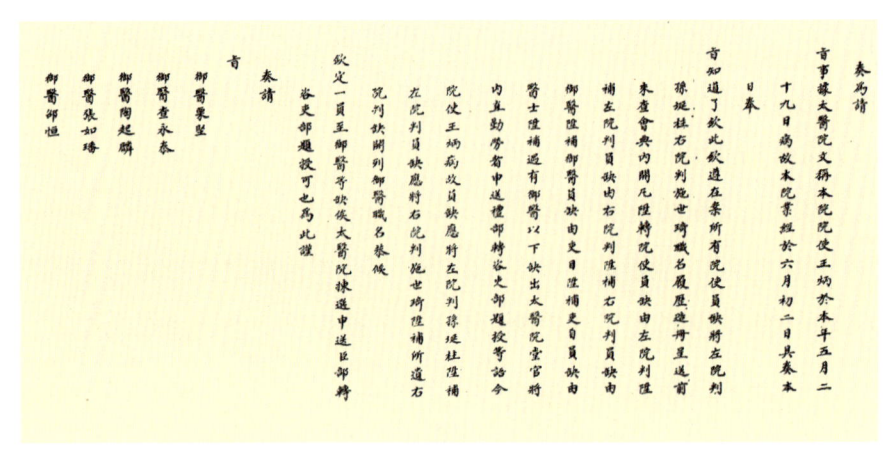

礼部尚书伍龄安为选任太医院职官事奏折（局部）

还有一条途径是世家子弟直接授职。清代皇帝曾下令为太医院医术精湛的太医子弟辈授予吏目等微职，既是对太医的嘉奖，又选拔了较为可靠的后备力量。

顺治年间，御医祁坤出身医学世家，侍值内庭。到了康熙朝因医术高超倍受恩宠，升为太医院院判，著有《外科大成》一书。祁坤的儿子祁嘉钊自幼跟随父亲学习，自康熙三十六年开始在太医院为皇室服务，曾医治好了皇十八子的腮腺炎和皇十三子的右腿溃烂，多次受到康熙帝嘉奖。父子二人相继进入宫廷成为太医，这在清代太医院中并不少见。

民间医术高超的人通过选拔也可成为太医。康熙朝就曾有地方官举荐地方名医入职内廷，江西人陈天祥善种痘，康熙帝便命人将其接入宫中入职太医院。雍正帝曾下令各省督抚可举"灼知之年老医生"，到京后经太医院测试合格后任职。

太医院的太医们以汉族太医为主，也有一定数量的满族、回族太医。而作为少数民族政权的清朝同蒙古、西藏有着千丝万缕的联系，在宫廷中还有来自蒙古和西藏的大夫。侍卫第讷患病，太医们久治无效，蒙古大夫开具兔脑浆与其他几种药令侍卫服用，病情才转好，此外，上驷院的蒙古大夫还负有治疗御马之责。西藏的大夫在史籍记载为"大夫喇嘛"，并不隶属太医院，但宫廷如有需要也会被征召，与太医一起为病患诊疗。

太医也给"宫外人"看诊

除了负责内外廷的值守、扈从皇帝外出，太医院的医官们还作为封建国家的代表肩负其他医疗工作，如为诸王、公主、文武大臣诊疗；给外藩公主、额驸、台吉大臣治病；提供科举考试中的医疗服务；提供行军作战中的医疗保障；在刑部为囚犯治病等。

太医院医官们的这些工作代表的是国家行为，更是封建君主的个人意愿，也是皇帝施恩臣下、笼络人心的一种手段。

康熙朝，大阿哥福晋产后失血过多，十分虚弱，康熙帝下谕旨命大夫喇嘛张懋功与御医刘声芳一同前去诊疗，两位大夫为福晋开具了加减益气建中汤：玉竹三钱、黄芪三钱蜜灸、白术二钱土炒、白芍二钱酒炒、肉桂七分去皮、当归二钱酒洗、半夏一钱姜炒、香附一钱醋炒、甚草一钱灸、引用煨姜一片、黑胶枣二枚。

康熙四十四年朝臣陈秉恒生了"搭背疮"，康熙帝命御医孙志定与西洋大夫同为其诊治。清代天花在蒙古地区蔓延，清廷便将太医派至蒙古，为蒙古诸部种痘。乾隆十三年（1748年）二月，太医院太医刘芳远"奉旨往察哈尔镶红、正白二旗种痘";乾隆十九年四月,太医院太医王德润"奉旨往察哈尔镶黄旗地方种痘"。

太医的工作压力大

太医院自院使至医士一百余人,依据个人所掌握的专科分班轮流值守,值守宫中称为"宫直",值守外廷称为"六直"。每当皇帝出行,太医院也需派员随行,通常派"医院御医二人,吏目三人"。

当太医为皇帝或后妃等皇室重要成员诊疗时,可谓是谨慎小心,一点差错都出不得。太医的诊治过程、脉象情况、用药情况要记录下来形成"脉案"。给皇帝开药、进药更是谨慎至极,太医们开具的药方要"随即登簿,年月下书名,近臣收掌",以为凭据。调制御药要在近臣的监视下完成,调两服后合为一副,煎制好后,分装在两个容器中,其中一个容器的药依次被开药的御医、院判、近臣试喝,确认无误后才可给皇帝服用。一旦出现问题将以"不敬"之罪论处。

如帝后等皇室成员感到身体不适,需由近臣通传当差首领,通过层层传递才能前来诊疗。根据患者病情,前来进诊的太医分两种情况:病情较轻者,传值班太医前来诊治。病情较重者,则需要多名太医会诊。

生活在晚清的德龄在《御香缥缈录》里记录了太医为慈禧太后诊脉的过程:"四位太医恭恭敬敬向慈禧磕了九个头,太后便吩咐另外两个女官,把伊两个衣袖卷起了一半来,让伊自己仍在中间的御座上端坐着,而把伊的左右两臂,分搁在两边的小几上,于是那四位御医便膝行而前，一直行近到那两张小几边去……四位御医便分着两边，每一边各两人，十分谨慎的伸出手来，用指尖隔着绢帕，静心为太后按脉，隔了半晌，左右两边的御医便又悄悄的互相对调了过去，但他们是始终不敢向太后偷觑一眼的……"只请脉一项便用了四五十分钟，真可谓"伴君如伴虎"，将太医职业的高危性体现得淋漓尽至。

清代的太医身负帝王安危，官阶品级并不高，所得俸禄补贴也不多，身怀高超医术本领，行事万分谨慎，这正是清宫太医的常态。

"缓"个冻梨进宫来

哈恩忠

冻梨也叫冻秋梨,是将普通的白梨、花盖梨、尖巴梨、秋白梨等冰冻起来而后食之。冰冻后的梨变成乌黑色,坚如磐石,解冻之后却更加甘甜绵软,而解冻在东北俗语中就被叫作"缓"。

天下仙酥问软梨

宋代《文昌杂录》中记载:契丹人将冻梨"取凉水浸良久,冰皆外结,已而敲去,梨已融释",清代《黑龙江述略》也记载:"奉天产梨,经冬则冻如枯木,以盆贮冷水浸之,历日乃转润可食",说明作为受欢迎的地方特产——冻梨是有悠久历史的。

吃冻梨的时候,东北的人们总会伴随满满的春节回忆:"当年的脚步愈来愈近,愈是想念那一口冰冰爽爽,绵密可口的冻梨";"小时候,家里穷,能吃上冰甜爽口的冻梨,成了我们对新年最大的盼望。"还有情意绵绵的诗作:"待将风雪吹归窖,期得残冰化褐泥。把口浆囊尽醉吮,放怀画卷著吟题。舒心润肺神增倍,天下仙酥问软梨。"对东北人来讲,冻梨就像饺子一样,是春节必须有的食物。

冻梨是怎么被人们发现的?大抵是因为东北的冬季雪地冰天,当年没有相应的运输和贮藏手段,天地间就成了大冰箱,一些水果经过冰冻后别有一番滋味,冻梨便是其中的佼佼者。

关于冻梨的吃法,《记忆深处的冻梨》在叨叙春节过往时说是有两种。一是直接上嘴"啃",第一口啃出一趟牙印,第二口下去,刨冰一般的清爽绵密,立刻散入口中,唇齿间寒气缭绕,冰的甜蔓延开来,最后让你爽快地打一个激灵;二是放在水中"缓",把冻梨放入冰凉的水中浸泡,直到它脱下冰似的铠甲,露出质朴敦厚的本性,此时果肉已坍塌变软,成为糯糯的半流体,"皮薄一包水,化肉一团泥",咬一口,果肉、梨汁绵软甜蜜。

但冻梨并不是东北地区独有,其他地方也盛产冻梨。《甘肃通志》记载:"有黑梨者,冬月即冻,色如墨乃佳,可消煤毒,皋兰较多。"河北、内蒙古、青海、宁夏一些地方也有冻梨,和冻豆腐、冻柿子一起被称为冬天三宝。

题外话说一句,据研究,冻梨和鲜梨营养价值差别不大,而冻梨还有生津、润燥、清热、化痰、促食欲、助消化的保健作用,可以解酒、消肿。

设立果园种佳果

清代的时候,东北地区果园众多,盛产各类水果。以当时的盛京为中心,在其北部、西部和南部的丘陵地带分布着盛京内务府管理的辽东果园(盛京果园)和辽西果园(广宁果园),以及盛京礼部和三陵衙门的果园。

天命六年(1621年)三月二十日,努尔哈赤率军攻下辽阳,让当地汉人依旧从事以前的营生,"若赦而养之,诸物咸出尔手,用之互市,更以佳物美果来献，则受益无穷也"。当年五月十八日，各处果园就陆陆续续奉送来水果："向阳寺李秀义献杏一盘、樱桃二盘、王瓜二盘。十九日，张游击献王瓜一盘、樱桃一盘、杏二盘；刘游击献王瓜二盘、樱桃二盘；京立屯王英献樱桃一盘。二十日，张书生献樱桃二斗。二十四日，向阳寺屯民黄秀兰献杏二筐，赵三屯献杏一筐，张侍梅屯献杏一筐……"天命七年正月广宁之战后，努尔哈赤要求"懂得栽培果树的人、和尚们到广宁来住，栽培汗能吃的果树"。

《铁岭县志》载，后来驻守铁岭的八旗兵士随顺治帝迁都北京，大量的各旗果户仍留驻各处经营果园。顺治十五年（1658年），盛京礼部设立，礼部官庄随之而建，官庄分为田庄、瓜菜园、果园、山场等若干类。大致在此时间前后，三陵衙门管理的果园也设立起来。

清代费丹旭《果园感旧图》卷（浙江省博物馆藏）

乾隆十年（1745年），清廷曾清厘各处果园，据统计，当时盛京内务府直接管理的果园有105处，辽阳界楱林子55处，岫岩牛庄等三界果子林场71处，共计231处。嘉庆时再统计为241处，到宣统时就只剩93处了。盛京礼部果园最初是7处，后扩张为10处。三陵果园则只有3处。

果园所产果品的种类很多。盛京内务府果园所产果品有"英俄瓣"、晒干山梨、榛子、李子、山楂、接梨、香水梨、野鸡、红肖梨，盛京礼部果园产香雪梨、栗子、花红、樱桃、杏、李子、葡萄，三陵果园产李子、杏、樱桃、白梨、山楂。《盛京瓜果赋》中对瓜果赞美道："孕百产之精，以供食御；采芸生之类，以荐馨香，则有苹婆、蒲萄、朱樱、银杏。山楂垂枝，海榴缀梗，郁李流芬，枸奈弄影；酸樱既美

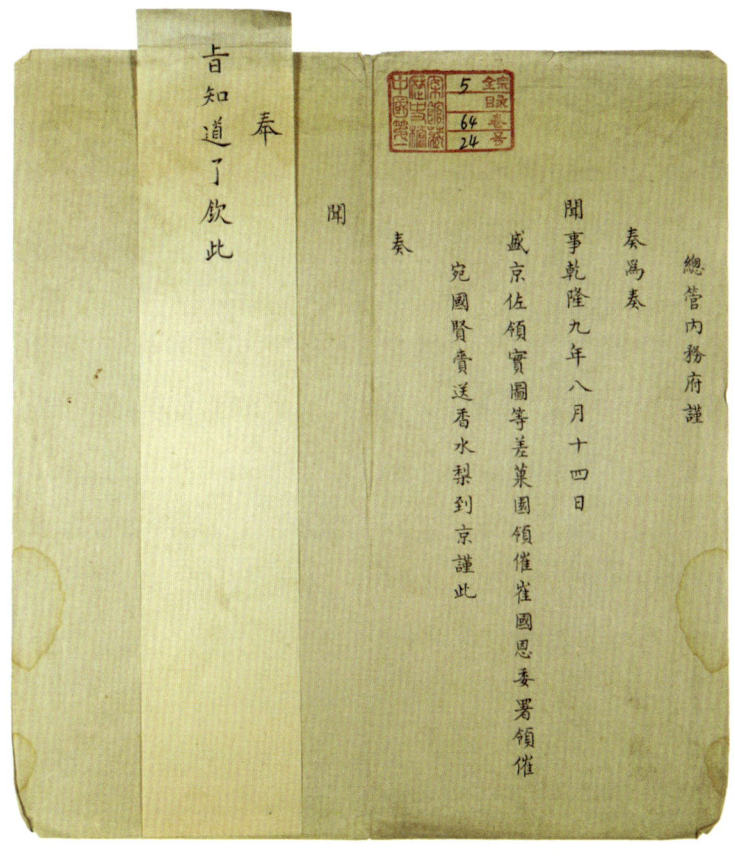

总管内务府为盛京差果园领催送香水梨事奏折

而却烦，干榛尤佳而味永。剥枣则丁香擅名，削瓜而银皮送冷。梨名香水，不数大谷之奇；槟号花红，洵压南天之境。至如菱芡争秀，蔔盘蔓生，松子巨实，候桃核成，果无花而间出，花多重而难名。莫不为虞衡之所掌，而入贡咸隶乎海城。"

各处果园分属不同衙门管理，在不同季节收获着不同的水果，担负着内廷、陵寝供奉、赏赐和祭祀专供果品之需。天寒地冻时分，冻梨就成为令人馋涎却又家乡味道浓厚的一种美食。

宫里漫享家乡味

凝就了家乡味道的冻梨，既满足了各种不同需求，也唤醒了清宫里帝后人等的味蕾和不忘先祖的记忆。

康熙四十九年（1710年）据报产冻梨"一万九千八百十二，每个以一分计，折银三百二十二两五钱二分"。乾隆五十年清宫各处用过"盛京接梨一千一百，冻接梨一万二千九百四十九……"，准备供桌用过"冻接梨六千九百六十五……"。

大量的冻梨送到清宫，和不同美食佳肴一起攒凑着春节的氛围。清代档案中最早的记载是乾隆十年十二月三十日，奉天将军达尔当阿等差人送"野鸡、冻梨及榛子等"贡品。一路上，快马加鞭，似一骑红尘，十一年正月初五日，冻梨等贡品送到清宫，赶上了春节。而此后，盛京内务府管理的三旗果园向清宫进贡的冻梨有了定额，每年是1625个，同时固定数额的还有野鸡1000只。

档案中记载的进贡时间大多集中在当年年末的十一月、十二月。

如嘉庆六年（1801年）十一月，盛京内务府报告清宫内务府，"本处园丁应交野鸡一千只、冻梨一千六百二十五个，交执事人王进孝送交"；道光元年（1821年）十一月初六日，报告"本年园丁应交野鸡一千只、冻梨一千六百二十五个，交执事人白达子送往"；咸丰八年（1858年）十二月初四日，报告"本年园丁应交野鸡一千只、冻梨一千六百二十五个，交与执事人宛伟送交"。光绪三十一年（1905年）十二月十七日，盛京内务府报告"本年园丁应交野鸡一千只、冻梨一千六百二十五个，交与执事人启昌送交"，这是目前所见最后一件记录冻梨进贡的档案。

和冻梨一起进贡的东北地方特产，还有榛子、松子、毛皮、人参、珍珠、蘑菇……清宫里的帝后贵族们始终没有忘记对故乡生活的眷恋，一直通过地方贡献试图保持脑海中家乡的记忆，以至于对人参、毛皮、珍珠等物品采取管控专卖制度。

不论进贡的路有多漫长、多艰险，当包括冻梨在内的贡品摆放在桌上的时候，仿佛一切都变得温馨起来。帝后人等如何品尝冻梨呢？记载无多，但可以想象出清宫里春节的欢声笑语，以及弥漫的家乡味道。

清宫茶事

倪晓一

中国种茶、采茶、制茶和饮茶的历史悠久。宫廷茶文化，是我国传统茶文化的重要组成部分，清代宫廷茶文化在前朝的基础上，融合了不同民族的饮茶风俗，飘散出独具一格的馨香。

一盏清茶在手，碧香生颊、余韵悠长，顿觉尘心尽洗、天地清静。茶在中国人的生活里"司空见惯浑闲事"，孩童也懂得客来奉上一盏茶；却也事事透着不凡，茶事之中有茶理，精蕴无穷。无论是江湖之远，还是庙堂之高，谁是这盏茶的知音？

名茶集英

清代王士雄《随息居饮食谱》："茶，微苦微甘而凉。清心神，睡醒除烦。凉肝胆，涤热消痰。肃肺胃，明目解渴。"在清代，茶早已是人间的开门七件事之一，深深植根于上至天子下至黎庶的生活之中。

档案记载，清代宫廷用茶大致可分为两种：一种是奶茶，也称乳茶，是清朝统治阶级入关之前就钟爱的日常茶饮，用黄茶、奶油、牛奶和盐一起熬制的，颇具民族风味；另一种可称之为清茶，即今天人们习惯饮用的泡茶。

清宫清茶品类极为丰富，多为各地所贡。雍正、乾隆年间，贡茶品类约30多种：

清代龙井茶（故宫博物院藏）

安徽的六安茶、松萝茶、珠兰茶、银针茶、雀舌茶，浙江龙井雨前茶，江苏阳羡茶、碧螺春茶，江西安远九龙茶、芥茶，湖南安化茶，四川蒙顶仙茶、青城芽茶，陕西紫阳茶，广西刘仙茶，福建岩顶花茶、工夫茶、郑宅芽茶、小种花香茶、莲心茶，云南大普洱茶、中普洱茶、小普洱茶、普洱女儿茶、蕊珠茶等。

清末贡茶品类有增有减，不下 40 种。

天子茶席

清宫茶事中最为风雅的莫过于重华宫茶宴。

乾隆年间，重华宫茶宴联句成为年节活动中的一桩韵事。每年新正，皇帝择近臣若干，在重华宫设茶宴相待，席上以特制的"三清茶"

招待宾客，君臣即席以不同题目仿"柏梁体"酬唱联句。既然是"茶宴"，席上只设茶不设酒，只设佐茶果盒不设肉馔。宴席结束，茶客们还会得到皇帝赏赐的文房、荷包等物品。而茶宴题咏也会被辑录为诗册，不时分赏给各地要员。

三清茶之"三清"，是指松实、梅花、佛手，烹制之水是细心蠲制的雪水。乾隆帝认为梅花颜色艳而不妖、佛手香气悠远又洁净、松子滋味膏腴清香，且梅、佛手、松又象征着君子忠贞雅洁的德操，堪为茶之友，他为三清茶作诗云："高洁为邻德表贞，喉齿香生嚼松实。心神春满泛梅英，拈花总在兜萝手。"亦有人考证，三清茶的原料并非只有"三清"，主料是乾隆帝喜爱的龙井茶。

身为朝臣，能成为天子的茶客，与之品茗联句，似乎是无上荣宠、无上风雅。为人所熟悉的刘统勋、于敏中、纪昀、刘墉诸臣，均曾参与重华宫茶宴。档案记载，到乾隆中期，每年约有28人被钦点参加重华宫联句，其中只有18人既参加联句也可入宴，而其他人则只联句不与宴。据说18人的定数，是仿照是唐代设立18位"登瀛学士"之制。

到了嘉庆、道光时期，重华宫茶宴联句作为惯例，仍不时地出现在清宫正月的活动清单上，而即席联句早成为点缀。一般是提前将韵律题目告知与宴之人，令其有充裕的时间准备好席间的"大作"。

水尚天然

茶之有色、有香、有味，均依托于水来体现。明代许次纾《茶疏》：

"精茗蕴香，借水而发，无水不可与论茶也。"纵有天下奇茶，若无相称的水，终究会令茶之真味大失水准。

茶圣陆羽著《茶经》，曾为烹茶之水分级："其水，用山水上，江水中，井水下。"山水多为山泉水，涓然泠然，来自天然且近于茶树所生长的自然环境，通常被认为是最与茶性相合的水。井水为人工开凿取用，与天然相去甚远，故而被列为下等。自此之后，凡烹茶、泡茶之水，皆尚天然。如宋徽宗赵佶在《大观茶论》中直言："水以清轻甘洁为美。轻甘乃水之自然，独为难得。"

乾隆帝曾亲自品评天下名泉，以京师玉泉山之泉水为最，屡屡褒奖。内廷饮用水，包括御茶膳房、清茶房所用之水，皆由玉泉山汲取运送，清宫日常泡茶用水，当为玉泉水。

前述重华宫茶宴的三清茶，以雪水烹制，也体现了对天然之水的崇尚。雨、雪、霜、露来自天然，在这一时期颇受重视。《红楼梦》中数次提及烹茶使用旧年蠲的雨水、梅花上的雪水等，借宝玉的笔写《冬夜即事》，亦有"却喜侍儿知试茗，扫将新雪及时烹"的句子。清宫旧藏的一幅《雪景行乐图》通景画中，描绘了乾隆帝着古装扫雪烹茶的景象，画上有于敏中奉旨所题乾隆帝《御园雪景》诗，其末句为："别有书斋胜常处，收将仙液煮三清。"

比之雨、雪，露水更为晶莹甘洁，生于芳草嘉卉之上，更可濡润草木的芳馨，因而极受茶人青睐。乾隆帝就曾写过数首《荷露烹茶》诗，真实记录了宫廷中收集荷叶上的露水用来烹茶的情景。如乾隆二十四年的御制《荷露烹茶》诗："秋荷叶上露珠流，柄柄倾来盎盎收。白帝精灵青女气，惠山竹鼎越窑瓯。"不仅描绘出侍从们倾斜荷叶让露珠——注入容器中的动作细节，也记录了其时所使用的茶具——著名的惠山竹制茶炉和出自御窑的茶杯。

荷露烹茶，涓滴不易，想来也只有坐拥天家富贵或安享闲逸的人们才能有此口福了。

佳茗美器

既有佳茗，须有美器，才能相得益彰。许之衡《饮流斋说瓷》："陆羽品茶，青碗为上；东坡吟诗，青碗浮香。"道出了唐宋时人对茶碗色泽上的喜好。但"茶具"从大的范畴讲，并非只有简单的壶碗盏盘，而是与当世的饮茶方法相配，各种茶具琳琅几成大观。

清代，茶叶泡饮法最为普遍，盖碗泡茶更加便捷且易于清洗，又适宜观赏茶色和品尝，清康熙朝之后，无论宫廷民间最常用的茶具当属盖碗。上盖、下托、中碗的组合，暗合"天、地、人"之"三才"，所以盖碗又称"三才碗"。

明清时期，散叶泡饮茶以绿茶较受推崇，纯白胎或浅底色的茶具更适合展现其汤色的莹润，紫砂独特的呼吸效果也颇为契合茶性。因此，清代茶具以陶瓷为主流，

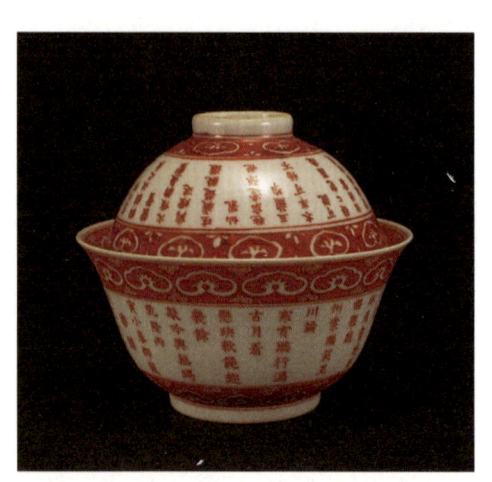

矾红彩题诗松竹佛手纹盖碗（故宫博物院藏）

又以"景瓷宜陶"较为著名，即景德镇御窑厂的瓷器及宜兴紫砂陶器。清造办处活计档、内务府奏案中关于烧制茶具的记载很多，而朱批奏折中亦不乏皇帝将御制茶杯、茶碗赏赐给臣子的记录。乾隆帝尤喜制作御制诗茶碗赐人，比较有名的包括前述三清诗茶碗和荷露烹茶诗茶碗。

帝王们富有四海，除陶、瓷之外，还拥有数之不尽的、集各种材质和天下良工的茶具，白玉、翡翠、犀角、金银、玻璃、漆器、竹、瓠，均入茶事，却有些过于奢靡，不免掩去茶之美质。

清谈半窗月，澹坐一杯茶，揭开茶盖，对着一盏如碧玉盈盈、烟霭袅袅的清茶，待茶香浸润肺腑，顿觉一室静谧，凡尘俗虑为之涤净，两腋习习，清风已生。

金榜题名赴御宴

张瑞英

"朝为田舍郎，暮登天子堂"，在我国古代，读书人寒窗苦读数十载，若能通过科举考试金榜题名，从此入仕为官，乃是人生至乐之时，这时定是春风得意，自然少不了庆祝宴饮。这其中，皇帝御赐的恩荣宴无疑是最为重要的。

登科

中国古代的科举制度肇始于隋，确立于唐，完备于宋，兴盛于明清，直至清末废除，绵延存续了1300多年。科举制度是我国古代封建王朝选官取仕的主要方式之一，也是当时社会中下层读书人打破阶层壁垒的重要途径。

清朝的科举考试分为院试、乡试、会试和殿试四级，对应这四级考试考中者分别为生员、举人、贡士和进士。在四级考试中殿试为最高一级考试，由皇帝升保和殿"亲策于廷"。

殿试以皇帝的名义出题，不设考官，考后由读卷官来评阅试卷。考试中只有策问，即对经文或政事的对策。应试者黎明入殿，需历经点名、散卷、赞拜、行礼等环节后，方可收到策题，并被要求以"院体""馆阁体"等规范作答。殿试历时一天，日暮交卷，然后由经受卷、掌卷、弥封等官收存。

殿试第二日，由大学士等组成的八名读卷官负责阅卷，以符号"○""△""、""｜""×"（圈、尖、点、直、叉）来标识高下。阅卷第三日"公定前列十卷进呈御览……皇帝亲定甲乙"，由大学士秉笔书一甲三名至二甲七名于卷端。其余各卷由读卷官依次记写，并拆开弥封交由填榜官填写。

阅卷完成次日，皇帝会升太和殿举行传胪大典，首先由内赞官传呼登第进士名次，而后鸣赞官接传。一甲三人即状元、榜眼、探花，被立即授职，状元授翰林院修撰，榜眼、探花授翰林院编修。殿试进

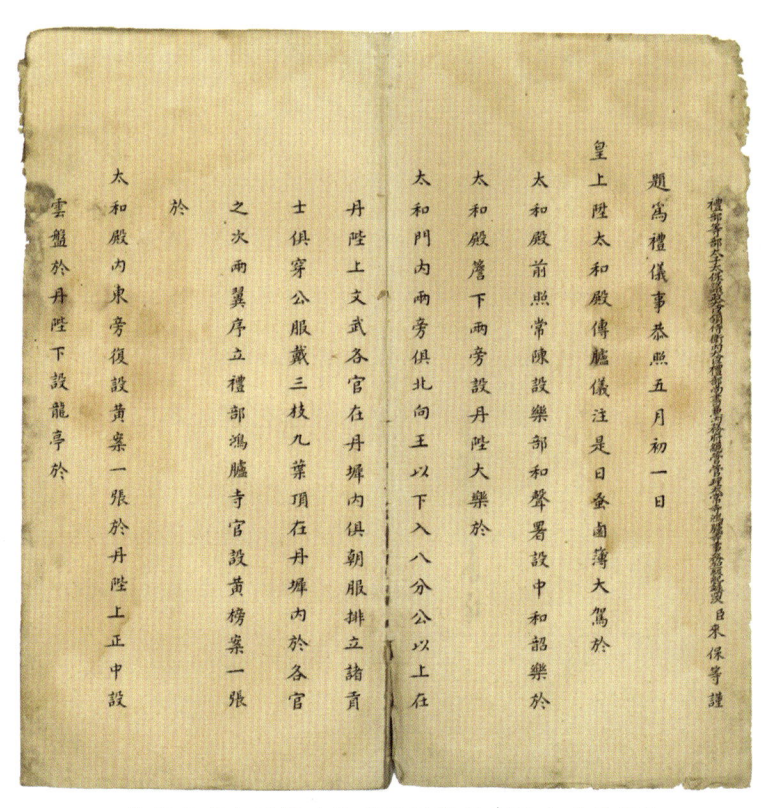

礼部尚书来保等为传胪仪注礼仪事题本（局部）

士名次以黄纸书写，故称金榜，传胪大典后大金榜会张挂于东长安门外，礼部堂官率状元及诸进士随出观榜。而后顺天府备伞盖仪从护送状元归第，状元头插金花，十字披红，跨马游街，春风得意很是风光。

设宴

新科进士皆为天子得意门生，皇帝为表优待，通常会为其赐宴，即"恩荣宴"，亦称琼林宴、簪花宴。

为新科进士所设筵宴，早期为私宴，因家人"闻喜"设宴而得名"闻喜宴"。唐中宗神龙年间（705—707年），士子科举及第后，便在长安东南角的游玩地——曲江池举行曲江会，主要是宴请亲朋，答谢师友，后逐渐形成了较为固定的科举筵宴文化。

随着科举制度逐渐完善，其作为选官的形式越来越为统治者倚重，因此私宴也就渐渐演化为由朝廷赐宴。宋太平兴国八年（983年），宋太宗赵光义钦赐新科进士于琼林苑赴宴，故此闻喜宴亦称"琼林宴"。琼林宴与唐代宴会相比，淡化了娱乐色彩，而更加注重礼仪和制度规范。

元代，皇帝在殿试后，赐宴新科进士的地点设于翰林国史院，并改称为"恩荣宴"。直至清末，于殿试传胪后，皇帝钦赐殿试读卷官以下官员及新科进士的筵宴，都被称为"恩荣宴"，其仪式内容大致延续前朝。

仪礼

清代恩荣宴一般是在传胪次日举行，据《光绪朝钦定大清会典事例》记载，宴会地点为礼部大堂。皇帝虽不会亲自参宴，但会钦派一名内大臣主席。另有读卷官、提调官、銮仪卫堂官、监试官、弥封官、收掌官、供给官、填榜官、护军参领、鸣赞等官员出席。除此，进士中的"一甲三人各中席一，其余进士二人共中席一"。恩荣宴整个筵席位次等级分明，席次分上席、中席，位次分堂上、月台上和月台下。主席大臣席于堂上正中，读卷大臣、銮仪卫使席于左右。一甲进士、宗室进士及二甲和三甲的第一名席于月台上。月台下则席有二甲进士、三甲进士。

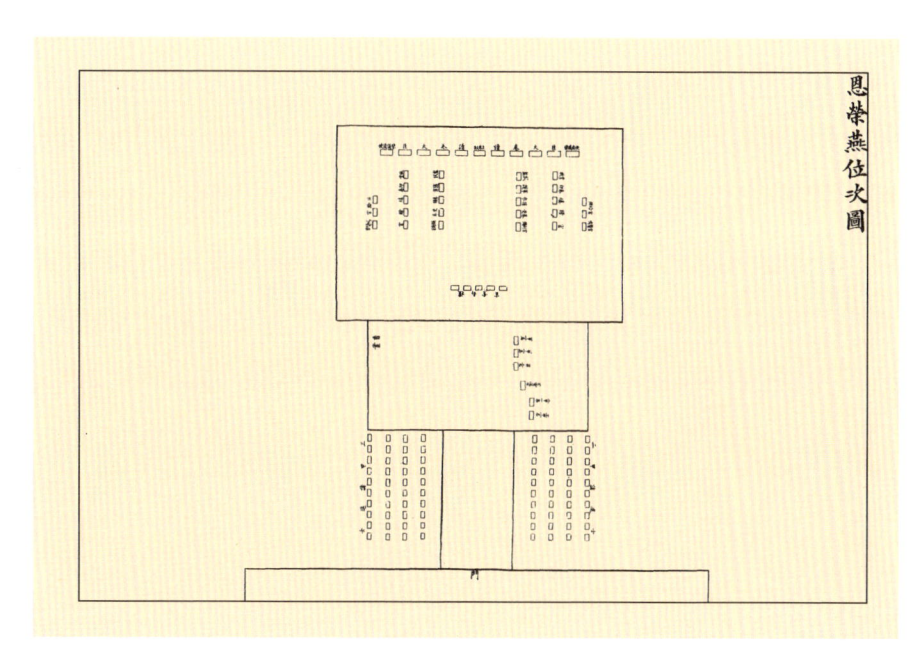

恩荣宴位次图

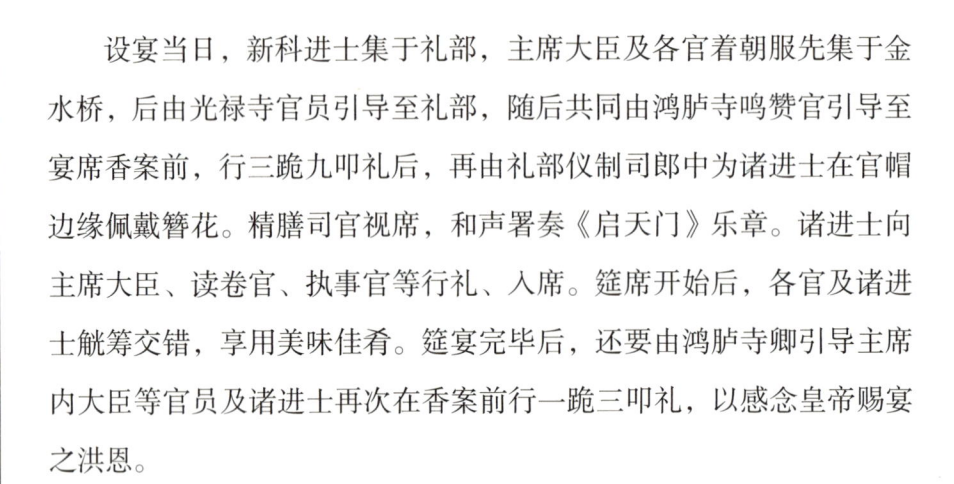

设宴当日，新科进士集于礼部，主席大臣及各官着朝服先集于金水桥，后由光禄寺官员引导至礼部，随后共同由鸿胪寺鸣赞官引导至宴席香案前，行三跪九叩礼后，再由礼部仪制司郎中为诸进士在官帽边缘佩戴簪花。精膳司官视席，和声署奏《启天门》乐章。诸进士向主席大臣、读卷官、执事官等行礼、入席。筵席开始后，各官及诸进士觥筹交错，享用美味佳肴。筵宴完毕后，还要由鸿胪寺卿引导主席内大臣等官员及诸进士再次在香案前行一跪三叩礼，以感念皇帝赐宴之洪恩。

恩荣宴礼仪隆重，佳肴丰盛。上桌的菜肴有"宝妆、大锭、小锭、大馒首、小馒首、糖包子、蒸饼，鹅、鸡各一只，鹅、鸡肉各一盘"，"羊半体、前蹄一个、羊肉二盘，每官一员，酒七钟"，"大宝妆花、小绢花、果品、小菜、米糕"。中桌菜肴有"宝妆、中锭、小锭、夹皮饼、圆酥饼、白花饼、中馒首、糖包子、腌鱼一尾、鸡一只。每官一员，汤三碗"，"牛肉二方、羊肉二方、炒羊肉一盘，每桌酒七钟"，"小绢花、果品、小菜"。

恩荣宴是我国古代"科举四宴"中皇帝恩赐新科进士之官宴，宴会隆重气派，礼仪繁复，菜肴丰盛，充分体现了朝廷之恩荣与威严。皇帝用此礼遇与拉拢士人阶层，以此激发士人群体竭力报效朝廷之意。

新疆珍贡哈密瓜

哈恩忠

哈密瓜是我国新疆地区的特产，味道香甜清雅，深受人们喜爱。但在清代，哈密瓜可是内地难得一见的水果，还是皇家贡物，乾隆帝曾专门赋诗："西极甘瓜熟，来从包贡邮。荐新遵昔例，柔远赖前猷。"诗中的西极、甘瓜、柔远，像几个浓缩的关键词，勾勒出了哈密瓜的味道和地域特点。

康熙命名哈密瓜

哈密瓜最早进入清宫，缘于"当年包贡入京华"，和地方进贡密切相关。康熙三十五年（1696年），哈密回部首领额贝都拉"诚心向化来降"，后被清廷授予"扎萨克一等达尔汗，颁扎萨克印"，俗称哈密回王，逐渐确立了其在哈密地区的世袭统治。康熙三十七年冬，额贝都拉奉诏进京陛见，除奉上刀、鹿角、羊羔皮、梧桐碱等土产贡品外，还精心准备了几十个当地甜瓜供皇帝尝鲜。经过50多个昼夜兼程，额贝都拉终于到京，由于是在冬季，他所带甜瓜大多完好如初。在元旦的朝宴上，康熙帝和众朝臣尝品甜瓜，赞不绝口，将之命名为"哈

哈密瓜

密瓜"。《回疆志》中记:"自康熙初,哈密投诚,此瓜始于贡,谓之哈密瓜。"此后岁时进贡,"贡瓜年年渡卢沟",哈密瓜遂名闻遐迩。

这段史事还有一个更生动的传说:康熙帝之前从没见过额贝都拉所贡的这般甜瓜,切开瓜香气四溢,尝在嘴里清甜可口,这一尝竟十分喜爱,连忙问旁人名字,众人只知道是甜瓜,康熙帝一想这是哈密回王进贡的瓜,那就叫哈密瓜吧,于是就有了哈密瓜之称。

另有一说:哈密瓜原名是鄯善瓜,鄯善位于新疆吐鲁番地区,那里昼夜温差大,日照充足,鄯善瓜因之香甜爽口。鄯善经常要向哈密回王进献瓜果,恰巧鄯善瓜又被带到了京城,所以有了以后的哈密瓜。

驿骑如飞送京城

哈密瓜之所以深受皇帝喜爱,一是因为蕴含香甜味美之爽,"玉浆和冷嚼冰淞,崖蜜分甘流齿牙";二是融合输诚向化之意,"金箱丝绳慎包匦,使臣入献伊州瓜"。

康熙帝以后的皇室依然青睐哈密瓜,史不绝书。如乾隆八年(1743年)九月二十四日,甘肃提督李绳武差人送到哈密回王鄂索富所进哈密瓜60个;乾隆十一年九月二十日,甘肃提督永昌差人送到哈密回王玉素富所进哈密瓜60个;乾隆十九年九月二十一日,甘肃提督王进泰差人送到哈密回王玉素富所进哈密瓜60个。可见这一时期进贡哈密瓜定例即60个。

乾隆二十五年起,因"新得布哈尔地方瓜种甚好",每年增加进贡哈密瓜40个,总数达100个,此例延续至同治朝。档案中记载,嘉庆元年（1796年）九月二十三日，甘肃提督乌大经差人送到哈密回王额尔德锡尔所进哈密瓜100个；道光元年（1821年）十月十九日，甘肃提督齐慎差人送到哈密回王博什尔所进哈密瓜100个；咸丰八年（1858年）十一月二十三日，甘肃提督索文差人送到哈密回王伯锡尔所进哈密瓜100个；同治元年（1862年）十月十二日，署理甘肃提督定安差人送到哈密回王伯锡尔所进哈密瓜100个。

但送到清宫的哈密瓜数量并不是实际送瓜的数量。因为要保证交进清宫的瓜的质量，所以实际送出的远多于此，甘肃提督乌大经在送交哈密回王额尔德锡尔所进哈密瓜时即说明："去年进上鲜瓜一百……挑选六十个赍送来京……恐瓜之生熟不齐，今送来二百一十个，俟送到日祈请照例挑选好瓜一百个恭进"。同治三年八月二十四日，护理陕甘总督恩麟也记录每年夏末秋初采摘200个哈密瓜，由哈密回王照料送兰州预备挑选送京。

哈密距离京城遥远，进贡的哈密瓜怎样才能保鲜到京？

开始是效仿"一骑红尘妃子笑"的办法，据《西征纪略》记载，"路逢驿骑，进哈密瓜，百千为群，人执小兜，上罩黄袱，每人携一瓜，闭目而过，疾如飞鸟"。后来还有一种办法，就是在泥制的缸中加入蜂蜜，再把哈密瓜放在里面，然后密封隔绝空气，这样哈密瓜能保存比较长的时间。再就是"以种养送"，把盛有原产地土壤的箱筐安放在马车上，在土壤中种好瓜苗，由进贡人员负责浇水和日晒，计算好出发时间，到京城时哈密瓜刚好成熟，可以供皇帝享用。清宫档案中对这种运送方式记载无多，不知道其实际情况如何，但当时进贡荔枝确实就采取过类似的办法。

进贡的哈密瓜送到清宫后，交内务府收管，内务府在奏折中往往具写"臣等随交清茶房敬谨收存"，可见哈密瓜在宫中的第一个去处是内务府清茶房。清茶房在紫禁城、圆明园等处皆设，主要承担淘洗果品、办造茶汤、担水等事务，雍正时还要承担每年春秋二季的乳饼制作。

细心挑选、精心护送的贡品哈密瓜，经过长途跋涉，"至于御前，蒂尚未黑。水名浮匏，刀若画雪。香散四座，味已入咽。甜苦嚼霜，爽而无屑。寒若照胆镜，肝肺沥沥。烦豁氛静，其品第一"。金盘盛甜瓜，无怪乎让皇帝欣悦不已。

禁而复贡为哪般

清宫对哈密瓜情有独钟，就连皇帝出巡时还要"照例恭送行在"哈密瓜6到12个不等。乾隆五十五年，适值乾隆帝八旬大寿，各王公大臣和各省将军、督抚等奏请举行庆典，并提议捐献养廉银两，乾隆帝认为此举会招致地方负担增大，于是决定除橘子、荔枝、石花鱼、哈密瓜等物仍照旧呈进以备荐新之用外，其余土物概行停止，从中透露出乾隆帝对哈密瓜的格外喜爱之情。

皇帝欣悦之时，还会赏赐臣工哈密瓜，《嘲哈密瓜赋》中言"非近贵大臣，莫得受赐"，作为稀罕之物，多数官员只受赏1个哈密瓜。清宫档案中有很多相关的受赏谢恩折，如雍正三年（1725年）十一月十二日，南阳总兵董玉祥具折谢恩："又赏臣哈密瓜，实为稀罕之物，九叩跪尝"，雍正帝在折后朱批："有何可讲，勉力好为之。"乾隆元

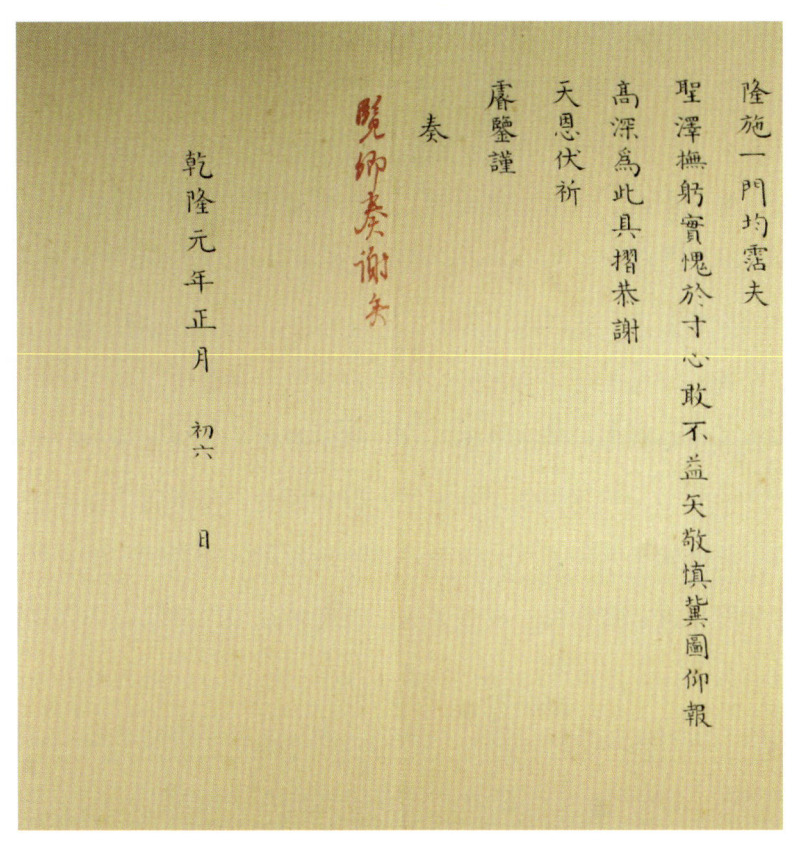

> 隆施一門均霑夫
> 聖澤撫躬實愧於寸心敢不益矢敬慎冀圖仰報
> 高深為此具摺恭謝
> 天恩伏祈
> 慶鑒謹
> 奏
> 〔硃批〕覽卿奏謝矣
>
> 乾隆元年正月 初六日

直隸總督李衛為恩賞哈密瓜謝恩事奏摺（局部）

年正月初六日，直隸總督李衛具折謝恩"雍正十三年十二月二十六日臣標赍折千總劉一彪自京捧回欽賞臣哈密瓜一圓到保，隨出郊跪迎"。乾隆二年十月十九日，直隸總督李衛再次具折謝恩"竊臣于九月二十七日接到特賞臣哈密瓜一圓"。乾隆四十四年十月初七日，兵部尚書福隆安親轉班禪額爾德尼御賜哈密瓜。嘉慶十三年九月，內廷辦事的王大臣因為受賞哈密瓜，當面叩謝"皇恩"，嘉慶帝卻感覺"過尚虛文"，特准以後遇有後此類賞賜不必叩謝。

哈密瓜也是清宫对外交往的礼物之一。乾隆五十五年十一月初四日，广西巡抚陈用敷转交乾隆帝"恩赏"越南国王阮光平哈密瓜1个。乾隆五十八年英国国王遣使来华，乾隆帝赠给英国国王玉如意、龙缎、蟒缎、绫、纺丝、红雕漆桃式盒、朱漆菊瓣盘、香袋、宫扇等大量礼品，其中还有哈密瓜干1盒。嘉庆十四年十月初一日朝鲜正副使入觐，初四日加赏如意、玻璃器、茶叶、荷包等物，每人另赏赐哈密瓜1个。

尽管哈密瓜深受清宫喜爱，但毕竟只是一种瓜果，有几位皇帝曾经下令停贡哈密瓜。雍正九年八月，雍正帝认为肃州金塔寺扩大种植进贡之哈密瓜，与其种瓜，不如种谷以资民食，令嗣后不必再进献哈密瓜。乾隆四十六年十月，乾隆帝在处理甘肃冒赈案时，认为甘肃总督每年都要进贡哈密瓜、皮张等物，涉案各犯多以替代总督勒尔谨采买贡物为借口，因此下令停掉贡事。同治三年八月，因为甘肃驿路尚未疏通，进贡的哈密瓜获准暂停采摘。但实际上停贡哈密瓜时间往往不长。

直到光绪朝，光绪帝因为贡途遥远，运输维艰，进贡哈密瓜一事才彻底废止。

哈密瓜味道香甜，深受清宫喜爱，但其产于西域边徼，程途遥远，运输、保存均极不方便。围绕哈密瓜的采办、进贡、赏赐和停贡，也从一个侧面反映出皇帝的喜好及国力的盛衰。

流光溢彩的清宫玻璃

倪晓一

玻璃是现代司空见惯的人造材料，但在我国古代，玻璃却长期被视为堪比玉石的贵重材料。玻璃，古时也称琉璃、颇黎、颇梨、玻黎等，由于它有着与玉相似的外在特征却又可以人工制造，因此也被称为药玉、水玉。

清代，玻璃工艺在融合南北方玻璃工艺和欧洲玻璃工艺的基础上，得到了长足的发展，达到了我国古代玻璃工艺的顶峰，绚丽多彩、澄明莹澈的玻璃器皿成为清宫中常见但珍贵的日用器物和皇家陈设。

乾隆款玻璃胎画珐琅花鸟小瓶（故宫博物院藏）

器物珍贵 用度有制

玻璃器皿本身有盛装物品的实用功能，同时也以其灵动多变的色彩、考究雅致的造型而具备极高的艺术装饰性，因而在清代宫廷中，日常用度和陈设成为玻璃的两大用途，有时亦兼而有之，此外皇帝们还将玻璃器皿分赏臣工以示恩宠。

如故宫博物院藏黄花梨木嵌玻璃仕女图插屏，是乾隆朝利用明代屏风木架配装玻璃组成屏风，集实用和观赏功能于一身。玻璃上绘仕女观宝图，一仕女坐在庭院的手扶椅上，在观看另一女子手中的古玩。

朝珠中有专门以玻璃为主的品类，很多首饰中也使用了玻璃珠、玻璃花瓣等作为点缀。慈禧太后就很喜欢玻璃制作的首饰，在皇太后六旬庆典档中记载，她命人将一只比较心仪的寿字白地套红烧料扁镯交给造办处，要求照样用各种不同颜色的烧料来制作手镯。"烧料"亦是旧时对玻璃的称谓。

皇家每年都会有为数众多的内廷制造的玻璃器皿分赐给各位王公贵族、内外臣工。在年例赏给班禅额尔德尼的物品中，玻璃器皿所占

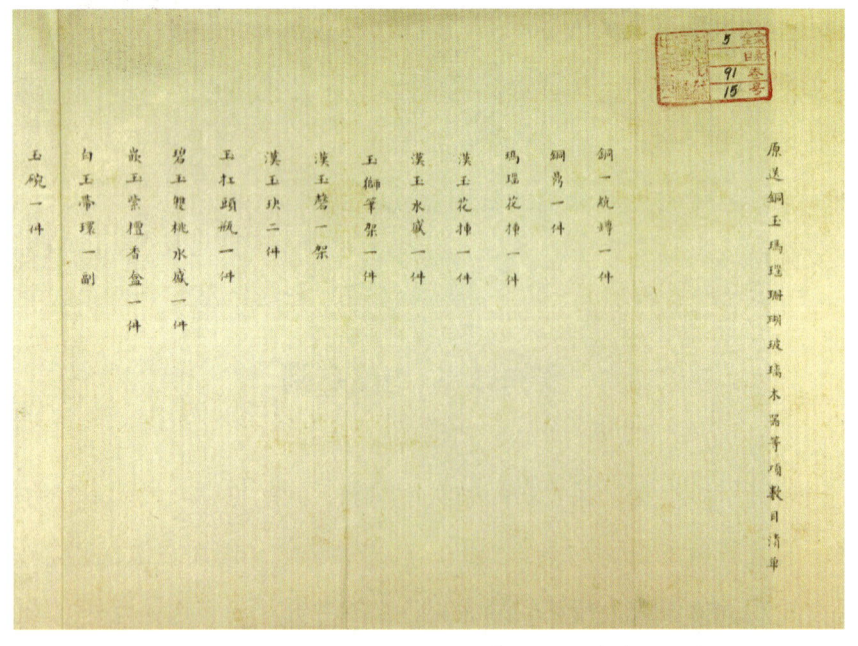

舒赫德呈送铜玉玛瑙珊瑚玻璃木器等项数目清单（局部）

比例不在少数，如道光十三年（1833年）十二月造办处灯裁作的一份呈稿中记载："拟赏班禅额尔德尼：佛一龛、玉如意一柄、画像佛一轴、玉盘一件、珊瑚珠一盘、珐琅格一件、银累丝酒杯二件、磁盘四件、黑漆盖碗二件、磁靶盘二件、玻璃碗二件、玻璃瓶二件、玻璃盘一件、玻璃烟壶四件、大荷包一对、小荷包五对、靠背坐褥一分、香饼一匣。"而呈稿中提及的这些玻璃器皿还会专门配作杉木箱，用黑毡、马皮包裹好，再在缝隙处塞上棉花，以保证其能完好无损地运往边疆。

清代宫廷对玻璃制品管理严格，甚至就连碎玻璃的处理都有专门的规定。清宫中回收的碎玻璃被称为"回残玻璃"，不能轻易丢弃，会在下次烧炼玻璃时回炉再利用，而使用回残玻璃的情况也要加以记录。

在乾隆朝的造办处活计档中，可以看到每年都会有专人对库贮的玻璃数量按照不同规格一一盘点，无论是屏风、玻璃镜、盒、罩、匣、盖等成型器物，还是"欢门上拆下破玻璃"、碎玻璃珠甚或是"碎小玻璃条"，都要点数精确或准确称重，登记在册。

关于一块玻璃从哪里卸下来，要安置到哪里去，档案里也总是不厌其烦地细细追述。至于宫人、太监、苏拉等偷窃或打碎玻璃，都要按例治罪。这表明，即便是在宫廷，玻璃仍然具备一定的珍稀性。

大内自制　异彩纷呈

正因为清宫玻璃的用量较大，所以自康熙朝专门设立了造办处玻璃厂研制生产玻璃器皿。玻璃厂主要负责接办皇帝、太后等人临时交派的活计，此外每年还有两次集中烧造玻璃器皿的定例，通常要烧造

乾隆款搅玻璃撇口瓶（故宫博物院藏）

各色玻璃器皿300余件，其中包含120个鼻烟壶。

经过雍正、乾隆两朝的传承和改良，内造玻璃有了很多创新发展，不仅生产数量多，而且器形丰富多样。这其中，既有熠熠生辉的金星玻璃、异彩纷呈的套色玻璃、受欧洲技术影响较深的磨花玻璃、在玻璃配料中加入水晶石等乳浊剂的乳浊玻璃、丝丝分明的缠丝玻璃、具备不规则仿天然纹理的搅胎玻璃等，也有将玻璃制作工艺与描金、画珐琅、戗金、鎏金银等相结合产生联动效果的各类制品。

从档案的记述中和存世的清宫玻璃制品来看，当时的玻璃器皿颜色称得上是流光溢彩。既有晶莹剔透如水晶的所谓"明玻璃"，也有不透明的"涅玻璃"（档案中有时也写作"呆玻璃"），甚至有可以实现从质感到颜色足以乱真的仿玛瑙、蜜蜡、琥珀、翡翠、祖母绿、青金石、红蓝各色宝石等的特效玻璃。有的则在同一色系中另辟蹊径，比如同样是白色，可以呈现出荔枝白、砗磲白、象牙白、珍珠白、羊脂白、藕粉白等有着精细视觉差异的不同效果，并加以各种套色的颜色组合。清前期、中期的宫廷玻璃制作工艺一度臻于完美，堪称我国古代玻璃工艺的代表作。

借助档案，我们可以大致开列一下当时清宫的玻璃配方，其主要原料有：马牙石、硼砂、砒霜、盆硝、杭粉、紫石、赭石、轿顶锡、水碾、自然铜、青子石、灵子石（一作"凌子石"）、干子土等。在色彩呈现方面，工匠们已经可以通过精准地调整配方中的铜、铁、锰、钴等矿物着色剂的比例，来达成预期的视觉效果了。

优选工匠 中西合璧

成造这些美轮美奂的玻璃器皿的造办处匠人，由"家内玉匠"和"外雇玉匠"组成。档案中详细记录着工匠的姓名和具体工时，一则便于核销钱粮，二则有问题时可以回溯。

这些玻璃匠人的选用十分讲究，档案记载了从广州和山东博山传召技艺娴熟的玻璃工匠的相关情况。当时，由于禁海令的实施，广州长期一口通商，可以吸纳外来工艺，博采众长，玻璃业较为先进。山东博山，古称颜神，清雍正朝设博山县，因盛产玻璃原料而闻名，玻璃工艺发展较早，此后传延不绝。而清宫所用玻璃不仅需要"家内玉匠"的不断改进与创新，也需来自广东、山东的玻璃匠们的加持，这样一来，使宫廷工艺与民间工艺得以快速融合、发展。

值得一提的是，从康熙朝至乾隆朝早期，西洋传教士也经常主持或参与玻璃制造的相关任务，他们和本土的工匠们共同缔造了这一时期清宫玻璃制造工艺。比如金星玻璃，又名温都里纳，是一种含有金属结晶颗粒的玻璃，即在西洋传教士纪文和汪执中的指导下试制成功的新品种。金星玻璃是清代玻璃器的独有品种，在阳光下能呈现出金属闪光，具有独特美感，只可惜金星玻璃只在乾隆一朝有制作，这一独特的玻璃品种如昙花一现。

工艺短板 力有不逮

乾隆帝在咏《玻璃窗》诗中写道："西洋奇货无不有，玻璃皎洁修且厚。"一方面赞誉了玻璃窗澄明莹澈；另一方面交代这种大片窗玻璃是产自西洋的进口货，本土的工艺很可能还达不到相同水准。

嘉庆六年（1801年），乾清宫明殿地平上有一对专用于年节陈设的玻璃花，因时间久远而损坏，为此，皇帝谕令绘画纸样交粤海关烧造一对，顺便对旧玻璃花进行修复。接到任务的粤海关监督三义助发现，这竟然是一个难以完成的任务。

他先将画样交给在广东的洋商们办理，当时会集了能工巧匠多人，烧炼了数十次，但均告失败。档案记载："据匠人声称，此项玻璃花每一大枝系用玻璃零碎粘成，每粘一小块便要烧熔一次，方能粘住。及粘住后，其玻璃花因过火太多，随即破裂，实在不能办成……商等查玻璃花一项，系外洋烧造，内地未经制办呈进，必须发交外洋始能制办。"无奈之下，三义助先把旧玻璃花送回宫廷交差，至于新制玻璃花，只能相机行事。

人力固有不逮，但偌大的国家竟然无法自制一种常用的陈设品，可见当时的玻璃在制作工艺方面一直存在着某些短板。

虽然清代前期、中期，本土玻璃业特别是在宫廷玻璃制造方面曾有过一段时间的发展与创新，也一度欣欣向荣，但随着嘉庆、道光时期国力日渐衰落，具备相关技能的西洋传教士的逐渐离散，一些配方和技法渐渐失传，内廷玻璃业恰如春冰消融，走向了没落。

清宫西洋画师郎世宁

陈宜耕

郎世宁（1688—1766），字若瑟，意大利人，在华生活50余年，是历任康熙、雍正、乾隆三朝的宫廷西洋画师，深受皇帝的青睐和赏识，在众多宫廷画师中无疑是一位具有影响力的代表人物。让我们通过清宫档案，了解郎世宁从雍正元年（1723年）到乾隆三十一年（1766年）这段时间里的人生经历。

绘制《瑞谷图》

郎世宁来华之前，在当地已是一位崭露头角的青年画家，为他日后的宫廷绘画生活奠定了基础。

康熙五十四年（1715年），年仅27岁的耶稣会士、意大利画师郎世宁漂洋过海搭乘贸易商船抵达广州。广东巡抚杨琳奏报了此事。康熙帝即批："知道了。西洋人着速催进京来！"

郎世宁在康熙朝的绘画活动，由于缺少档案记载，无从得知。但自雍正元年到乾隆三十一年的这段时间，其绘画活动多有记录，从中反映出雍正、乾隆两朝，郎世宁迎来了他本人在绘画艺术上的巅峰。

雍正元年郎世宁35岁，是人生黄金年龄，至乾隆元年48岁，正是最富于创造力的大好时光，也是郎世宁绘画艺术达到炉火纯青的阶段。同时，适逢清朝鼎盛时期，经济繁荣、国泰民安，太平盛世之下书画为帝王所推崇，受到皇帝的厚爱。故此，郎世宁在宫廷里受到皇帝的重用。

雍正初年，河南、陕西和北京先农坛皇家的"一亩三分地"的谷子均大获丰收，三地分别将各自的优质瑞谷送到宫里，向皇帝报喜。雍正帝见到谷粒饱满、金色耀眼的谷穗十分高兴，为纪念这个祥瑞之年，命大学士张廷玉传旨，由郎世宁照瑞谷实物作画。《瑞谷图》绘成后，雍正帝特为该图降旨，并颁示各省督抚，以警醒官员再接再厉、勤政为民。

擅长中西画技

郎世宁来到中国后，潜心学习汉语和中国文化，大胆探索实践中西结合的绘画方法，创作了题材广泛、形式多样的绘画作品。其中有人物画、花鸟动物画、风景画、年节画、扇画、珐琅画等等。

郎世宁的油画，让雍正帝表现出极大的兴趣。雍正四年，雍正帝首次使用郎世宁绘制的西洋油画装饰圆明园内四宜堂。

虽然郎世宁学的是西洋油画画法，但来到中国后他把西洋画法与中国画法结合，深得雍正帝喜爱。据档案记载，雍正帝欣赏一幅兰花绢画，发现没有作者署名，

郎世宁《花鸟图》轴
（故宫博物院藏）

他立即下旨查明作画人。经核实，此画为郎世宁所画，雍正帝知道后，"急催速速呈进"。由此，郎世宁的这幅兰花图便留在了雍正帝身边供欣赏。

春节是中国的传统节日，是一年中最重要的一个喜庆日子。每年为迎接春节，宫内西洋画师都要作画，以示祝贺。郎世宁当然也不例外。春节前夕，他精心创作了一幅山水画，构图巧妙，气势恢弘，描绘出一派山河壮丽、欣欣向荣的景象，得到雍正帝赞赏，命送往圆明园内西峰秀色张贴。

但是，并非郎世宁的每件作品都能得到雍正帝的赏识。一次，郎世宁奉旨画一只叫"者尔得"的小狗，画完之后即呈送雍正帝。雍正帝端详一番后，指出"尾上毛甚短，其身亦小些，再着郎世宁照样画一张"。至此，郎世宁已是第三次画这只"者尔得"小狗了。

乾隆帝继承了父皇的爱好，喜欢绘画，尤其对郎世宁的画情有独钟，宫内多处悬挂的装饰画均出自郎世宁之手，其中还有一幅郎世宁

郎世宁等绘《马术图》轴（故宫博物院藏）

的自画像。宫廷许多大作动笔前，乾隆帝都会指定由郎世宁起画稿，亲自审定后，再召集有关画师合画。

郎世宁在宫廷中是最繁忙的画师，也是最受皇帝信任的画师。有时，他不仅在宫内作画，还奉旨前往西苑瀛台、香山、热河等地作画。郎世宁奉命仿陈容画一幅《九龙图》时，乾隆帝在谕旨中竟征求郎世宁意见：习惯用绢，还是纸，都可以。乾隆帝的朱批里罕见如此商量的话语，可见其对郎世宁的信任程度，但乾隆帝也毫不客气地指出，此画"不要西洋气"。

备受优待的宫廷生活

由于受到两朝皇帝的重用，郎世宁在宫廷的绘画工作量常常是超负荷的，而受到的优待则是无微不至的。

农历十一月份的北京已是寒意袭人，雍正帝为此下旨给郎世宁作画的屋铺上地炕，再铺一块羊毛毡以防寒取暖；为了更好地防风，将郎世宁作画屋内的窗户、墙壁重新补糊；乾隆帝对郎世宁也是爱护有加，平日乾隆帝经常单独奖赏郎世宁一些绸缎、人参等物品，以示奖励；特别在其生病期间，赏其银两，补养身体。病好后，乾隆帝特下旨，允许郎世宁在家画画。一位宫廷画师竟能得到皇帝如此优待，确不多见。

宫廷的绘画生活紧张而忙碌。但优厚的待遇，带给郎世宁生活的无忧、心情的愉悦，使他始终保持旺盛的创作热情，为后人留下许多精美的艺术作品，为那个时代培养了一批年轻画家，也为传播东西方

乾隆帝为优恤郎世宁事上谕

文化艺术作出了杰出贡献。

郎世宁一生忠心耿耿、鞠躬尽瘁，甚至在逝世前几个月，他还在作画。乾隆三十一年六月郎世宁病逝，享年78岁。乾隆帝特下谕旨："西洋人郎世宁自康熙年间入直内廷，颇著勤慎，曾赏给三品顶带（戴）。今患病溘逝，念其行走年久，齿近八旬，著照戴进贤之例，加恩给予侍郎衔，并赏内府银三百两，料理丧事，以示优恤，钦此。"

乾隆帝这道谕旨，后被镌刻在郎世宁的墓碑上，为郎世宁的一生画上圆满句号。

乾隆帝和他的三位皇后

郭 琪

翻开历史档案，乾隆帝曾有过三位皇后，她们是相濡以沫的富察氏，性情大变的乌拉那拉氏和"因子获名"的魏佳氏。乾隆帝和这三位皇后之间又有着怎样的故事呢？

"廿载同心成逝水，两眶血泪洒东风"
——相濡以沫的富察氏

雍正五年（1727年），雍正帝为儿子弘历挑选了富察氏作为正福晋。在雍正帝看来，富察家是名门望族，与皇家关系密切，深受信任，富察氏自小接受良好教育，品行端正，堪为不二人选。

事实也正如雍正帝所料，富察氏与弘历婚后感情极好，很快诞下了皇子永琏。雍正十三年，雍正帝驾崩，弘历继位，即乾隆帝，转年乾隆帝便册立26岁的富察氏为皇后，掌管后宫一切事宜。

即便身为皇后，富察氏依然坚持每天按时去给崇庆皇太后行礼，温柔细心地照顾乾隆帝，每当乾隆帝生病，她总是衣不解带地亲自侍奉，从不假手于人。她在生活上"贤淑节俭"，偏好"简约风"，平日里从不佩戴珠宝首饰，仅用花草等做修饰。不仅如此，每年春天的亲蚕礼，富察氏从不缺席，率先垂范，带领宫女们缫茧成丝，以供制衣所用。

乾隆十年（1745年），皇贵妃高佳氏逝世，乾隆帝为其选定谥号"慧贤"。当时，富察氏正陪在乾隆帝身边，便半开玩笑地跟乾隆帝说，待到她去世时，请为她赐谥号"孝贤"，不知可否？

原来，在富察氏的心中始终有一桩事难以放下，那便是自己所生的皇子永琏，自幼"聪明贵重，气宇不凡"，乾隆帝登基后，还曾命人将封永琏为皇太子的谕旨用匣子装好，置于乾清宫内，准备待他长大后"布告天下，明正储贰之位"。可惜就在第二年，年仅9岁的永琏夭折，使得富察氏深受打击，情绪极为低落。

乾隆帝为了安慰富察氏，经常陪伴其左右。乾隆十一年，富察氏又生下了皇子永琮。乾隆帝高兴之余，决定册立永琮为皇太子。不幸的是，永琮刚刚2岁便染上了天花，御医们竭尽全力，却还是没有留住这条小生命。

富察氏难以接受两个儿子在短短十几年间相继去世的事实，身子很快垮了下来。乾隆帝为避免她在宫中睹物思人，决定带她出宫游玩，宽慰丧子之痛。乾隆十三年正月，乾隆帝陪同皇太后东巡，让富察氏随行，观赏沿途的山川美景以纾心意。然而，富察氏在丧子后无心饮食，加之旅途奔波劳累，很快积郁成疾，殁于返程舟船之上，时

孝贤纯皇后朝服像（故宫博物院藏）

年37岁。

乾隆帝悲痛万分，提笔写下了"廿载同心成逝水，两眶血泪洒东风"等诗句，他还下旨要求各省官员与京内官员按照周礼与《会典》所载置办富察氏的丧仪，丧期之内所禁所戒，内外一体执行。

而在为富察氏拟定谥号时，乾隆帝似乎又听到了她几年前对自己说："吾他日期以'孝贤'，可乎？"最终，乾隆帝完成了对富察氏的承诺。

"娴"与"不娴"
——性情大变的那拉氏

在富察氏被雍正帝选为弘历正福晋后不久，出身于佐领那尔布家的那拉氏被选为了弘历的侧福晋。在乾隆帝继位后册立后妃大典上，20岁的她被封为娴妃，乾隆十年晋封为贵妃，在晋封册文中是这样形容她的："娴妃那拉氏，性生婉顺，质赋柔嘉，秉德罔愆，协衍璜之矩度，服勤有素，膺褕翟之光荣。"

那拉氏似乎如册文中所描述的那样，温婉恬静，与世无争，一切朝着岁月静好的方向发展，直到富察皇后的去世。

在崇庆皇太后看来，乾隆帝宵衣旰食，国事繁忙，后宫急需一位新皇后来稳定局面。于是，她向乾隆帝建议册立娴静婉顺的那拉氏为皇后。乾隆帝接受了母亲的建议，先是册命那拉氏为皇贵妃，总摄六宫。乾隆十五年八月，那拉氏被正式册立为皇后。

那拉氏成为皇后不久，很快为乾隆帝生下了永璂、永璟两位皇子，二人夫唱妇随，相处极为融洽。然而，在乾隆三十年的一次南巡途中，二人突然爆发了严重冲突。

乾隆三十年二月，乾隆帝出巡江南，皇后那拉氏随同出游。初十日，恰逢那拉氏生日，乾隆帝特意命人在早晚膳食外增加菜肴，以示庆贺。可到了闰二月十八日，那拉氏早上还陪着乾隆帝用膳，晚上却不见了踪影，直到十天之后才在京城出现，与此同时，宫中传出了乾隆帝意欲废后的消息。

乾隆帝废后一事引起了朝堂之上的轩然大波，满朝文武尽皆反对，纷纷上奏。尽管如此，乾隆帝只是稍等了一个多月，待风浪稍静后立刻下旨将那拉氏从册封娴妃到皇后的四份册宝全部收回，也让她彻底丢失了身为后宫妃嫔的身份证明，成了"黑户"。

那拉氏哪里想得到乾隆帝会如此绝情，转年即病逝于自己宫中，年仅47岁。乾隆帝当时正在承德围猎，听闻消息后只让陪在身边的永璂返回京城处理后事，并下旨以皇贵妃的规格为其下葬。

那么，在乾隆三十年的南巡途中究竟发生了什么呢？《大清高宗纯皇帝实录》记载了乾隆帝的话："朕恭奉皇太后巡幸江浙，正承欢洽幸之时，皇后性忽改常，于皇太后前不能恪尽孝道。比至杭州，则举动尤乖正理，迹类疯迷，因令先程回京，在宫调摄。"具体来说，就是乾隆帝认为那拉氏曾忤逆圣旨，"自行削发"，"其行事乖违，予以废黜亦理所当然"，能够为她保留皇后的称号"已为格外优容"。

但是，那拉氏回到京城后的一举一动却没有丝毫疯迷的模样，管理后宫依旧如常，井井有条。何况，以其素来温柔娴静的性格，又是受了何种刺激，才会如乾隆帝所描绘的那样举止乖张、性情大变呢？

而乾隆帝与那拉氏原本伉俪情深，究竟是何原因，竟致一夜之间绝情至此？

这些疑问随着时间流逝成了难解之谜，乾隆帝在此后数十载的岁月里也是讳莫如深，皇后之位也随之空置，直到三十年后……

汉军八旗出身的低调皇后
——"因子获名"的魏佳氏

在乾隆帝的后宫中，有一名令贵人魏氏，原属汉军八旗。魏贵人入宫后循规蹈矩，低调处事，平日里只管尽心侍奉乾隆帝，在妃嫔们中并不显眼。好在乾隆帝并未忘记她，不仅让魏氏与其他妃嫔一样循例晋升，还下旨将魏氏一族抬旗，魏氏也循例改称为魏佳氏。

乾隆二十五年，魏佳氏诞下皇十五子永琰（后改名颙琰），不久后又生下了皇十七子永璘，母凭子贵，她在乾隆帝心目中的地位无形中上升了不少。那拉氏被废之后，乾隆帝很快升魏佳氏为皇贵妃，负责掌管后宫，这让所有人都大吃一惊。更为当时人所不知的是，乾隆帝几年后秘密立储，又悄悄选择了魏佳氏的儿子颙琰作为皇位继承人。

那么，魏佳氏为何能在此时受到乾隆帝如此的恩宠呢？

魏佳氏进宫之初被赐为"令贵人"，"令"字出自《诗经》，有着善良美好的寓意。清代，皇帝为妃嫔选号也好，为大臣赐谥也罢，都是出自皇帝对此人的评价。可以看出，乾隆帝看到魏佳氏的第一眼，便感觉到这个女子是善良、聪明的。但是，乾隆帝在经历了两任皇后先后病逝之后，已经不愿再立皇后，索性便将管理后宫事务的重任交

大学士和珅为遵旨追封孝仪皇后母家请旨事题本（局部）

给了资历既深且能力与德行俱佳的魏佳氏，也就不足为奇了。尤其是在经过了多番比较之后，乾隆帝对于后继何人其实也早就心中有数。如此一来，皇贵妃魏佳氏成了后宫有实无名的第一人，操持后宫各类事务，直到乾隆四十年去世，时年49岁。

魏佳氏生前虽没有只言片语流露出对皇后位置的期盼，但乾隆帝还是在她死后给予了她这份荣耀。乾隆六十年，乾隆帝正式宣布颙琰成为自己的继任者，并追封魏佳氏为孝仪皇后，这位低调的汉人女子终于在死后成了乾隆帝的第三位皇后。

乾隆帝对于三位皇后的感情流露，时常出现在祭文与诗句中，或是"虚九御之崇班，情深逝水"，或是"呜呼，悲莫悲兮生离别，失内位兮孰与随？"最是无情帝王家，但在帝王家里，也未必没有过真感情。

乾隆朝万寿节念经那些事

赵郁楠

古人把庆祝皇帝生辰的节日称为万寿节。在清代,万寿节与元旦、冬至一并被定为三大节庆,每逢万寿节,举凡朝中内外,均要举办各种仪式庆典,这其中就包括清宫的念经活动,正如《光绪朝钦定大清会典事例》所载:"万寿圣节唪无量寿佛经、吉祥天母经,其奉旨念经据扎萨克大喇嘛来文办理,无定期。"

乾隆帝生于康熙五十年(1711年)八月十三日,在位时间长达60年,档案中关于其万寿节念经的相关记录比较丰富,通过梳理中国第一历史档案馆所藏相关满汉文档案,可以还原当时的盛况。

呼图克图领僧众

据满文档案记载,乾隆帝万寿节念经者,多以呼图克图为首,聚以喇嘛僧众诵念。

呼图克图为蒙古语,其作为一种宗教职衔,是给予在佛学造诣、品行、修养等方面都达到了很高程度,在信众中享有崇高威望的藏传佛教高僧的一个封号。清朝中央政府以呼图克图封号授予蒙藏地区的上层大喇嘛,这一级的喇嘛均会载入理藩院册籍,其每代转世均须经中央政府认定和加封,其中尤以左翼头班章嘉呼图克图、二班敏珠尔呼图克图、右翼头班噶勒丹锡呼图呼图克图、二班济隆呼图克图,这四大驻京呼图克图地位最高。

乾隆朝万寿节清宫以三世章嘉呼图克图、二世噶勒丹锡哷图呼图克图、三世敏珠尔呼图克图、八世济隆呼图克图等为首，聚集喇嘛僧众念经。万寿节念经活动集中在北京和承德两处，具体念经的时间地点、喇嘛名数等事项，经由中正殿念经处问明三世章嘉呼图克图后奏准钦定施行，照例办理；而与念经喇嘛赏银、饭食等相关事宜，则需奏请钦派内务府大臣进行管理。

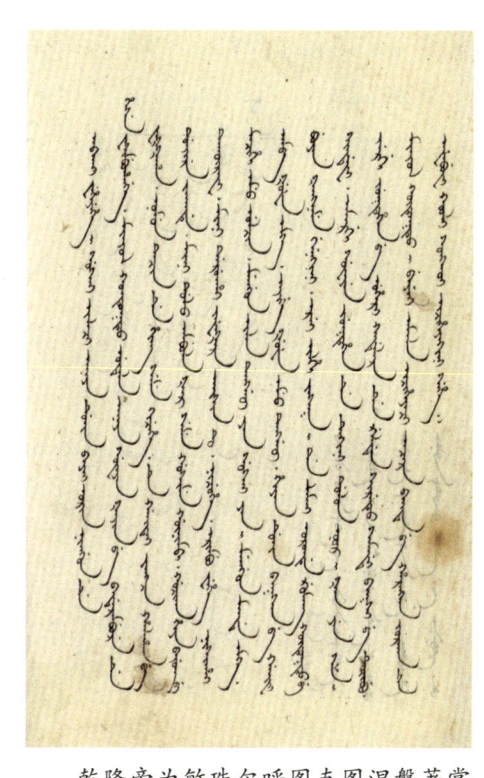

乾隆帝为敏珠尔呼图克图涅槃著赏银等事上谕

京城诵经人数众

乾隆帝万寿节北京处念经集中在中正殿、养心殿、永安寺、阐福寺、嵩祝寺、法渊寺、弘仁寺、仁寿寺、万佛楼、恩佑寺等多地。

以乾隆二十五年（1760年）万寿节为例：八月初四日至十三日，中正殿36名达喇嘛念经10日，永安寺、阐福寺36名喇嘛念经10日；十三日，养心殿佛堂进10名喇嘛放乌卜藏；初九日至十一日，中正殿108名喇嘛念庆赞经3日；初一日至三十日，嵩祝寺、法渊寺108

名喇嘛念无量寿佛经 1 个月；初十日至十四日，仁寿寺、弘仁寺各由二世噶勒丹锡哷图呼图克图、三世章嘉呼图克图为首聚 1000 名喇嘛念经 5 日，十三日佛前献戏供献。而后乾隆朝每年的八月十二日至十六日均按此为例诵经。

时至乾隆三十五年的万寿节：八月十二日、十三日，弘仁寺、仁寿寺照常由 2000 名喇嘛念经，十四日至十六日，此 2000 名喇嘛再被分派，1000 名分在弘仁寺、仁寿寺的喇嘛以三世敏珠尔呼图克图为首念经，另 1000 名分在万佛楼的喇嘛则由三世章嘉呼图克图亲自带领念经。

乾隆五十五年，八月十二日至十六日，恩佑寺、恩慕寺由四世噶勒丹锡哷图萨玛第巴克什率领喇嘛 300 众，设坛办理吉祥道场，念无量寿佛经 5 日。

承德多处设经场

乾隆帝万寿节，承德各处的念经活动主要在内佛堂、永佑寺、普宁寺、普陀宗乘之庙、须弥福寿之庙、殊像寺等地举行。

如乾隆三十七年的万寿节，承德各处念经活动包括：八月十三日，内佛堂由三世章嘉呼图克图为首，包括三世敏珠尔呼图克图共 14 名喇嘛诵念十八罗汉经，永佑寺由八世济隆呼图克图为首，包括果莽呼图克图、罗布藏达尔济堪布共 90 名喇嘛诵念无量寿佛经；十二日至十四日，普宁寺由三世章嘉呼图克图、八世济隆呼图克图为首，共 450 名喇嘛念无量寿佛经 3 日，十五日，由章嘉呼图克图为首念发愿文经；

普陀宗乘之庙都罡内，由三世敏珠尔呼图克图为首，千佛阁由堪布诺门罕阿旺簇勒提木为首，共325名喇嘛，亦于八月十二日起念无量寿佛经3日，十五日，由敏珠尔呼图克图为首念发愿文经。目前从档案记载看，殊像寺建成后，自乾隆四十四年起每年八月十二日至十四日，例由殊像寺达喇嘛为首，共61名喇嘛，念无量寿佛经3日等等。

须弥福寿之庙

乾隆四十五年为乾隆帝七旬寿辰，西藏六世班禅额尔德尼通过三世章嘉呼图克图主动提出前来祝寿。乾隆帝赐巨资在承德修筑须弥福寿之庙，供其驻锡讲经并派皇六子和章嘉呼图克图往迎。班禅额尔德尼于七月二十一日抵承德，又赴京在多处皇家佛堂做佛事，后因染天花不幸于北京黄寺圆寂。乾隆四十六年八月，已建成并安设喇嘛的须弥福寿之庙都罡内，由堪布罗布藏敦珠布为首，共207名喇嘛，依照普陀宗乘之庙念经，于八月十二日起诵念无量寿佛经3日，十五日由堪布罗布藏敦珠布为首诵念发愿文经。

寺观也办念经事

除上述由中正殿念经处负责承办的藏传佛教寺庙念经事务外，乾隆帝万寿节期间，内务府和掌仪司亦承办部分京城道观和汉传佛教寺庙的万寿念经事宜。如每年七月三十日（八月初一日）至九月初六日，照例派道官及道众24名在大高殿举办36日吉祥道场；八月初九日至十七日，万寿寺、法源寺、广济寺、大光明殿、东岳庙、护国寺六寺照例举办万寿吉祥道场9日。相关奏稿均由掌仪司先行缮拟，再由内务府奏准施行。乾隆五十五年因恭遇皇帝八旬万寿，内务府还曾奏请觉生寺等十五寺各寺住持带领僧众于八月初九日至十七日诵念药师经9日。

乾隆帝通过万寿节念经活动，体现其对藏传佛教及其他民族宗教的重视，对增强民族凝聚力及加深各民族交流均产生了积极作用。

颐和园里风满楼

刘桂林

清代兴建了一大批行宫园囿，颐和园是其中地位较高和影响较大的一座。风光旖旎的颐和园不仅是帝后游乐、避暑之所，更是集政务、典礼于一体的皇家园囿。颐和园的兴建与使用，更是风雨飘摇的晚清政权帝后争斗的见证。山雨欲来，风云变幻，颐和园由此在中国近代史中占有十分特殊的地位。

乾隆帝兴建清漪园

乾隆朝政治稳定，经济繁荣，国库充实，加之乾隆帝对园囿的需求愈来愈大，这一时期清代的皇家园囿得到大力发展。

为了给其母亲崇庆皇太后庆祝六十寿辰，乾隆帝在新建长春园的同时，还不惜花费大量财力物力兴建了清漪园（颐和园的前身），作为给皇太后祝寿的主要场所。乾隆帝亲自将其山体——瓮山改名为万寿山，将其水面——瓮山泊改名为昆明湖，从而为这座气势恢宏、精巧别致的皇家园林奠定了基础。

此后，乾隆帝在从政之余，单独或奉陪皇太后到此游乐。乾隆十九年（1754年），在昆明湖上还举行过一次盛大的水猎活动，这是康熙年间多次在白洋淀举行水围活动的延续和最后演示。如此大规模的水上活动，在京城近郊只有清漪园才可能举行。

内务府大臣海望为约估昆明湖工程需用银两数目事奏折（局部）

清代自乾隆朝以后国力日下，嘉道以后，各朝对园林的需求日渐减少。国家财政捉襟见肘，对园囿也无力及时修葺，任其风雨侵蚀，颓垣断壁，日益严重。

清王朝的衰败终于未抵挡住列强侵略。咸丰十年（1860年），京郊这些壮观美丽的皇家园囿陷于英法联军之手，侵略者不仅将其中收藏的奇珍异宝劫掠一空，更将藏珍纳宝的艺术园林付之一炬。从此，清漪园等皇家园囿破败凋零，往日的辉煌不复存在。清漪园由盛而衰的历史，是清代历史的又一缩影。

慈禧太后驻跸颐和园

清代皇家有当朝皇帝为皇太后安排清静幽雅、环境优美的地方以度晚年的传统。

晚清虽然国力不振，但同治十二年（1873年）同治帝亲政伊始，便下旨修复被英法联军烧毁的圆明园，以备为自己的母后慈禧太后驻跸。同治帝希图以此博得太后高兴，同时减少慈禧太后对朝政的干涉，最后因遭到朝廷的普遍反对而被迫停工。

光绪一朝，慈禧太后依然是凌驾于帝位之上的掌权者。光绪十五年（1889年），随着光绪帝亲政，慈禧太后表面上"归政"，"实则未尝一日离去大权"。光绪帝的生父醇亲王奕譞顶着朝野的压力，筹资兴建颐和园，也是意图用这风光迷人的优美环境"养性怡情"，来转移慈禧太后对朝政的兴趣。颐和园终于大规模地兴建起来了，前后大约用了10年时间才算告竣。

在颐和园工程开始前后，光绪帝多次奉陪慈禧太后前往。

光绪十五年三月二十五日，光绪帝陪同慈禧太后阅看了由神机营在昆明湖水面上进行的水操表演。申时，光绪帝还瀛台涵元殿驻跸。第二天，光绪帝依然驾幸万寿山，到昆明湖阅视水操。此后，由于修葺工程的进行，光绪帝和慈禧太后停止了临幸颐和园活动。

光绪十七年四月二十日，颐和园即将竣工，光绪帝发布谕旨命各衙门预备一切应行事宜。

为了慈禧太后正式驻跸颐和园，朝廷内外举行了隆重的仪式。光绪十七年四月二十八日上午十时，光绪帝前往当时慈禧太后驻跸的西

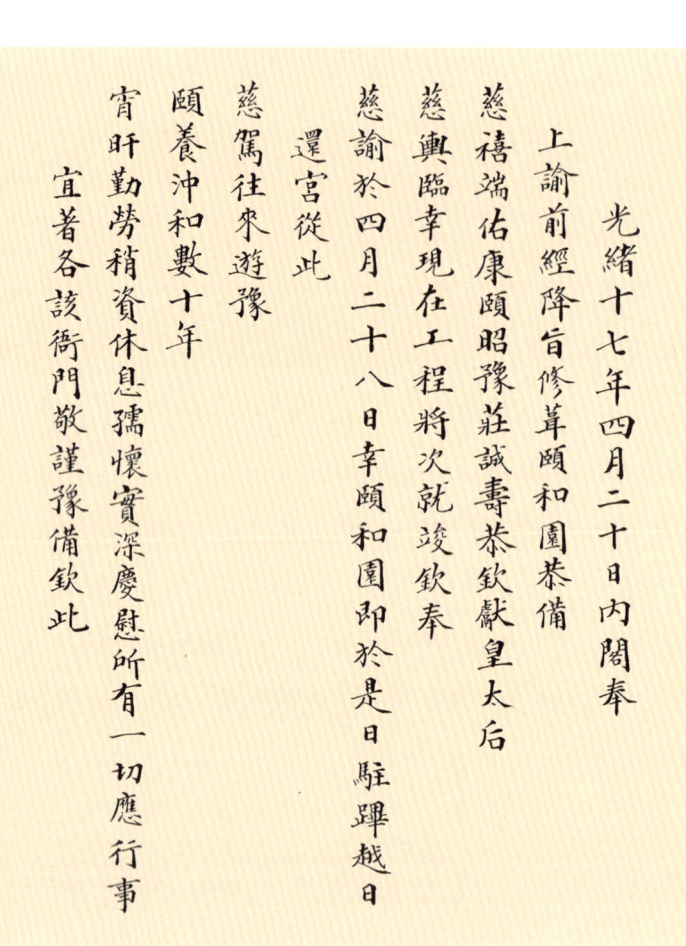

> 光緒十七年四月二十日內閣奉
> 上諭前經降旨修葺頤和園恭備
> 慈禧端佑康頤昭豫莊誠壽恭欽獻皇太后
> 慈輿臨幸現在工程將次就竣欽奉
> 慈諭於四月二十八日幸頤和園即於是日駐蹕越日
> 還宮從此
> 慈駕往來遊豫
> 頤養沖和數十年
> 宵旰勤勞稍資休息孺懷實深慶慰所有一切應行事
> 宜著各該衙門敬謹豫備欽此

光绪帝令各衙门豫备接驾事上谕

苑，王公百官均穿蟒袍补褂在三座门外，跪送慈禧太后起驾。随后，光绪帝先行一步，到龙王庙等候，在跪接太后圣驾后共进晚膳，当日光绪帝仍回瀛台涵元殿驻跸。慈禧太后在颐和园驻跸三日后，五月初一日从昆明湖返回西苑颐年殿，上午十时，光绪帝在西苑福华门，王公百官仍穿蟒袍补褂在三座门外跪接。

在举行"三日驻跸"的隆重仪式之后，慈禧太后开始了在颐和园的正式驻跸。从光绪十八年阳春三月开始，慈禧太后在颐和园共居住了近4个月。光绪十九年，慈禧太后又在颐和园驻跸3个月。

光绪二十年十月，是慈禧太后六旬庆典之期。早在3年前，光绪帝即谕令军机大臣等及工部查照乾隆十六年崇庆皇太后万寿乘御金辇，制备一份。届时，光绪帝还将率内外臣工前往万寿山行庆贺礼，并在大内至颐和园沿途跸路，添置景点，建设经坛，隆重庆祝一番。岂料中日甲午战争爆发，慈禧太后在颐和园的六旬庆典不得不"即行停办"，而改在宫中举行。是年，慈禧太后只在颐和园居住了2个多月。

从光绪二十二年正月至光绪二十四年八月，在2年又7个月的时间里，慈禧太后在颐和园先后共居住了一年半左右，其中光绪二十四年一次居住了将近半年之久。在慈禧太后驻跸颐和园期间，每隔三五

《颐和园风景图》轴（故宫博物院藏）

宫苑趣事

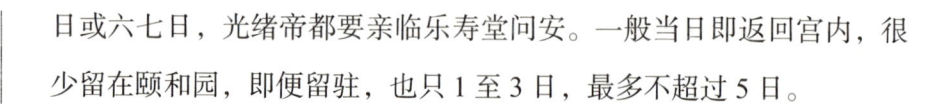

日或六七日，光绪帝都要亲临乐寿堂问安。一般当日即返回宫内，很少留在颐和园，即便留驻，也只1至3日，最多不超过5日。

光绪帝软禁于颐和园

光绪二十四年八月初四日傍晚，驻跸颐和园多日的慈禧太后突然得知，变法的军机章京谭嗣同正策划包围颐和园，于是立即决定返回城内。光绪帝急忙在西苑瀛秀门外跪接慈禧太后，从此光绪帝被囚禁在瀛台涵元殿，受到严格控制。慈禧太后驻跸颐和园的日子也告一段落。

光绪二十五年五月间，京津地区义和团运动如火如荼。为了防止赴颐和园沿路发生意外，光绪二十六年三月初四日，慈禧太后下令"各派神机营、虎枪营队伍，分作两班，沿途随护，各处路口一体严密稽察"。三月初七日，慈禧太后重返颐和园驻跸。作为又一个囚禁场所，光绪帝也从瀛台涵元殿移住颐和园玉澜堂。

八国联军入侵北京，慈禧太后携光绪帝出逃西安，直到光绪二十七年十一月回到北京。光绪二十八年八月十二日，慈禧太后同光绪帝再度恢复驻跸颐和园，直到光绪三十四年九月。在6年多的时间里，慈禧太后和光绪帝每年往返颐和园三五次至七八次。

据档案记载，慈禧太后和光绪帝在颐和园接见臣工，处理政务，37次会见外国使臣及其眷属，16次在昆明湖上设游宴，赏赐各国使臣及眷属。除此之外，慈禧太后、光绪帝还多次在此举行庆寿典礼。颐和园实际上成为大内之外的又一政治活动中心。

自乾隆朝至光绪朝，从清漪园的修建到颐和园的重建，其承袭祖制、尊崇孝道，虽然是一致的，但是其目的却有所差别，而历史背景也大不一样。乾隆帝真正是为皇太后祝寿而建，而光绪朝对颐和园的重建，名义上是为慈禧太后"慈舆临幸""颐养冲和"，实际上还有另一层就是减少慈禧太后对朝政的过问和干预。

从清漪园到颐和园的历史兴衰，留给我们后人丰富多彩的故事和对历史的沉思。

中正殿写佛号处

赵郁楠

佛号，即佛的名号。藏传佛教认为，称颂和书写佛号是有无量无边功德的事情。清代与皇家相关的佛事活动甚多，那么缮写佛号这件事情是如何进行的呢？

在藏传佛教中，唐卡是一种独具特色的艺术绘画表现形式，而中正殿也是喇嘛、画匠等在宫中绘画唐卡的一个重要的工作室。据满文档案记载，乾隆二十四年（1759年）设中正殿写佛号处，全称为中正殿缮写满、汉、蒙古、藏四体字佛号处，满文罗马转写为 jung jeng diyan i duin hacin hergen i fucihi colo be arara ba，隶属于中正殿念经处，专门负责缮写佛号等工作。

六世班禅唐卡背后白绫签（故宫博物院藏）

故宫博物院现藏有清代宫廷唐卡 2000 余幅，依其来源有"藏画"和"京画"之分。据学者研究，清宫唐卡绘画流程中，不可或缺的一环，就是在唐卡背后缝上满、汉、蒙古、藏四体字佛号的白绫签，由西藏进贡的唐卡进入宫廷后也要缝上此白绫签，极具清代皇家特色。重要唐卡白绫签上的汉字，是由翰林院的翰林书写的。而满、蒙古、藏字佛号的缮写工作，除由理藩院喇嘛印务处管辖下的各寺庙喇嘛等进殿承担外，主要由中正殿写佛号处员役负责完成。

写佛号处的唐古忒学生

中正殿写佛号处行走当差人员的职名，在各时期虽略有不同，但额数大体保持在 10 人左右，分别是首领 1 至 3 员不等，多由笔帖式和骁骑校兼任，下有苏拉笔帖式 4 员，唐古忒学生 4 员。

唐古忒学是清廷为培养藏语文翻译人员专设的官学，归理藩院管辖。唐古忒学生，也作西番学生，满文拉丁转写为 tanggvt tacikvi juse，多由八旗蒙古人充任。

但中正殿写佛号处行走的唐古忒学生，并非最初即设，初设时乃为经咒馆候缺笔帖式。乾隆二十四年四月十七日，管理中正殿事务和硕庄亲王遵旨选取中正殿苏拉笔帖式 3 名，经咒馆候缺笔帖式 4 名，跟随阿嘉呼图克图缮写佛号。继出候缺笔帖式之缺，均行文经咒馆选取缮写满文、蒙古文优良人员带领补取。

乾隆三十七年正月，经咒馆归并清字经馆。此时写佛号处悬有候缺笔帖式 2 缺，因清字经馆内没有能缮写蒙古字的候缺笔帖式，而他

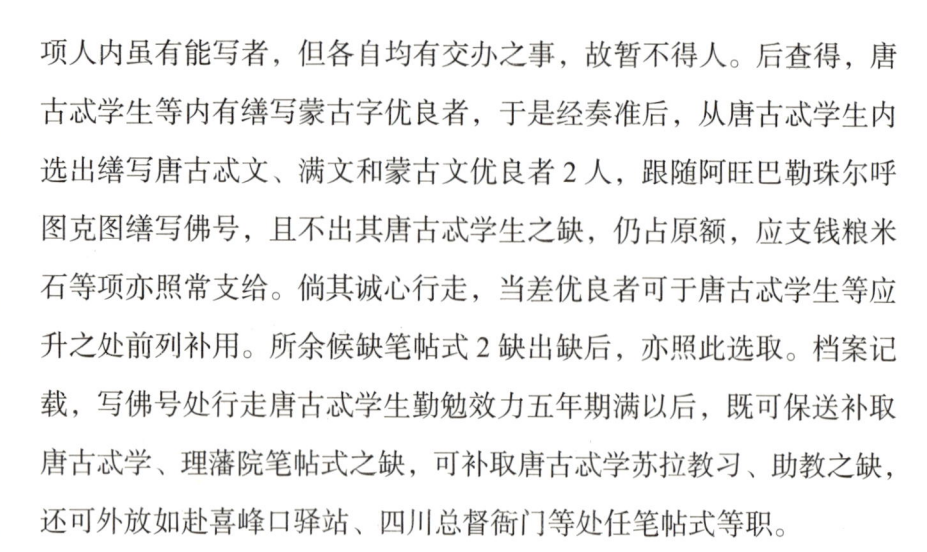

项人内虽有能写者,但各自均有交办之事,故暂不得人。后查得,唐古忒学生等内有缮写蒙古字优良者,于是经奏准后,从唐古忒学生内选出缮写唐古忒文、满文和蒙古文优良者2人,跟随阿旺巴勒珠尔呼图克图缮写佛号,且不出其唐古忒学生之缺,仍占原额,应支钱粮米石等项亦照常支给。倘其诚心行走,当差优良者可于唐古忒学生等应升之处前列补用。所余候缺笔帖式2缺出缺后,亦照此选取。档案记载,写佛号处行走唐古忒学生勤勉效力五年期满以后,既可保送补取唐古忒学、理藩院笔帖式之缺,可补取唐古忒学苏拉教习、助教之缺,还可外放如赴喜峰口驿站、四川总督衙门等处任笔帖式等职。

此外,在写佛号处当差的,还有选自内务府三旗的画匠1至2名。如乾隆三十九年,正白旗李文昭佐领下画匠寿儿病故,其所出之缺由镶黄旗朱尔杭阿佐领下画匠三达子补取;而正黄旗刘淳佐领下画匠福保,因当差怠惰被驳回后,其所出之缺由镶黄旗保山管领下画匠住儿补取。

写佛号处的日常管理

清宫写佛号处员役选任工作,均由管理中正殿事务王大臣等负责。此外,中正殿念经处亦掌管写佛号处的日常行政事务,主要包括:

按月备案写佛号处员役考勤。如乾隆四十八年六月写佛号处职员考勤名单,就详细记录了该处所设骁骑校1名,委署笔帖式首领2名,苏拉笔帖式3名,唐古忒学生4名,效力行走4名,共14人的出勤情况。但从总体看写佛号处员役考勤多同档案房、殿三班、库班等其他各中正殿念经处员役考勤一同缮写，存案备查。

按月领取苏拉笔帖式等口分银米。乾隆四十三年时，写佛号处唐古忒学生明泰呈称："唐古忒学生与中正殿苏拉笔帖式等人一同缮写佛号，伊等每日均有官饭，而吾等本身却无支给官饭之处。恳请亦照伊等给明泰吾等支给官饭。"为此中正殿念经处曾行查办理唐古忒学事务官员等。据该学回文称，查得唐古忒学正式学生，每月各支给二两钱粮银、二两马银，并无公费银、饭银。因此中正殿念经处官员等呈请管理中正殿事务王、额驸批准，亦一体支给写佛号处唐古忒学生官饭份额，但是目前从档案记载来看，此事并未准行。如据乾隆五十八年档案记载，写佛号处当差的苏拉笔帖式、画匠，每名每日应领口分折价银4分4厘1毫5丝8忽、盐3钱、醋2两、酱2两、芽茶6钱，木柴5斤并细老米7合5勺，并无唐古忒学生领取饭银等相关记录。

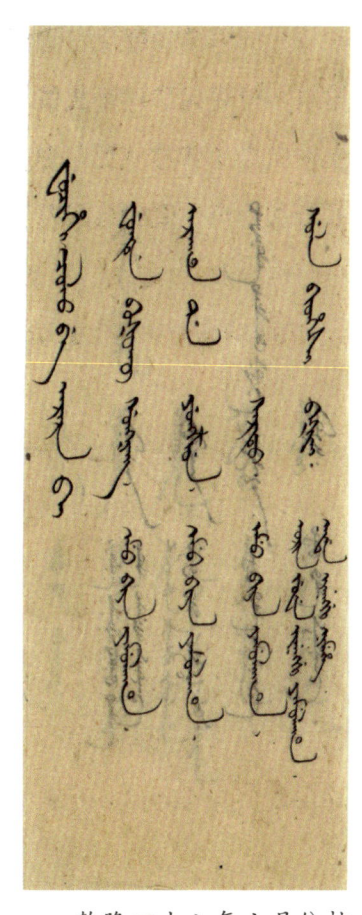

乾隆四十八年六月份抄写佛号官员名单

按年领取写佛号处办公用品。如依照年例写佛号处每年均需向内务府领取头号朝鲜纸20张、白榜纸50张、黄榜纸100张、毛头纸150张、毫笔50支并香墨4两。

办理写佛号处员役腰牌。如根据档案记载，道光二十三年（1843年）写佛号处笔帖式鹤庆呈文称，该处行走正白旗常山管领下苏拉德泰所佩进出紫禁城火印腰牌，遗失在大石作地方，寻找无踪，故除将其重惩外，仍呈请中正殿念经处，咨行内务府补行火印腰牌。

综上所述，写佛号处的运作过程，真实反映了内务府和中正殿念经处在清宫藏传佛教事务管理上是如何具体发挥作用的。而写佛号处唐古忒学生的选补任用，亦反映出内务府选官任官制度中"不分内外"的特点。中央皇权也是通过像唐古忒学生这类中低级员役的内外任用而得到了不断强化，北京和蒙藏地区的交往因此而变得更为密切。清宫中正殿写佛号处机构虽小，然其存在的意义却不可谓不大。

中正殿喇嘛饭房

赵郁楠

清宫中正殿喇嘛饭房，隶属于中正殿念经处，主要承担给念经喇嘛等做饭、伺茶之事。喇嘛饭房日常如何运作，其当差员役又是如何选补，中国第一历史档案馆馆藏档案中均有相应记载。

中正殿梵宗楼

拜唐阿领催的选补

拜唐阿，一作"柏唐阿"，系满语"baitangga"之音译，意为差人、有事者、执事人。在清代，内外衙门、军队中无品级的管事、听差的匠人、医生等也称为"拜唐阿"。

据档案记载，每月清宫中正殿、雨花阁、永安寺等处念经、做巴苓喇嘛等共计1500余人，除中正殿念经处照例行文内务府交掌仪司给喇嘛等领取应得口分钱粮外，掌仪司还曾设立催总1人、领催5人，专门负责每日给喇嘛等做饭、伺茶之事。乾隆三十三年（1768年）内务府奏准议定后，给喇嘛等领银、做饭、伺茶等事均毋庸交掌仪司，而改由中正殿念经处直接办理，并裁去催总1缺、领催3缺，视现有之人出缺即行裁减，此后仅保留拜唐阿领催2缺，拜唐阿领催所出之缺亦改由中正殿官员等办理选补。既简化了流程，又裁撤了冗员。

拜唐阿领催等均选自内务府苏拉人员。内务府苏拉任职拜唐阿领催，系被正式委以职务，且每月食有2两固定钱粮，本身也具有一种选官资格，正如《清史稿·选举志》所记："满人入官，以门阀进者，多自侍卫、拜唐阿始。"

厨役工价银的领办

厨役，满文拉丁转写为"mucesi"，具体承办给清宫念经喇嘛等做饭之差。数量并不固定，平均每月用工60余名。如据嘉庆元年（1796年）正月中正殿念经处呈稿档案记载："中正殿念经正月小二十九日用厨役五十八工，恩佑寺每月初一、十五日摆供用厨役四工，恩慕寺每月初一、十五日摆供用厨役四工，以上共用厨役六十六工。"

中正殿喇嘛饭房雇用厨役所需银两，在档案中被称为"工价银"或"工值银"，系计工给价、计工给值之意，初由掌仪司按月行文光禄寺领办。据满文档案记载，乾隆三十三年内务府议定后，此项领取厨役工值之事，亦毋庸交掌仪司，改由中正殿念经处自行办理。

尽管中正殿念经处于乾隆十三年已铸有印信，但其行文光禄寺领取厨役工价银仍需借用内务府印信，直至嘉庆二十四年七月方呈请改用本处印信。关于这次改印的原因，档案中记："中正殿月例讽经喇嘛饭食需用厨役工价咨行光禄寺文移，向系赴内务府呈稿借印。但本殿凡遇奉旨办道场并例载文移行内务府及各部院衙门，俱系用本殿奉旨所设印信咨行。惟厨役工价微末一项，赴他处借印，不能画一，且借用印信日期不准，易至逾限，实于公事无益。"这次改印又进一步简化了办文流程，提升了办事效率，从而更有力保障了清宫中正殿等处喇嘛念经事务的有序进行。

厨役本身并非旗人，属受雇进宫、领取工价给念经喇嘛等做饭伺茶的民役，中正殿念经处对厨役的管理是清代旗民分治的一个体现。

饭房实物银的领用

据满文档案记载，嘉庆七年九月底，管理中正殿事务和硕仪亲王永璇同七额驸拉旺多尔济曾给属下发布札付："办理中正殿念经喇嘛等饭食一切事务，均令副内管领萨丙阿、六禄二人会同员外郎清泰、存德二人一体办理。"其所办"一切事务"包括喇嘛饭房的报修和饮食器具的添办等，这里主要介绍一下后者。

中正殿喇嘛饭房，实际上是一个统称，具体还分为饭、厨、茶三房，其各房应用桌凳、碗碟等项，原均由中正殿念经处行文内务府领用实物。

如据档案记载，道光十三年（1833年）豆绿七寸瓷盘旧有160个内破坏不足，新领用70个；豆绿磁大碗旧有80个内破坏不足，新领用50个；豆绿磁饭碗70个内破坏不足，新领用70个；豆绿五寸磁碟子旧有70个内破坏不足，新领用30个，另新领用白磁盆4套。

而自同治八年（1869年）五月起，始改领实银，但所有添补一切桌凳、瓷器等项并未开销，均系用同治八年五六月菜蔬银两内照旧章开除喇嘛口分钱文外之剩余银两买办的。其沿用至光绪十年（1884年）

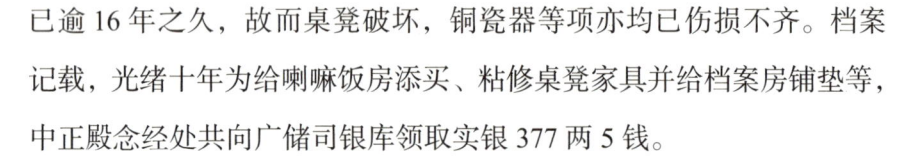

已逾16年之久，故而桌凳破坏，铜瓷器等项亦均已伤损不齐。档案记载，光绪十年为给喇嘛饭房添买、粘修桌凳家具并给档案房铺垫等，中正殿念经处共向广储司银库领取实银377两5钱。

中正殿喇嘛饭房保障了清宫念经喇嘛的日常饮食，其管理方式、人员选补、财务领办均体现了清宫的皇家特色。

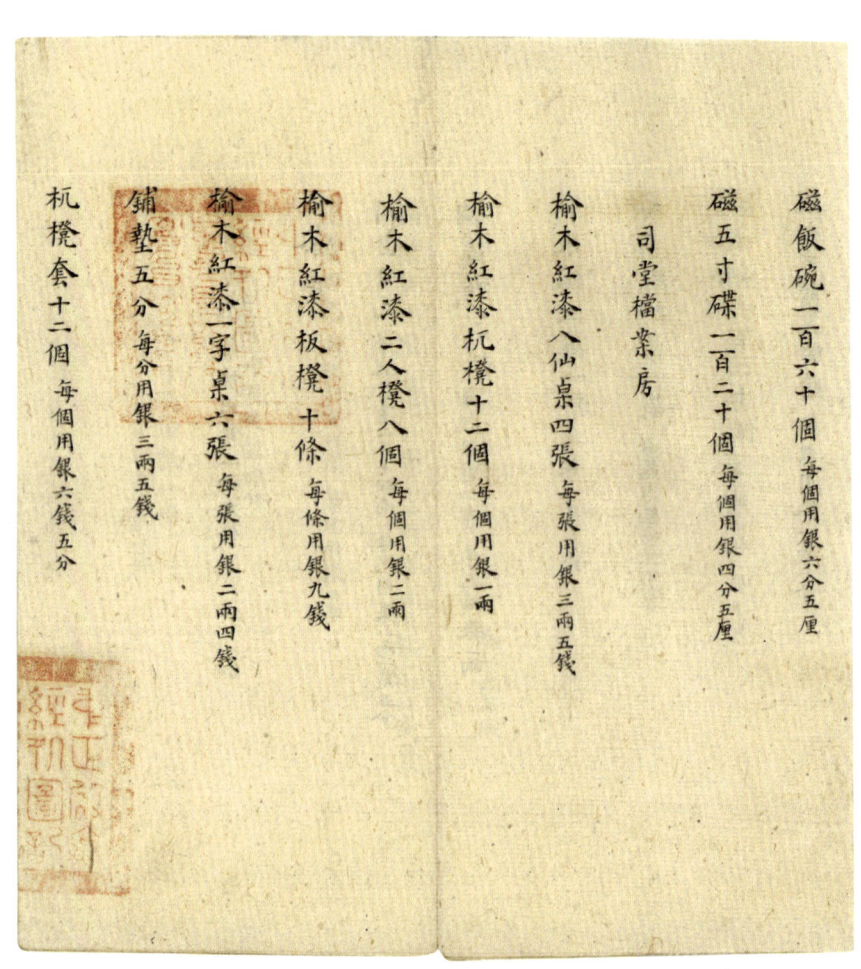

中正殿办事官员为办买喇嘛饭房厨房等处家具事呈稿（局部）

清宫仿制澄泥砚

张 蕾

砚，是中国传统手工艺品之一，与笔、墨、纸合称文房四宝。从唐代起，端砚、歙砚、洮河砚和澄泥砚被并称为"四大名砚"，其中澄泥砚一度失传，经过清代皇家的大力仿制，这一名砚的制作技艺得以恢复，一代名砚再度焕发光彩。

绛州澄泥砚

澄泥砚，产自古绛州一带（今山西新绛），源于秦汉，盛兴于唐宋，迄今已有千余年历史。澄泥砚是使用经过澄洗的细泥作为原料加工烧制而成，因此质地细腻，犹如婴儿皮肤一般，具有贮水不涸，历寒不冰，发墨而不损毫，可与石质佳砚相媲美的特点。

澄泥砚的制作需经过几十道工序。古法大致是：取河床下的泥，淘洗后，用绢袋盛之，口系绳再抛入河中，继续受水冲洗，如此二三年之后，绢袋中的泥越来越细，以过滤的细泥为材料，然后"令其干……作二模如造茶者，以物击之，令其坚。以竹刀刻作砚之状，大小随意。微阴干，然后以利刀刻削如法，曝过，间空埪于地，厚以稻糠并黄牛粪搅之，而烧一伏时"，再用黑蜡、米醋相掺蒸多次。如此繁复的工序，使砚台坚如铁石。随着时代的变迁，汾河的水流量和流速都起了很大的变化，后来澄泥砚的制作已不完全遵循古法。

在造型艺术上，澄泥砚也别具一格，十分注重图案和造型，雕刻形式多样，色泽典雅秀丽，显得极为古朴大方。

明代末年，随着石砚的大量开采以及铜砚、瓷砚、铁砚、木砚等的出现，澄泥砚由于制作技艺复杂已陷入衰退，到清代时工艺已经失传。

乾隆四十年（1775年）五月，纂修《四库全书》期间，乾隆帝翻阅古籍《贾氏谭录》一书，读到山西绛县人制作澄泥砚的方法，很感兴趣，决心仿制失传已久的澄泥砚，于是谕令署理山西巡抚的巴延三："绛县人善制澄泥砚，缝绢囊，置汾水中，逾年而后取，沙泥之细者已入囊矣，陶为砚，水不涸焉。"乾隆帝觉得既然书中这么记载了，那肯定不是虚妄的，绛县为山西属地，便令巴延三留心询访，看当地是否还有掌握制砚技艺的工匠，如果有以前老工艺的澄泥砚，则购买数方进呈。如果已经没有世代相传此技艺的工匠，就找人按照《贾氏谭录》的记载尝试仿制。

接到上谕的巡抚巴延三遵命积极办理，并于当年六月专门奏报布置绛州官员妥当办理此事。

七月，巴延三向乾隆帝进呈寻觅到的澄泥砚3方，九月又进呈3方。一年后，乾隆四十一年九月初五日，乾隆帝又下旨询问该事。巴延三回报：经过访查，没有找到绛县有通晓制造澄泥砚法的世业之家，于是饬令滨临汾河的绛州、稷山、河津等地，仿照书中所载试制澄泥，用绢囊盛放在水流稍缓处，并严加看守。澄泥虽比较细净，但不知是否可以用来造砚，加上没有找到制砚之人，所以未能造成，就一直没有上报。这一次，巴延三还把8块澄泥送呈御览。

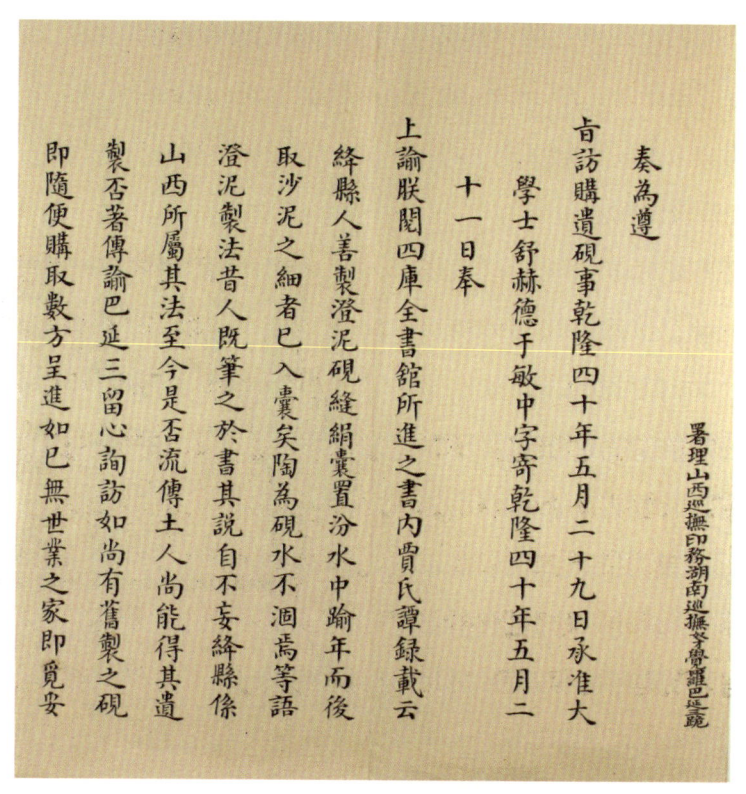

署理山西巡抚巴延三为访购澄泥遗砚事奏折（局部）

可见，经过一年多的询访，山西当地官员仍未找到懂澄泥砚制作之人，毕竟此时距离澄泥砚失传时间已久。此后的乾隆四十二年、四十四年至四十七年，还有四十九年、五十年间，历任山西巡抚均上贡澄泥砚材料，数量从18块到27块不等，却始终未能仿制成功。

宫廷仿制

东方不亮西方亮，远在苏州的工匠，此时却已成功烧造出了澄泥砚。

乾隆四十四年七月，内务府档案记载乾隆帝命造一批宫廷用品，其中有"澄泥砚二方"，命"加用宜兴澄泥三成，烧造澄泥砚二方""发往苏州交全德（苏州织造）将所传做之澄泥砚俱照加宜兴澄泥三分之法，烧造澄泥砚。"

可见此时苏州织造已能烧造澄泥砚，虽然不知具体烧造方法是如何复原的，但显然不是第一次烧造，已摸索出了新的配方。新配方是在山西澄泥中加了三成的宜兴澄泥，和传统绛州澄泥砚的原材料有所不同。仿制成功后，乾隆帝对澄泥砚尤为珍爱，曾御笔赋诗，并编入《御制西清砚谱》。

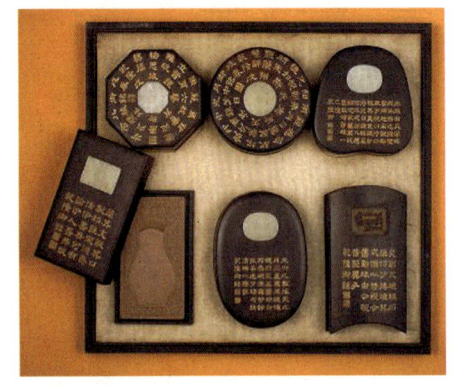

清代澄泥乾隆御制赏砚（故宫博物院藏）

道光二十三年（1843年）十一月初三日的一件档案，反映安徽学政张芾得到了道光帝赏赐的物品"仿汉石渠阁瓦砚、仿汉未央砖海天初月砚、仿唐八棱澄泥砚、仿宋德寿殿犀纹砚、仿宋天成风字砚、仿宋玉兔朝元砚各一方；仿唐观象砚二方、河图洛书砚一方"。仿制的澄泥砚此时已经作为赏赐臣工的珍物，想来皇家内库中的澄泥砚数量已经不少。

清代仿制的澄泥砚在宫廷属于小众砚种，但工艺十分精湛，起到了保护传统工艺的作用，澄泥砚的仿制使一代名砚的制作技艺发扬光大。从今天现存的一些澄泥砚中，我们也能欣赏到这些古代工匠的匠心之作。

晚清的一位"编外"御医

屈春海

中国历代王朝均设有专门为皇帝、妃嫔等皇室成员诊治疾病、调理身体的机构——太医院，太医院内集中了众多医术高超的御医。御医在为病人诊治的过程中，建有详细的病历，即所谓"医案"（又称脉案）。中国第一历史档案馆现保存有3万余件清代皇宫医案，其中尤以光绪帝的医案为多。清宫医案处方大多出自太医院御医之手，但也有不少来自地方名医的"非官方"处方。

比如光绪朝，就有陈秉钧、曹元恒、施焕、吕用宾等宫外名医，由地方官员奉旨保举进京入宫为光绪帝看病，于是他们所开具的诊病处方便留存于宫中。其中，陈秉钧更是数次奉旨进京为光绪帝诊脉开方。

三次入京

陈秉钧（1840—1914），字莲舫，号庸叟，又号乐余老人，上海市青浦县人。陈秉钧出生于中医世家，其祖上名医辈出，作为第十九代传人，其自称"十九世医陈"。陈秉钧自幼学习儒业，同时随祖父习医。他进学至廪生，补生员，后纳赀为官，入京任刑部主事，因仕途坎坷，遂归故里，潜心医学，成为一代名医。

戊戌变法失败后的光绪帝，于光绪二十四年（1898年）八月初六

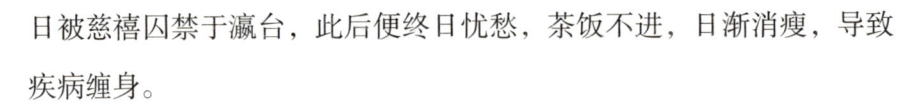

日被慈禧囚禁于瀛台，此后便终日忧愁，茶饭不进，日渐消瘦，导致疾病缠身。

虽经御医轮番诊治、进呈处方却都未见疗效。因此，清廷不断向直隶、两江、湖广、山东、河南、山西等督抚发出电旨，希望各处迅速精选名医，来京恭候传诊。不久，盛宣怀奏保江苏在籍郎中陈秉钧精通医理，随即江苏巡抚德寿奉旨，委员并派轮船前往青浦原籍寻访陈秉钧，派署苏州府知府彦秀员伴送陈秉钧赴京。光绪二十四年八月二十八日，陈秉钧为光绪帝按脉诊治，这是他第一次奉旨进京。

陈秉钧到北京2个月后，因每日过着伴君如伴虎的日子，越发思念远在上海、需人照料的老母亲，于是借托母亲年迈，病中需人照顾，呈请告假回籍。他的请求获得了朝廷的准许，同时还得到了袍褂料子和100两银的赏赐。

光绪三十三年八月，光绪帝病情加重，清廷又向各地征召名医与名贵药材，两江总督端方再次保举陈秉钧进京入宫诊视。陈秉钧本欲以年老有病、难以远行为由，向端方请辞入京请脉一事。然而在端方、瑞澂等大员接连劝说下，陈秉钧终于应允奉旨进京。光绪三十三年八月初九日，陈秉钧由道员孙廷林陪同，从上海启程至汉口，又乘火车北上，第二次入京为光绪帝诊治。

陈秉钧接连数日尽心为光绪帝诊脉开方，此时光绪帝病势已然沉重，治疗甚为棘手，然而光绪帝本人求愈心切，又自觉颇知医理，因此对陈的医治经常申斥有加，光绪帝曾谕示陈秉钧："所用之药，总不相符，每次看脉，匆匆顷刻之间，岂能将病情详细推敲，不过敷衍了事而已。素号名医，何得如此草率，仍当尽心设法。"光绪帝的斥责严词，致使陈秉钧诚惶诚恐，每日战战兢兢。到京不足3个月，陈秉钧就托病告假返回到了上海。

时至光绪三十四年正月，光绪帝的病势愈发严重，宫中御医均已无良方可施，清廷又急忙征召名医陈秉钧、

清代药具（故宫博物院藏）

曹元恒来京入宫诊视。此时的陈秉钧正在上海家中养病，奈何端方多次发电敦促其奉旨进京，只得提出晚些再进京。光绪三十四年三月初二日，陈秉钧由上海启程，第三次奉旨进京。

沉疴难治

陈秉钧与曹元恒轮流值班为光绪帝诊脉开方。五月初十日，陈秉钧为光绪帝诊脉后在医案中写道："请得皇上脉右寸濡细属肺气之虚。左寸细小属心阴之弱。左关属肝，右属脾胃，见为细弦，系木邪侮中。两尺属肾，一主火、一主水。按之无力，当是水火两亏之象。三焦俱及，诸体欠舒，所以腰胯痛胀。大便溏稀，上起舌泡，下发遗泄，无非阳不潜藏，生风郁热。现在耳窍蒙堵，鸣声更甚。以各部脉情参观，似有可据。惟调理多时，全无寸效。必由处方用药未能切当，不胜惶悚之至。再谨拟和阳清阴之法，伏乞圣裁。"

此时，陈秉钧深知光绪帝病入膏肓，难以医治，唯恐朝廷问罪于

己，于九月初二日为光绪诊过脉后，只开出了一副平安药，即"苏梗七分，川贝一钱五分、去心，归身一钱五分、土炒，潞党参一钱，橘络七分，白芍一钱五分，引用红枣两枚，生谷芽三钱"。之后便再次托病请假返回上海。

光绪三十四年十月，此时距陈秉钧返回上海尚不到1个月，宫中传出光绪帝沉疴又起的讯息。十月初八日，内务府紧急致电端方，命他催促陈秉钧即日北上。端方收到内务府的电报后立即令陈秉钧应召赴京。陈秉钧深知光绪帝的病情已是回天乏术，便告称自己因舟车劳顿、兼感风寒导致咳喘加剧，"喘急气逆，夜不成寐，偶一举步则头眩心悸，需人扶持"，以此为由请求端方代其延长假期。

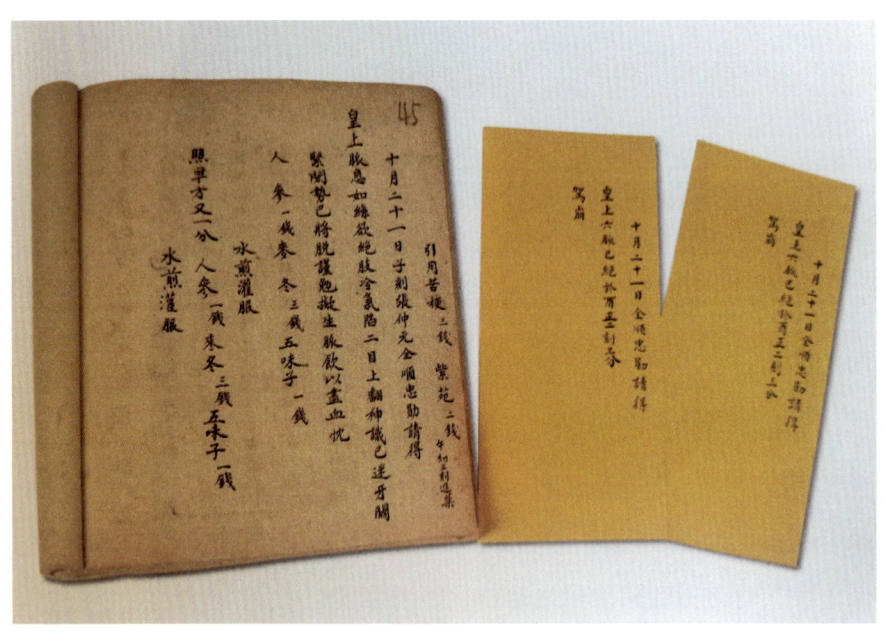

光绪帝病危脉案

端方虽替其向内务府说明了情况，然而因光绪帝病势沉重，迫于朝廷压力的端方又数次催促陈秉钧奉旨进京。而陈秉钧自知无力回天，便坚称重病在身无法进京。当地官员为验真伪，派人日夜监视陈秉钧的举动，发现他时常乘坐马车出入宅邸访亲会友，就在地方官府要捉拿陈秉钧并对其治以抗旨不遵之罪时，宫中传来了光绪帝和慈禧太后相继离世的消息。由此，陈秉钧违旨之罪也就不再被追究，只是被罚以降二级留任。

成就斐然

陈秉钧作为晚清著名的医学大家，在上海行医时名噪一时，救治过无数危重患者，除兼任光绪帝的"编外"御医之外，当时的大吏巨商有"小恙辄远道延致，以其号称御医，得一诊以为光宠"，可见其当时名望。

陈秉钧不仅医术高明，其对中医的教育事业也有很大的贡献。他联合同仁俞伯陶、李平书、黄春圃等，在光绪二十八年创办了我国中医界最早的学术团体——上海医会，并提出编写中医教材、开办中医学校、筹办医院等。晚年的陈秉钧还曾担任过上海广仁堂医务总裁等职。他长期专心致力于中医教育事业，为中医教育的开拓和中医学术的保存及发展不遗余力，成为后世中医教育的典范。

陈秉钧一生著作颇丰，现存有《陈莲舫先生医案秘钞》《御医请脉详志》《莲舫秘旨》《女科秘诀大全》等医著。

中国第一历史档案馆 编

皇史宬微信文集
(2021—2022)
下册

学苑出版社

尔奏得好。今将妙药治疟疾的赐驿马星夜送去。但疟疾若未转泄痢还无妨，若转了病此药用不得。南方庸医每每用补济而伤人者。不计其数。须要小心。曹寅元肯吃人参，今得此病亦是人参中来的。

康熙五十一年七月 十八 日

金鸡纳，专治疟疾。用二钱末酒调服，若轻了些。再吃一服，必要住的。住后或一钱或八分连吃二服。可以出根。

若不是疟疾此药用不得，须要认真，万囑！万囑！万囑！万囑！

康熙帝亲书"金鸡纳"用法

《皇清职贡图·七姓》

《皇清职贡图·赫哲》

《皇史宬金匱图》

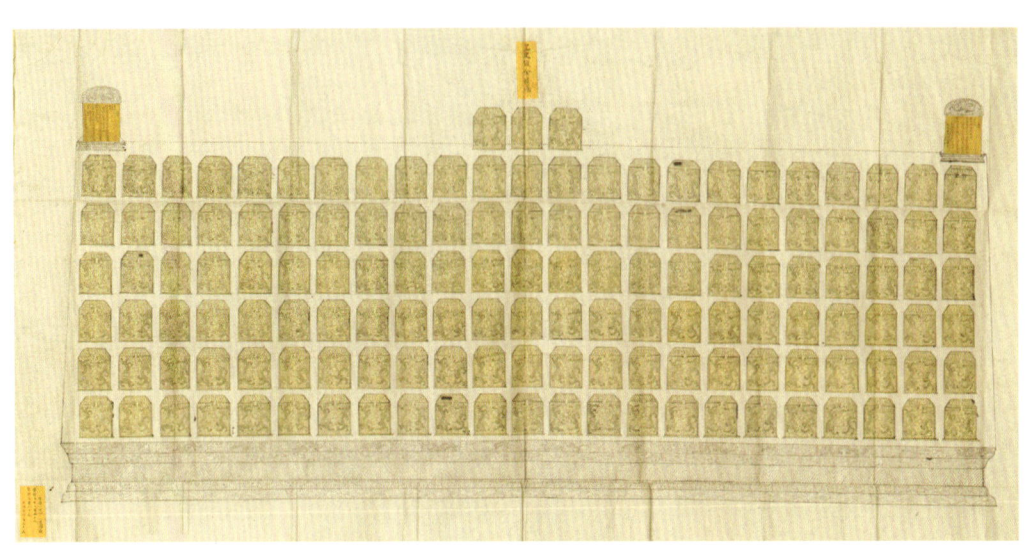

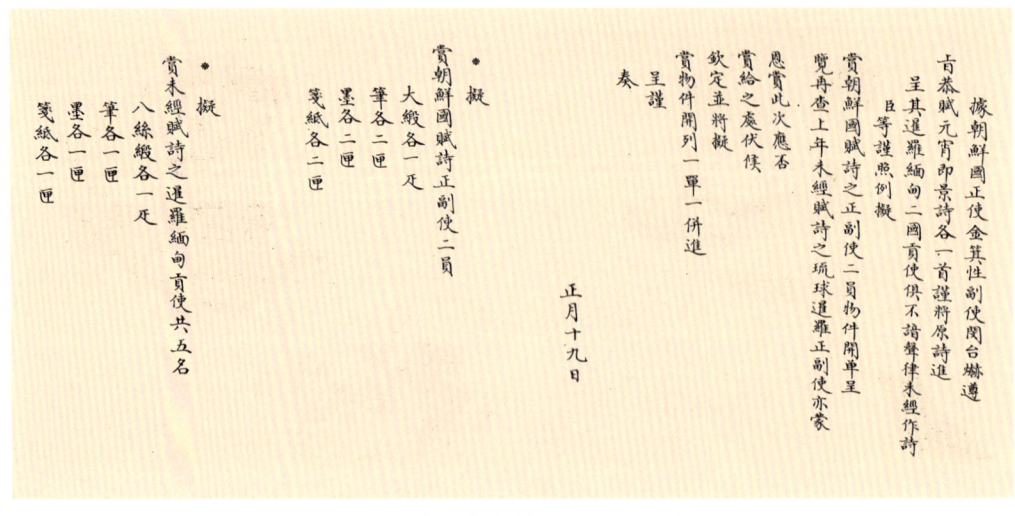

据朝鲜国正使金箕性副使闵台爀遵
旨恭赋元宵印景诗各一首谨将原诗进
呈其逻罗缅甸二国贡使供不谙声律未经作诗
臣等谨照例拟

赏朝鲜国赋诗之正副使二员物件开单呈

览再查上年未经赋诗之琉球逻罗正副使亦蒙

恩赏此次应否

赏给之处伏候

钦定并将拟

赏物件开列一单一併进

呈谨

奏

正月十九日

拟

赏朝鲜国赋诗正副使二员
大缎各一疋
笔各二匣
墨各二匣
笺纸各二匣

赏未经赋诗之逻罗缅甸贡使共五名
八丝缎各一疋
笔各一匣
墨各一匣
笺纸各一匣

乾隆帝赏赐朝鲜等国贡使的记载

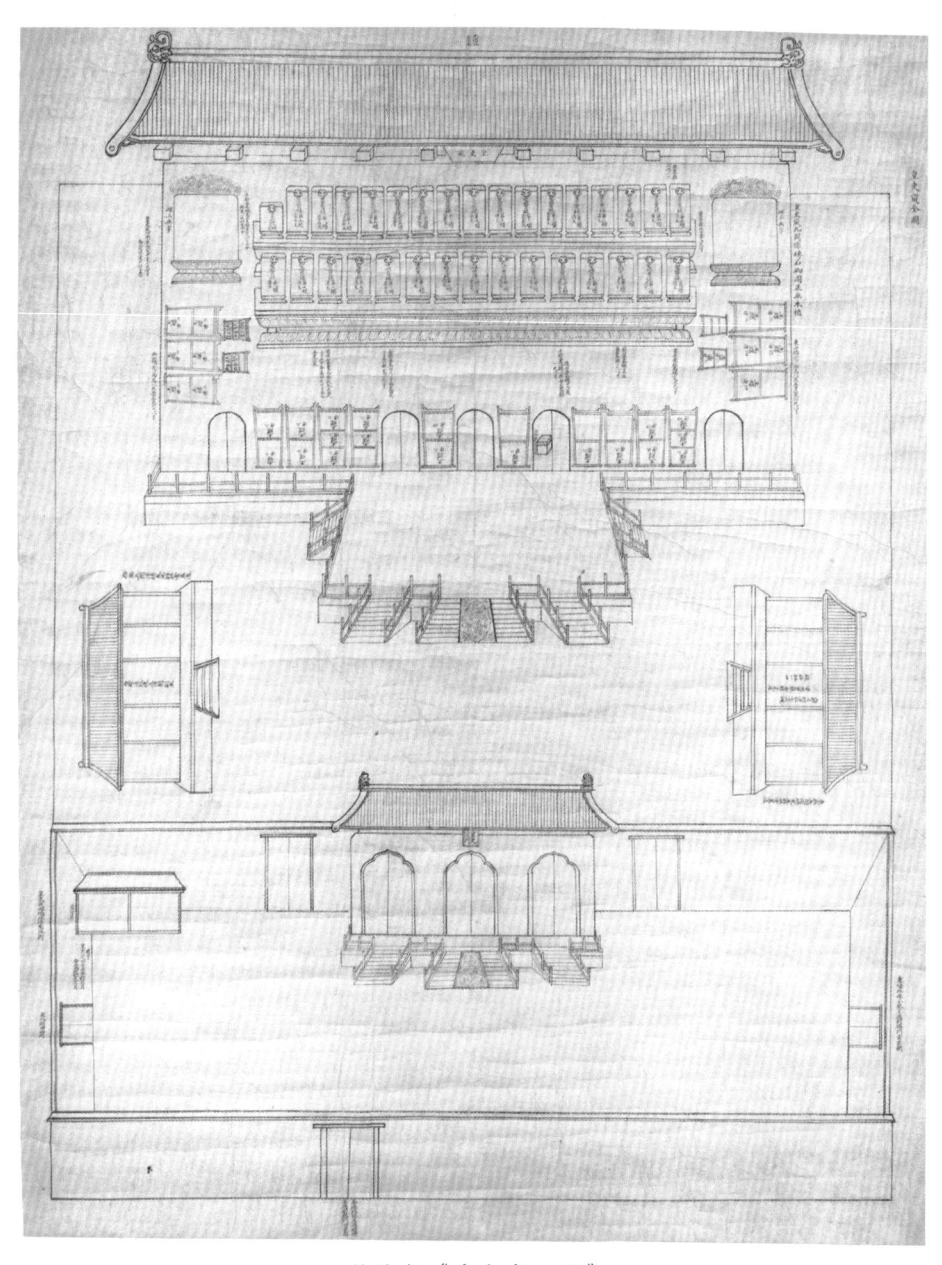

乾隆朝《皇史宬全图》

乾隆朝元旦賀箋及表匣

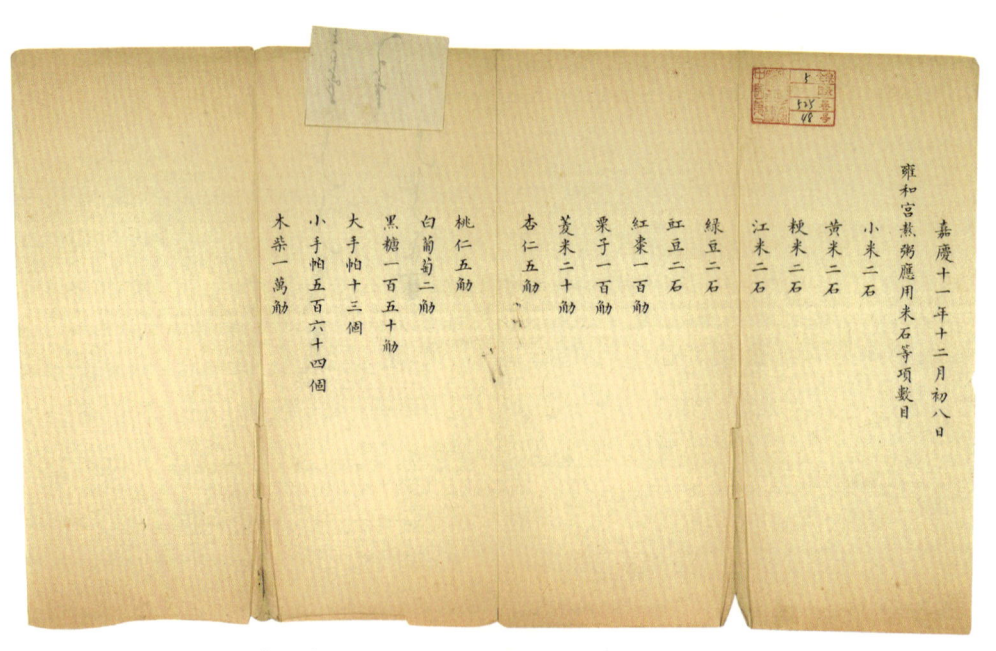

雍和宮熬臘八粥應需米豆木柴等物數目清單

嘉慶十一年十二月初八日
雍和宮煮粥應用米石等項數目
小米二石
黃米二石
粳米二石
江米二石
菱米二十勐
粟子一百勐
紅棗一百勐
豇豆二石
綠豆二石
杏仁五勐
桃仁五勐
白葡萄二勐
黑糖一百五十勐
大手帕十三個
小手帕五百六十四個
木柴一萬勐

道光朝张格尔献俘仪式

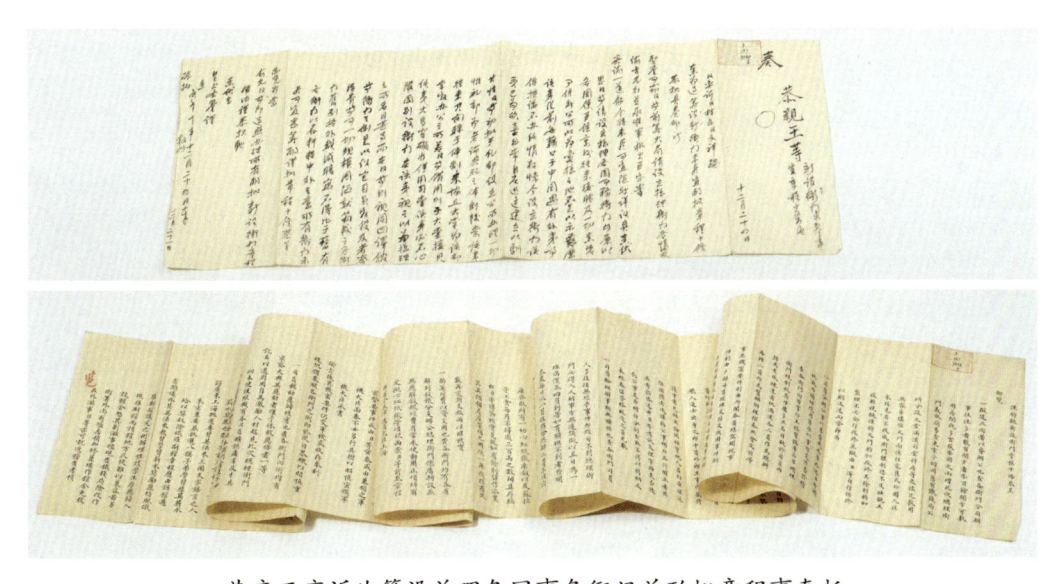

恭亲王奕䜣为筹设总理各国事务衙门并酌拟章程事奏折

光绪十六年《中国电线地图》(局部)

工部尚书张百熙为于正阳门大楼箭楼拆平余址上扎办彩架事奏折

目 录

岁时节令

宫中烟花庆升平　哈恩忠 /221

"元旦"礼仪与膳食　王 玲 /227

大年初一，皇帝很忙　刘若芳 /231

皇帝收到的"新年贺卡"　石文蕴 /239

皇家诗意元宵节　李 展 /245

庆在上元节　丁 妤 /249

古树苍苍话天坛　卢 溪 /254

清明节的肃穆与生机　丁 妤 /259

端阳佩饰　倪晓一 /264

清宫夏布　倪晓一 /269

清代档案里的敬老传统　丁 妤 /275

清宫里的火锅宴　王慧萍 /280

清代的"冬运会"　卢 溪 /285

古人使用的冰雪用具　丁 威 /290

岁寒清友话梅信　倪晓一 /296

腊月八日古人俗　郑海鑫 /303

清宫春帖子　伍媛媛 /308

皇家年节用糖　哈恩忠 /312

旧档细说

定更报时的钟鼓楼　石文蕴 /321

宣示皇权威严的天安门　郭琪 /327

京城九门之首的正阳门　石文蕴 /332

作为皇家天文台的北京古观象台　谢小华 /338

北京中轴线的南起点永定门　卢溪 /344

古人也爱踢"足球"　胡善爽 /350

收复台湾的郑成功　吴歆哲 /356

神秘的江南三织造　郭琪 /362

清朝科场的关节作弊与防范措施　李国荣 /367

清代对关羽的加封　丁威 /374

清朝如何奖励多胞胎　刘恋 /378

清代内务府"官房"的来源　徐莉 /383

清朝人买官房可以"分期付款"　徐莉 /387

清朝也有"公租房"　徐莉 /391

皇史宬南墙的那些事儿　吴焕良 /395

石室金匮有真"金"　王金龙 /400

档案里的土尔扈特万里东归　李刚 /405

《四库全书》征书二三事　丁　妤 /413

《四库全书》纂修中的奖与惩　丁　妤 /419

一本字典引发的文字狱　伍媛媛 /425

和珅的房产去哪了　徐　莉 /430

大器晚成的左宗棠　杨　茉 /435

西洋妇女乘轿惊动了朝廷　陈宜耘 /441

从虎门销烟到《禁烟章程》颁布　卢　溪 /446

见证百年反殖民斗争的九龙城寨　卢　溪 /448

"祠宇壮千秋"的徐定超　张　蕾 /455

太平天国颁布的《资政新篇》　卢　溪 /461

洋务运动与近代教育　卢　溪 /464

晚清台湾电报的创办　伍媛媛 /467

晚清海关邮政的创办　伍媛媛 /474

弃医救国的孙中山　朱　墨 /478

清末"天津大学"创办始末　徐春峰 /482

清末科举设立经济特科　苏文英 /487

清末黑龙江城回乡难民的安置　邵琳琳 /493

北京协和医学堂的创建　王　玲 /498

冒死保护秋瑾墓的吴芝瑛和徐自华　屈春海 /504

革命党人彭家珍刺杀清末重臣良弼　苏文英 /510

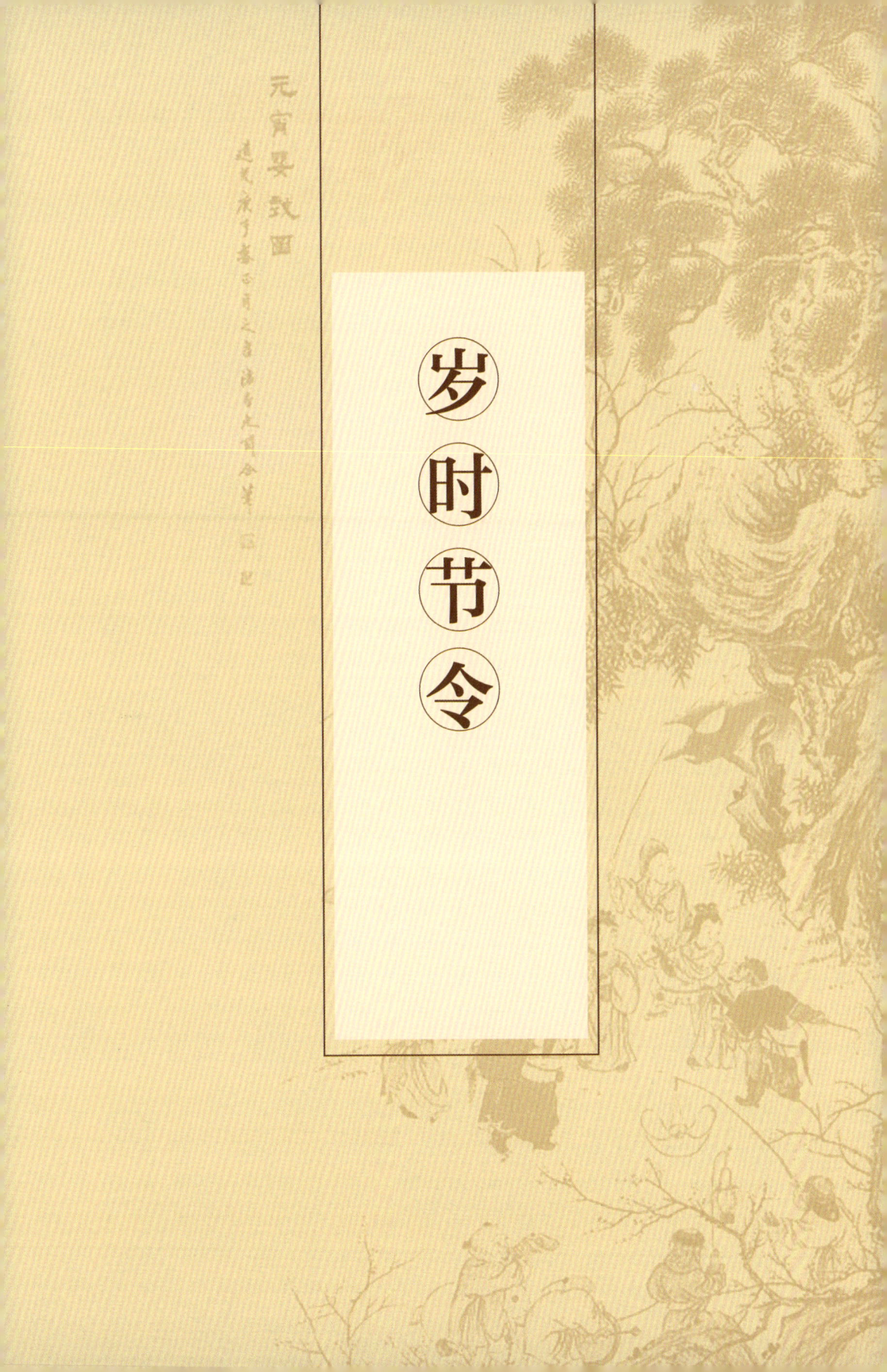

岁时节令

宫中烟花庆升平

哈恩忠

"寂寞山高与水长，银花火树不成行。迎春别启新堂宇，燕九年年乐未央。"清人吴士鉴的观烟花诗，短短几句将清宫燃放烟花的时间、地点、情景、心情描写得清清楚楚。银花火树般的烟花，渲染了节日气氛，陶醉了喜庆心情，将清宫里的节日氛围推向高潮。乾隆朝正值清代的盛世，国家富裕升平，皇家生活也极尽奢华，这一时期清宫燃放烟花的规模之大、数量之多就是其典型的体现。

《乾隆帝岁朝行乐图》轴（故宫博物院藏）

烟花种类五花八门

清宫燃放烟花活动来自民间的传统习俗。在当时，民间所燃放的

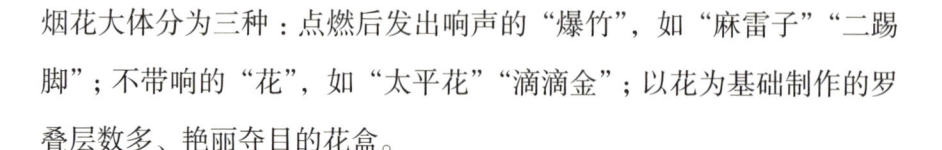

烟花大体分为三种：点燃后发出响声的"爆竹"，如"麻雷子""二踢脚"；不带响的"花"，如"太平花""滴滴金"；以花为基础制作的罗叠层数多、艳丽夺目的花盒。

　　烟花进入清宫后，就有了特殊的皇家身份。有关清宫所燃放的烟花，在清代档案里有很多记载。乾隆五十六年（1791年）三月，内务府总管福长安等人开始准备中元年节及次年正月燃放的烟花："查得次年正月应用盒子花爆及今岁中元年节应用花爆现在即须次第成造。奴才等照乾隆三十七年奏明撙节数目，内除本年存剩盒子六架、翠帘三对、花爆起火等项二万八千四百八十七件，奴才等恭进盒子一架、泥花二十位，两淮盐政全德恭进盒子五架、翠帘四对、爆杖一万个、花一千个、起火一千枝外，应补造七尺千叶莲盒子二架、花爆起火等十万四百七十八件。"在随后的清单中，大大小小地罗列了烟花的诸多名目。如预备年例烟花：白日盒子1架、晚间盒子14架、翠帘7

总管内务府呈为成造各样花爆数目清单（局部）

对、瓶花 100 位、节花 40 枝、手把花 320 个、菊子 70 个、缨络 50 个、木香花 58 个、金台银碟 64 对、大起火 150 枝、单响爆杖 3000 个、双响爆杖 650 个。烟花的种类和制作数量足见一斑。对比乾隆五十二年的《成造花爆数目清单》，尽管时隔 4 年，烟花应用的范围、制造的名目、规模数量均没有发生变化，反映出乾隆朝清宫对烟花燃放已经有完备的制度和规制要求。

实际上，燃放烟花不仅仅是清宫里庆祝节日娱乐的方式，在一些重要场合如外交宴会上还起到调节气氛的作用，后来逐渐形成了定例。乾隆五十六年五月筵宴哈萨克阿弥载，乾隆帝传谕"著预备烟火一份"。为此，内务府按照成例制造七尺千叶莲盒子 1 架、六尺盒子 1 架、翠帘 1 对、瓶花 25 位、节花 8 枝、手把花 20 个、菊子 10 个、木香花 10 个、缨络 10 个、金台银碟 10 对、大泥花 8 个、单响炮仗 200 个、双响炮仗 100 个等。

烟花管理专职专责

清宫燃放的烟花，一般由内务府营造司花炮作承担制造，有时也会有地方官员进献烟花，或从民间购买。清宫对于烟花非常重视，从制造到监管到燃放可以说专职专人。

《总管内务府现行则例》记载，花炮作有无品级库掌 1 员、副库掌 1 员、库守 3 名、领催 2 名，匠役共有 800 名，分旗缺、民缺两种，根据需要还可以随时招雇。从制作烟花的人员配置看，烟花产量当是很可观的。为了烟花制作的"保质保量"，总管内务府大臣每年还要选派一人临时负责花炮作烟花生产的监管。但也正因为临时监管，负责烟花监管的内务府官员对烟花管理流程多不熟悉，年年更换官员对于烟花制造监管的作用也会大打折扣。因此雍正六年（1728年）正月改为5年一轮换，在第四年由下一任接办人员随同学习管理一年，以便次年接任。

但有时还是会出现一些意外。乾隆五十三年，刚刚过完正月十五仅5天，内务府大臣福长安等就自请处罚了，其缘由是"此次所放烟火翠帘烟焰过大，颜色不绿，彼时奴才等看出，查系制造时未能如法，用炭过多，是以烟焰过大，翠帘不甚显露"。不仅将有关制造匠役及监管官员责处，而且自请"罚俸三个月"。在当时的社会生产条件下，确保烟花效果的生产技术主要依赖于经验积累和生产条件，燃放烟花出现意外闪失在所难免，只不过清宫的烟花已经有了皇家的身份，有关人员自然要为出现的闪失承担责任。

出于对燃放烟花安全的关注，乾隆三十六年正月初八日，乾隆帝从制度上对燃放烟花做出规定，以后每年燃放烟花由"乾清宫太监一名，四执事库太监二名，尚乘轿太监二名，懋勤殿太监一名，自鸣钟太监二名"负责，并指定一名养心殿首领太监监放花炮。

康乾盛世之后，清朝开始走下坡路，国家财力日趋紧张。由于经费拮据，内务府花炮作每年制造花炮有限，渐渐不能满足清宫的需要。为了节省开支，道光二十三年（1843年）五月，由管理花炮事务内务府大臣奏准，裁撤了花炮作。自此之后，清宫所需花炮，均由内务府承办购买。

烟花燃放各有规制

每年除岁迎新之前的十二月二十一日卯时，清宫里和各衙门都要停止一切政务活动，进行封宝，即封存有关衙门的印信。乾隆帝颁旨"封宝之前，办事后放炮仗。封宝之后，出门就放炮仗"。这里所指的出门是指出养心门，然后把宝玺存放至交泰殿。放炮仗有除旧去邪、平安迎新的目的。

新正凌晨，乾隆帝从乾清宫乘轿到奉先殿、堂子等处行礼时，都要放头号炮仗作为前导。后至圆明园、长春园等处拜佛时，也要以燃放炮杖作为前导。正月十五元宵节，圆明园山高水长殿前等处燃放烟花。皇帝晚上到来时，前引也燃放花炮。

在接神祭灶时，诸如宫内十二月十五日养心门外接神、二十三日坤宁宫祭灶、除夕早晨钦安殿拈香以及佛堂上香等，各处也都要燃放大、小或头号炮仗各10个。

总之，每年一进腊月的后半月，清宫内便进入"开炮"之日了。如果腊月是小建（本月只有29天），则于腊月十六日开始放炮，简称"开炮"；大建（本月有30天），则是腊月十七日开炮。一直放到次年正月十九日为止。如果皇帝外出巡幸，皇帝銮舆走到哪里，烟花也放到哪里。

说到清宫燃放烟花，最热闹的就是在圆明园东南隅的山高水长殿了。这里是皇帝召见大臣和外使的重要场所之一，俗称引见楼。殿前地势平坦、视野开阔，具备燃放烟花的条件。《养吉斋丛录》中描述："山高水长在圆明园之西，俗呼西厂，地势宽敞，宜陈火戏。每岁正月十九日，例有筵宴……诸戏毕，命放花盒。侍侧者用顺风耳传谕，即有侍卫将左右柱上所系盒子药线淬火引之。金蛇电掣，倏忽间至十余丈外，而鹤焰腾辉，花苞布彩矣。"彩焰辉煌，五彩斑斓，不仅烟花制作精巧华丽，而且专设用于燃放烟花的场地，可以说清宫燃放烟花达到了当时的极致。

燃放烟花的准备工作通常从头年的十二月开始，由内务府营造司安装烟花盒架，搭造灯盏罩棚、西洋秋千，摆设"抬头见喜""福自天来"等人物灯座。因为烟花的燃放事关皇家安全和政治影响，每年照例都会由提督衙门拨派官兵，于正月初二日起在圆明园花炮库周围看守火烛，驱逐无关人员，以防发生意外事故，直到正月二十日差务告竣，才会奉命撤回。

18世纪末有位英国使节回忆清宫燃放烟花，称燃放的烟花数量超出了他曾经看过的所有烟花的总数，中国烟花从设计的新奇、匀称和巧思的角度上来看，也远胜于他以前看过的烟花，"编排成火山普遍的爆发，绽射

《雍正十二月行乐图》轴中放烟花的儿童（故宫博物院藏）

出光芒和闪烁；在园内使用的甩炮、弹射器、鞭炮、火箭和照明弹等，大约一个小时之后，还积有大量不散的烟云"。

星移物换如同烟花一瞬。时至今日出于环境保护和公共安全等原因，许多城市已经不能随意地燃放烟花爆竹，但是对幸福的渴求从古至今未曾改变，就让古时的烟花为我们捎去对新春的祝福吧！

"元旦"礼仪与膳食

王 玲

节令膳食是清代皇宫膳食一大特色,并占据着一席重要位置。受中国民间传统岁食文化影响,品尝民间小吃,附庸民俗风情,对吃腻了山珍海味的帝后嫔妃们确实饶有一番滋味。清朝统治者借品尝节令膳食,努力营造一种顺应天时与民同乐的节日气氛,同时享受着一份民族融合快乐的心情。

清代历法以农历计算,"元旦"就是现在的"春节"。新年伊始,人们首先要祭神、祭祖,在祖宗、神灵面前许下美好的愿望,包饺子,吃年饭。

苹果"咬岁"祈平安

每年元旦,皇帝都在重复着庄重而有仪式感的礼节:民间风俗时兴"咬岁",清宫也不例外。夜里12点,茶膳房首领将"咬岁"吉祥盘端给皇帝,皇帝从盘里取一个苹果,其余赏给皇后及他人,以求吉祥平安。接着首领用"金瓯永固"杯给皇帝斟一盅屠苏酒,皇帝一饮而尽。民间传说饮用此酒可驱除瘟疫和一年的邪气。

饽饽里面藏通宝

清人敦崇所著《燕京岁时记》记述:"是日,无论贫富贵贱,皆以白面作角而食之，谓之煮饽饽。举国皆然，无不同也。富贵之家，暗以金银小锞及宝石等藏之饽饽中，以卜顺利。家人食得者，则终岁大吉。"这里的饽饽就是民间所说的饺子。民间元旦吃饺子是在子夜时分，清宫从不在交子时刻吃饺子，清统治者首重祭祖礼佛，新年伊始清帝忙着在列祖列宗、圣人、药王以及各位佛像前拈香、放炮仗，直至夜里3点结束一切祭拜仪式后才吃饺子。

御膳房掐算时间很精确，一定赶在皇帝在养心殿休息时将热气腾腾的煮饽饽端到皇帝的餐桌上。可惜这饺子对于皇帝只是道应时点心，绝对不能肆意饱餐。御膳房用飞龙宴盒盛4个或6个饺子，为博取"龙心大悦"，御厨们将两至三枚通宝暗藏在

粉彩像生果品高足盘（故宫博物院藏）

饺子里，以便提高吃中元宝的概率。虽说只吃几个饺子，摆放却很讲究，太监先将一张大吉宝案小炕桌放在床上，上安南小菜一品，压"万国咸宁"。水贝瓮菜一品，压"甲子重新"。姜醋一品，压山子石，筷子压着手巾布，手巾布压葫芦边，饺子端上来后要摆放在大吉宝案的"吉"字上。皇帝每次吃3个或4个饺子，这样肯定能吃到包着通宝的饺子。民间过年吃饺子有"招财进宝"的说法，新年的头一天谁能吃到大元通宝那便是大吉大利，这一年里必事事通达财源茂盛，皇帝自然也要撞撞新年运气。不仅如此，皇帝嘴里吐出的元宝是不能随意赏人的，一定要用来敬佛，弘德殿将通宝收去，连同红姜一块放在豆腐上，总管用小饽饽一个托红姜一块送到佛堂供佛享用。

皇家内廷筵宴乐

元旦这一天，皇帝除在御殿受贺外，惯例在乾清宫或奉三无私殿举办皇家内廷家宴，被邀请赴宴者，都是皇帝钦点的皇子、皇孙以及近支王公、贝勒。成年皇帝元旦筵宴饮酒受贺场面庄严隆重，小皇帝不善饮酒，又没耐心长时间正襟危坐，来宾大多数又都是至亲长辈和兄长，针对这种特殊情况，筵宴承办者将庄严肃穆的《中和韶乐》《丹陛大乐》换成南府承应戏，以戏剧表演的形式突出节令主题，利用热闹场面提高小皇帝的兴趣。清宫档案里记载了光绪七年（1881年）乾清宫筵宴的全过程：

乾清宫摆设元旦大宴1桌，王子、贝勒等陪座4桌。这天的宴会，只邀请惠郡王、淳亲王、奕谟、奕劻、奕䜣、载澜、载㵄、载濂、载漪、载滢作陪。

礼部尚书为元旦筵宴添备桌张羊酒事奏折（局部）

筵宴开始。午初三刻，首领太监上至养心殿报宴。皇帝由西暖阁出，南府起祝：升宝座。王子、贝勒进殿行告座礼。南府乐止，开戏。茶膳房总管首领陆续端上汤膳，听南府戏唱到：盛德难名，大福难状，待到御宴前自有理会。众同唱：美中美。茶房总管分别给皇帝和各位皇亲送奶茶。饮毕，听南府戏唱到（金童白）：法旨！（同唱）：合好相。向彤廷献上卜，取绵绵宝篆长。转宴，全部菜肴水果摆毕，乐止开戏。唱到（扮钟馗上，跳舞。科同唱）：春从天上来，金廷奉命到帝乡，教俺献福。

丹墀上王子出殿托褂子，拿酒。茶房总管跪递王子玉爵。载滢跪接过站起，上地平至皇帝前跪进酒，随下正面西达道至拜石金砖上跪下叩头。随起，仍由正面达道上至皇帝前跪接玉爵，由正面达道中间下至拜石金砖上跪。茶房总管跪接王子玉爵，茶房首领随赏拿酒王子酒一杯，跪引。听南府戏道白：领法旨！锦上花……茶房首领打碗盖请果茶，上地平至皇帝前跪进果茶。进毕，接过碗仍由正达道中间下。宴礼毕，乾清宫总管奏：宴毕！皇帝起座，进西暖阁。

南府承应戏载歌载舞，念唱结合的形式非常适合宫中小戏台的场地表演，少年天子在众人引导下完成了贺年筵宴演礼。

此外，清宫中元旦这一天早膳、晚膳还要吃年糕，祈祷生活一年比一年高。这些宫廷节令膳食和礼仪传承着一种民俗文化，它植根于中华多民族文化融合的土壤，展示着悠久的历史文化积淀。

大年初一，皇帝很忙

刘若芳

古人的元旦，即今人之春节。农历正月初一，自古至今都是非常重要的节日。在清代，元旦为三大节之一，属于朝廷礼制中的嘉礼。清代档案中记载了当时宫廷元旦的礼仪制度和习俗活动，对于皇帝而言，这是繁忙又充实的一天。

拈香行礼

元旦日丑时（1点至3点），皇帝早早就起床了。盥洗、冠服毕，先在养心殿寅字桌、团圆桌、神牌前、天地牌位前、东西佛堂分别拈香行礼，然后前往天一门、钦安殿、天穹宝殿、乾清宫、坤宁宫、乐寿堂、大高玄殿、寿皇殿等处拈香行礼，最后回养心殿进早膳。

太上皇、太后若在世，也会至各处拈香，皇帝及皇后还要向其请安、递如意、跪接跪送。

皇帝拈香所到之处，均由爆竹声前导，其间亦穿插其他礼仪。如中途会在乾清宫进奶茶，然后到西侧弘德殿进吉祥饽饽。吉祥饽饽就是饺子，其中一个饽饽内包小银锞，放在表面，一口咬住，象征吉利。在坤宁宫由皇后率妃嫔向皇帝请安、道新喜、递如意。

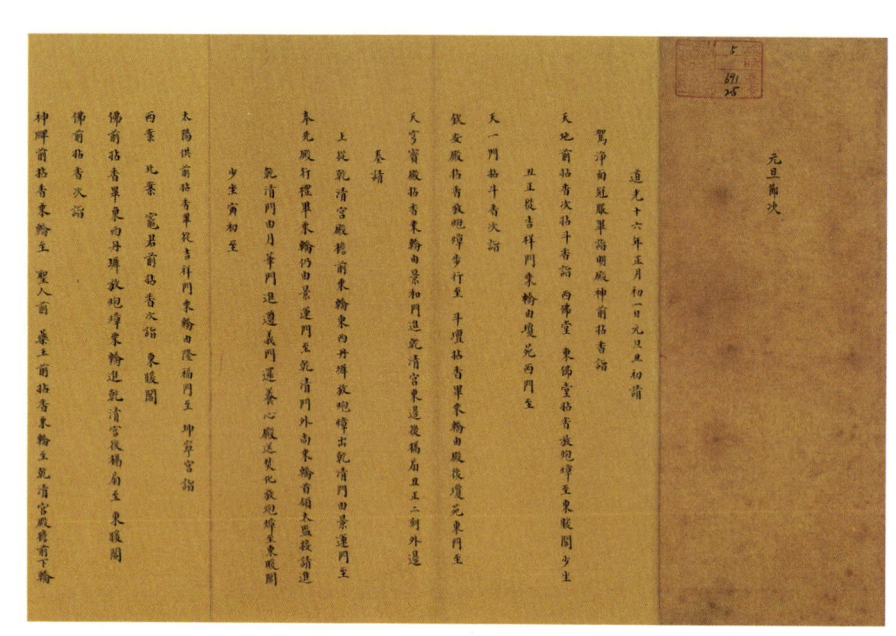

总管内务府呈皇帝及内庭过元旦拈香行礼等节次单（局部）

元旦开笔和浏览时宪书

清宫自雍正帝始，每岁元旦举行开笔仪式。

皇帝在养心殿各处拈香完毕后，到东暖阁明窗开笔。明窗宝座处设金瓯一，盛屠苏酒；玉烛一，需皇帝亲手点燃。先御朱笔，后染墨翰，其笔管端刻字曰"万年青"或"万年枝"，所书吉语数字，以祈一年政通人和。

元旦开笔仪式后，皇帝于养心殿东暖阁明窗翻看一遍时宪书，以象征授时省岁之意。

时宪书，原名时宪历，乾隆朝因避讳而改名。御用时宪书，第1页为节气，第2页为年神、方位，第3页列明六十花甲子，第4页列明六合，最后两页纪年，总体格式与民间颁行本相同。书内每日于五行下注明阴阳，只注吉神，不注恶煞，每日宜忌及款识都和民间颁行本不同。

元旦开笔和浏览时宪书完毕，皇帝再赴宫内外各处继续拈香。

太和殿朝贺

清代元旦朝贺仪式以太和殿朝贺仪最为隆重。

太和殿朝贺仪于元旦当天五鼓（3点至5点）开始，銮仪卫率官校陈设卤簿于太和殿前，陈设步辇于太和门外，陈设大驾于午门外，陈设驯象于大驾之南，陈设仗马于丹墀中道左右；教坊司陈设中和韶乐队于太和殿东西檐下，陈设丹陛乐队于太和门东西檐下；礼部官在太和殿东设置黄案；仪制司郎中、内阁中书分别将在京王公百官贺表、笔砚带入殿内，安放在表案和笔砚案上。

天将明时，文武百官先在午门外集合，巳初（9时）在礼部官员引导下进入太和殿广场。王公百官进朝，例有立位和拜位，立位南北横排、面朝东西，拜位东西横排、面朝北。王公在丹墀上，其余百官在丹墀下院子内，百官立位在卤簿外、拜位在卤簿内，外国使臣立于西班之末。丹墀内设有铜质品级山，按正、从九品排列，东西各18排，旁有纠仪御史及礼部司官多人引导监督百官就位。

巳时二刻（9点半），钦天监报时后，礼部尚书、侍郎至乾清门，请皇帝御殿，太和殿朝贺仪正式开始，程序十分复杂：午门鸣钟鼓，皇帝具礼服乘舆出乾清门，由保和殿、中和殿升座，由侍班导从各官行三跪九叩礼。侍班各官先就位，皇帝在中和韶乐声中升太和殿宝座，升座后，乐止。阶下三鸣鞭，鸣赞官赞"排班"，丹陛大乐奏乐，王公百官从立位至拜位序立，鸣赞官赞"跪"，王公百官皆跪，乐止。宣表官捧表至太和殿檐下正中跪，大学士2人左右跪，展表宣读简短贺词，进表于案后退下。丹陛大乐奏乐，王公行三跪九叩礼，复原位立。外国陪臣另行三跪九叩礼毕，复原位立，乐止。皇帝赐群臣及外国陪臣坐，王公由左右门进入太和殿坐，其余百官就立位处坐，跪行一叩礼。皇帝进茶，赐群臣茶，群臣饮茶完毕后行一叩礼。阶下三鸣鞭，皇帝在中和韶乐声中降座，百官依次退。

至此，太和殿朝贺仪式宣告完毕。

皇帝在太和殿接受群臣朝贺后，要继续在乾清宫行内朝礼。

当日，在乾清宫前檐下设中和韶乐，在乾清门内设丹陛大乐。宫殿监奏请皇后率妃嫔等着礼服，等候在乾清宫东西暖阁。皇帝回到乾清宫时，奏中和韶乐，皇帝升乾清宫宝座后，乐止。宫门垂帘，宫殿监引皇后率众妃嫔行三跪三拜礼，同时奏丹陛大乐，礼毕，乐止。皇后等退还出宫，升帘，宫殿监再引皇子皇孙等在丹陛行三跪九叩礼。宫内各处首领太监在东西丹陛相随行礼。礼毕，退立两旁，奏中和韶乐，皇帝起座，乐止，皇子皇孙皆退。

太和殿筵宴

元旦朝贺仪结束后，皇帝要在太和殿举行筵宴，由光禄寺和内务府负责承办。

太和殿筵宴之前，太和门内檐下东西两侧设丹陛大乐。殿内宝座前设皇帝用的金龙大宴桌，殿内设前引大臣、后扈大臣、豹尾班侍卫、起居注官、内外王公、额驸以及一二品文武大臣和台吉、塔布囊、伯克等人员的宴桌105张。太和殿前檐下的东西两侧，设中和韶乐，陈放理藩院尚书、侍郎及都察院左都御史、副都御史等人的宴桌。太和殿前丹陛上的御道正中，南向张一黄幕，内设反坫，反坫内预备大铜火盆2个，上放大铁锅2口，一口准备盛肉，另一口装水备温酒。丹陛上共设宴桌43张，在这里入宴的是二品以上的世爵、侍卫大臣、内务府大臣及喜起舞、庆隆舞大臣等。丹墀内设皇帝的法驾卤簿，卤簿之外，各设8个蓝布幕棚，棚下设三品以下文武官员的宴桌，外国使臣的宴桌设在西班之末。

太和殿筵宴原设宴桌共210张，用羊百只、酒百瓶。乾隆四十五年（1780年）裁减宴桌19张、羊18只、酒18瓶，后又根据实际情

总管内务府为元旦太和殿筵宴应进饽饽桌张事奏折（局部）

况有所增减。皇帝御用筵宴由内务府恭备,其他宴桌由大臣们按规定恭进,若不敷用,再由光禄寺负责增备。在筵宴之前,大臣要先行文宗人府报明本人名爵、应进桌张以及羊酒数目,宗人府汇总送礼部查核后,奏明皇帝阅览。

太和殿筵宴之时,王公大臣均按朝班排立。午正(12点)吉时,礼部堂官奏请皇帝礼服御殿。此时午门上众鼓齐鸣,太和殿前檐下的中和韶乐奏"元平之章"。皇帝升座后,乐止,阶下三鸣鞭,王公大

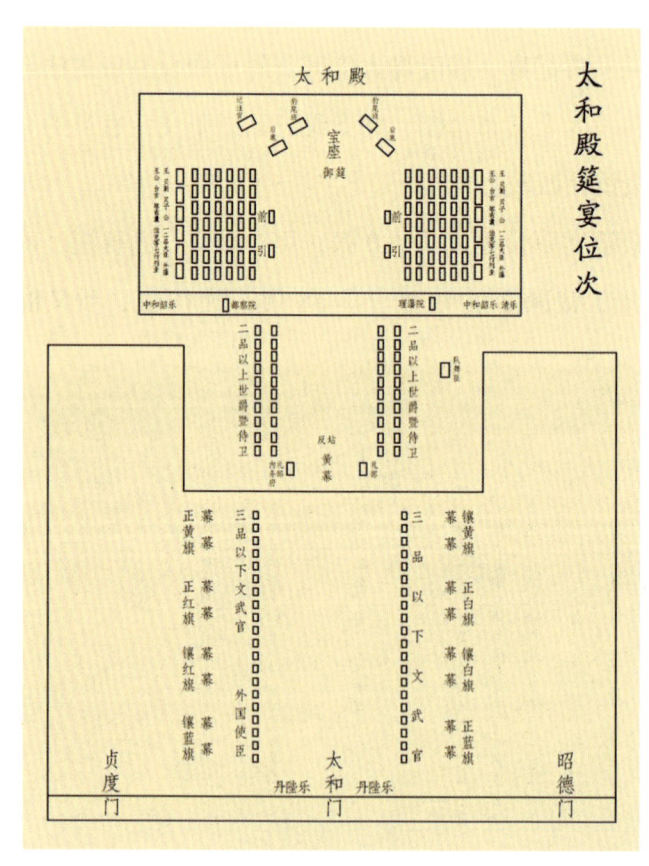

太和殿筵宴位次图

臣各入本位，向皇帝一叩礼。坐下后，有一套繁缛的进茶、进酒、进馔、进舞仪式：进茶时，丹陛清乐奏"万象清宁之章"；然后进庆隆舞，包括扬烈舞及喜起舞；舞毕，吹箫，番部合奏人员奏蒙古乐曲，由掌仪司官员"引朝鲜、回部各掷倒使人，金川、番子、番童等，陈百戏"，筵宴进入高潮。

宴毕已是未初（13点），此时奏丹陛大乐，群臣行一跪三叩礼，再奏中和韶乐，鸣鞭，皇帝还宫，众臣皆出。

乾清宫家宴

元旦这天，皇帝还要在乾清宫举办家宴仪，由皇后、妃嫔等人陪宴。

乾清宫东西檐下设中和韶乐及中和清乐，乾清门内东西檐下设丹陛大乐及丹陛清乐。宫殿监率所司将皇帝用金龙大宴桌摆于御座前，皇帝座位两边，分摆头桌、二桌、三桌……左尊右卑，皇后、妃嫔等均按地位身份依次入位。

家宴开始，宫殿监奏请皇帝升座，中和韶乐奏"元平之章"，升座毕，乐止。皇后以下各就本位行一拜礼，丹陛大乐奏"雍平之章"，礼毕，乐止。随后皇后以下各入座进馔、进果、进酒，分别由丹陛清乐奏"海宇升平日之章"、中和清乐奏"万象清宁之章"、丹陛清乐奏"玉殿云开之章"。皇帝进酒时，皇后以下均出座，跪行一拜礼，乐止后仍各入座。进馔时还有承应宴戏，戏毕皇后以下出座谢宴，行二肃一跪一拜礼，丹陛大乐奏"雍平之章"，礼毕，乐止。

金大吉葫芦挂屏（故宫博物院藏）

最后，宫殿监奏"宴毕"，皇帝起座还便殿，奏中和韶乐，乐止，皇后以下各还本宫。

除了上述仪式和活动，皇帝还会进行看戏等娱乐活动。

无论是皇家还是民间，大年初一这一天都是忙碌且充实的，传统的风俗之中，蕴含着人们期盼新的一年事事如意的美好愿望。

皇帝收到的"新年贺卡"

石文蕴

新年伊始，万象更新。在我国古代是将农历正月初一称作元旦，据宋代吴自牧《梦粱录》载："正月朔日，谓之元旦，俗呼为新年。一岁节序，此为之首。"在我国历史上的各个朝代，在元旦之时，上至宫中太后皇帝，下到市井黎民百姓，均会举行丰富多彩的庆贺活动来辞旧迎新。时逢岁首，朝廷内外的大小官员都会忙碌起来，在元旦这一天，他们或要朝觐天子，或要上呈本章。唐代诗人卢延让就曾在其诗作《观新岁朝贺》中描绘了新岁第一天百官朝贺的壮观场景："龙墀初立仗，鸳鹭列班行。元日燕脂色，朝天桦烛香。表章堆玉案，缯帛满牙床。三百年如此，无因及我唐。"

时至清朝，元旦百官朝贺的礼制依旧承续。清朝统治者规定元旦、冬至及万寿圣节为当朝三大节日，节庆时朝廷百官需向皇上行礼朝贺，而元旦为新岁之首，朝贺活动则更为隆重。每逢元旦，百官要向皇帝行礼朝贺并呈送拜贺表章，这些表章可谓是皇帝收到的"新年贺卡"。向皇帝、皇后、太后呈送的"新年贺卡"主要有贺表、贺笺、题本、奏折等。清朝制度，每逢元旦令节，在京城的官员以及京外的将军、都统、总督、巡抚、提督等均要呈送贺表给皇帝。

进呈表笺

元旦当天凌晨，礼部鸿胪寺官员在太和殿内左楹南端设立表案，礼部官员将百官呈进给皇帝的贺表放于彩亭，彩亭由銮仪校升行，和声署乐手在前面引导奏乐。彩亭进入长安左门、中门，再经过天安门、端门左门，停于午门外。礼部官员奉贺表入太和殿，并将其放置在表案上，待皇帝御殿后，礼部官员宣读表文并行礼，再将表文由殿内奉出，最后收入内阁。

贺表分正副二式，正表为卷式，黄绫裱褙，副表则为折叠式，形如手本，内用黄纸，面用黄绫，装在表匣中，外面用黄绫包裹。贺表的表袱、表匣由工部备造。表文有固定形式，为四六体骈文，使用小字楷书写，先由内阁撰拟好后颁发给各个官员，再由各官依式进贺。

除要向皇帝进呈贺表外，还要向皇太后进贺表文，其形制与庆贺皇帝贺表大致相同。与此同时，王公大臣们也要向皇后进献贺笺。贺笺也同贺表相似，分正副二式，面用黄绫，但内用红纸。后又因"皇

乾隆朝元旦贺笺及表匣

后寿节暨元旦、冬至与外廷无涉"，于是在乾隆六十年（1795年）规定"嗣后俱当永行停止笺贺"。

表笺范式

贺表内容在《雍正朝大清会典》中有详细记载：

在京称某亲王臣某等，诸王贝勒文武官员臣等，凡在外官员各称某衙门某官臣某等，诚欢诚忭，稽首顿首上言。伏以德统乾元，首正六龙之位，建用皇极，宏开五福之先。恭惟皇帝陛下，率育苍生，诞膺景命，寰区和协，声教覃敷。四海一而万国来王，川岳灵而俊乂斯出。太平有象，历服无疆。臣等恭遇熙朝，欣逢元旦，伏愿玉烛长调，庆雍熙于九牧，金瓯永固，登仁寿于万年。臣等无任瞻天仰圣欢忭之至，谨奉表称贺以闻。

笺文亦有相应固定的格式，其内容在不同时期大同小异，辞藻华丽。以《钦定大清会典事例》记载顺治朝规定的皇后笺文为例：

伏以祥凝璇室，仰内治之弘昭，瑞霭椒宫，庆母仪之光大。敬惟皇后殿下，安贞表范，恭俭垂型。博厚协载物之仁，恩隆逮下，肃雍赞齐家之化，德茂承天。臣等欣逢令节元旦，伏愿徽音益著，弥增彤管之辉，景福骈臻，永纪瑶编之盛。臣等无任瞻天仰圣欢忭之至，谨奉笺称贺以闻。

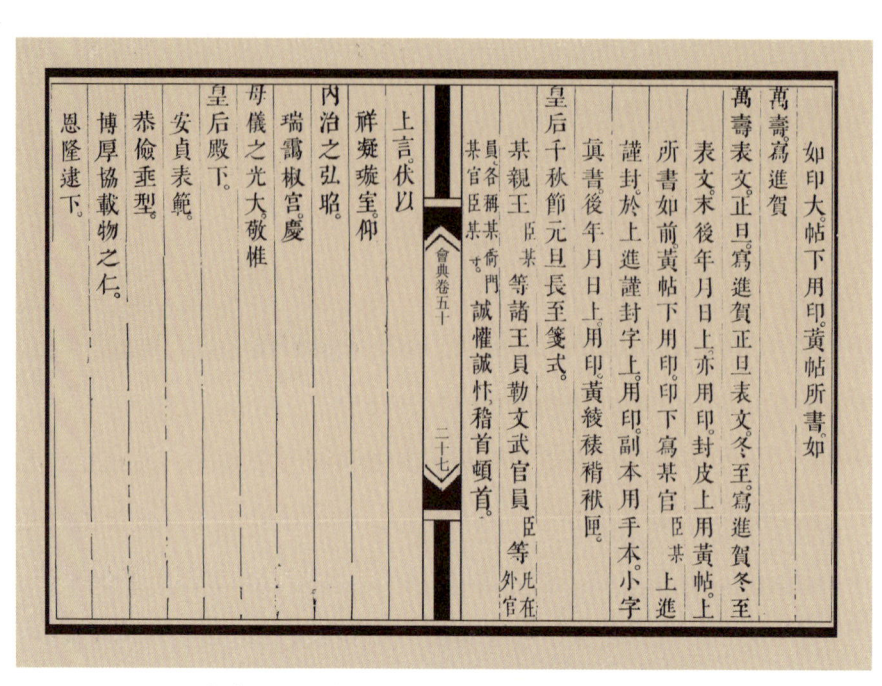

《康熙朝大清会典》关于万寿进贺表的规定

　　表笺文字内容在不同时期虽略有差异，但其格式基本相同。因黑龙江将军奏请"所进汉字表文，改用清字"，在汉文表笺基础上，于乾隆四十五年又规定了满文贺表的制式："各省凡有满洲驻防处所，各进庆贺表文，俱改用清文，以昭画一。并行文内阁，将万寿、元旦、冬至三大节表文，撰拟清字式样，颁发各该处，永远依式赍进"。

　　清朝统治者对元旦庆贺表笺的内容格式要求十分严格，规定如有"讹书遗漏，并颠倒违式，交部议处。其表笺发还，令照式再缮补进"。另外，朝廷对各省督抚上交庆贺表章的时间有明确规定，"庆贺元旦令节本章例应于封印前三日赍到"。

题奏并用

除了贺表与贺笺外，官员们也会递送题本与奏折给皇帝、皇太后、皇后等以表节日庆贺之意。

官员呈送庆贺元旦的题本、奏折内容几乎通篇是吉祥话语，辞藻华丽，对仗工整，言辞恳切，如"恭祝我皇上福祚绵长，隆万年之泰运，皇图巩固，跻百代之昌期"，又如"祝我皇繁祉绵绵，视日升月恒而并久，纯禧永永，与乾元坤厚而俱长"。另有"恭惟崇庆皇太后陛下仁昭育物，德懋徽音，淑气融合，启麻嘉于六宇，慈恩布濩，绥福禄于万年"。总之，臣子们竭尽所能，通过这些吉祥话语向皇家表达自

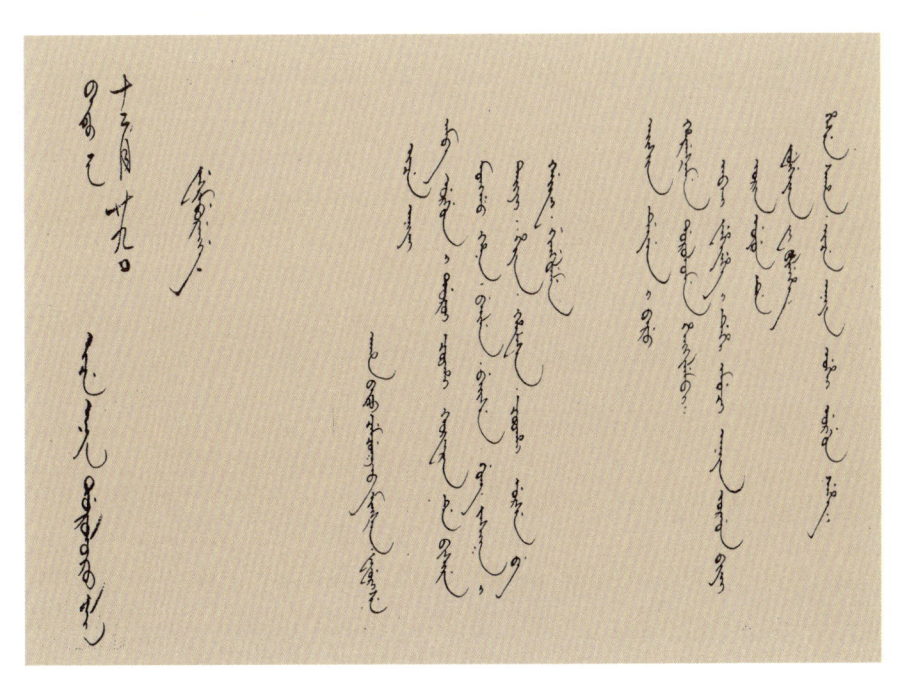

定边左副将军巴图为恭贺元旦事录副奏折（局部）

己的美好祝愿以及对皇帝忠贞不二的心意。

庆贺元旦令节的奏折亦有以满文书写，相较于汉文奏折，其语言表达则要简洁直白很多。如乾隆四十一年十二月，定边左副将军巴图呈给乾隆帝恭贺元旦的奏折，内容为其带领营中蒙古汗王、贝勒、贝子、公、扎萨克台吉、侍卫、官兵人等，恭谨望阙行礼叩拜。仅此而已。

在元旦这个喜庆祥和的节日里，即便是贵为皇帝、皇后，也希望收到寓意吉祥的"新年贺卡"。而今，人们贺年的方式早已改变，然而互相祝福的心意依旧满满。

皇家诗意元宵节

李 展

正月十五元宵节是一年中第一个月圆之夜，自古就有吃元宵、赏花灯、猜灯谜、放烟花等丰富多彩的庆祝活动。在清代宫廷中，元宵节作为新年庆祝的延续，除了吃元宵等传统活动，还时常举行与作诗有关的活动，在玩乐之余更为节日增添了不少雅兴。

宫廷雅事：筵席上联句佳作不断

元宵联句，是清宫中在元宵佳节时君臣以元宵为主题创作诗句的活动。清代皇帝有在新年正月设宴与廷臣联句赋诗的传统，是清宫中的特色文化活动之一。最早起源于康熙年间，参加"赐廷臣宴"者"仿柏梁体赋诗进览"。乾隆年间，这类活动更为频繁，经常于正月里择吉日在重华宫举行茶宴联句，参加者由皇帝选定，多为大学士、内廷翰林等满腹诗书的"儒臣"。主题由皇帝钦定，并出首句定韵，之后群臣依韵恭和。

《乾隆帝元宵行乐图》（局部）（故宫博物院藏）

岁时节令

元宵联句的主题之所以定为元宵，与清宫在元宵节前后三天，依例在晚膳中增元宵一品有关。据《钦定四库全书·御制诗初集》记载，在乾隆八年（1743年）的联句活动中，乾隆帝命题："浮圆子——都人以元宵节食之，遂名元宵"，并出诗："筵开三五夕，品荐半升铛。馔玉神仙从"，张廷玉第一个接诗："煎沉罗绮迎。验丰同粔籹，侑食奏丝笙。蓿葡香分艳"，鄂尔泰又接："团圆月并盈。琅霜和石髓，揭露泻金茎。牢九称惟旧"，乾隆帝再道："筲三籑用精。圆融如意粒，甜滑自然秔。体借蟾蜍魄"，徐本又接："奇传沉瀁英。常留春日意，恰称令宵名。的的星丸皎"。随后，任兰枝、张照、刘统勋、梁诗正、汪由敦等大臣也纷纷和诗，君臣们在欢庆佳节的氛围中，共同创作出了这首著名的元宵联句。

千里传诗：赏赐与谢恩交相呼应

因为在宫中举办，只有少数在京重臣能有机会参加这次元宵联句。为了让京外各地方要员共同欣赏，乾隆帝特地将这首元宵联句作为赏物赐给他们。乾隆八年，有以下大臣被赐予元宵联句及赏物：

乾隆八年各地官员谢恩统计表

姓名	官职	赏物
高 斌	直隶总督	元宵联句一册，鲜荔枝一圆
张广泗	贵州总督	御制元宵诗墨刻一本
尹继善	太子少保署理两江总督	元宵联句
硕 色	河南巡抚	御制元宵联句册页

（续表）

姓名	官职	赏物
杨锡绂	广西巡抚	元宵联句诗
策　楞	暂署两广总督	元宵诗联句墨刻一本
那苏图	闽浙总督	元宵联句墨刻
陈弘谋	江西巡抚	元宵联句诗册
周学健	刑部左侍郎署福建巡抚	元宵联句诗册
陈大受	苏州巡抚	元宵联句诗册
白钟山	南河总督	元宵联句墨刻
喀尔吉善	山东巡抚	元宵联句法帖、鲜荔枝一枚
马尔泰	署理川陕总督	元宵联句诗墨刻一本
蒋　溥	署理湖南巡抚	元宵联句墨刻
张允随	云南总督	元宵联句墨拓一册
黄廷桂	甘肃巡抚	元宵联句墨刻
常　安	浙江巡抚	元宵联句墨刻册页

收到恩赏的官员们，在"出郊跪迎叩头祗领"之外，都会上奏折感谢恩赏。虽然谢恩原因是相同的，但谢恩折里的内容却各有乾坤。有的简明扼要，两江总督尹继善上奏谢恩："臣随恭设香案，望阙叩头祗领讫，所有感激微忱，理合缮折，恭谢天恩。"有的顺便抒发自己的感情，如直隶总督高斌，凭借地理位置优势，在收到赏赐两天之后就迅速谢恩："奏为恭谢天恩事，六月二十六日，奴才奉到皇上恩赐元宵联句一册、鲜荔枝一圆"，并借机表明自己的心迹："奴才奉职多惭，偶逢亢旱遂致愚民轻去其乡，奴才正深惶悚，荷蒙皇上天恩不加谴责，更颁赏赐，奴才……唯有矢竭驽钝，钦遵圣训妥协办理，以仰副我皇上念切民生之圣心于万一"。言辞十分恳切。

天下同乐：外国使臣入乡随俗

元宵佳节，乾隆帝不仅自己出题作诗，群臣和诗，并且还会饶有兴致地请外国使臣也参与进来。乾隆五十六年元宵节，朝鲜、暹罗、缅甸等国的使臣正好也在京城，乾隆帝请使臣各自以元宵节所见之景作诗。朝鲜国正使金箕性与副使闵台爀遵旨各自恭赋元宵即景诗一首，乾隆帝下令赏赐"大缎各一匹，笔各二匣，墨各二匣，笺纸各两匣"。乾隆帝还赏赐给暹罗、缅甸贡使5人"八丝缎各一匹，笔各一匣，墨各一匣，笺纸各一匣"，为大家都平添一些节日的喜气。到嘉庆年间，赏物就只颁给赋诗进呈的来使，没有赋诗的便"毋庸给予"。

"今人不见古时月，今月曾经照古人。"虽然清代元宵佳节赏月吟诗的场景我们不曾见过，但通过档案记载，我们依然可以真切地感受到节日欢庆的氛围，了解中华传统节日那浓浓的诗意。历史的长河奔流不息，而人们祈盼新年一切顺遂的心愿不曾改变。

乾隆帝赏赐朝鲜等国贡使的记载

庆在上元节

丁 好

正月十五是一年第一个月圆的日子，由于月圆象征着团圆和美满，也被认为是最吉利的日子。自古以来，正月十五就有多个名称，如上元节、元宵节、灯节等等，这些名称对应了在这个欢乐节日中的各项庆祝活动。清代宫廷中也继承了这些传统活动，并且具有自己的特色。

庆在上元节

正月十五夜

唐·苏味道

火树银花合，星桥铁锁开。

暗尘随马去，明月逐人来。

游伎皆秾李，行歌尽落梅。

金吾不禁夜，玉漏莫相催。

正月十五之所以称为上元节，是来自道教的"三元说"：正月十五日为上元节，七月十五日为中元节，十月十五日为下元节。主管上、中、下三元的分别为天官、地官和人官，天官喜乐，故上元节要燃灯，据传上元节燃灯放烟火的习俗就是由此而来。

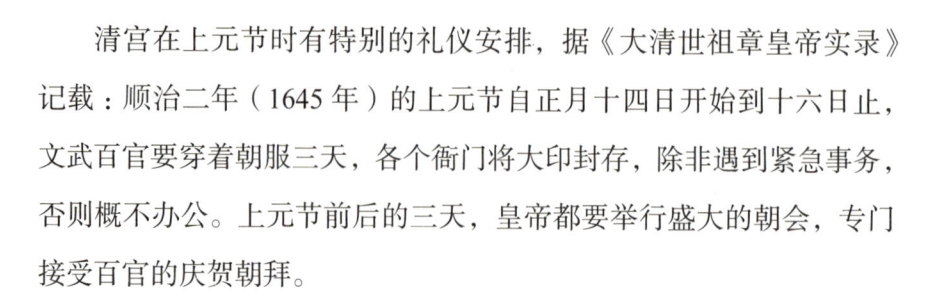

清宫在上元节时有特别的礼仪安排，据《大清世祖章皇帝实录》记载：顺治二年（1645年）的上元节自正月十四日开始到十六日止，文武百官要穿着朝服三天，各个衙门将大印封存，除非遇到紧急事务，否则概不办公。上元节前后的三天，皇帝都要举行盛大的朝会，专门接受百官的庆贺朝拜。

要说清代最特别的上元节，肯定要数康熙二十一年（1682年）的上元节，康熙帝度过了一个痛快淋漓的不眠之夜。此时尚不满30岁的康熙帝，不仅早已铲除了鳌拜，亲自掌权稳定了内廷；又平定了三藩之乱，掌控了天下的大局；还于科举考试之外特别开设了博学鸿儒科，专门招贤纳士为己所用，这些功绩令康熙帝志得意满，破例在乾清宫里设宴款待殿阁大学士，各部院寺堂官，翰林院学士、侍讲、日讲官以及编修、检讨，詹事府詹事、科道等官93人，以求"君臣一体，共享升平"。在宴会上，康熙帝依次赐饮，并特敕诸臣"笑语无禁，畅饮极欢"。宴会结束后，还特赐群臣御座前观鳌山灯，又赐饮酒，喝醉的则令内官搀扶。

最后，康熙帝为了效仿汉武帝时柏梁台君臣同乐的遗风，仿柏梁体赋诗联句，康熙帝赐首句："丽日和风被万方"。

清·赵之琛、顾驺《元宵婴戏图》

第二天群臣齐聚太和殿下，每人一句，一韵到底，共93句，同赞盛世升平，成为有清一代鲜见之盛事。

吃在元宵节

诗曰·元宵争看采莲船

宋·姜夔

元宵争看采莲船，宝马香车拾坠钿。

风雨夜深人散尽，孤灯犹唤卖汤元。

正月十五这天又称元宵节，晚间有吃浮圆子的习俗，后来人们就把这一节令美食称为"元宵"。

元宵又名汤圆，传说起源于春秋末期，唐代称为"面茧""圆不落泥"，宋代称为"圆子""团子"等。《明宫史》里记载了元宵制作的方法："用糯米细面，内用核桃仁、白糖、玫瑰为馅，洒水滚成，如核桃大，即江南所称汤圆者。"

到了清代，皇帝后妃在这天的晚点中，均享用"元宵"一品。清宫中最具盛名的当属御膳房特制的"八宝元宵"，在康熙年间就已名闻朝野。还有一位制作元宵的高手马思远，他做的以桂花、糖、胡桃为馅料的滴粉元宵远近驰名。清代诗人符曾在《上元竹枝词》中赞扬道："桂花香馅裹胡桃，江米如珠井水淘。见说马家滴粉好，试灯风里卖元宵。"

元宵虽甜，但也能吃成凄苦。《清室轶闻》记载了某年元宵节，光绪帝在颐和园去给慈禧太后请安，正巧慈禧太后在吃元宵，就顺便问光绪帝是否吃过元宵了。光绪帝来之前刚刚吃过，但却怕扫慈禧太后兴，不敢如实回答，所以谎称没吃。慈禧太后就让人送来一碗元宵给光绪帝。虽然光绪帝已经吃饱了，但若不当面吃下慈禧太后的赐膳是为大不敬，光绪帝只好勉强吃下。等光绪帝吃完后，慈禧太后又问他吃饱了没有，为迎合慈禧太后的心情，光绪帝依然说没有，慈禧太后又让人送来一碗，要他再吃，如此往复多次，到了最后，光绪帝实在吃不下去了，就悄悄把元宵塞到袖子里，等回到自己的寝殿，光绪帝袖子里全是冰冷黏糊的元宵，十分狼狈。

玩在花灯节

青玉案·元夕（节选）

宋·辛弃疾

东风夜放花千树。

更吹落、星如雨。

宝马雕车香满路。

凤箫声动，玉壶光转，一夜鱼龙舞。

从汉代开始就有正月十五前后悬灯相庆的习俗，所以这天又称灯节。清朝入关后，也沿袭了这个旧俗，《康熙朝大清会典》中记录了元宵节悬挂宫灯的礼仪规范："庆成灯，顺治十年题准，凡遇元宵节，自正月初七日起，至十七日止，太庙悬张庆成灯。令工部预期办造，庙街门中门一对，左右门各一椀，砖城中门一对，左右门各一椀……"

庆成灯是专门在元宵节期间用于祭祀祖先的一种宫灯，寓意功德庆成，福禄终成。具体的做法是：选取优质的羊角截为圆筒形，然后放在开水锅里和萝卜丝一起闷煮，待煮软后，用纺锤形的楦子塞进去，用力地撑，使其整体延展变薄，再这样反复煮反复撑，每次都换上鼓肚更宽的木楦，直到整个羊角变形为薄而透明的灯罩为止。

清宫中不仅有华贵的宫灯，更有别开生面的冰灯游戏。乾隆朝和嘉庆朝，皇帝还要到圆明园的山高水长看烟火。

总管内务府为灯节备花炮盒子酌减事奏折（局部）

古树苍苍话天坛

卢 溪

天坛是明清两代皇帝"祭天""祈谷"的场所，也是典型的祭坛园林，整个坛域内建筑面积仅为 5%，其余皆为林木覆盖。天坛内大量明清两代栽种的古树，以"内仪外海"的规律分布，古木森森、苍然如璧。

建坛植树

明永乐十五年（1417年），永乐帝决定在营建北京时，仿南京天地坛营建北京天地坛，区域内有前代遗留树木。永乐十八年，北京天地坛建成，主体建筑大祀殿周围大量栽种了松柏树。明嘉靖朝时，决定恢复天地分祀的旧制，增建圜丘坛，环圜丘建筑也大量种植了松柏。天坛内现存的1150余株一级古柏基本为明代所植。

清代早期，为防壅沙，开始在外坛大量种植松柏榆槐等落叶乔木。康熙三十三年（1694年），在大路旁和坛墙周围栽种柳树，由巡捕三营负责看守。乾隆朝时，对天坛进行了大规模修缮、改建和扩建，于坛内广泛植树。

清代对天坛树木有严格的管理制度。乾隆十九年（1754年）春，户部尚书海望、礼部尚书王安国等官员奉旨照万寿山栽种树林之例，在天坛、祈谷坛、先农坛栽种松柏榆槐共17000余株。5年后因为天旱和浇灌不力，不少树木回枯，有关人员因此受到惩处。为此，乾隆二十五年规定由坛户负责就近浇灌树木，如有回枯则需赔补。道光朝时为维护坛内树木，又设专人守查制度和定期稽查整修制度。

在明清两代皇家的精心守护下，至清代中期，天坛内外坛所植林木13000余株。此时内坛主要为侧柏、桧柏、国槐和油松；外坛主要是成片的松树、柏树、槐树、榆树、柳树，以及杂生其间的桑树、枣树、构树、椴树等。当时绿叶映墙、林海苍茫、古木参天、碧树成荫，不同朝代的树木相映成辉，乾隆帝曾在诗中描绘此景是"童童古柏益苍然，新种成林逮比肩"。

可惜的是，自清末起坛内古树遭到大量人为损毁。先是八国联军驻兵天坛期间破坏坛墙和林木，民国年间又在南外坛建军用飞机场，

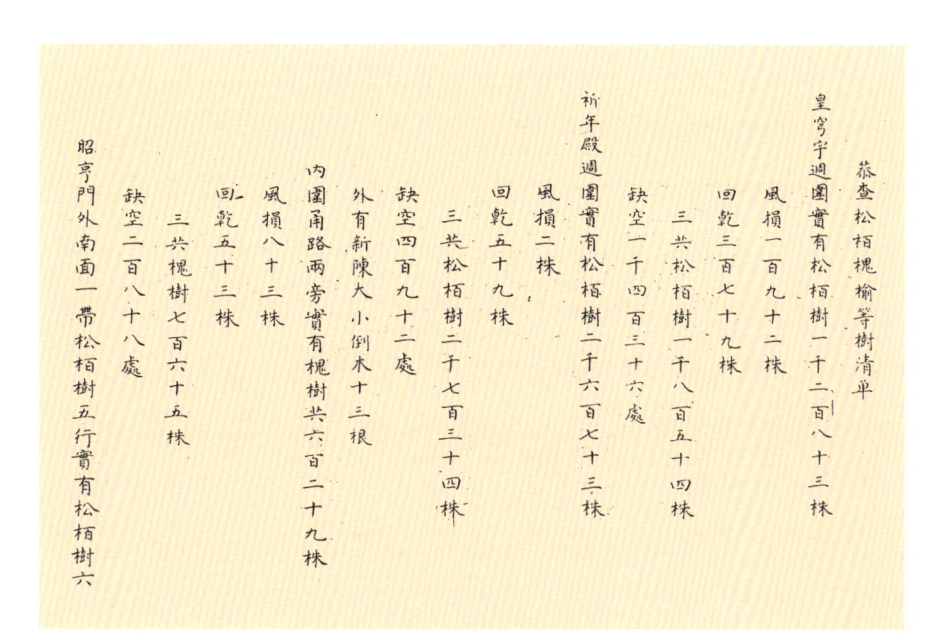

恭查松柏槐榆等树清单

皇穹宇週圍實有松柏樹一千二百八十三株

風損一百九十二株

回乾三百七十九株

三共松柏樹一千八百五十四株

缺空一千四百三十六處

祈年殿週圍實有松柏樹二千六百七十三株

風損二株

回乾五十九株

三共松柏樹二千七百三十四株

缺空四百九十二處

外有新陳大小倒木十三根

內圍甬路兩旁實有槐樹共六百二十九株

風損八十三株

回乾五十三株

三共槐樹七百六十五株

缺空二百八十八處

昭亨門外南面一帶松柏樹五行實有松柏樹六

天坛树株清单（局部）

扒毁南坛墙，同时砍伐古树千余株，从根本上改变了古树格局，之后部分南外坛区域的树木更是几近消失。

至2009年，天坛现存古树仍有3562株，主要集中于内坛南北轴线祈谷坛、圜丘坛建筑群周围及外坛三北靠近内坛墙区域。

内仪外海

天坛内的树木并不是杂乱无章、随意种植的，而是有明确规划。从明永乐年间开始，内坛树木便有意种植得纵横有序、株行有距，并取"九五之尊"和"阳天"之数，称为仪树。而外坛树木相对并无规则，高低错落、参差不齐，谓为海树。这便是天坛树木"内仪外海"的主要特点。

以清代道光十年（1830年）天坛的树木格局为例：

内坛以柏树和槐树为主，柏树集中围绕于中轴线建筑群周围，纵横有序，数值多取五、九及其他阳数，如昭亨门外南面一带松柏树便植为5行；皇穹宇、祈谷坛以松柏为主，内外围甬路两旁行道树主要是槐树。外坛以柏树、榆树、柳树和槐树等乡土树种为主，东、西、北三面为海树，有槐树和榆树4700余株，松柏树2200余株。

在坛内树种选择上，古人也有讲究。

《周礼》规定"以苍璧礼天，以黄琮礼地"。柏树常绿长寿、笔挺美观，在古人心目中代表着正气、长寿、高尚和不朽，被称为"苍官"。从空中俯瞰天坛现存古柏林，尤可见当初规模，其意在使用规则片林的手法，利用柏树林的整体形状、颜色营造出"苍璧"的形态，正符合"苍璧礼天"之古意，所以天坛（尤其是内坛）古树以柏树居多。

整体上天坛的树木格局以祭坛功能属性为核心，祭祀主体建筑由常绿常寿的柏树所围绕，并以树木分布营造出肃穆庄重的空间氛围。

天坛名木

天坛内有许多名木，或树形别致，或姿态奇异，成为著名景观。

九龙柏，位于回音壁外西北角。又名"九龙迎圣"，一级古树，桧柏。九龙柏青针翠叶，古朴苍润，其树干间有纵向沟壑，将树身分为若干股，扭曲向上，宛如九条蟠龙缠绕升腾，森然欲动。

传说有一年乾隆帝来天坛祭祀前视察皇穹宇，蒙眬中听到皇穹宇西殿后有声音，循声查找，眼见九蛇游至坛墙外消失，抬头间赫然发现"九龙柏"昂然伫立，顿悟这九龙柏乃神蛇变化，是上天派下凡尘守护祭天神版的护卫。

另一传说是，明代建坛初期尚未建圜丘坛，这里是天地坛南天门外路旁，皇帝临坛行礼，每于九龙柏西侧不远处降辇，九龙柏恰立于门前恭迎于路旁，故又称为"九龙迎圣"。

柏抱槐，又名槐柏合抱，位于祈年殿东侧，一级古树，因国槐生于侧柏上而得名，是天坛的一株奇树。其柏植于明永乐年间，是天坛的原始柏。树干从1米处即分杈，形成多干，分枝甚多，昂然高耸。而槐树寄生于主干分杈处，

九龙柏

槐树树龄亦逾百年，冠如伞盖，密枝浓荫，形成槐柏合抱，十分奇特，是天坛的一处著名景观。国槐、侧柏恰好双双是北京的市树，这槐柏合抱正是共存共荣兄弟树。

问天柏，位于皇穹宇西垣下，一级古柏，桧柏。树近垣而生，直立挺拔，树顶有枯干，两枯枝一前一后，一扬一垂，状似一位古人峨冠宽袖，衣带飘动，高昂着头颅，手臂有力地指向天空，好像满怀悲愤的屈原在质问苍穹。1986年，一扬州游客发现这一景观，故以"屈原问天"题其景，遂有嘉名。

莲花柏，位于祈谷坛七十二连房之北，树势苍老，树干基部庞大，纵裂分权，呈多干环壮丛生，向四方开张，形似巨大的木莲花，誉为"莲花柏"。莲花柏干径与其余柏树迥异，疑为金代遗物，是历史的见证。

此外，坛内还有很多近代名人、国际友人种下的纪念树、友谊树。

1985年在天坛内，正式确定以每年4月的第一个休息日为北京市全民义务植树日，延续至今。天坛内的古树名木，历经数百年沧桑，见证了无数历史事件。在注重生态文明的今天，保护好这些古树有着重要的现实意义。

清明节的肃穆与生机

丁 好

清明,是我国传统二十四节气之一。自古以来,清明就因其重要的气候指向作用和人文含义,被人们普遍重视,既有"清明时节雨纷纷,路上行人欲断魂"的感伤惆怅,又有"春城无处不飞花,寒食东风御柳斜"的暮春美景。在清代,清明时既充满着庄严肃穆的气氛,又饱含生机勃勃的景象,可谓动静相宜,别具特色。

庄严隆重的清明祭祀

祭祀,特别是祭祖,是清朝宫廷极为重要的礼仪活动。清制,每年清明日、孟秋望日、冬至日及岁暮都会举行盛大的祭祀典礼,称为四大祭。

清明时,清廷祭祖最主要的活动为谒陵。清沿古制,帝后墓称为陵寝,贵妃以下墓称为园寝,清代帝后陵寝主要分布在三处:盛京三陵——永陵、昭陵及福陵;东陵,包括昭西陵、孝陵、景陵、裕陵、定陵、惠陵等陵寝;西陵,包括泰陵、昌陵、慕陵、崇陵等陵寝。

民间也会在清明节时进行祖先祭拜。江南的普通百姓在清明节时会前往同姓一族祖先墓前祭扫。在桌上陈列三牲及盛于器皿中的点心果物等供品,焚香燃烛,浇洒奠酒,还会焚烧在纸张上画出衣服形状的冥衣和大金(贴有金箔的纸张),意在向祖先们馈送衣服金银,祈

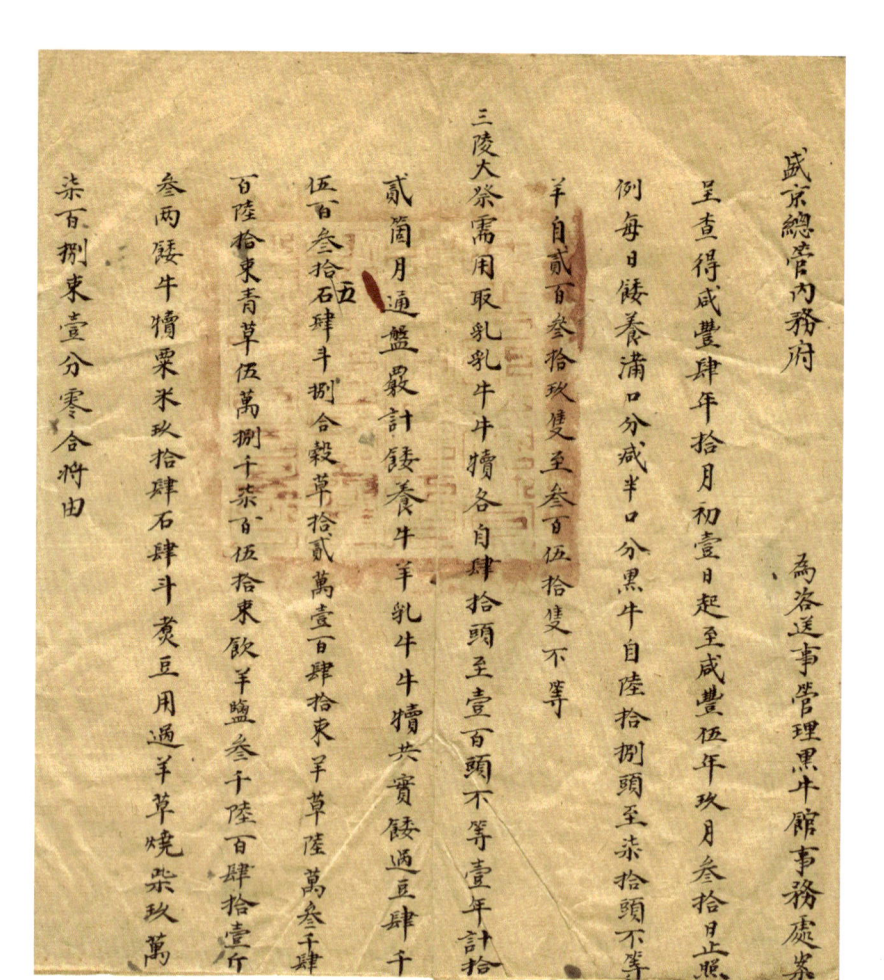

盛京总管内务府为咨送三陵大祭取用牛羊等项数目清册等事致总管内务府咨文（局部）

愿他们保佑子孙后代平安。

民间清明节祭拜的另一个主要内容是拜城隍。城隍是古代道教神话传说中守护城池的神灵，明清时期祭祀城隍活动非常盛行，古人认为拜城隍可求平安、求晴雨、祈冥福。据《清俗纪闻》中记载：时值清明，江南州县会奉敕命前往各地城隍庙中，将庙中神像用轿请出。轿前鸣锣开道，随后有行牌2对（前一对刻有"奉旨祭祀"，后一对刻有"城隍使司"，皆为金字）、旗数面、凉伞1杆和銮驾数根，在轿后吹奏鼓乐，一路由各司职人员送至郊外目的地。城隍出巡途中伴随各种香会，还有秧歌、高跷、五虎棍等表演，观者如潮。最终城隍神像被请到为祀孤而建造的庙坛中，放置在座椅上供人们祭拜。

生态环保的插柳植树

除了各类风俗活动，清明节还是种树的重要时间节点，一旦错过，效果会大打折扣。

雍正帝曾谕令在西直门、德胜门至畅春园的御道上沿途栽种柳树，若三年内有焦枯则令其种树官进行补种。到雍正六年（1728年）时，御道沿途树木依然不太繁茂，甚至有的枯萎了也没人管理。雍正帝看后大怒道："朕所经由之路尚且如此，则他处僻路可知！"责令内务府、步军统领、顺天府尹进行巡查，看到枯焦损尖之树就立刻补种。

雍正八年，开始严格规定所有树木要在清明节补种完毕，并且所栽树高必须达1丈2尺，直径达2寸5分，栽种坑深2尺，种植完成后五日浇灌一次，树根下方用枣茨作为围护。乾隆二十五年（1760年）七月初十日的上谕中提到，要调查热河道良卿补种行宫各处树木干枯过多的原因，最后查明补种树木必须在清明节气时才能成活，夏天补种则只是"徒费工料，仍属无益"，良卿等人在六月份催种确实不太符合种植时宜。

> 乾隆二十五年七月初十日奉
> 上諭據海保等奏口外行宮新栽襯色樹株五千二
> 百餘棵內成活者一千八百餘棵回乾者三十三
> 百餘棵屢次咨令補栽至今尚未補種等語該處
> 樹株前經三和等奏准著地方官栽種整齊倘有
> 充斃草率即行查奏熱河道良卿所司何事今新
> 栽樹株乃至回乾如此之多且經該提管等屢次
> 催種何以至今延玩著傳諭良卿令其據實聲覆
> 欽此
> 軍機大臣遵
> 旨傳諭熱河道良卿

乾隆二十五年七月初十日上谕

民间清明植树的习俗，据说发端于插柳之风：清明时节，江南的家家户户会在门户上插柳枝，据传是为了防止生蠹，男女老少还会在头上戴上杨柳枝编成的杨柳圈，或是在头上衣襟上插上柳枝捋成的柳球，还有"清明不戴柳，红颜变皓首"的民谣。在清明祭祖时，人们会为坟墓培上新土，同时折几枝新发芽的柳枝插在坟上，俗话说"无心插柳柳成荫"，这些生命力顽强的柳枝很多长成了大树，清明节也就变成了植树节。

生机盎然的风俗活动

清明前后是万物复苏春暖花开的好时节，相传由于在清明节要寒食禁火，为了防止寒冷伤身，人们会参加一些户外活动，并逐渐发展成为踏青、秋千、蹴鞠、牵勾、斗卵等清明风俗。

荡秋千是清明时节古老的游戏娱乐活动。秋千最初被称为"千秋"，但是因为避讳"千秋万寿"的祝寿之词，就倒着成了"秋千"。《荆楚岁时记》中记载："春时悬长绳于高木，士女衣彩服坐于其上而推引之，名曰打秋千。"唐宋时，荡秋千被称为"半仙之戏"，深受广大妇女喜爱。明清时在清明时节荡秋千已十分盛行，乾隆帝在御制诗《三月》中写道："清明时节杏花天，柳岸轻垂漠漠烟。最是春闺识风景，翠翘红袖蹴鞦韆。"诗中的"鞦韆"就是秋千，"鞦韆"的两字都是"革"字偏旁，"韆"字亦是走字底，生动表达出荡秋千时随着皮绳而不断移动的过程。民俗中还将荡秋千和驱除百病结合在一起，荡得越高，象征生活会过得越美好。

乾隆帝还有一首《清明》诗，诗中写道："儿童却爱清明节，未破花朝放纸鸢。"写出了在清明时节另一种游乐方式——放风筝。清人李斗撰《扬州画舫录》中写道，"二肆最盛于清明节放纸鸢"，甚至可以和端午节上的龙船盛会相提并论。

不论是庄严肃穆的祭祀礼仪，还是生机盎然的风俗活动，清明这一延续千年来的传统节日，标志着吐故纳新的春天已经到来，凝聚着中华民族共同的记忆，承载着一份特殊的文化认同感。

端阳佩饰

倪晓一

五月榴花照眼明。菖蒲切玉,艾叶含香,熟透的桑葚和樱桃缀满枝头。这一番盛夏伊始的风物,昭示着我国传统节日端午节的来临。端午节,也称重五、午日节、五月节、天中节等,清宫档案典籍中多称其为端阳节。

驱疾避疫禳恶纳祥

关于端阳的起源,虽观点不一,最深入人心的莫过于纪念楚国诗人屈原一说。事实上,早在屈原的时代之前已有关于端阳节的相关记载,那时的人们将它作为迎接夏至、驱疾避疫的重要节日。农历五月溽暑来临,气温骤升,疾疫及毒虫容易滋生,古时将其视为毒月、恶月,初五日也被认为是恶日。因此,避恶、驱除疾疫的内容很早就被纳入端阳节的节日传统中。《大戴礼记》:"五月五日,蓄兰为沐浴。"在端阳节这天以佩兰煮汤沐浴,不仅解暑,也有助于预防皮肤疾病,战国时代已广为流行,后世相沿袭,东坡词"轻汗微微透碧纨,明朝端午浴芳兰",亦是对这一习俗的生动记述。

此外,端阳节还有采杂药、斗草等相关习俗。虽然经过多年的融合、演化,人们普遍接受以端阳节纪念屈原的观念,龙舟竞渡、吃粽子成为端阳节的重要象征符号,但从古至今,避恶除瘟仍然是这一

明黄色缎地平金银彩绣五毒活计（故宫博物院藏）

传统节日的重头戏，比如人们熟悉的制作雄黄酒，门悬艾叶和菖蒲，张贴天师灵符，佩戴香包、艾虎等，从形式到内容都含有明显的避恶意味。

在清代宫廷，端阳节期间除了举行观演龙舟竞渡、筵宴听戏这些节令活动，在端阳还有独特的制药用香、佩饰陈设传统，此时的端阳节依然承载着厚重的禳恶纳祥意愿，自始至终氤氲着药草与香料的气息。

端阳节的传统佩饰是香囊、荷包之类的小挂件，女眷们还有节令性头饰、臂饰等，所谓"彩线轻缠红玉臂，小符斜挂绿云鬟"。清宫习俗，人们喜爱佩戴各类可以盛放日常小物、色彩鲜明、图案多变的手工饰物，如荷包、香囊、扇套、眼镜盒等等，档案中或称之为"活计"。这些活计既有实际使用价值,也有突出的装饰功能,使用者往往根据节令的变化选择不同的式样来佩戴。

宫里的"五毒"是哪些

清宫《穿戴档》载,五月初一至初五日,乾隆帝喜在身上佩戴五毒荷包、龙舟荷包等,后妃簪戴五毒簪、虎头簪或艾草簪。而在清宫《造办处活计档》中,也留下了为端阳节专门制造备办相关节令配饰的记录。例如,在雍正元年(1723年)三月十八日,负责管理造办

奏為恭謝
天恩仰祈
聖鑒事嘉慶五年五月十四日接奉
上諭内開此次提報馳到正值五月朔日著賞給德
楞泰香囊二個扇囊一個荷包二個以示恩眷並
發去香囊三十個著交德楞泰賞給軍營出力之
侍衛官員等俾知又屆五月應丞圖藏事回京早
承恩澤炎風暑雨倍覺軍勤深切朕念欽此又准
軍機處咨
内廷賞出錠子丸藥交兵部由驛發去接奉後即
便分賞官兵等因欽此遵即率同副都統賽冲阿

　　　　　　　　　　　　　　　　　　　奴才德楞泰跪

成都将军德楞泰为恩赏香囊等件谢恩事奏折(局部)

处的怡亲王谕令杂活作制作"端阳节备用戴花一百匣，蝠儿二十匣，娃娃二十匣"，四月十四日又交做"紫金锭六料，蟾酥锭四十料，离宫锭一百料，盐水锭六料，大黄扇器四百个，鹅黄素缎两面写画长方香袋四十个，鹅黄素缎两面写画圆香袋四十个，鹅黄素缎绣五毒香袋四十个，五色绒缠蝠儿香袋四十个，五色素缎绣五毒香袋四十个，赏用香袋四百个"。

这些佩戴或赏用物件带有鲜明的端阳节令特色。比如其中提到的五毒图形。"五毒"是指端阳节令常见的五种毒虫，不同时代、地区对其说法不一，清廷中一般使用的五毒图形为蛇、蝎、壁虎、蟾蜍、蜈蚣。传说张天师曾经仗剑斩五毒，此时随身佩戴有五毒图形装饰的各色佩饰，不独宫廷，民间

白玉镂雕荷包式香囊（故宫博物院藏）

也广为流行，一般认为这样做可以起到以毒攻毒、不受毒虫侵害的作用。又因为虎能食五毒，所以在端阳期间虎头图案、虎形配饰也非常流行，除了前面提到的虎头簪，慈禧太后还喜欢让宫女穿虎头鞋，取其避害趋吉之意。

香囊、香袋等材质不一，从象牙、金属到各类织物均可制作，其中放置香料或香药，适宜端阳节令的一般有菖蒲、藿香、佩兰、苍术、山柰、白芷、川芎、薄荷、香橼、艾叶等。香囊、香袋为物虽小，也

能做出大文章。

雍正倡导节俭身体力行

雍正五年五月,雍正帝就曾借题发挥:"近因端阳令节,外间所进香囊、宫扇中,有装饰华丽、雕刻精工者,此皆开风俗奢侈之端,朕所深恶,而不取也。"由臣工进献的端阳节贡中香囊等物过于华美,进而发布了一篇近千字的宏论。雍正帝反复申述自己素性不喜奢靡,"一切器具,惟以雅洁适用为贵"。他认为,喜新好异是人的天性,争新斗异永无止境,这对个人、对社稷都是有害而无益的,因此大力倡导节俭务本,"朕自身体力行,为天下先",天下臣民也应择善而从。

有趣的是,乾隆帝也曾就端阳节的装饰和节令进贡问题多次颁下谕旨,乾隆二十七年(1762年)乾隆帝巡幸回銮途经直隶,节令近端阳,因怕地方官点缀节景过分奢靡,或预备龙舟竞渡等节目,事先让直隶总督方观承"实力饬禁,毋得稍踵靡文"。乾隆二十九年五月,因为粤海关进献的端阳节贡中照往年多出了珍珠记念等项物品,"并非精好,价浮于物",若作为固定的贡物采办容易滋生弊端,"似此无益之事……嗣后不必置办"!

通过文字记载和实物,我们可以一窥清代宫廷的端阳节俗。香囊摇曳,蒲艾芬芳,制作精巧、味道香浓的粽子在端阳节里迎接着明艳而又生机勃勃的夏日。

清宫夏布

倪晓一

民谚"小暑大暑,上蒸下煮",从小暑到大暑正是一年当中最为炎热的时节,古人在这个时节会使用葛、罗、纱一类孔隙稀疏、轻薄透气的衣料缝制夏衣。让我们结合档案文献的记载,看一看清代宫廷里的夏季衣料。

夏日赐葛是旧俗

葛、罗、纱都是我国自古相沿的夏季衣料,其共同特点是材质天然,孔眼均匀分布,有较好的吸湿、放湿、透气性,能迅速散发人体的热量,令人在炎炎夏日倍感清爽。在很多文献里,常见葛、纱通用,纱、罗也时时并称,难以一一区分。

葛是一种豆科多年生草本植物,花紫红色,用其纤维可织成葛布、葛纱,在我国有着悠久的历史。《诗经·葛覃》篇便生动地再现了当时女子采葛织布的场景:"葛之覃兮,施于中谷,维叶莫莫。是刈是濩,为绤为绤,服之无斁。"爬满山谷的萋萋葛藤,被勤劳的女子采割回家,经过沤泡、蒸煮等工序,织成的细密的葛布,称为"绤",而质地较为粗疏的葛布则称为"绤"。

葛衣早已成为古人对夏衣的代称,白居易《夏日作》:"葛衣疏且单,纱帽轻复宽,一衣与一帽,可以过炎天。"

每年端阳节前后，暑气日重，皇帝为表达对臣工的恩遇，往往会赏赐葛、纱、罗等夏季衣料，一般统称为赐葛。杜甫《端午日赐衣》："细葛含风软，香罗叠雪轻。"赞誉帝王所赐的用葛、罗制作的夏衣，牢固轻薄，飘逸秀美。元末明初诗人高启也说："去岁端阳直禁闱，新题帖子进彤扉。大官供馔分蒲醑，中使传宣赐葛衣。"清代《燕京岁时记》中农历五月有"赐葛"条，六月则有"换葛纱"条："每至六月，自暑伏日起，到处暑日止，百官应服万丝帽、黄葛纱袍。"

孔府旧藏本色葛袍（山东博物馆藏）

清代宫中也延续了"赐葛"的旧俗，赏赐对象包括皇族、大臣、将校、官兵，也有蒙古王公、大臣亲眷等。

宫中夏装宜葛布

清代宫廷中广葛使用较多。广东地区常年气候炎热，因而盛产适宜夏季穿用的衣料，特别是各种葛纱。据清代郝玉麟监修的《广东通志》记载，广葛中以雷葛为最，其中尤其精美的，细滑坚韧，颜色如血色象牙，称为锦囊葛；产于博罗的，称为善政葛；产于潮阳的，称为凤葛；至于琼州等地出产的，称为美人葛；出产于阳春的，称为春葛；出产于广州的，叫龙江葛。

端阳节贡中广东地区贡物有增城葛、女儿葛等名色，从档案来看增城葛、女儿葛似乎是同一种织物的不同称谓。这种产自增城的女儿葛纤细如同蝉翼，"未字之少女织之，故名"。相传一匹女儿葛卷起来只有纤细的一条，可以塞进笔管之中。

清代档案当中，皇帝夏季常服中也常使用葛纱。其中有专门派织、定制的衣料。如乾隆二十四年（1759年）六月二十一日，总管马国用等人拿出上用兼丝葛纱样一块，并传乾隆帝旨意："着交织造安宁，每年照此颜色织新花样上好兼丝葛纱二十匹解京成做上服。钦此。"此后数十年间，苏州织造都会在夏季进解皇帝派织的兼丝葛纱衣料。此外杭州织造也有进贡葛纱，如道光二十五年（1845年），规定次年起贡单内增加上用酱色江山万代葛纱袍料二连。也有朝臣进贡的衣料。

这些葛纱经由内务府的巧匠之手，变成了皇帝、后妃等人穿用的夏装，档案中不乏相关记载：

嘉庆四年（1799年）七月十一日，四执库总管张进忠等传嘉庆帝口谕，做上用广葛长衫袍2件、衫2件、白漳纱衫10件、套裤4副，为此需用单料葛8匹，其他上用纱、素缎、素纺丝、硬纱、罗、高丽布等各色衣料以及银钮、花钮数量不等。嘉庆十二年，做上用葛纱长衫袍2件，嘉庆十四年，做上用米色葛纱长衫袍2件、大衫2件、蓝葛纱长衫袍4件、兼丝葛长衫袍2件。

道光二十七年，传旨成做上用酱色葛纱袍2件、酱色葛纱衫2件。次年，又做上用酱色葛纱袍2件、酱色葛纱衫2件、米色葛纱袍2件、米色葛纱衫2件、驼色葛纱袍1件、驼色葛纱衫1件、灰色葛纱长衫袍2件、灰色葛纱衫2件。

同治三年（1864年）九月，广储司衣库陆续交出上用葛纱袍4

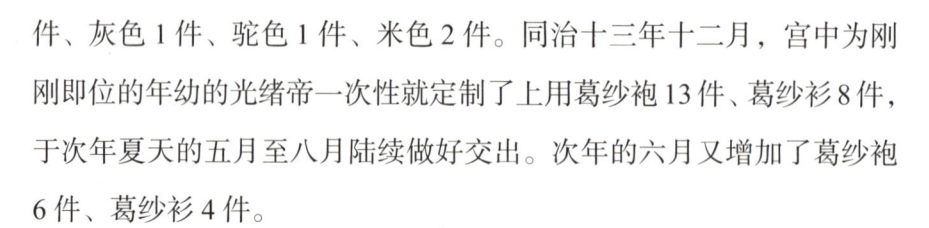

件、灰色1件、驼色1件、米色2件。同治十三年十二月,宫中为刚刚即位的年幼的光绪帝一次性就定制了上用葛纱袍13件、葛纱衫8件,于次年夏天的五月至八月陆续做好交出。次年的六月又增加了葛纱袍6件、葛纱衫4件。

为宫中制衣的是内务府广储司衣库的听差妇人,同治三年时有6名,每人每天工作定量是40工,每工照例能得工饭钱大制钱25文。

远涉重洋贡蕉布

"鱼笋朝餐饱,蕉纱暑服轻",在诸多夏季衣料中,为白居易所称道的蕉纱或者叫蕉布,顾名思义,主要是以芭蕉纤维为原料织成的。

蕉布在我国有久远的传承,最早的记载可追溯到汉代。清人李调元《南越笔记》称:"蕉布黄白相间,以蕉丝为之,出四会者良……

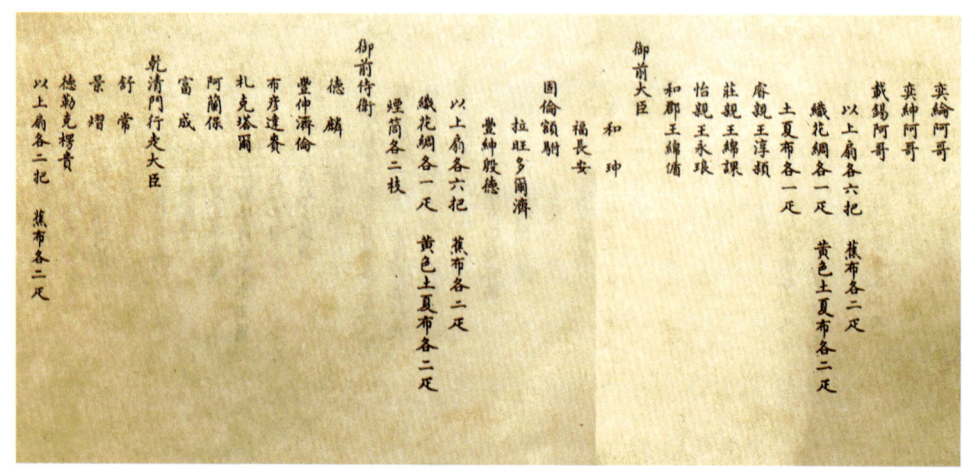

嘉庆三年赏赐王公大臣琉球国所进蕉布等项物品的记载

唐时，端、潮贡蕉布，韶贡竹布。竹布产仁化，其竹名曰丹竹……广人颇重蕉布。出高要、宝查、广利等村者尤美。"可见，古代蕉布还曾经是名贵的贡品。

文学作品也可作为印证。清代屈大均有《蕉布行》诗："……花练白越细无比，终岁一匹衣其夫。竹与芙蓉亦为布，蝉翼霏霏若烟雾。入筒一端重数铢，拔钗先买芭蕉树。花针挑出似游丝，八熟珍蚕织每迟。增城女葛人皆重，广利娘蕉独不知。"诗中极言蕉布的天然美质和工艺精细，用纤细无比、犹如游丝的芭蕉纤维来织布，即便是熟手，一年也只能织成一匹，可叹世人只知道看重女儿葛，却忽视了同样巧夺天工的蕉布。

在清宫档案中所记述的"蕉布"，则主要是指产自琉球的贡品。明清时期，琉球作为藩属国需向朝廷定期奉表纳贡，进贡有常贡例贡，也有谢恩、庆贺等专门进贡，无论因何而贡，蕉布均被作为主要贡品、

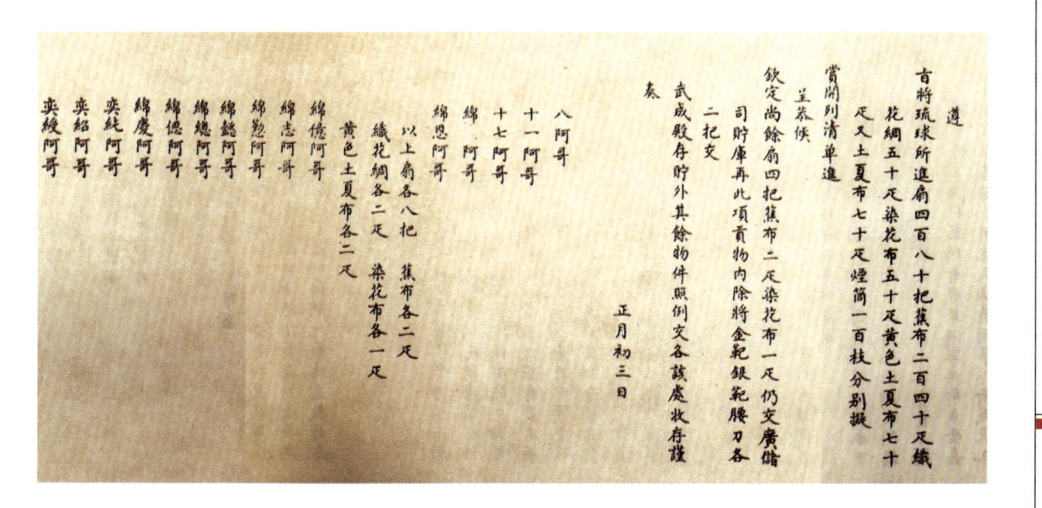

特色贡品。

在档案中，琉球蕉布有不同花色，如青花蕉布、白花蕉布、素花蕉布，也有练蕉布、纹蕉布之分，有时还特地加以修饰，称其为"细嫩土蕉布"。其中更有一种写作

清代虾青色大洋花纹缎（故宫博物院藏）

"淑椒布"，辨其语音语意，可能是"熟蕉布"之误。乾隆初期，内务府广储司曾盘点库存的琉球蕉布，有康熙年间所贡的花蕉布、土蕉布共732匹，雍正朝至乾隆七年5次进贡的各色蕉布690匹，加上土夏布330匹，库贮琉球各色贡布达1752匹。这些布匹皆以天然植物纤维纺织，自康熙朝到此时贮存日久，想来已经不堪应用。因此不久之后，内务府就将这些布匹变卖折价，熟蕉布、花蕉布与土夏布等值，每匹价银2钱；土蕉布则每匹银3钱，想来是因为其工艺尤精，质地更为细嫩的缘故吧！

嘉庆、道光年间，不再任由蕉布在库中久贮。这一时期的上谕档中数次记载，清帝将琉球所贡蕉布、土夏布、雅扇等物品按等第分别赏赐给王公大臣。

或精致、或简约的夏布伴随古人度过了炎炎暑天，正如白居易《夏日闲放》诗所描摹的："夏服亦无多，蕉纱三五事。资身既给足，长物徒烦费。"无论是宫廷还是市井，人们忘却世俗，心无尘念，便可在这盛夏时节自生清凉。

清代档案里的敬老传统

丁 好

"还须尚齿勿尊爵，且向长眉拜瑞年"，中国人推崇老者是经验智慧的代表，是良好家风的传承者，是年轻后辈的榜样，尊老、敬老、优老一直是中华民族传统美德的重要组成部分，历代相沿传承，在清代也留下了许多生动记载。

优老制

中国官方优老礼制，可追溯到夏代，当时按年龄级别给老人以尊贵地位，类似做法在之后的历朝历代也都有所传承。清代官方曾颁布了一系列尊老敬老优老的法令，是历代官方优老政策的集大成者。

《乾隆朝钦定大清会典》中这样规定：百岁老民赐银三十两，建坊里门题以"升平人瑞"四字，若是老妇人，则题"贞寿之门"四字，逾百岁者加赏银十两内府币；一百有十岁者，倍之；百二十岁以上者，请旌加赏不拘成例。

不仅对待长寿老人有这样礼遇，对孝子贤孙们也同样会给予表彰。京师及各地都建有节孝祠和大坊，凡是孝顺父母及祖父母的人，均由各地官员报告礼部予以褒扬并赏给银两，与此形成鲜明对比的是，不孝顺的子女会受到严重的惩罚。

同时，清代官方对需要赡养老人的子孙法外开恩。在处理刑事案

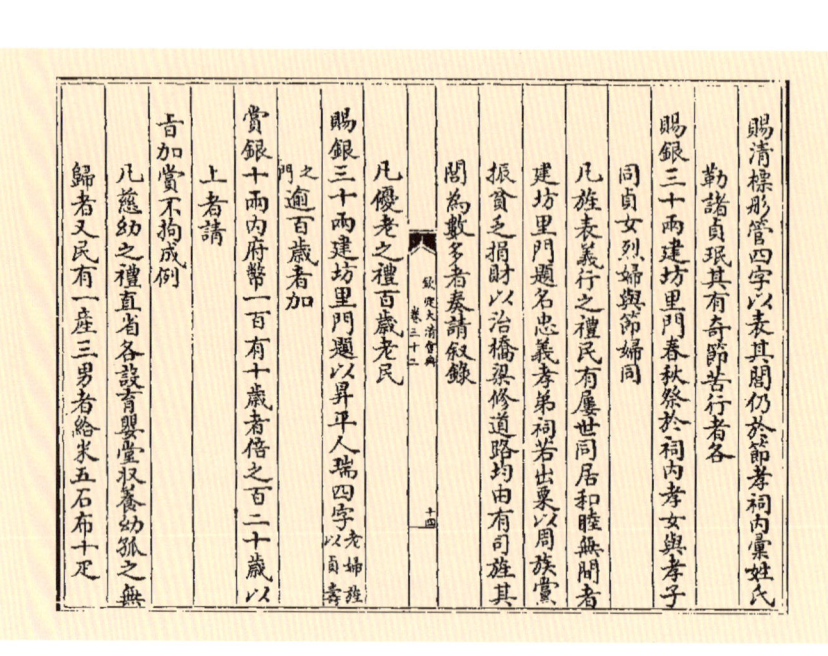

《乾隆朝钦定大清会典》载优老之礼事

件中一个重要原则就是"留养承嗣"：年老父母尚在，对其子孙后代要"慎刑"，如果死刑犯是独子，其祖父母、父母年老无人奉养，可免其一死以便侍奉老人，改判重杖一顿并枷号示众3个月。

不仅有律例上的规定，还有一些"特事特办"也体现出了优老之策。清宫档案中有一份乾隆朝的上谕档，将优老政策和会试举子们联系起来，档案记载称当年会试多士云集，发现其中"庞眉皓首"者不乏其人，虽然有的都已过耄耋之年，依然赶来会试，于是下旨将本年会试举子中90岁以上的郭毓麟著加恩赏给国子监司业职衔；80岁以上的鲁道传、郑兆球两人俱著加恩赏给翰林院检讨职衔；还有70岁以上的5位举子也都加赏了职衔。面对这些已经年迈仍孜孜不倦的士子们，乾隆帝施以恩泽，宽慰他们的"寒聪绩学之志"。

对于身边的老臣，乾隆帝亦是非常敬重，曾有一位80岁的老臣申请退休回家休养，乾隆帝特发谕旨："听其自为酌量，如一二年后，精神清健，仍可来京办事，以昭优老念旧之意。"

饮酒礼

乡饮酒礼制源于周代，延续至清代，是古代最为隆重的敬老活动，意在"正齿位，序人伦"，举"长幼之序"为纲，以倡扬"敬老尊贤、兄友弟恭、内睦亲族、外和乡党"的美德。

清代重视乡饮酒礼，相关制度经过不断发展最终成型。以京师（顺天府）乡饮酒礼为例：顺治二年（1645年）"定京府每岁于正月十五日、十月初一日举行乡饮酒礼，设宾介、主人、众宾之席，以府尹为主人"，"以申明朝廷之法，敦序长幼之节"。顺天府尹作为京师乡饮酒礼的主人（主持），在行乡饮酒礼之前负责各项筹备工作，每逢乡饮酒礼之期，顺天府尹须预先选举宾介，"访绅士之年高德劭者一人为大宾，次为介宾，又次为众宾，皆由州县详报府尹覆定举行"，"每岁由顺天府具题，将所举宾介等姓名、履历呈部存案"。清初，在京旗人并不参加乡饮酒礼，康熙九年（1670年）起满汉一体参加京师乡饮酒礼。为保障乡饮酒礼能够切实有效地举办，雍正元年（1723年）特命礼部堂官前往监礼，遂成定制。

地方的乡饮酒典礼也大致相同，由各地方官在学宫亲自主持，仪式按老龄齿序，设主宾、介宾等席位，仪式上地方官和主宾间相互揖拜。此外，乡饮酒礼上还会特别邀请乡居显宦观礼，令当地生员案前行揖拜礼，又召集不尽孝道和品行不端者前来听律令，"以申戒尤"。

敬老节

现今说起传统的"敬老节"，首先会想到"九九重阳节"。

重阳节，又名重九节，指农历九月九日这天。重阳节的历史可以追溯到先秦，当时人们主要是为了在秋九月农作物丰收之时祭飨天地、祭祖，后成为历代相承的传统节日。因为"九"是单数中的最大数，又谐音"久"，重阳节逐渐具有了长长久久、长寿尊贵的敬老寓意，具有了"敬老节"的内涵。

《月曼清游图册·重阳赏菊》（故宫博物院藏）

在清代皇宫中，也有重九节的祭祀活动。据《乾隆朝钦定大清会典》记载：凡立春端阳重阳等节，于奉先殿后殿陈香灯，每神位前设酒脯果实，毕，内监启神龛，本司官一人具补服，上香行礼。重阳日，掌仪司郎中一员，在各神位前贡香三次，行三跪九叩头礼，若郎中有事，员外郎行礼。其供献之物，俱由奉先殿饭房、茶房预备；至祭献帛、酒，令侍卫供献。

清宫的重阳节，依然离不开敬老的主题。比如这日的承应戏中，就有《九华品菊》《众美飞霞》两出与"祝寿"相关的剧目。《九华品菊》说的是九华先生令催花御史在众香国挑选花仙18人（数字寓意重九），贡入神京为宫中的皇太后献舞祝寿之事；《众美飞霞》说的是众花仙在朱儒子、康风子两位仙人前试演为皇太后的祝寿歌舞一事。两出剧的情节紧密衔接，场面热闹，烘托出了重阳节敬老、喜庆的气氛。

清代档案里记录和反映的敬老传统，蕴含着长辈慈爱、子女孝顺、家庭和睦的家庭氛围和社会风气，是中华民族优秀的文化传统。

清宫里的火锅宴

王慧萍

严寒冬日，白雪飘飘，此时美美地吃上一顿热气腾腾的火锅，再大的烦恼也会被忘到九霄云外！对火锅的喜爱，不只是现代人，古代人也不例外，比如在清代宫廷中，火锅就是冬日中不可缺少的美食。

火锅种类与食材

火锅古已有之，最早可追溯至三国甚至西汉时期。清代火锅在民间非常盛行，袁枚在《随园食单》中曾提到"冬日宴客，惯用火锅"。

东北地区冬季寒冷，火锅正好满足了食物保温和身体御寒的需求。早在金代，白山黑水间的女真人就在野外狩猎时架火烧陶罐，用鸡汤煮食鹿、狍肉片，这一饮食风俗一直延续至清代宫廷之中。《宫女谈往录》记载："从十月十五起每顿饭添锅子，有什锦锅、涮羊肉，东北的习惯爱将酸菜、血肠、白肉、白片鸡、切肚混在一起，我们吃这种锅子的时候多。也有时吃山鸡锅子，反正一年里我们有三个整月吃锅子。正月十六日撤锅子换砂锅。"

火锅在清宫中又称热锅、暖锅，根据锅的样式和使用方法大致可分为两类：

一种是锅中带炉，由锅、盖、火筒、闭火盖组成，有的还配有锅底座盘。炉内烧炭火，把水烧开后放入生食可以煮熟，由于炉膛大，能烧旺火即涮即食，例如涮羊肉。

一种是炉在锅下面，一般由锅、炉支架、炉圈、炉盘等组成。这一种通常炉膛小，锅槽大，可以多放菜，火不需要太旺，能够加热保温即可。

这两种锅具都用料讲究、做工精细，造型样式繁多，有金、银、铜、锡、铁、陶瓷、珐琅等不同材质，造型上有方胜形、梅花形、瓜果形、八角形等，上面还有镂空、錾刻的各种纹饰，寓意着吉祥、喜庆、福寿、富贵等。

清光绪银镀金寿字火锅
（故宫博物院藏）

清宫火锅在食材上尽显皇家富贵之气，山珍海味应有尽有，尤其喜爱东北大、小兴安岭和长白山出产的各种野味，如野鸡、野猪、狍子、鹿以及各种菌类等，这也是延续了满族先民早年在东北地区以渔猎为生的饮食习惯。清宫留存的御膳单上经常出现的一道"野意热锅"，就是典型的满族火锅，主要以各种野味为食材，汤鲜味美。野意火锅使用的各类餐具被称为"野意家伙"记录在册，锅具一般使用火碗。

乾隆帝喜食火锅

要说清宫中最爱吃火锅的人，一定是乾隆帝。就连在舟车劳顿的南巡途中的正月里，乾隆帝仍然顿顿少不了火锅，做成各种菜式的火锅通常是御膳单上的第一道菜。

《乾隆三十年江南节次膳底档》中记录了正月十八日早膳皇太后赏赐了炒鸡大炒肉炖酸菜热锅，正月十八日晚膳的第一道菜是莲子八宝鸭子热锅；二月初九日早膳的第一道菜是燕窝肥鸡尕野鸡热锅。有时还会吃一种杂脍热锅，大概就是将各种肉片放在锅中一起煮。随着天气转暖，乾隆帝食谱中热锅出现的频率渐渐减少，从每顿饭都吃热锅减到只有早膳上热锅，到了三月天气转暖就很少吃热锅了。

著名的千叟宴也是一场火锅盛宴。清代共举办过4次千叟宴，康熙朝和乾隆朝各举行过两次。嘉庆元年（1796年），已过八旬的乾隆帝宣布归政，自己居太上皇，由嘉庆帝即位。为了庆贺这一旷古罕有之事，在宁寿宫皇极殿开设了千叟宴，宴赏群臣耆老，参加盛会的老人达3056人。正月里依然是寒风凛冽，由于殿内摆不下几百张餐桌，大部分老人要在殿外用餐，热腾腾的火锅慰藉了这些坐在寒风中的食客。

筵席中按照一等桌和次等桌两种级别摆设餐具和菜品，等级不同陈设也有所区别。一等桌为王公、一二品大臣及外国使节等，每桌摆设银制和锡制火锅各一个，猪肉片一盘、煺羊肉片一盘、鹿尾烧鹿肉一盘、煺羊肉乌叉一盘、荤菜四碗、蒸食寿意一盘、炉食寿意一盘、螺蛳盒小菜二个，另备肉丝烫饭。二等桌为三至九品官员及无官品的兵民人等，每桌摆设两个铜制火锅，菜品与一等桌相比，将鹿尾烧鹿肉和煺羊肉乌叉改为了煺羊肉和烧狍肉，少了荤菜四碗，其余则同。根据档案记载共用了1550个火锅，这可能是有史以来规模最大的一次集体火锅宴了。

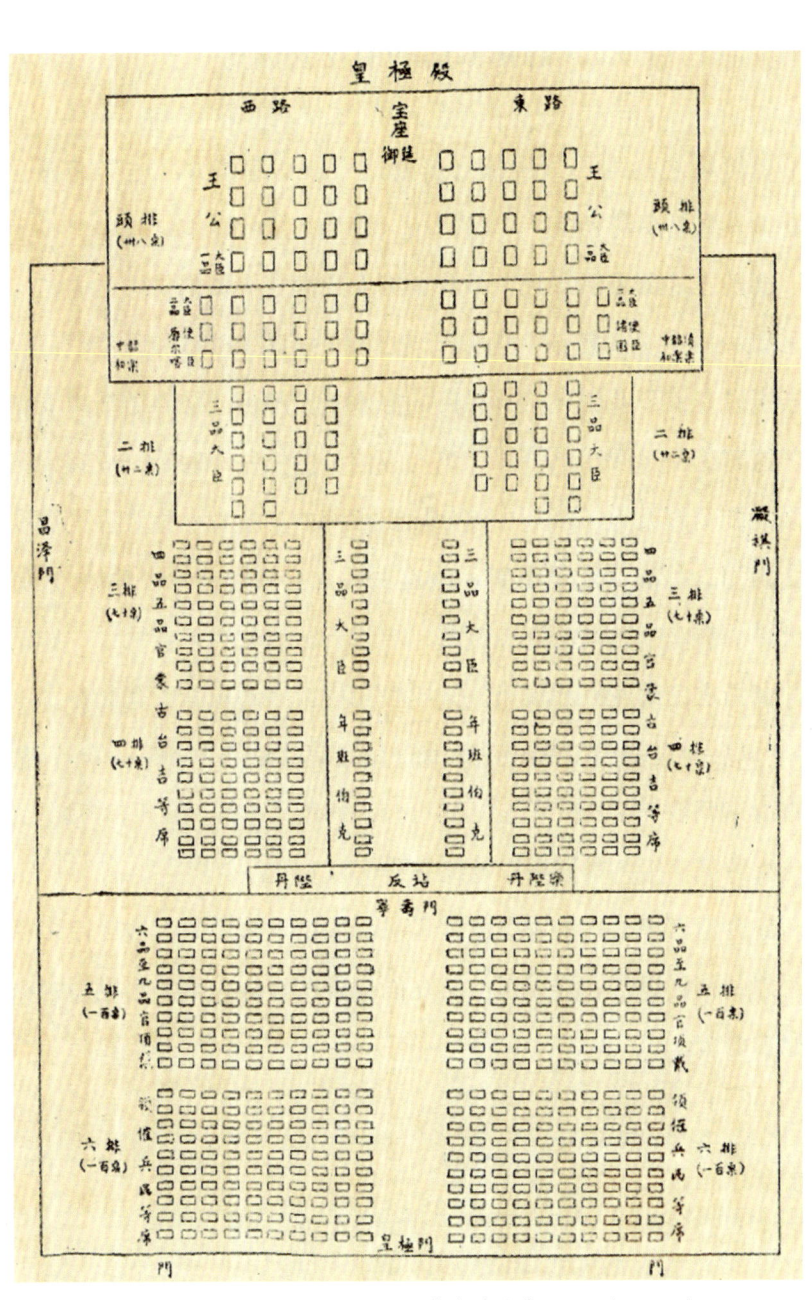

皇极殿千叟宴位次示意图（《紫禁城》1981年2月）

慈禧太后的菊花火锅

乾隆帝之后的另一位清宫美食达人——慈禧太后也非常喜爱火锅，尤其喜食菊花火锅。

德龄在《御香缥缈录》中曾详细介绍菊花火锅的做法和吃法：首先采撷一种名为"雪球"的白菊花，这种菊花花瓣短密，清香洁净，宜于煮食。摘下花瓣在溶有稀矾的温水里洗净后，放在竹篮里沥净备用。这时御膳房端出盛着原汁鸡汤或肉汤的银制小暖锅，放在中央有圆洞的配套餐桌上，将削去皮骨切得很薄的生鱼片、生鸡片摆放在几个小碟里，另有酱醋等调料。慈禧太后亲自拣起几片肉片放入汤中，五分钟后抓一把菊花花瓣放进去，再过五分钟便可以食用了。鲜嫩的肉片和清香的菊花互相浸染，一同食用别有一番风味。德龄在书中写道："太后每逢要尝试这种特殊的食品之前，总是十分的兴奋。"菊花自古以来就被誉为"长寿花"，具有较高的药用价值，以菊花搭配火锅，美味雅致又养生，难怪深得老佛爷的欢心。

如今清宫中火锅的香气已经远去，保留下来的只有数量众多的餐具，以及档案里对花样繁多的菜名的记录，让今人得以窥见清宫火锅的原本面貌。

清代的"冬运会"

卢 溪

冰雪运动在我国有着悠久的历史，据《宋史·礼志》记载，宋代皇家就有冬季"作冰嬉"的活动，明代将冰嬉列为宫廷体育运动，清代则进入了冰嬉运动的鼎盛时期。清代皇家冬季举办的冰嬉，就像是一场古代版的"冬运会"。

清代的冰嬉于每年冬至后冰层坚厚之时举办，时间多在农历的腊月或正月，一年之内可以多次举办。如有皇帝下旨停阅或国丧则停办，而遇到冬季天气偏暖冰层不坚时也会停办。凡遇停办，预备发给参与冰嬉活动兵丁的例行赏赐相应减半。

冰嬉地点在清代西苑太液池，即紫禁城西侧的三海，具体地点不定，以在瀛台居多，也有在永安寺、阐福寺、大西天、镜清斋、五龙亭等处冰面上举办的。

每年冰嬉前，十月时便要于八旗及内务府包衣三旗的官兵中各挑选"善走冰者"，参加为期约一个月的训练，最多时有1600人参训。另专设有总理冰鞋事务大臣（或称总管冰鞋处大臣、管理溜冰事

道光帝为停止阅看冰嬉事上谕

务大臣）来管理赛事准备工作，这个职位有时还会由多罗郡王担任，足见皇家对冰嬉的重视程度。

内务府负责预备冰鞋、行头、弓箭、球架等比赛装备或道具。冰鞋分为两种，一种"以一铁直条嵌鞋底中""荐铁如刀，使践冰而步逾疾也"，类似于现在的冰刀鞋，利于速滑，用于抢等；另一种"底合双齿，使啮凌而人不踏焉"，是双刀冰鞋，具有防滑功能，用于抢球。

清代短道速滑：抢等

现代的短道速滑项目，全称为短跑道速度滑冰，是一项类似田径赛跑项目的冰雪竞技项目。运动员们穿戴冰刀等装备，在跑道上同时起跑，比赛距离为500米至5000米不等，以完成成绩确定名次。

清代的抢等类似于短道速滑，参赛者穿单刀冰鞋，在旗帜处列队，听到炮声响起后即开始比赛，比赛距离为二三里（1100—1700米），

《冰嬉图》中的抢等场景（故宫博物院藏）

参赛者争先恐后向皇帝"观赛"时乘坐的冰床处滑行，抵达终点后由侍卫协助停下，抵达的参赛者按照先后顺序被分为九个等级予以奖励。乾隆十年（1745年）在北海举行的一次抢等，起点设在北海北岸的五龙亭附近，终点在琼华岛西南方。比赛中百余名兵丁竞相滑行，激烈的比赛场面被清宫廷画家沈源在其绘制的《冰嬉图》（现存可考的《冰嬉图》有三幅，除沈源所绘，还有金昆等绘《冰嬉图》，张为邦、姚文瀚合绘《冰嬉图》。）中生动地记录下来。

清代冰球：抢球

冰球，又称冰上曲棍球，是在冰上进行的团体运动，分为两队竞技，每队6人，手持曲棍，穿戴护具，以将冰球打入对方球门得分为目的，进球多的队伍获胜。

清代的抢球类似于冰球，也称革戏、圆鞠，参赛者为八旗兵士，分为左右各两队，左队首排穿红衣，右队首排穿黄衣，每队每次派出10人参赛，参赛者的冰鞋上有铁齿防滑。比赛开始后，一个皮球被掷入场内，参赛者以手争抢皮球，奋力将球投入对方门内。前两队比完，再换后面两队上场比试，直至全部队员参赛完毕。

清代冬季两项和花样滑冰：转龙射球

冬季两项，是由越野滑雪和射击两项内容组成的冬季运动，运动员身背步枪，脚穿滑雪板，手持雪杖，每滑行一段距离进行一次射击，最先到达终点者获胜。

花样滑冰，是冰上技巧与音乐舞蹈艺术相结合的运动项目，分为单人滑、双人滑和冰上舞蹈三类，裁判根据动作质量与艺术性表现进行综合评分。

清代的转龙射球类似于冬季两项和花样滑冰的结合，参赛者需完成滑冰和射击两个项目，有时还要在转龙射球中穿插高难度的杂技表演。

转龙射球的参赛者为八旗兵士，其按八旗旗色列队，比赛时各队按顺序盘旋滑行于冰面上，远远看去蜿蜒如龙，称为转龙。冰面上设有三座旌门，门内悬彩球，队伍中的持弓者每人有三支箭，边滑行边射球，射箭完毕后盘旋滑出归队。三球皆射中为上等，中两球为中等，一球为下等，各有赏赐，一球未中的也有鼓励奖。

乾隆朝后期的转龙射球比赛中，参赛者在行进中还会表演金鸡独立、猿猴献桃、童子拜观音、凤凰展翅等杂技动作，极具观赏性，堪称清代版花样滑冰。

《冰嬉图》中转龙射球杂技场景

清代冰嬉属于皇家项目，只有皇帝和贵族、官员等才可以观看，有时也会招待蒙古王公、回部首领及藩属国使臣等共观赛事。观赛时，皇帝和太后一般在岸边楼上观看，如瀛台的庆霄楼和遐瞩楼，也可坐船形冰床，到冰面上近距离观赛。乾隆帝曾作《御制冰嬉赋》《御制太液冰嬉诗十二韵》等作品称颂冰嬉。

御制太液冰嬉诗十二韵

顺时陈国俗，择地试雄观。
号令传河若，威仪纪水官。
光凝玄玉浦，声咽碎珠滩。
散处云驰宇，纷来雪喷湍。
端因智独胜，奚必力俱殚。
疾以徐斯疾，安其危乃安。
御风列应让，逐日夸无难。
迅似岩飞电，温知犀辟寒。
超群殊闪爚，作势更蹒跚。
拟议弦催箭，形容镜舞鸾。
一时夸夺帜，独步早登坛。
妙义韬铃外，凭人著眼看。

古人使用的冰雪用具

丁 威

冰雪运动在我国有着悠久历史，木马、凌床、爬犁等都是古代冰雪用具，有的甚至流传至今。

木马——古代滑雪板与滑冰鞋

木马，即以木为马，是文献记载中最常出现的冰雪用具之一。《元一统志》记载，"木马形如弹弓，长四尺，阔五寸，一左一右，系于两足，激而行之，雪中冰上，可及奔马"。这种弧形木马，可高速滑行于冰雪之上，在鄂伦春、鄂温克、赫哲、女真等北方游猎民族中被广泛使用。

清代以后，木马根据使用环境的不同逐渐演变为滑雪踏板和滑冰踏板两种。

滑雪踏板。根据《黑龙江志稿》中的记载，"赫哲人捕兽之器曰踏板。值雪深数尺，以木板长五尺，贴缚两足，手持长杆，如泊舟之状，划雪上，前进则板乘雪力，瞬息可出十余里。"这种踏板在雪上滑行时需借助木杖支撑前进，同我们现在使用滑雪板、滑雪杖进行的双板滑雪运动颇为相似。

滑冰踏板，是冰鞋的早期雏形。根据清代《皇清职贡图》中的记载，"七姓"（赫哲族的一个分支）以渔猎为生，"遇冬日冰坚，则足踏木板，溜冰而射"。《皇清职贡图》中所绘的七姓男子所穿踏板，短小灵活，前尖后宽，有一定弧度，不必借助外力即可滑行。

冰鞋是在滑冰踏板的基础上底部安装铁制冰刀或铁齿而成。清军入关将北方民族的滑冰技艺也一同带进了北京，乾隆帝在《冰嬉赋》

《皇清职贡图·七姓》

序言中说道，"国俗有冰嬉者，护膝以苇，牢鞿以韦。或底合双齿，使啮凌而人不踣焉。或荐铁如刀，使践冰而步逾疾焉"。可见冰鞋此时已衍生出两种形制：一种装有冰刀，可以迅捷地在冰面上滑行；一种是下有双齿，可以防止在冰面上滑倒。冰嬉比赛中的抢等和抢球两个项目，就分别使用了这两种冰鞋。

凌床、拖床、冰床：人力雪橇

宋代所谓"凌床"，即在冰面上的坐床，明清时期又有"拖床""冰床"等名，满语称为"huncu"，主要由人力牵引。

北宋著名文学家、科学家沈括在《梦溪笔谈》中记载，"信安、沧、景之间（即现在的河北霸州、沧州一带），冬月作小坐床，冰上拽之，谓之凌床"。这种冰上的交通工具用一块大木板制成，由人在前面拉拽，往来穿梭于结冰的河流湖塘，既可运货又可载人。

明代《帝京景物略》记载，"冬水坚冻，一人挽小木兜，驱如衢，曰冰床"，此处的"冰床"为一人牵拉的一种木制的简便轿子。刘若愚在《酌中志》中记述了皇太子乘坐冰床前去拜见修道中的嘉靖帝的故事，其中写道："至冬冰冻，可拖床，以木板上加交床或藁荐，一人前引绳，可拉二三人，行冰如飞……世庙（明世宗朱厚熜）晚年尚玄修，多居西内。嘉靖壬寅正月十六日，皇太子自宫中往见，绝河冰而过。"这里的"交床"类似于马扎，"藁荐"则指草垫子，将其置于木板之上，即可成为简易的冰床。

作为人们冬季户外的出行方式和娱乐消遣，乘坐冰床在明代的北京城十分盛行。当时的什刹海一带，常有人将数张冰床并在一起，铺上毡毯，约集亲朋密友，驰于冰上，饮酒作乐。《天启宫词一百首》中就有"西苑冬残冰未澌，胡床安坐柘黄衣。行行不藉风帆力，万里霜原赤兔飞"的诗句，诗后注释"西苑池冰既坚，上（明熹宗朱由校）命以红板作拖床，四面低栏，亦红色，窄仅容一人。上坐其中，诸珰于两傍用绳及竿，前引后推，往返数里，瞬息而已"。可见当时上自皇帝，下至达官贵人以及平民，皆以乘坐冰床为快事。

清代的皇帝和王公大臣同样热衷于乘坐冰床。御用冰床不但装饰华美，还设有保暖的毡帷。乾隆三十四年（1769年）钱维城所作《御制雪中坐冰床即景》绘制的示意图可以看到当时冰床的样式，最前方黄幄冰床即为乾隆乘坐的冰床，其底部似船，上部黄幄形似轿厢，另有宝座冰床以及直辕冰床跟随其后。这些特制的冰床，专供乾隆帝于冬日里在太液池上乘坐滑行，观赏雪景。

狗车、法喇、爬犁：畜力雪橇

狗车，顾名思义就是以狗牵引的车。它虽称作车，却又无轮，只可行于冰雪之上。

《元一统志》记载，"狗车以木为之，其制轻简，形如船，长一丈，阔二尺许，以数狗拽之……可于冰上雪中行之"。这里的狗车，形状似船，冰面与雪上皆可通行。元代在东北地区设有"狗站"（官设驿站的一种）作为运输的枢纽，狗车成为重要的交通工具。马可·波罗在其游记中写道："这里的人们保持着他们祖先的习俗和生活方式……为了能够在结冰的路面上行进，人们制造了一种交通工具……没有车轮，底部平直，而前端翘起呈半弧型，这种结构特别适合在冰上轻松行驶……他们用来拉橇的狗……非常强壮，并且习惯于拉雪橇。"

《皇清职贡图·赫哲》

狗车经过长期的使用，已不仅仅限于用犬只作为牵引动物，扩展为驱使马、牛等大型牲畜来牵引，也被称为"爬犁"。《黑龙江外记》中记载，"扒犁，国语曰法喇，制如凌床，而不施铁条，屈木为辕，驾二马，行雪上，疾于飞鸟。或曰，此元时蒲与路之狗车。然今日不见有驾狗者，惟闻吉林属赫哲、斐雅哈等处，役犬如牛马，号使犬部。

所谓狗车,当在其地"。这里的"法喇""扒犁""爬犁"都属于畜力雪橇。

清代也广泛使用爬犁,乾隆帝曾留下一首诗来描绘《法喇》:"服牛乘马取诸随,制器殊方未可移。似榻似车行以便,曰冰曰雪用皆宜。孤篷虽逊风帆疾,峻坂无愁衔橛危。太液拖床龙凤饰,椎轮大辂此堪思。"《竹叶亭杂记》也记载,"(黑津)冬时水冻,坐爬犁驾狗而行,或五、或七、或十一、或十三,日行可六七百里。"这里的"黑津"即赫哲,狗驾爬犁在赫哲族中被广泛使用,因此他们又有"使犬部"之称。

乾隆朝《皇清职贡图·赫哲》生动描绘了赫哲人使用狗车的形象,并附说明"夏航大舟,冬月冰坚则乘冰床,用犬挽之"。值得注意的是,这里的"狗车"("爬犁")也被称作"冰床",可见当时或已对这两者的概念不做区分,凡是在冰雪上由人或牲畜拖拽的拖床,皆可称

《冰嬉图》中乾隆帝所乘冰床

为"冰床"。

　　无论是木马、冰床还是狗车，冰雪用具起初都是古代人民在认识和驾驭冰雪的过程中，创造出来的在冰雪上运物载人的生产生活工具。随着时代的变迁，它们又逐渐发展成为宫廷和民间各种体育娱乐活动的用具，得到了继承与发展，进而在冰雪用具的发展历史中，创造出了多姿多彩的具有中华民族特色的冰雪文化。

岁寒清友话梅信

倪晓一

律回岁晚，花开花落，不知不觉已进入立冬节气。立冬与立春、立夏、立秋合称四立，在一年中交替出现，标志着四季轮换。在古代社会，立冬是十月的大节，民间有祭祖、饮宴、卜岁等习俗。《月令七十二候集解》中载："冬，终也，万物收藏也。"立冬是冬季的开始，万物收藏，规避寒冷。古人也早就知晓，在那最漫长的冬夜里，阳气在暗暗滋生，看似冷寂的园圃之中，蕴蓄着欣欣生意。梅花，自古以来即为冬令必不可少的花友，清隽淡雅，佳话频添。试撷几则，聊慰寒日。

梅信催人

乾隆十五年（1750年）十月二十二日，在乾隆帝首次南巡之前，负责勘察路线、做准备工作的向导大臣兆惠等人上了一道奏折，里面奏报的不是军国大事，而是"梅花于惊蛰开花，若正月间起銮，可以赶上扬州梅花"。次年，乾隆帝果然在正月十三日便动身南下，一路在对梅花的憧憬当中前进。如他在《良乡行宫侍皇太后宴兼陈火戏》的诗中有"梅信催人未可迟"句，并自注："江南梅花春半即盛，故早起程"，殷殷期待之意溢于言表。

到达扬州后,乾隆帝探访了著名的平山堂,赋诗云:

平山堂

梅花才放为春寒,果见淮东第一观。
馥馥清风来月牖,枝枝画意入云栏。
蜀冈可是希吴苑,永叔何曾逊谢安。
更喜翠峰余积雪,平章香色助清欢。

其实,平山堂原为欧阳修任扬州太守时所建,以修竹深池、凭栏风景为盛,与同在南巡路线上的苏州邓尉、杭州孤山相比,平山堂梅花并不出名。但扬州是乾隆帝驻跸江南的首站,在这里,他领略了"平山万树发新花"的美景。在这首诗的注解中,他写道:"平山向无梅。兹因南巡,盐商捐资种万树,既资清赏兼利贫民,故不禁也。"是南巡之举为平山堂增添了新的风雅景观,既可承继古人流风遗韵,又能造福当地百姓,言下不免有几分自得之意。

乾隆帝爱梅赏梅,亦咏梅画梅,

姜泓《瓶梅水仙图》轴(故宫博物院藏)

从存世的诗作画作观之，达到了一定的艺术境界。他称许"梅花品格最胜，冰姿玉骨，铁干古心，迥非凡卉之匹"，可谓梅之知音。

其祖父康熙帝南巡时也赏梅花，甚至移植了一些梅树回京栽种，却别有一番见解。康熙四十六年（1707年），康熙帝对起居注官揆叙等人说："江南梅花正月即放，至五月始实。朕取至畅春园种之，见其三月花放，亦于五月结实。花放于两月之前而同至五月结实，此皆水土之故也。南方之物开花吐穗虽早而成实迟，故食之则难消。北方之物开花吐穗虽迟而成实速，故食之则易消。皆土性冷暖自然不可强者……朕巡行各省所见诸物无不留心详察，故知之甚明确也。"姑且不论康熙帝的论断是否正确，但同是南巡赏梅，他显然更加务实，对风土民情时时关心，处处探研。

清雅美味

梅花既是"四君子"之首，也位列"岁寒三友"，梅不仅牢牢占据着冬春之际的时令审美高地，还可制成清雅的美味。

梅花可以酿酒。《四民月令校注》附录五记载："正月一日，七十二候之初，三百六旬之始，是谓正日。梅花酒，元日服之，可以却老。"元日所饮的梅花酒，可能类似于屠苏酒、柏酒，不同于《梦粱录》里所载的暑天清凉饮料："暑天，添雪泡梅花酒，或缩脾饮暑药之属。向绍兴年间，卖梅花酒之肆，以鼓乐吹梅花引曲破卖之，用银盂杓盏子，亦如酒肆论一角二角。"这里的梅花酒是卖肉的商家作为促销手段的赠品，买的肉多，就可附赠一角、二角用雪浸泡的梅花酒，故而也叫"肉饶梅花酒",有消暑解腻健脾生津的功效,令人联想起酸梅汤。

梅花可以烹茶。乾隆帝以梅花、佛手、松子所制"三清茶"确有其事,每年重华宫茶宴联句,必饮三清茶,以君臣所联诗句制作三清茶碗,为清宫元月雅事。

梅花可以入馔。梅子可酿酒、制作蜜饯,早已为人熟知,而食用梅花却不似梅子那般常见。《东京梦华录笺注》:"梅粥,收落梅花瓣,用雪水煮粥候熟,下梅瓣一滚即起。食之能清神思。"林洪《山家清供》亦载:"梅落英净洗,用雪水煮,候白粥熟同煮。"杨万里更为潇洒,直接以梅瓣佐酒,其诗:

夜饮以白糖嚼梅花

剪雪作梅只堪嗅,点蜜如霜新可口。
一花自可咽一杯,嚼尽寒花几杯酒。
先生清贫似饥蚊,馋涎流到瘦胫根。
赣江压糖白于玉,好伴梅花聊当卤。

他另有"吾人何用餐烟火,揉碎梅花和蜜霜"之句,诗后自注:"予取糖霜,芼以梅花食之。其香味如蜜渍青梅,小苦而甘。"可见嚼梅下酒、和蜜糖而食,对清贫而旷达的诗人来说实属寻常事,别有一番疏狂潇洒。《红楼梦》写芦雪庵联句,黛玉一句"沁梅香可嚼",遥致古人之意,又道出了梅花香气中一缕莫可名状的甜美,正所谓"含英咀华",用其字面意思。

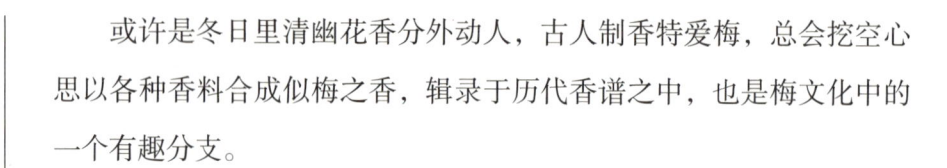

或许是冬日里清幽花香分外动人，古人制香特爱梅，总会挖空心思以各种香料合成似梅之香，辑录于历代香谱之中，也是梅文化中的一个有趣分支。

护梅越冬

到了冬天，栽植在盆中的梅花可登堂入室，诚如康熙帝御制诗所书，"阶前瑞草呈长至，盆内梅花报色红"。那么，株形比较大、露地栽种的梅树如何越冬，是否需要一些保护措施？检视档案不难发现，清代宫苑里花木繁盛，其中很多都是原地过冬的，不过要捱过滴水成冰

品月色缂丝凤凰梅花皮衬衣（故宫博物院藏）

的严冬，早绽生机，就必须按照定例提前为它们搭建花罩或挖掘花窖。

嘉庆三年（1798年），内务府奉宸苑一干工匠杂役养护内廷花木时，御花园有梅花罩1座，其规制为"通面宽二丈四尺，分三堂，进深三尺五寸，连顶高七尺四寸"。宁寿宫有梅花罩5座，其中的2座较小，"高四尺五寸见方，三尺五寸头停，四面斜深一尺四寸"，1座较高大，"通高一丈二尺见方，八尺头停，四面斜深二尺四寸"，另2座则是"通高一丈一尺见方，七尺五寸头停，四面斜深一尺五寸"。

这5座梅花罩"俱四面花窗心,前面随门子押定竹席,满挂毡里"。

作为清帝主要起居地的养心殿,建有梅坞,其中搭建的梅花罩棚分外精致:"外口见方五尺三寸,通高八尺七寸,内披水顶高一尺五寸,

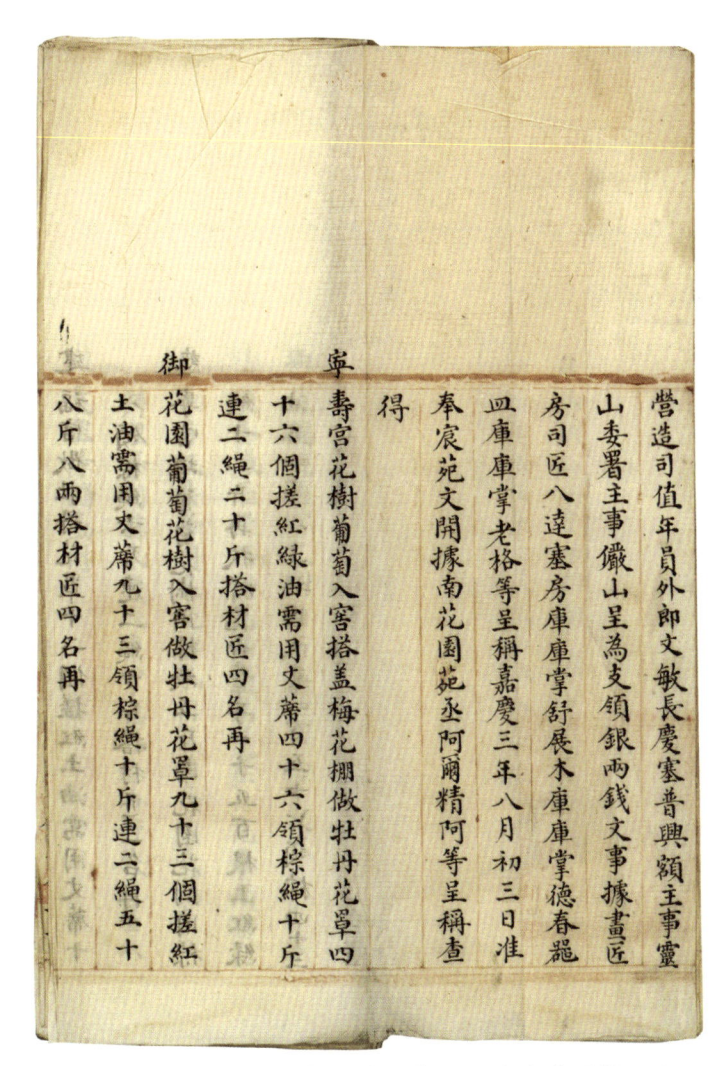

营造司值年员外郎文敏长庆塞普兴领主事灵山委署主事俨山呈为支领银两事据画匠房司匠八达塞房库掌舒展木库掌德春起四库库掌老格等呈称嘉庆三年八月初三日准奉宸苑文开据南花园丞阿尔精阿等呈称查

得

宁寿宫花树葡萄入窖搭盖梅花棚做牡丹花罩四十六个搓红绿油需用文䕠四十六领棕绳十斤连二绳二十斤搭材匠四名再

御花园葡萄花树入窖做牡丹花罩九十三个搓红土油需用文䕠九十三领棕绳十斤连二绳五十八斤八两搭材匠四名再

内务府营造司为核查御花园等处搭盖梅花罩等项应用匠役银两事呈稿(局部)

上檐见方三尺八寸，四面站拍，前面随门口高五尺宽二尺一寸，外面灯笼框花条押定花竹席，内衬引板，里面挂毡里。"

建福宫有梅花罩4座，规制大致与宁寿宫类似。

在一些档案中，还提到西苑南花园虽然没有梅花罩，但也有众多梅花，为了"前后遮盖香片梅并各样花卉"，年例需搭盖天棚3座。这里难得地记载了一处细节，即南花园的主要梅花品种是香片梅，可与高士奇《金鳌退食笔记》相参照："每岁正月进梅花，十一月十二月进早梅、蜡瓣梅，又有香片梅，古干槎牙，开红白二色，安放懋勤殿。"又见《清稗类钞》："香片梅之种出会稽，御题王冕画梅诗，以名花新品，蒙入奎章藻咏，实可补群芳之所未备也。"可见香片梅应为江南进贡的名贵品种，曾得皇帝御笔品题。

"寒夜客来茶当酒，竹炉汤沸火除红。寻常一样窗前月，才有梅花却不同。"岁暮天寒，花事寥落，幸有清友相伴。寒到极处冬将尽，坚冰腹内春水生，明日绮窗前，烹茶读书，除故布新，共待春信。

腊月八日古人俗

郑海鑫

在中国传统民俗中，腊月初八日这天被视为春节的前奏，有着丰富多彩的民俗文化和好吃的节令食物，北方儿歌道："小孩小孩你别馋，过了腊八就是年。"

腊八的来历

腊八节，俗称腊八，是由腊日演变而来。腊日，一说始于上古伊耆氏祭祀农神的腊祭。一说始于周代的腊祭，是古人岁末祭祀先祖的日子，古人将成块的干肉称为"腊"，用腊祭祀，所以祭祀日称为腊日。

到了汉代，定冬至后第三个戌日为腊日，后又将十二月初八日定为腊日，从此民间便以十二月初八为腊八。因腊日定在十二月，因此农历十二月也叫腊月。

道教习俗中的腊日不止一个，而是有五个，其中正月朔为天腊、端午日为地腊、七夕为道德腊、十月朔为民岁腊、十二月正腊日为王侯腊，是道教的五斋祭日。清代皇家在这五腊日都要办道场祭祀，天腊道场在天穹宝殿，地腊、道德腊、王侯腊道场均在大高殿，民岁腊道场在大高殿或大光明殿。

大高殿

喝腊八粥

腊八这天，最普遍的民俗莫过于喝腊八粥，这是一种用多样食材熬制成的粥，营养丰富，味道甜美。

关于腊八粥的来历有各种说法，一说来自"赤豆打鬼"的风俗：在腊月初八这一天用红小豆熬粥，祛疫迎祥。在《月令精钞》中也有"以诸谷米果豆煮粥相馈送，谓可辟邪驱寒"的记载。一说是有个世家子好吃懒做，在父母亡故后，奢靡浪费，坐吃山空，在腊月初八的早晨只能将家里所有角落里掉落的各种米粒扫到一起煮粥果腹。家徒四壁、断米断炊终于使其觉醒，后发愤图强、重振家声，为了教育后辈，每年腊八都要吃腊八粥。

从史籍记载来看，腊八粥源于佛教习俗的这一说法得到更广泛的认同，所以腊八粥又叫"佛粥"。

《三宝感应要略录》中称"浴佛会"起于唐代，设在农历腊月初八。每当节日来临，佛门送七宝五味粥与门徒，民家亦以果子杂拌煮粥而食，供佛斋僧，又名七宝饭。八宝粥便是在七宝五味粥、七宝饭基础上演变而来的。

据《清异录》记载，北宋初年开封城有名为"法王料斗"的民俗食物，据学者推断，"法王"是佛教里对佛的尊称，"法王料斗"可能就是腊八粥。《中天记》载："宋时东京十二月初八日都城诸大寺作浴佛会，并送七宝五味粥，谓之腊八粥。"《燕都游览志》也记载："是月（十二月）八日，禅家谓之腊八日，煮红糟粥以供佛饭僧，都中官员士庶作朱砂粥。"

古人的腊八粥的做法和现在不尽相同。《武林旧事》记载南宋时候的腊八粥配方是胡桃、松子、乳蕈（蕈）、柿、栗。

《明宫史》记载，人们在腊月初八日之前将枣锤破浸泡在水中，到了初八日加入粳米、白米、核桃仁、菱米煮粥。

到了清代，不同地区的腊八粥从配料、熬制、食用等方面呈现出不同的特色：在杭州，寺院及人家用胡桃、松子、柿子、栗子来熬腊八粥；在吉林，人们用杂米和枣、栗子、果仁煮粥；在直隶永清县，腊八粥用五色豆米和枣、栗子煮成；在江苏太仓州，人们将姜菜、杂果和豆米混合煮粥；在陕西岐山县、咸宁县均煮肉糜，在延绥镇煮食果肉粥；宁夏府的人"煮粥以豆、肉，曰腊八粥"。

清宫档案里，详细记载了北京雍和宫熬煮腊八粥所用的食材，包括小米、黄米、江米、豇豆、粳米、绿豆，这是皇家版的腊八粥。

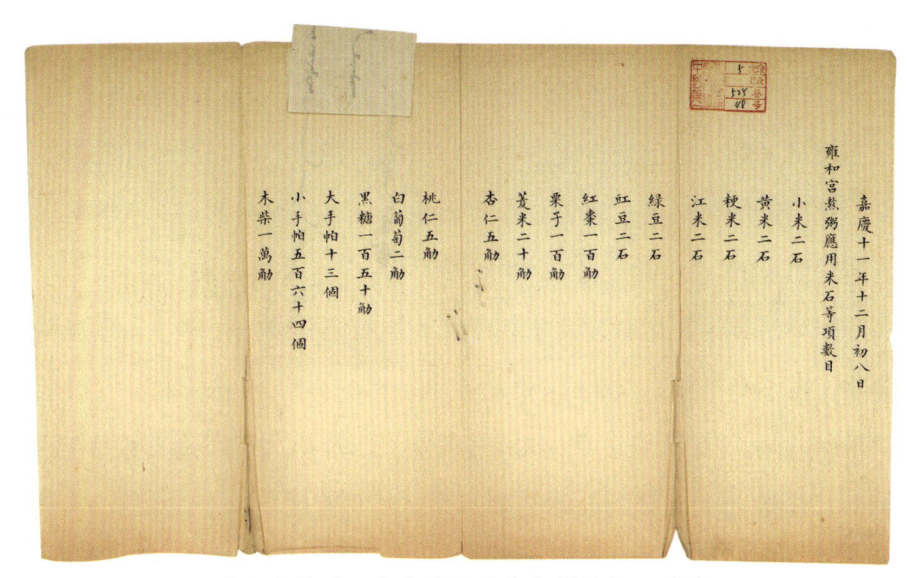

雍和宫熬腊八粥应需米豆木柴等物数目清单

千百年来腊月初八食用腊八粥的习俗被延续下来。清代人们将煮好的腊八粥馈赠邻里或是赠给那些贫苦的人；顺天府人要赶在五更前食用腊八粥，相传是因为"食粥早则五谷收成亦早"。从食用腊八粥的民俗中，也体现出古人和睦邻里、救济贫弱、重视农业生产的观念。

古人过腊八可不只是食腊八粥，还有造腊酒、腌腊八蒜、吃腊八面等习俗。因腊月天气寒冷，古人还会在这一天将凿好的冰块放入冰窖中，以待来年天热时用。

南北朝时期的《玉烛宝典》记录古人在腊日造脂花餤，这是一种馅饼。宋代有腊日合腊药的习俗，这天医家多合药剂，佐以虎头丹、八神屠苏等，贮在绛色丝囊里赠送大家。《明史》记载，永乐年间的腊八日，皇帝会在奉天门宴饮百官，宴会上要吃腊八面，永乐朝后改在午门设宴。

明代的《农政全书》记载，腊月里人们要收藏腊米、腊水、腊酒、腊肉、腊葱、风鱼、脯腊、腊糟、猪脂等物。其中䐉酒就是腊酒，根据元代的配方，是用糯米2石、水与酵200斤、白曲40斤、酸饭或米2斗一起发酵，在腊月里造煮而成，放到次年春天饮用，味道浓烈辛辣。

腊八的民俗文化源远流长，古人非常重视过腊八，即使宫廷也不例外，清代乾隆帝曾为腊八节作诗一首：

腊八日

索飨大蜡伊耆始，夏日嘉平殷清祀。
周家蜡礼举岁终，文武之道均张弛。
秦复夏名缘祈仙，权舆定腊实刘氏。
蜡八相沿讹腊八，八日号腊何所指。
当年饮粥成风俗，果糜杂和期相佀。
或传此日浴佛节，阿谁能辨非与是。
岁在庚戌月己丑，羲娥丸转穷次纪。
哉生明后后五日，作粥吾亦聊尔尔。
松榛枣栗杏胡桃，黍稷粱豆堆累累。
水火既济入鼎烹，声泻松风万壑起。
便啜数碗润诗肠，侑以新句加绮靡。
明窗静赏送流年，不随猎骑平原里。

清宫春帖子

伍媛媛

春帖子是宫中词臣于立春之日向皇上恭进的诗作，或书写为小轴，或为屏幅。诗词多为绝句，文字工丽，内容大都是歌功颂德、劝诫规谏之意。写春帖子的习俗自宋代开始，南宋周密在《武林旧事》中曾提到："立春，学士院撰春帖子。帝、后、贵妃、夫人诸阁各有定式，绛罗金缕，华灿可观。"据载，北宋的欧阳修、司马光、苏轼都曾向宫廷进过春帖子。

清代对春帖子的撰进时间有具体规定。据乾隆朝《国朝宫史》记载："岁内立春者，在（腊月）二十日以前进；新岁立春者，在（腊月）二十日以后进交。"所进的春帖子词，最初并无确切规定，乾隆二十五年（1760年）以后，确定为五言绝句2首、七言绝句1首。

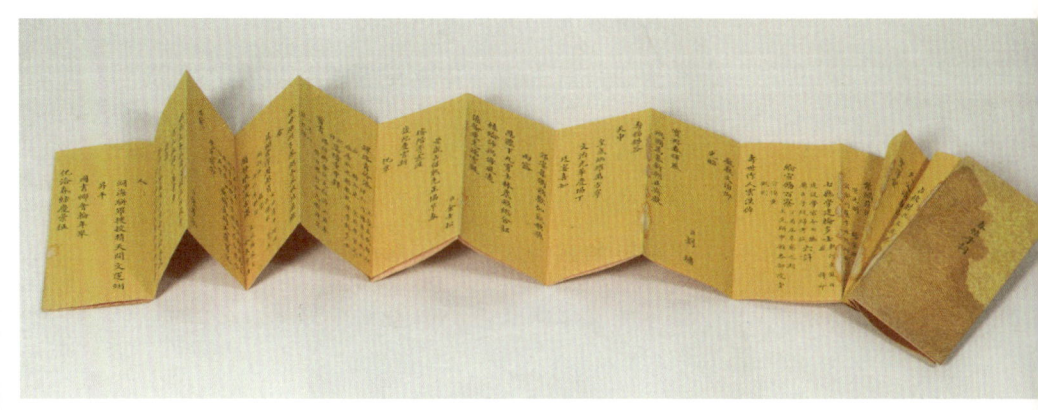

乾隆年间大臣刘墉、金士松等进呈的春帖子

每当立春之日，在内廷侍值诸臣如军机大臣、南书房翰林等按要求作完诗作，将姓名书于诗下，一般军机大臣共进一折，南书房翰林共进一折，同至懋勤殿，置于案上，行叩头礼，再由翰林交懋勤殿的首领太监进呈皇帝。经皇帝御览的春帖子，悬挂于养心殿东暖阁的随安室。同时，将上一年的春帖子换下，收贮于懋勤殿保存。按规制，皇帝在这时要向诸位翰林等官员颁赐御笔所写的"福"字墨宝，以及"笔二十枝、朱二十锭、五色绢笺二十张、朱红描金方绢笺五张"，以贺新岁。

春帖子不仅是朝中诸臣恭进，皇帝有时也会亲书绝句，并将御制春帖子发给大臣恭和。乾隆四十六年，也是一个辛丑年，这年乾隆帝亲书春帖子，这份春帖子原档已然无存，但在《御制诗四集》中有收录，让我们得以一窥四个甲子之前，皇帝对新的一年的祈盼：

辛丑春帖子·其一

庚去复来辛，金穰肇始春。
发生剖苻甲，景福自天申。

辛丑春帖子·其二

一气转群雍，春祺万国同。
宪书到西域，昂首向东风。

辛丑春帖子·其三

春来春去自年年，言吉还成帖子篇。

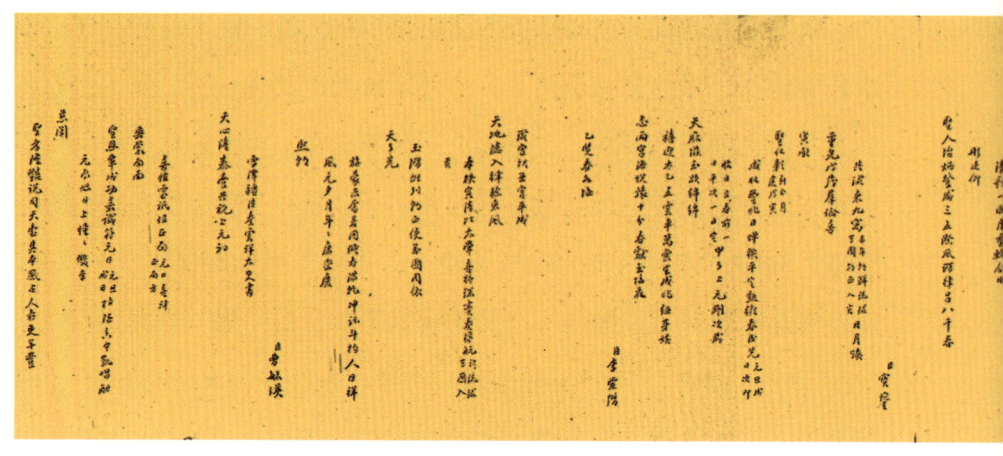

军机大臣奕䜣等进呈春帖子

尺宅寸田多喜意，由来与物普皆然。

同治四年（1865年）是乙丑年，此时同治帝尚幼，两宫太后垂帘听政，而太平天国运动已被镇压，洋务运动正如火如荼开展，清朝进入了一个新的时代。这是军机大臣奕䜣、文祥、宝鋆等进呈的春帖子。

奕䜣春帖子

苑柳千丝翠，宫梅万树花。
春风来穀旦，喜送玉皇家。

文祥春帖子

腊雪逢三九，春耕耦十千。
吾皇敷盛化，天助属丰年。

宝鉴春帖子

共球来九寓,日月焕重光。

戊茂群伦喜,寅承圣化彰。

写春帖子的宫廷习俗已然不存,但人们对于新岁春天的美好向往一直没有改变。

皇家年节用糖

哈恩忠

从古至今，糖都是甜蜜美好的象征，在物质不甚丰富的古代，糖是难得的美味，而在清代宫廷里，糖也是生活中的标配，年节时的点缀，帝后们的最爱。

中国古代最早的糖以粮食中的淀粉为原料，稀释些的称饴，干稠些的称饧，类似今天所称的麦芽糖。六朝时，作为专有名词的"糖"字才出现，以甘蔗为原料的蔗糖开始普及。到了清代，经过聪明的劳动人民千百年来的经验积累和技术探索，糖的品类较以往丰富很多。

各式蜜饯点心

清代皇宫中的糕点经过糖的调剂，滋润着帝后们枯燥单调的生活，是帝后人等日常生活的必需品，诸如分例、节日、祭祀、赏赐等活动中都有糖的身影。

清宫用糖数量巨大，内务府内管领处专门设有糖仓，以应备皇宫里各种需要。光绪十一年（1885年），寿皇殿等处供献饽饽桌张，以及承应皇太后、皇上等分例，还有内外茶膳房各处应用常例，合计用过盆糖多达55200余斤、冰糖2400余斤、八宝糖2100余斤、核桃粘

2100余斤、白糖82100余斤、黑糖2600余斤。

皇宫里的糖点，有代表性的如甜甜的果脯蜜饯，采用桃、梨、杏、枣等水果经糖或蜜煮制而成，按《宫女谈往录》里的说法，那可是紫禁城内秋冬季节里的第一零食，很受皇宫里帝后们的喜爱。

大名鼎鼎的"京八件"，源于皇宫御膳房，传入民间后得名。用白糖、山楂、枣泥、澄沙等做馅料，搭配上各种子仁、桂花、玫瑰、蜂蜜，细腻香甜，口感绵软。

砂板糖同样源自御膳房，以白砂糖、麦芽糖和水为主要原料，加入高良姜、砂仁、薄荷等粉或汁制成，有止咳化痰、解咽喉不适等作用，亦食亦药，是典型的药膳糖果。

其他再如喜字黑糖油糕、喜字白糖油糕、喜字猪油馅馒首、喜字澄沙馅馒首，都是列入皇帝下嫁公主赐宴菜单中的糕点，豌豆黄、桂花糕、枣泥糕、驴打滚、茯苓糕等等，至今依然流行。

还有一些融合了满族、蒙古族等民族特点的糖点。比如萨琪玛，也称糖缠，《燕京岁时记》说它是"满洲饽饽，以冰糖、奶油合白面为之，形如糯米"。沙糖奶饼，是皇帝赏赐亲王、大臣、侍卫的食物，有糖有奶，制成饼状，便于携带，味道可以充分想象。

皇宫中帝后、嫔妃、皇子等人众多，每个人都有生活用品供应的"分例"。

像皇帝每天分例是盘肉22斤、汤肉5斤、猪油1斤、羊2只、鸡2只、鸭3只、当年鸡3只、60头奶牛的奶茶（每头每天交奶2斤）、玉泉山水12罐、奶油1斤、茶叶10包。皇后每天分例盘肉16斤、菜肉10斤、鸡1只、鸭1只、25头奶牛的奶茶、泉水12罐、茶叶10包。贵妃每天分例盘肉6斤、菜肉3斤8两，每月鸡、鸭各7只，例用奶牛4头。

用糖当然也有分例。嘉庆元年（1796年）宫内后妃的分例规定：皇太后每日盆糖8两、白糖2斤1两5钱；皇后每日盆糖4两、白糖1斤；皇贵妃每日盆糖2两、白糖5两；贵妃每日白糖3两；愉妃等每日白糖2两；婉嫔、顺贵人、鄂常在等8人每日白糖1两5钱。同治九年（1870年），糖仓查报和硕公主每日分例是白糖2两，公主下嫁后裁撤。

分例显示出皇宫里等级森严，等差有别，另一方面，更说明糖是皇宫生活中所必需和受欢迎的食品食材。

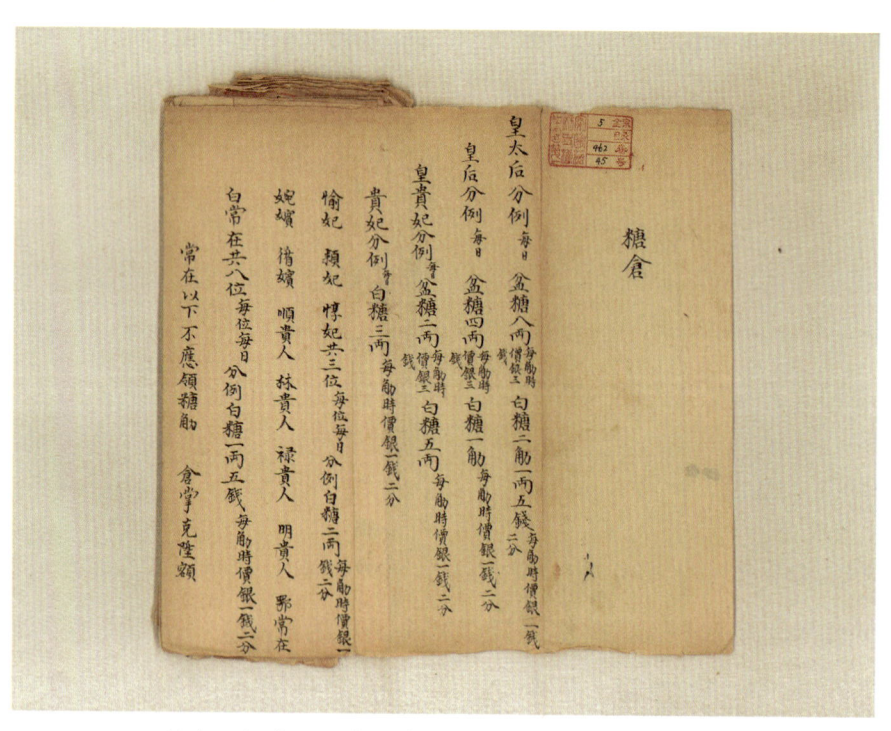

糖仓呈报皇太后皇后等盆糖白糖分例清单（局部）

除了分例，有时也有额外的日常用糖花销。同治十年十月至十一月，慈安皇太后点心局准备传赏克食，每天用盆糖1斤8两，其间共消耗盆糖87斤；慈禧皇太后每天增加早膳小吃5品，每品用盆糖4斤，共用盆糖1160斤。

年节用糖

皇宫内年节祭祀供品是用糖的大宗。据内务府档案记载里，主要是按年例预备奉先殿、寿皇殿、寿康宫、内廷各处并各寺庙以及王府等祭祀供奉。祭祀用糖的种类基本是盆糖、白糖、冰糖、八宝糖、黑糖、核桃粘六类，祭祀用的奶饼、糖糕、攒糖等供品也需要糖来调味。

嘉庆二年十月到十二月初，大光明殿等处备办供品糖糕，每碗用面8斤、白糖2斤、香油2斤、木柴10斤、炭10斤，共254碗，合计用面2032斤、白糖508斤、香油508斤、木柴2540斤、炭2540斤。

1912年后溥仪小朝廷制作供品仍如以往。当年十二月十一日，庆丰司向内管领事务处承领制作寿皇殿供奉所用白奶饼1260个，每个白奶饼用蜂蜜1钱、砂糖2钱；英华殿大白奶饼126个，每个大白奶饼用蜂蜜1钱5分、砂糖3钱，共需用蜂蜜9斤9钱、砂糖18斤1两8钱。

除了祭品，年节的节令食物也离不开糖。

康熙朝就规定，每年万寿节设满桌，其中包括如八宝糖、冰糖类糖果。光绪三年内务府按例自十一月冬至前一日起至次年正月初九日，每天进呈慈安、慈禧皇太后及光绪帝元宵，预计每天需要白糖元宵 760 个、奶油元宵 400 个，整个过程下来，共需要制作白糖元宵 39520 个、奶油元宵 20800 个。

赏赐用糖

清代各地进献的贡品中常见糖的身影，如道光元年（1821 年）十二月，盛京将军进献土产中包括麻糖 9 匣。

随着中外间交流的增多，外国的糖果也有机会进入皇宫。乾隆十七年（1752 年），葡萄牙国王若瑟遣使来华，所携带的 28 种贡物中就有洋糖。光绪二十九年，美国使臣康格代送旧金山敷敬进呈慈禧皇太后、光绪帝蜜饯 4 箱。

赏赐是帝后安抚臣僚民众、怀柔天下各方的常用手段，糖是皇帝赏赐的物品之一。

顺治元年（1644 年）规定，索伦等部来京进贡，返回时头目、跟役每 5 天赏给糖饼 5 个。乾隆朝时为鼓励台湾居民兴修水利、开垦田地，赏予当地人糖、盐、布、烟等物。乾隆五十三年十二月，按年例赏福康安福字、荷包、金银八宝等物品时，还同时赏给油糖 1 匣。嘉庆十七年除夕，嘉庆帝在保和殿赐宴群臣之余，另赏给没能来京赴宴迎新的两江总督百龄筵宴糖、果各 1 盘，百龄欣喜若狂，直言"赐从天上，恩重难胜"。

赏赐的范围也包括外国人，如乾隆十七年赏赐英国使臣的物品中包括冰糖 1 盒；光绪二十九年，慈禧皇太后通过外务部赏送美国使臣康格、日本使臣内田康哉之妻各糖 2 盒、花篮 2 个。

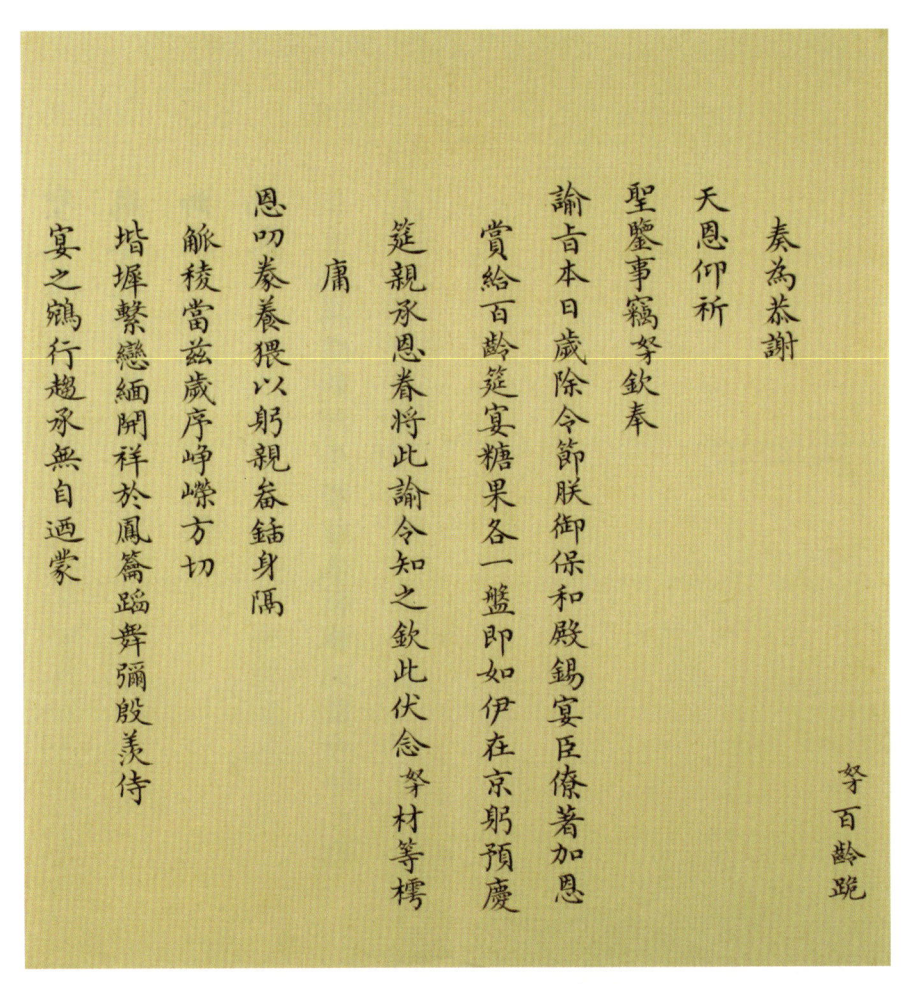

奏為恭謝
天恩仰祈
聖鑒事竊臣欽奉
諭旨本日歲除令節朕御保和殿錫宴臣僚著加恩賞給百齡筵宴糖果各一盤即如伊在京躬預慶
庭親承恩眷將此諭令知之欽此伏念臣材等樗
庸
恩叨養猥以躬親錫身隅
舳艫當兹歲序岬嶫方切
堦墀繫戀緬開祥於鳳篆蹈舞彌殷羨侍
宴之鵷行趨承無自酒蒙

两江总督百龄为恩赏糖果等物谢恩事奏折（局部）

　　广受人们喜爱的糖，在带来甜蜜感觉的同时，也在皇宫的活动中扮演了不同角色。借清代档案回眸一瞥，就像是走进了皇宫的过去，其间流淌着如蜜的甜糖。

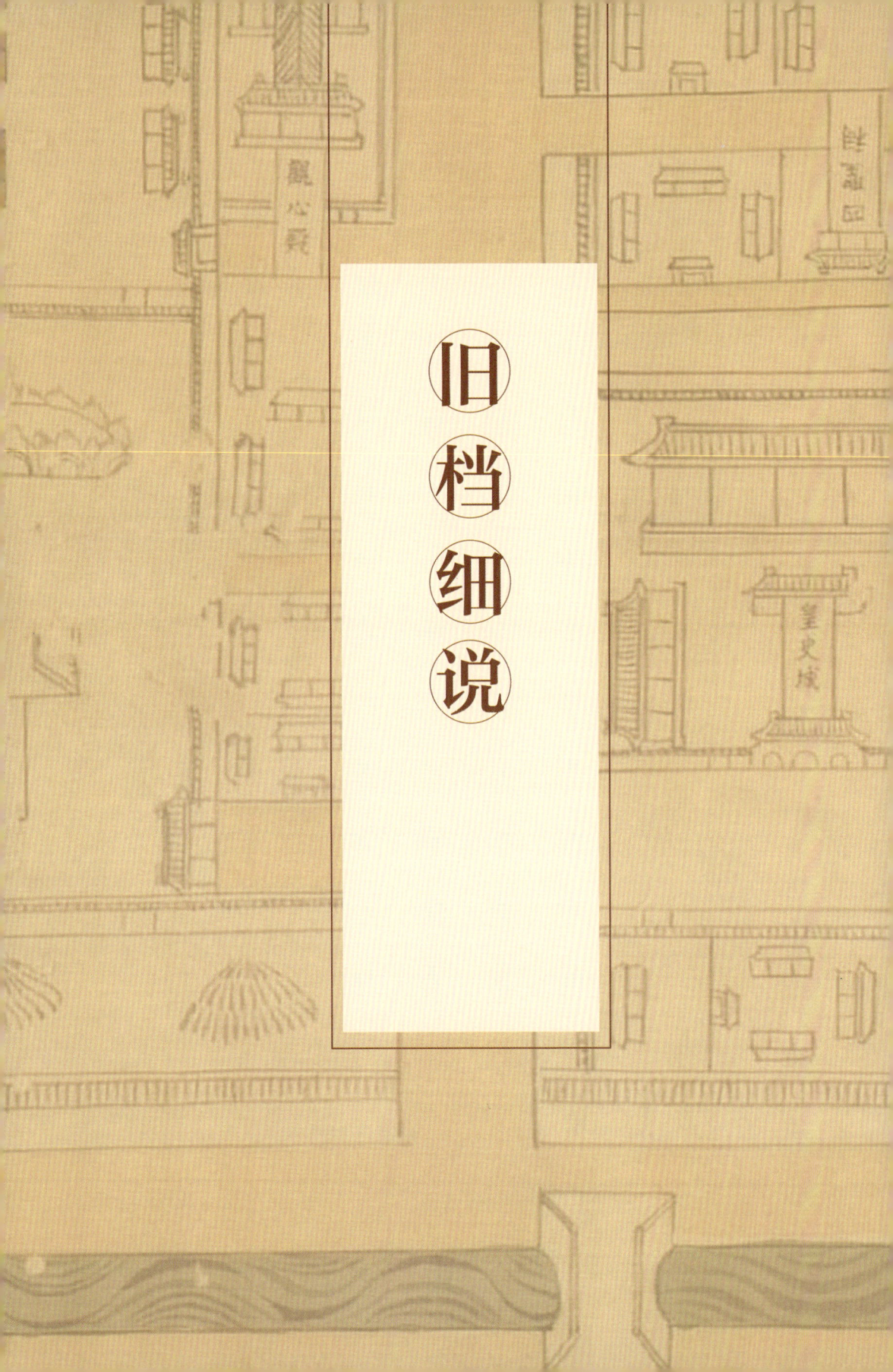

旧档细说

定更报时的钟鼓楼

石文蕴

在北京，从紫禁城顺着中轴线北望，视线越过景山，不远处便可看到一组高大的城楼式建筑，这就是北京钟鼓楼。北京钟鼓楼分为钟楼和鼓楼，两楼前后相距百米，南鼓北钟，纵向而置，曾经的它们是森严皇权的重要象征，如今的钟鼓楼已成为暮鼓晨钟的文化遗产。

承千年之制

钟鼓楼早在汉代城市设置中便已出现。东汉蔡邕在其著作《独断》中写有"夜漏尽，鼓鸣则起，昼漏尽，钟鸣则息"，可知当时钟鼓便已成为报时工具。到了唐朝，长安城的承天门上设有钟鼓，作为全城管理城门启闭的信号。

北京钟鼓楼，始建于元至元九年（1272年），时名为齐政楼，最初建于皇城以北的中心地带，后毁于大火。明朝迁都北京后，于永乐十八年（1420年）重新建造了钟鼓楼，并将其位置定在城市南北中轴线的北端，后又几经火焚和重修。

清代，北京钟鼓楼在明代建筑的基础上进行了改建，据《光绪朝钦定大清会典事例》记载："鼓楼在皇城地安门外，址高一丈二尺，广十六丈七尺有奇，纵减三之一。四面有阶，上建楼五间，重檐，前后券门六，左右券门二，磴道门一。绕以围廊，周建砖垣。钟楼在鼓楼北，制相垺，建楼三间，柱桷榱题，悉制以石。"清代的钟鼓楼几经修缮，如钟楼在乾隆十年（1745年）将原本木制的柱桷榱题都换成了石材，鼓楼则在乾隆四十一年、嘉庆五年（1800年）及光绪二十年（1894年）分别进行过维修。

现存的鼓楼是一座木结构为主体的建筑，通高46.7米，建于四面呈坡道形的台基上。三重檐歇山顶，覆盖有灰筒瓦，绿琉璃剪边，上下分为两层。下层为无梁拱券式砖石结构，辟有券门，南北各有三个，东西各有一个。在鼓楼东北角有登楼的小券门，沿69级台阶可至上层。上层为砖木结构，面阔五间，进深三间，外有回廊。

钟楼则是全砖石结构的建筑，有利于防火，其通高47.9米，建于

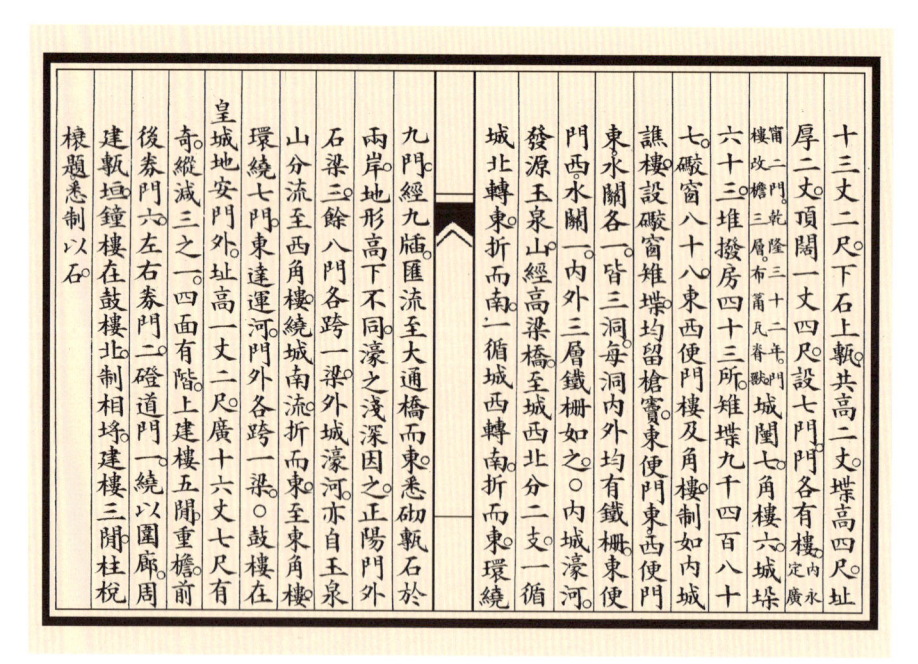

《光绪朝钦定大清会典事例》中关于北京钟鼓楼的记载

四面呈坡道的正方形的台基上，重檐歇山顶，上覆以黑琉璃瓦绿琉璃剪边，亦分为上下两层。下层四面开有券门，中心为天井，可仰望上悬大钟。沿东北角登楼小券门，蹬75级台阶可至上层。上层面阔三间，进深三间，四面开券门，外有汉白玉护栏。

示晨昏之节

钟鼓楼作为清代北京城的报时中心，内置有计时工具和报时系统。据《日下旧闻考》记载，鼓楼上原设有铜漏壶，相传为先宋旧物，以此计时，而清朝则"不用铜壶等物，惟以时辰香定更次"。鼓楼上所用的时辰香即更香，是在香体上标出刻度，根据点燃后所余长度来计算时间。若香的粗细均匀且燃烧时空气相对稳定，那么每炷香的燃尽时间大致相同，由此便可计算时间。

钟鼓楼的报时系统为击鼓定更与撞钟报时。鼓楼上本设有更鼓25面，其中主鼓1面，代表一年，置于中轴线上，同时按照中国传统二十四节气设有群鼓24面。现仅存1面主鼓，高2.22米，腰径1.71米，直径1.40米，为整张牛皮蒙制，且已残破不堪，鼓面多处刀痕，为八国联军占领北京时所刺。钟楼上置有八角形钟架，上悬有一口铜钟，为明永乐年间铸造，称为永乐大钟。永乐大钟钟体全部由青铜铸成，通高7.02米，高5.55米，下沿直径3.4米，最大厚度0.245米，重约63吨。此钟是现存世界上铸造最早、重量最重的报时铜钟，堪称为"古钟之王"。

清代的报时，每日始于暮鼓，止于晨钟，"当五夜严更，九衢启曙，景钟发声……都城内外十有余里，莫不耸听"。更香的计时方式为击鼓定更提供了准确时间，而击鼓定更则又为撞钟报时提供了保证。如此计时、定更、报时都有了严格的规定。

我国古代传统的计时方式是将一昼夜平分为十二个时辰，每一时辰相当于现在的两个小时，以地支命名。又将夜晚自戌时（19时至21时）至寅时（3时至5时）的五个时辰划分为五更。清朝原定报时方式为一更与五更之时，先击鼓后敲钟，二更至四更则只撞钟不击鼓。乾隆朝改为只在一更与五更报时两次，先击鼓后撞钟。钟鼓的敲击方法相同，俗称为"紧十八，慢十八，不紧不慢又十八"。钟鼓照此先后敲击两轮，各一百零八下，代表着一年中的十二个月、二十四个节气和七十二候。

清朝钟鼓楼的设置，不仅起到了定更报时的作用，也是清代北京城的独特管理方式的基础。每当夜晚一更时分，钟鼓声响起，城门便关闭，街上交通断绝，除特殊情况不允许出行，只有更夫敲击铜锣和梆子以报时巡视。京城的夜禁以钟声为令，若有犯夜者便会受到严惩。据《大清律例》载："凡京城夜禁，一更三点钟声已静之后，五更三点钟声未动之前，犯者笞三十。二更、三更、四更犯者笞五十。"

肃远近之观

此外，清代的北京钟鼓楼象征着当朝统治者具有向天下万民授时的最高权力，统治者以此来规范人们行为，从而达到巩固其统治地位的目的。因此，清代北京钟鼓楼由中央机构銮仪卫直接管辖。据史料记载："夜则值更，神武门外钟鼓楼设更鼓、晨钟，每夜派校尉承值""鼓则銮仪卫派鼓手专司"。清代档案中也记载："鼓楼地方向隶銮仪卫管辖""本卫所有应修工程向例咨行工部修理"。光绪三十三年二月，工部职责划归民政部，故钟鼓楼地区的修缮事宜，銮仪卫也相应咨行民政部："本卫应修钟鼓楼界墙栅栏等工，相应贵部派员查勘，妥为修理，以期洁净而重卫生可也。"

除此之外，銮仪卫还要负责维护整治钟鼓楼周边的环境。据宣统三年（1911年）的一份档案记载："鼓楼下东西两旁蓬蒿菁密，该处为摄政王每日进内出入经行之路"，因此民政部咨行銮仪卫"即日派工芟除洁净，以昭慎重"。钟鼓楼日常所用物品材料，则由其他中央机构直接拨发和制造：钟鼓楼每月所用更香，由光禄寺依据兵部和钦天监的来文给发；而鼓楼上所设的皮鼓，皆是由工部制造库成造。

钟鼓楼地区由于所处的位置优越，逐渐发展成为清代北京城中著名的商业中心。早在元代，因为距离漕运码头积水潭很近，来往人员、货物众多，钟鼓楼地区便是元大都城中最繁华的商业区。时至清代，虽然漕运码头已然废弃，但是由于什刹海的秀美景色，吸引了许多王公贵族前来修建府邸，同时该地区属八旗中正黄旗和镶黄旗的驻地，此间的寺庙还是出宫太监养老之所，这些达官显贵、旗人、太监生活较为富足，喜好讲究吃穿玩乐，他们有消费的需求，自然会有生意人前来。因此清代钟鼓楼地区的商业依旧繁荣。

康熙朝时朝鲜使臣金昌业游历京城后记下："市肆，北京正阳门外最盛，鼓楼街次之。"清末震钧所著《天咫偶闻》中亦有对钟鼓楼地区繁华商业的记述："地安门外大街最为骈阗。北至鼓楼，凡二里余，每日中为市，攘往熙来，无物不有。"由此可见清代的钟鼓楼地区商铺云集，热闹非凡的场景。据档案记载，钟鼓楼附近肉铺、药铺、杂粮铺、干果铺、匣子铺鳞次栉比，当时还出现了许多知名店铺，如伟仪斋帽店、陈一贴药铺、桂英糕点

老明信片中的北京钟鼓楼

铺、庆和堂饭庄，还有宝瑞兴油盐酱菜店、聚茂斋靴鞋铺、北豫丰烟叶铺、天汇轩茶馆、乐春芳戏园等等。除了店铺经营，走街串巷售卖小吃、兜售各类小商品的商贩更是数不胜数。

　　清朝统治者以钟鼓"示晨昏之节"，借北京钟鼓楼"肃远近之观"，直至1924年末代皇帝溥仪搬离了紫禁城，钟鼓楼也随之结束了其定更报时的使命。如今，人们不再需要借助钟鼓报时来知晓时间，但今天的北京钟鼓楼依然静静伫立在南北中轴线上，默默见证着历史的变迁和城市的进步。

宣示皇权威严的天安门

郭 琪

天安门，是明清两代皇城的正门，始建于明永乐十八年（1420年），时称承天门，取意"承天启运，受命于天"。清顺治八年（1651年）改建，定名为"天安门"，寓意"受命于天，安邦治民"。在清代天安门作为北京皇城的南门，是如何显示皇家威严的呢？

金凤颁诏

天安门在清代皇家仪制中的地位甚高，曾是国家大典的历史见证，新君继位、册立皇后、重大庆典等均在天安门城楼举行颁诏。颁诏时，天安门楼垛口中预置云朵金凤，在城楼上设黄色宣诏台，礼部官员手捧云盘，将云盘内覆盖黄布的诏书送至黄色宣诏台，宣诏官要朗读诏文，然后由漆成金黄色的木雕凤凰口衔诏书从天安门城楼上坠下，城楼下由礼部官员用雕成云朵状的木盘承接。这个庄重的仪式称为"金凤颁诏"。

乾隆六十年（1795年），乾隆帝遵照自己的诺言，将皇位传给了皇十五子颙琰，即嘉庆帝，为此举行了庄重的交接仪式。嘉庆元年（1796年）正月初一日，乾隆帝于太和殿内接受皇子颙琰跪拜，并将传位诏书置于东楹案上。之后，经过请皇帝之宝、内外王公大臣及藩属国使臣觐见等一系列礼仪，嘉庆帝正式登基，乾隆帝作为太上皇起

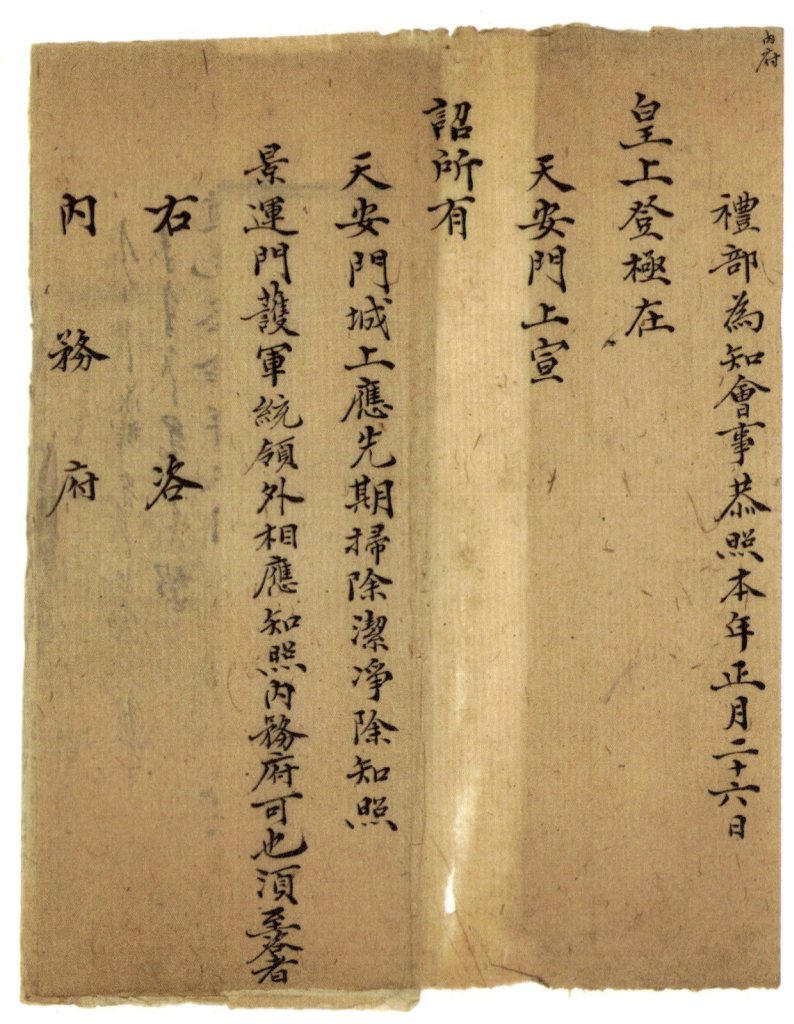

礼部为皇上登极日在天安门上宣诏等事致内务府咨文（局部）

驾回宫，嘉庆帝接受群臣敬贺后，命礼部鸿胪寺官员前往天安门城楼宣谕天下，恭读嘉庆帝钦奉太上皇传位诏书，并颁行天下。

光绪元年（1875年）正月二十日，光绪帝举行登极典礼，礼部行文工部在正月二十日寅时之前，协同礼部捧诏官"将彩绳悬系诏书安放金凤口内衔下"，同时知会景运门护军统领、步军统领于正月二十日寅时前开天安门上栏杆，提前派兵丁将城楼打扫洁净。

祭祀献书

清朝定都北京城之后，皇帝凡有重要祭祀、祭奠等需要出宫，均从天安门出发，以示庄重。顺治九年九月，顺治帝亲临太学，祭奠儒家先师孔子。当天清晨，辅国公、固山贝子和其他没有资格随行的大臣们早早在天安门外金水桥南等待，陪祀的和硕亲王等则于午门内集合。卯刻，顺治帝所乘銮驾从天安门出发，陪祀的亲王、官员等跟随其后，金水桥南的群臣则下跪送驾。待顺治帝祭奠完毕后，原路从天安门回宫，金水桥南的大臣们依旧等候在那，跪迎銮驾回宫之后，才可散去。可以说，只要皇帝出天安门，不能随行的官员就得在金水桥旁候着，有时候一等就是大半天，不可谓不辛苦。

同样与国家礼仪有关的还有国家重要图书的纂修完成，进献皇帝也需要经过天安门。乾隆九年十二月，乾隆帝下旨纂修的玉牒告成。宗人府官员将玉牒安放在彩亭之中，由玉牒馆抬出，从大清门进天安门，再往太和殿。此后，各朝所修玉牒成书之时，大多依此例，从天安门迎进紫禁城，供皇帝检阅查看。

武举殿试

天安门还与科举考试中的殿试有关。顺治十二年三月二十四日，

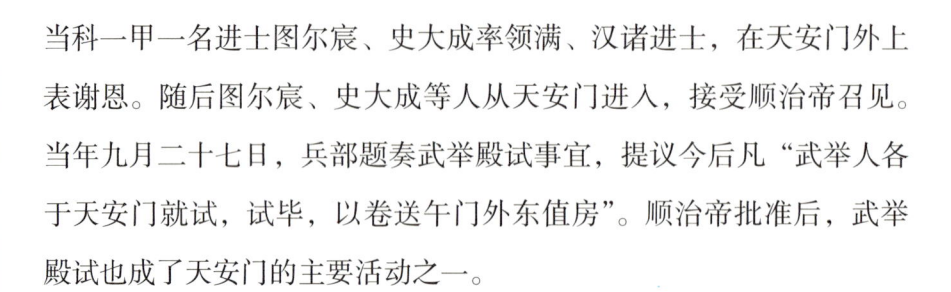

当科一甲一名进士图尔宸、史大成率领满、汉诸进士，在天安门外上表谢恩。随后图尔宸、史大成等人从天安门进入，接受顺治帝召见。当年九月二十七日，兵部题奏武举殿试事宜，提议今后凡"武举人各于天安门就试，试毕，以卷送午门外东值房"。顺治帝批准后，武举殿试也成了天安门的主要活动之一。

皇子出征

康熙五十七年（1718年），康熙帝封皇十四子允禵为"大将军王"，坐镇西宁，指挥西北战事。既是君王又是父亲的康熙帝为允禵举行了一个隆重而庄严的出征仪式。十二月十二日清晨，太和殿，康熙帝命内阁大臣将"大将军"印授予允禵，允禵进殿下跪，接过大印并谢恩。

道光朝张格尔献俘仪式

随后，允禵率随军百官出午门，上马骑行出天安门，正式出征。允禵出征，从只有皇帝才能出入的天安门出发，让所有人感受到了康熙帝对他的恩宠与期望，可见天安门在皇家仪制中的地位。

此外，掣签选官、官员进京谢恩、九卿科道商议秋审招册等事或于天安门外集齐，听唱名签，或于天安门内朝房集齐。可以说，天安门作为北京皇城的南门，是紫禁城午门外的第一道门，既是皇帝进出皇城的必经之路，更是宣示皇权威严的代表，在整个清代仪制中具有极为重要的政治意义。

京城九门之首的正阳门

石文蕴

正阳门是明清两朝北京内城的正门,俗称前门、大前门、前门楼子,坐落于北京中轴线上。正阳门其实并非单指一座城门,而是周围一组建筑群。作为明清时期京城九门之首、北京的重要地标之一,正阳门可谓是家喻户晓,也见证了历史沧桑。

建筑规制

明朝迁都北京后,建有宫城、皇城、内城和外城四重城垣。其中内城设有城门九座,单在南城墙上就设门三座,居中的便是正阳门。正阳门不仅是当时北京内外城分界线的中点,也处在其南北中轴线的中心位置。

北京有句俗语为"前门楼子九丈九,四门三桥五牌楼",其中提到的"前门楼子"便是指正阳门的箭楼。正阳门箭楼建成于明正统四年(1439年),其建筑形式为砖砌堡垒式,城台高12米,台上楼高24米,门洞开在城台中央,为五伏五券式。箭楼是重檐歇山顶,上铺灰筒瓦,绿瓦剪边,上下共有4层,在北边建有抱厦5间,东、西、南三面墙上及两檐间设有箭孔94个。

在正阳门箭楼的正北还有城楼。正阳门城楼高42米,面宽7间,进深24米,亦为重檐歇山顶,上铺灰筒瓦,绿瓦剪边。其上的朱红楼阁分上下两层，上层前后檐为隔扇门窗，下层为砖墙。城楼南北两面明间和东西山面各有一座大门。

正阳门的城楼和箭楼，一北一南屹立在北京的中轴线上，在它们之间，还建有瓮城，以似半月形的城墙将两楼相连，形成了一个南北长108米，东西宽88米的空地。正阳门箭楼与瓮城的

清代样式雷正阳门箭楼图样

修建主要作用是保卫内城，守城的士兵可以通过箭楼上的射孔向下放箭，瓮城则可以作为出兵或撤退开启城门时的防御缓冲地带。

瓮城里有关帝庙和观音庙，均修建于明万历年间，为明清两朝的皇家寺庙，两庙东西而置，并守正阳门户。当清代皇帝祭祀天坛或先农坛回宫时经过正阳门，通常会到两庙中拈香祭祀。而对于庙宇的修缮也由内务府负责。

俗语中的"四门"则指正阳门的四个门洞，即城楼门洞、箭楼门洞、瓮城东西两侧各开的一个闸门门洞。与其他城门的箭楼不设门洞不同，正阳门的箭楼上开有门洞，但平时是闭而不开的，只有皇帝出入时才开启，日常官员百姓出入正阳门则只能通过瓮城东西两侧的闸门。

在紧邻箭楼南侧的中轴线上还建有正阳桥，它是一座架设在正阳

改造前的正阳门全景（佚名摄）

门南侧护城河上的石拱桥，桥身宽大，由三道桥面铺成。正阳桥前立有五牌楼，不同于其他八个内城门外三开间的牌楼，五牌楼为五间六柱，上挂有"正阳桥"匾额。以上也就是俗语中的"三桥五牌楼"。

沧桑变迁

正阳门的建筑群自建成后命途多舛、屡经劫难，城楼和箭楼都曾于明清两朝数次毁于大火，后又被修复。

正阳门建筑受损最为严重的一次是在光绪二十六年（1900年），这一年义和团为了扶清灭洋，抵制洋货，火烧正阳门大栅栏的西药房，大火殃及了正阳门外大街和箭楼。两个多月后，八国联军攻入北京，又炮轰了正阳门的箭楼和城楼，驻扎在瓮城内的英军所雇印度军还不慎失火，烧毁了城楼。

据档案记载，当时建筑残损，为了迎接逃往西安的慈禧太后和光绪帝回銮，工部只得暂时"于大楼之前面扎彩架五间，箭楼之前后面

> 正陽門字樣以壯觀瞻屆時
> 鑾輿入城前路南面稍見齊整甕城以內恭備
> 駐蹕拈香南北兩面亦覺規模略具臣等仰體
> 皇太后
> 皇上崇尚節儉之至意不敢稍事鋪張靡費錢糧所
> 有架上垂綠結綵擬用各色洋布成作略加綵
> 綢點綴用示儉約以工費嚴行核減共估需
> 實銀二千三百兩伏候
> 命下即行文戶部按二兩平發給廠商支領無庸再
> 行減成所有臣等擬辦
> 正陽門兩樓綵架緣由理合恭摺具陳謹繪具圖
> 樣恭呈

工部尚书张百熙为于正阳门大楼箭楼拆平余址上扎办彩架事奏折（局部）

各扎彩架三间，彩上横额标题正阳门字样，以壮观瞻"。后续的修复工程由于经费不足，只能从各省筹措银两，最终耗时3年才得以将正阳门楼修缮完毕，用银超过了40万两。

民国时期，由于正阳门附近商业繁荣，加之正阳门东、西两座火车站的建成，因而行人、车辆来往众多，正阳门的几个门洞此时已经难以承受如此繁多的行人车马通行压力，道路堵塞经常发生。1915至1916年，时任民国政府内务总长、古建筑学家朱启钤为了改善正阳门附近的道路交通状况，对正阳门建筑进行了改造。为了便利交通，瓮城被拆除，并在原瓮城外侧修建了马路，这使得此地的交通状况有了很大改善。同时，还在箭楼上增建了西洋华盖式白色栏杆。

门前繁华

明代，大运河的码头从什刹海迁移至正阳门附近，这使得正阳门周边人口激增，商贾云集，成了北京重要的商业中心。清代，京城内城多由满人居住，汉民迁至外城，这也在一定程度上促进了外城商业的发展。

康熙、乾隆年间，正阳门外已是店铺林立，据《日下旧闻考》中记载："今正阳门前棚房比栉，百货云集，较前代尤盛"，书中还记载了"正阳门东西街招牌有高三丈余者，泥金杀粉或以斑竹镶之，又或镂刻金牛、白羊、黑驴诸形象以为标识。酒肆则横匾连楹，其余或悬木罍，或悬锡盏，缀以流苏"，从这些各式的店铺招牌中便可见当时商业的繁华景象。

正阳门附近著名的商业街主要有正阳门大街（今天的前门大街）、鲜鱼口、大栅栏、打磨厂等等，这些街道上聚集了众多店铺，其中有天兴居炒肝店、全聚德烤鸭店、六必居酱园、同仁堂药铺、张一元茶庄、马聚源帽店、华美斋灯笼铺、瑞蚨祥绸布店等等。

此外，由于清政府不准在内城中建造戏园，因此许多戏园便建在正阳门外，如广和楼、天乐园等等，当时有许多戏曲名伶都会聚在此表演。

　　正阳门一带还建有多座会馆，比较著名的有汀州会馆、阳平会馆、晋冀会馆、台湾会馆等等。这些会馆一般为私人设立，是为同乡或同行提供"以敦亲睦之谊，以叙桑梓之乐"的场所。由于明清时期，中央的六部均设在正阳门内的东西两侧，外地进京述职办事的官员在正阳门外居住较为方便，因此多会住在正阳门外的会馆里。由于正阳门交通便利，且离贡院比较近，故而进京参加科举考试的学子们也多会在此居住。

　　今日的正阳门，在保护和恢复原貌的基础上又重新进行了修缮和改造。古老的正阳门既承载了北京厚重的历史文化，又在新时代焕发出勃勃生机与活力，已成为北京中轴线上一道亮丽的风景。

作为皇家天文台的北京古观象台

谢小华

在今天北京建国门立交桥的西南角，坐落着与周围的高楼大厦风格迥异的一座高台式古代建筑，建筑的顶端立有一些造型奇特的铜铸仪器。这座建筑即我国明清两代的皇家天文台——北京古观象台。北京古观象台建于明正统七年（1442年），是世界上现存最古老、观测时间持续最长的天文台之一，也是保留至今见证了中西方文化交融的历史建筑。

清·徐扬《日月合璧五星连珠图》中的北京古观象台

民族传承与吸纳

元至元十六年（1279年），天文学家王恂、郭守敬等在北京古观象台的北侧建起了一座司天台，这是北京古观象台最早的前身。明正统七年在元大都城墙东南角楼旧址上修建了观星台，安放了浑仪、简仪、浑象等天文仪器，并在城墙下建筑了紫微殿等房屋，后又增修晷影堂。至此，观星台和其附属建筑群已初具规模。

清朝定鼎中原后，将观星台改为观象台，并接受西洋传教士汤若望的建议，改用欧洲当时的天文学方法编制历书。观象台由钦天监负责管理，其主要事务为观象授时，即观测各种天象（包括天气情况）、对重要天象进行预报、推算历法、编制历书、根据天象占卦等，其观测累积的数据对今天的天文学研究仍然具有重要的史料价值。

中西交融与碰撞

顺治末年至康熙初年，清廷内部发生了历法之争。以汤若望为代表主张使用西洋新法一方与以杨光先为代表的守旧势力进行了激烈的较量。康熙八年（1669年）正月，亲政不久的康熙帝令传教士南怀仁一方（此时汤若望已含冤去世）和杨光先一方在大学士图海等官员的监督下，一同前往观象台演算节气时刻、推算月球和行星位置，结果南怀仁一方胜出。康熙帝遂令恢复使用新时宪历，为受到迫害的汤若望等人平反，并将杨光先等人革职查办。

因观象台所沿用明代仪器不适用于西洋新法，在康熙八年至十二年间，康熙帝授命南怀仁采用当时欧洲天文学研究通用的度量制和仪器结构，先后监造了6架新的天文仪器置于观象台上，包括赤道经纬仪、黄道经纬仪、地平经仪、象限仪、纪限仪和天体仪。而台上原有的明代浑仪、简仪等则被移到台下。康熙五十四年，传教士纪理安又为观象台设计制造了地平经纬仪。乾隆九年（1744年）十月二十七日，乾隆帝亲临观象台视察，并下令再造一架新的仪器。此仪器由传教士戴进贤和刘松龄负责监制，先后历经10年方得完成，新仪器被命名为玑衡抚辰仪。

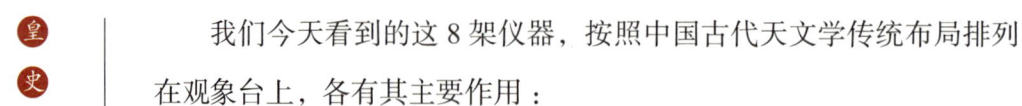

我们今天看到的这8架仪器，按照中国古代天文学传统布局排列在观象台上，各有其主要作用：

（1）赤道经纬仪：主要用于测定天体的赤经差和赤纬、真太阳时；

（2）黄道经纬仪：主要用于测定天体的黄经差、黄纬和二十四节气；

（3）地平经仪：主要用于测定天体的方位角；

（4）象限仪：主要用于测定天体的地平高度或天顶距；

（5）纪限仪：用于测定60度以内任意两个天体之间的角距离和日、月的角直径；

（6）天体仪：主要用于测定天体出没的时间和方位，及计算任意时刻天体的地平高度和方位角；

和硕庄亲王允禄为乾隆十九年报观象台添设三辰仪（即玑衡抚辰仪）所费银两数目事奏折（局部）

（7）地平经纬仪：用于测定天体的方位角和地平高度；

（8）玑衡抚辰仪：实为浑仪的改进型，主要用于测定天体的赤经差和赤纬、真太阳时。

这些仪器除了具备天象观测的功能，本身在造型、装饰和工艺等方面也很有特色，不仅显示了我国古代高超的铸铜技术，也展现出极为精美的造型和装饰艺术水平。赤道经纬仪、黄道经纬仪、地平经仪、象限仪、纪限仪、天体仪、玑衡抚辰仪都是采用中国传统装饰风格，而地平经纬仪则是唯一采用欧洲装饰风格的仪器。它们是中西方科学与文化交流的结晶。

惨遭劫掠与瓜分

光绪二十六年（1900年）七月，八国联军侵入北京，占用大量官衙院所，其中就包括观象台，中断了清政府在观象台进行的连续天文与气象观测。

光绪二十七年二月初九日，管理钦天监事务王大臣世铎奏称："臣监年例于二月初间将前一年内晴雨日期缮写满汉晴雨录，装潢出帙，具题恭呈御览，历经办理在案。惟查光绪二十六年自七月间洋兵进城，占据臣监观象台，以致未能记载，是以不克办理。"

更有甚者，法、德侵略者还对观象台仪器进行了抢掠。

法国以观象台部分仪器配件为法国制造或路易十四所赠的荒唐理由，向八国联军总司令瓦德西索要这些仪器。因观象台在德国占领军势力范围内，身为德国人的瓦德西，认为这些仪器也理应属于德国的战利品，德国同样有权占有。

瓦德西最后决定由德、法两国瓜分这些仪器。经过双方讨价还价，法国分得了明代的简仪，清代的黄道经纬仪、赤道经纬仪、象限仪和地平经纬仪，并将这5件仪器运至法国驻华公使馆，伺机准备运回法国；德国则分得了明代的浑仪，清代的天体仪、玑衡抚辰仪、地平经仪和纪限仪，于光绪二十七年夏将这几件仪器运往本国，后陈列在柏林波茨坦离宫的花园里。

遭劫掠后的观象台，满目疮痍。光绪二十七年七月十二日，钦天监监正恩禄在勘查后向清政府奏报：钦天监衙署房屋遭到破坏，保存的书籍、资料被焚毁，仪器物品等被抢劫。据《清朝续文献通考》记载："联军进京城后，毁及观象台衙署，仪器均被掠去，唯存回风旗一座。"光绪二十九年十一月，为了延续观象台的天文观测，清政府拨款制造了小地平经纬仪和折半天体仪。因财政困窘，这两件仪器只有原大的

德国柏林波茨坦离宫前陈列的中国古代天文仪器

一半大小，至今在古观象台院内还立有一座石碑记述此事。

物归原主与新生

在清政府的不断交涉和国际舆论的压力下，法国于光绪三十年不得不归还了劫走的 5 件仪器。据档案记载，当时从法方共计接收：御书对联匾额铜字 18 个（木料已糟朽）、仪器 5 件（含各种配件 86 件）、漏壶 1 个。为此，清政府对观象台进行了修缮，将这 5 件仪器重新安放在观象台。

1911 年辛亥革命后，清朝封建统治被推翻，观象台由民国政府接收，并改名为中央观象台。第一次世界大战结束，德国战败，根据《凡尔赛和约》第 131 条的规定，德国于 1921 年将劫走的 5 件仪器送还中国，它们被按原状复原在观象台。1927 年，南京紫金山天文台筹建后，观象台不再作观测研究，于 1929 年改为国立天文陈列馆。1931 年九一八事变后，日本侵略者进逼北京，为保护文物，民国政府将置于古观象台台下的浑仪、简仪、漏壶、小地平经纬仪、折半天体仪等 7 架仪器运往南京，现在分别保存于中科院南京紫金山天文台和南京博物院，而台上的 8 件仪器则被留在原地，至今供后人参观。

北京古观象台，曾经见证中国古代天文学和西方天文学交汇融合，也曾惨遭列强劫掠。斗转星移，北京古观象台历经五百多年风雨沧桑，作为中华民族的重要历史遗珍，今天静静地接受人们的参观凭吊。

北京中轴线的南起点永定门

卢 溪

永定门是明清两朝北京外城城门，位于南城垣正中位置，作为北京中轴线的南起点，自古以来是京城的交通要津和军事重地。永定门寓意"永远安定"，但在漫长岁月中，它却屡屡见证王朝更替和战火硝烟。

中轴起点

明嘉靖朝之前，北京城只有内城。嘉靖三十二年（1553年）始修外城，原计划内外城建成"回"字形结构，因为工程浩大，最终只修建了南面外城，内外城呈"凸"字形结构，故外城又称为南城。外城开有七座城门，其中永定门位于内城正阳门外、南城垣正中位置，为外城之正门。

永定门初建时只建有城楼，城楼连廊面阔5间、进深1间，灰陶瓦单檐歇山顶。嘉靖四十三年增筑瓮城。清乾隆三十一年（1766年）修建外城各门，乾隆帝要求提高永定门的规制，永定门城楼变为重檐歇山楼阁式建筑，并新修了箭楼。

明"永定门"牌匾（首都博物馆藏）

永定门修建后，数百年来一直作为京城的南大门，使原北京城的中轴线向南延长。永定门作为南北中轴线南端的起点和重要地标，和北端的钟鼓楼遥相对应。

永定门景色优美，瑞典作家喜龙仁在《北京的城墙和城门》一书中如此描写："（永定门）宽阔的护城河边，芦苇挺立……垂柳婆娑。城楼和弧形瓮城带有雉堞的墙，突兀高耸，在晴空的映衬下现出黑色的轮廓，城墙和瓮城的轮廓线一直延伸到门楼，在雄厚的城墙和城台上，门楼那宽大的飞檐，似乎使它秀插云霄，凌空欲飞。这些建筑在水中的倒影也像实物一样清晰，但当清风从柔软的柳枝中流过时，城楼的飞檐就开始颤动，垛墙就开始晃动并碎裂。"

建筑规制

自乾隆三十一年扩建后，永定门建筑群成型，并保留了200余年。永定门建筑群由城楼、瓮城、箭楼、石桥、值房等组成，建筑规制是外七门中首屈一指的。

城楼，是永定门建筑群的主建筑，总高26米。其中城台东西长31米、南北宽17米，北面与城墙平齐，南面凸出于墙体，顶面以城砖海墁。城门洞高5.3米、宽5.2米，南面拱券之上有"永定门"青石匾。城楼连廊面阔7间、进深3间，为重檐三滴水歇山顶楼阁式建筑，屋顶铺灰筒瓦，用绿琉璃瓦剪边，饰绿琉璃瓦脊兽。

瓮城，是古代城门防御体系的重要组成部分。永定门的瓮城近似正方形，南北长36米、东西宽42米，墙高6.2米，将城墙、城楼、箭楼结合成了一个整体建筑群。

箭楼，是守卫城门的重要防御性建筑，位于瓮城南垣正中，与城楼相对，规制较城楼略小。箭楼通高16.1米，面阔3间、进深1间，为单檐歇山式屋顶，正面及两侧面有2排共26孔箭窗。

永定门桥，为单方孔石桥，长18米、宽9米，横跨呈"几"字形的护城河道，桥下有水闸。永定门桥原为木桥，明正统朝易为石桥。

值房为守城官兵驻防之所，在城门两侧、瓮城内东西两侧、吊桥东侧均设值房数间。

交通要津

永定门是明清时期北京城的重要门户，自北京通往南边的官马大道由此出发。

明清两代，永定门也是皇帝南巡、南苑围猎和

《康熙南巡图》中的永定门

郊劳的必经之处。雍正七年（1729年），修筑了自天桥经永定门至南苑的石条御道，路宽约6.5米，是当时北京路面条件最好的道路之一。

永定门还和中国的铁路事业有着密切联系。光绪七年（1881年），中国第一条标准轨铁路唐胥铁路建成，这条铁路于光绪二十三年延伸至北京马家堡村，马家堡火车站即北京的第一座火车站。次年，铁路又延伸至永定门外。

光绪二十六年，入侵北京的八国联军因为军事运输需要，挖开永定门西侧城墙，将铁路首次修进了北京城，并在天坛西门外修建了一座火车站。后来铁路又改由永定门东侧通往正阳门东车站（前门火车站），天坛火车站仅运营了两年即被废弃。

值得一提的是，八国联军侵华后，慈禧太后和光绪帝仓皇"西狩"，乘坐骡车逃出京城，而两宫回銮时却是乘坐火车进京，在马家堡火车站改乘銮驾，再经永定门、正阳门返回紫禁城。逃亡时的惊慌失措和回京时的大张旗鼓，传统的骡车和新潮的火车，都成了绝妙的历史对比。

因为永定门是重要的交通节点，往来便利、商贾辐辏，所以在清代还衍生出了税务、赈灾的行政功能。清代崇文门税务衙门在此设有永定门分局，对米、面、糖、蜜、酒、茶、烟等28大类货物征税；隶属于户部的工部税关在永定门也有一个分局，主要征收竹木税；此外，京城左右翼税务衙门负责征收牲畜税，永定门一带的马、骆驼、骡、驴、牛、羊、猪7种牲畜的买卖需向附近左右翼税关报告并缴税，凡课税之牲畜均烙印。永定门还曾是赈济难民之处，每当受灾难民聚集，常在此设立粥厂赈济，并允许难民在城外搭建临时窝棚。

军事重地

军事防御是永定门最重要的功能。明代修建永定门就是为了巩固京师的城防，由于庚戌之变中蒙古土默特部首领俺达汗由古北口进攻北京，造成严重的损失，因此修建了永定门等外城城门。

明清两代都高度重视永定门的设防。近500年的风云变幻，永定门数次历经浓浓战云和滚滚硝烟。

明崇祯二年（1629年）己巳之变，后金大军绕过宁锦防线，自大安口等处直逼京师，明廷急令各军驰援。十二月，内忧外患的明军轻率出城，在永定门外2里的凉水河扎下大营，计有马步军4万，营寨四面排列枪炮十重。原本已经撤离的皇太极见此战机，亲率主力回师，于黎明时分发起猛攻。明军矢石鸟枪如雨，交发不绝，后金军则毁栅而入。经过激战，4万明军全军覆没，总兵满桂、孙祖寿战死，总兵黑云龙、麻登云被俘，史称"永定门之战"。

崇祯十七年，李自成攻取北京，由于城内毫无战心，李自成军几乎不费吹灰之力就入城，坚固的永定门城防毫无作用。

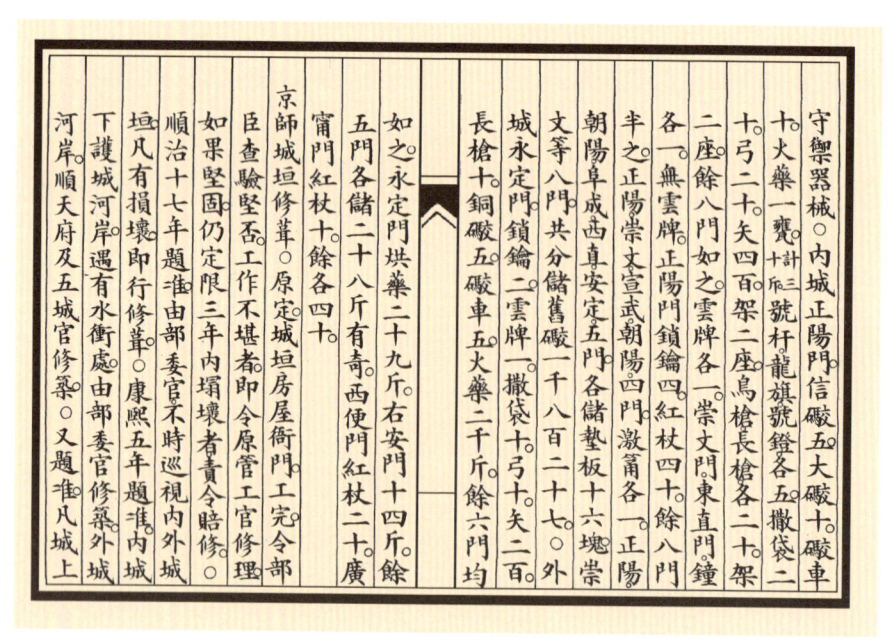

《光绪朝钦定大清会典》中的相关记载

清代，永定门由正蓝旗汉军甲兵10名及绿旗门军40名看守，设千总2员。门上武备包括櫜鞬（撒袋）10套、弓10张、矢200枝、长枪10把、铜炮5门、炮车5座、火药2000斤、烘药（一种颗粒火药）29斤。其中炮位每3年还要参加一次兵部组织的卢沟桥演炮。

庚子事变中，永定门防守严密，原计划由此入城的英军见状，改由沙窝门（今广渠门）攻入城内。不平等的《辛丑条约》签订后，列强各国派兵驻扎从北京到山海关的铁路沿线要地。其中日本的"清国驻屯军"驻扎在北京东交民巷等处，多次以中队规模在永定门外耀武扬威地演操，堂堂一国国都，竟然任由外国军队在城门外旁若无人地操练，不可谓不耻辱！而且这支"清国驻屯军"，是日后臭名昭著的华北驻屯军的前身，正是这支侵略军发动了七七事变，掀起了日本全面侵华的狂潮。

透过永定门的历史沧桑，我们更能知晓今天祖国的安定繁荣来之不易，今天国人的幸福安宁来之不易。这才是"永定"的真正内涵！

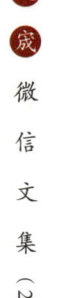

古人也爱踢"足球"

胡善爽

我国足球文化源远流长，从古代蹴鞠、踢行头到现代足球兴起，足球运动长期有着深厚的群众基础。

足球发源地

2004年，时任亚足联秘书长的维拉潘代表国际足联和亚足联正式向世人宣布："中国是足球的故乡，足球的发源地是山东临淄。"

早在春秋战国时期，中国就已经有了古代足球运动的萌芽。中国古代将足球称为蹴鞠，也被称为蹴球，"蹴"表示用脚踢，"鞠"则最早为外包皮革、内实米糠的球。蹴鞠一词最早见于《史记·扁鹊仓公列传》：一名叫项处的男子，十分迷恋蹴鞠，虽患重病仍继续蹴鞠，结果不治身亡。《战国策·齐策》中记载战国时期齐国都城"临淄甚富而实，其民无不……六博蹋鞠者"。

到了唐朝，蹴鞠运动更加成熟，同时在民间也非常流行。杜甫在《清明》诗中描绘"十年蹴鞠将雏远，万里秋千习俗同"，说明蹴鞠在唐朝已经成为清明习俗之一。唐代蹴鞠运动的成熟一是体现在比赛规则更加专业性，比如出现了球门，对战双方身着不同颜色的队服，轮流开球，已经初具现代足球比赛的雏形；同时，蹴鞠的材质也由原来塞满毛发的实心球演变成了充气球，据记载当时用动物膀胱充满气，外面再用皮革缝制成类球形，这样使得蹴鞠更轻，玩法也更加多样，男女皆宜，因此还出现了"女子蹴鞠"。

宋代蹴鞠运动达到了顶峰，上至宫廷下至民间，蹴鞠运动在全国范围内广泛流行。当时的人们普遍认为蹴鞠不仅富有娱乐性，还可以起到强身健体、增强体魄的作用，有宋人评价："蹴鞠成就难尽言，消食健体得安眠。本来遵演神仙法，此妙千金不易传。"所以不仅百姓大众喜欢踢球，就连王公贵族乃至皇帝都是蹴鞠运动的爱好者。当时出现了"蹴鞠艺人"和专业的蹴鞠俱乐部——齐云社。"蹴鞠艺人"是专门从事蹴鞠运动的人，类似于今天的职业球员；齐云社就是由蹴鞠艺人组成的专业组织，也被称为圆社，专门负责蹴鞠运动的推广、制定比赛规则和协会章程、考核球员技术等级、定期举行比赛等。齐云社每年都会组织全国范围的比赛，类似于现在的职业联赛，胜者可以获得丰厚的奖赏。

清代踢行头

明清时期，传统的蹴鞠运动开始逐渐走向没落。明初，朱元璋下令禁止在军中开展蹴鞠运动，并下旨"蹴鞠者卸脚"，因为朱元璋认为军士蹴鞠属于不务正业。但是蹴鞠在民间还是相当流行，只是更多偏向了娱乐性质。

清代关于蹴鞠的史料记载寥寥无几，一方面是借鉴了明朝关于蹴鞠运动的禁令，另一方面是当时出现了一种类似的体育活动——"踢行头"，部分取代了蹴鞠的地位。

"踢行头"原是东北地区流行的一种体育运动，它将蹴鞠和滑冰结合起来，冬季在冰地划界，两队队员脚蹬轧鞡，来往攻守，将行头踢入对方线内得分，以得分多者为胜。在清朝的260多年里，"踢行头"一直很盛行，直到清末依然保持不衰。每当春节之际，三五成群的青少年就带着"行头"来到空旷的冰层上，场面十分热闹，清末诗人缪润绂就有形象的记述：

沈阳百咏（节选）

蹴鞠装成月样圆，
青鞋忙煞舞风前。
足飞手舞东风喜，
赢得当场羡少年。

《冰嬉图》中的"抢球"队伍（故宫博物院藏）

清代皇家也喜爱这项运动，每年冬天在太液池（今北海）举行冰嬉典礼，其中"抢球"是非常重要的一项内容，"抢球"由两队参赛者穿铁齿鞋争球破门，和民间"踢行头"规则基本相同。

清代"踢行头"更像是冰球和足球的结合，其特点是对抗激烈，因此也不乏有意无意导致伤亡的不幸案例。

现代足球兴

一般认为，现代足球运动起源于英国，1863年，英格兰成立了世界上第一个足球协会。中国的现代足球运动起步也很早，1895年（一说1902年）在上海成立了第一支现代足球队，是由上海圣约翰大学组建的，由于正值清朝末期，球员还留着长辫子，所以也被称为"辫子军足球队"。为了防止辫子对踢球的阻碍，球员们不得不把辫子缠成一团盘在头顶，而有的队员踢球时并不习惯把辫子盘起来，以至于在赛场上辫子随风飘扬，由于奔跑速度极快，其辫子甚至被拉成一平行的直线拖于脑后，蔚为壮观。

而后国人创办的南洋公学（西安交通大学和上海交通大学的前身）也组建了自己的足球队。南洋公学的校长唐文治是清朝翰林出身，但思想十分开放，他痛心疾首于国人因吸食鸦片、营养不良而变得瘦弱无力，为了改变这一现状便不遗余力地发展南洋公学的体育事业，号召学生强健体魄，足球就是他极力推崇的体育运动。唐文治本身就是一个足球迷，他不仅在学校大力发展足球运动，而且每逢足球比赛他都会率领上百人到现场观战，为场上队员加油鼓劲。在他的影响和带

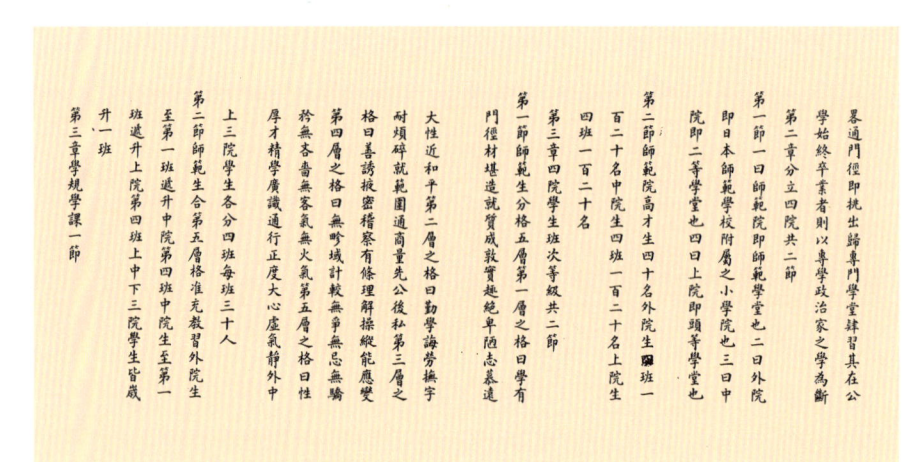

大理寺少卿盛宣怀呈南洋公学章程单（局部）

动下，上海周边乃至全国很多地方的球迷都会专程跑到上海观摩足球赛事，一时间掀起了一场足球风暴。

为了互相学习交流，自光绪二十八年（1902年）起，南洋公学与圣约翰大学首次公开赛后，每年定期举行友谊赛，这一传统一直持续到20世纪20年代末，在一定意义上这也是中国最早的"国家德比"。

清末民初，随着现代足球在国内的普及，中国足球也曾风靡亚洲，甚至在远东运动会上创造了九连冠的辉煌战绩。清朝灭亡后，民国政府无力发展体育事业，中国足球只能依靠民间力量蹒跚前进。但即使在这种背景下，中国足球依然取得了较大的发展，同时还涌现出一大批足球明星。

其中最有名气的当属"亚洲球王"李惠堂。1976年，联邦德国《环球足球杂志》组织世界球王评比活动，李惠堂同球王贝利、英国的马修斯、阿根廷传奇迪斯蒂法诺、匈牙利球星普斯卡什一起被评为"世界五大球王"。据统计，李惠堂整个运动生涯共打入 1860 球，当时流传一种说法"看戏要看梅兰芳，看球要看李惠堂"。在李惠堂的带领下，中国队横扫亚洲，并且冲进了德国柏林奥运会的决赛圈，但由于当时民国政府不支持，球员不得不自己踢比赛筹措路费，最终获得第12 名的成绩。

　　足球运动在我国有着悠久的文化传统和深厚的群众基础，也曾在世界赛场上取得优异成绩，希望中国足球事业未来能够越来越好，更多人参与到这项运动中来强身健体练魄！

收复台湾的郑成功

吴歆哲

17世纪的中国处于明清两朝的交替时期,荷兰殖民者趁机侵占我国宝岛台湾,郑成功收复台湾,维护了国家统一及领土主权完整。时至今日,郑成功依然是两岸人民共同敬仰的民族英雄,正如郭沫若对他的评价"开辟荆榛千秋功业,驱除荷虏一代英雄",他身上的优秀品质依然值得今天的青年人学习。

《郑成功收复台湾》系列年画之一(孔继昭等绘)

幼小习得文武艺

郑成功（1624—1662），本名郑森，又名福松，父亲郑芝龙是福建人，母亲是日本人。他于明天启四年（1624年）出生在日本长崎平户，7岁时被父亲郑芝龙接回泉州安平老家。

郑芝龙身兼海商、海盗双重身份，亦商亦盗的人生阅历让他认识到了读书的重要性，他希望儿子可以好好读书，考取功名，年仅7岁的郑成功便跟随名师开蒙。郑成功天资聪颖、勤学苦读，15岁成为南安县学的秀才，21岁时在南京成为国子监太学生，师从名儒钱谦益。

郑成功此时在文学上已经表现出较高水准，流传至今的郑成功诗作有8首，其中不乏佳作。如他写给因过继母家而留在日本的弟弟左卫门的《赠弟》一诗，遣词精练而优美，目前手稿被日本珍藏，诗句还被铭刻在厦门鼓浪屿日光岩上。

赠弟

明·郑成功

礼乐衣冠第，文章孔孟家。

南山开寿域，东海酿流霞。

郑成功自开蒙起，一方面接受传统儒家思想教育，认真读书求学，一方面习武强身，这些平日里的点滴累积，为日后纵横疆场和收复台湾夯实了基础、积蓄了力量。

忠义爱民创伟业

南明弘光元年（1645年），即清顺治二年，清军攻入江南，南明弘光政权灭亡，隆武、鲁监国政权矛盾深刻，郑成功的父亲郑芝龙、老师钱谦益等纷纷降清，南明已是风雨飘摇。但年仅23岁的郑成功并未降清，而是选择继续忠于明朝，带着为数不多的士兵出走金门，以此为根据地于沿海各地招兵买马、收编旧部，走上了武装抗清的道路。或许正是青年时期接受的教育，让他做出了这样的选择。

十余年间郑成功所部攻城略地、数胜清军，甚至一度北伐兵围南京城，但并未能彻底扭转南明被动挨打的不利局面。郑成功矢志不渝，无论是战场上的失败，还是南明内部的倾轧，亲属部将的背叛，又或是清朝以高官厚禄劝诱，均不能改变其意志。

郑成功非常爱护黎民，严格约束军队不扰民、不抢掠。甚至在西班牙殖民者于菲律宾屠杀旅居华人时，郑成功愤而遣使质问，表示要挥师征讨，表现出了强烈的爱民情怀。

郑成功还具有独到的经济眼光。家庭的环境熏陶和抗清的实际需要，让郑成功非常重视商业贸易，尤其是对外贸易。他以厦门为基地，大力发展外贸。收复台湾后，郑成功推行屯田，寓兵于农，发展生产，为台湾的政治、经济和文化发展作出了巨大贡献。

东海流霞复先基

15到17世纪，随着西方进入大航海时代，欧洲西班牙、荷兰等国的船队出现在世界各大洋上，殖民主义的脚步随之踏来。16世纪时，荷兰是世界上最强大的殖民国家。

荷兰与中国的最早接触是在万历二十九年（1601年），荷兰舰队要求通商贸易，被当时奉行"海禁"政策的明朝拒绝。不甘心的荷兰舰队在万历三十二年和天启二年两次偷袭澎湖拟长期占领，但都被明朝及时发现并派军赶走。荷兰殖民者强占澎湖的阴谋未能得逞，转而侵占中国台湾岛西南部，这一年，也就是郑成功出生的同年——1624年。

荷兰殖民者入侵台湾后，在陆地上，建造了坚固的城堡"热兰遮城"（今安平古堡）与"普罗文查城"（今赤嵌楼）；在海上，他们拥有先进的海军舰船的守护，还在台江口两侧修造了堡垒炮台。在盘踞台湾的38年里，殖民者依靠武力在岛上实施残酷的殖民统治，百姓苦不堪言。

这一时期，一直以福建厦门为基地从事抗清斗争的郑成功，经过反复深入考虑，决定跨越海峡收复台湾。南明永历十年（1656年），台湾商人何斌因不满荷兰殖民者的血腥统治，将亲手测绘的有关台湾港道和荷兰兵力分布、炮台设置的地图交给郑成功，有了军事上的决策依据，更加坚定了郑成功收复台湾的决心。

经过充分谋划定夺，郑成功于永历十五年三月从金门料罗湾誓师出发。出发前他在《祭海表文》等文告中宣告："收复台湾，上报国家，下拯苍生，建立万世不拔基业；我师一举一动，四方瞻仰，天下见闻，关系实为重大。"

郑成功所率大军先泊澎湖，又冒着呼啸狂风的困难毅然启航，直指台南。鹿耳门是进入台湾的北航道，沙石淤浅、航道迂回，一向只能通行小舟,但可以有效避开荷军火力强大的防守。因此,郑成功选择了从鹿耳门进入,并且利用每月初一涨大潮之势顺利通过北航道,在鹿耳门港胜利登陆。登陆后,郑成功给荷兰东印度公司长官发去信件:"台湾者,中国之土地也,久为贵国所踞,今余既来索,则地当归我。"郑成功军登陆后得到了台湾百姓的鼎力相助,将士英勇奋战,击退了船坚炮利的荷兰侵略者从海上及陆地发起的一次次疯狂反扑。

经过近一年的艰苦作战,永历十五年十二月十三日,即公历1662年2月1日,在这个值得纪念的日子,荷兰殖民者不得不签订了投降书,被侵占长达38年之久的台湾终于回到了祖国的怀抱。此时,满怀民族豪情、饱经战火洗礼的郑成功欣然写下《复台》一诗:

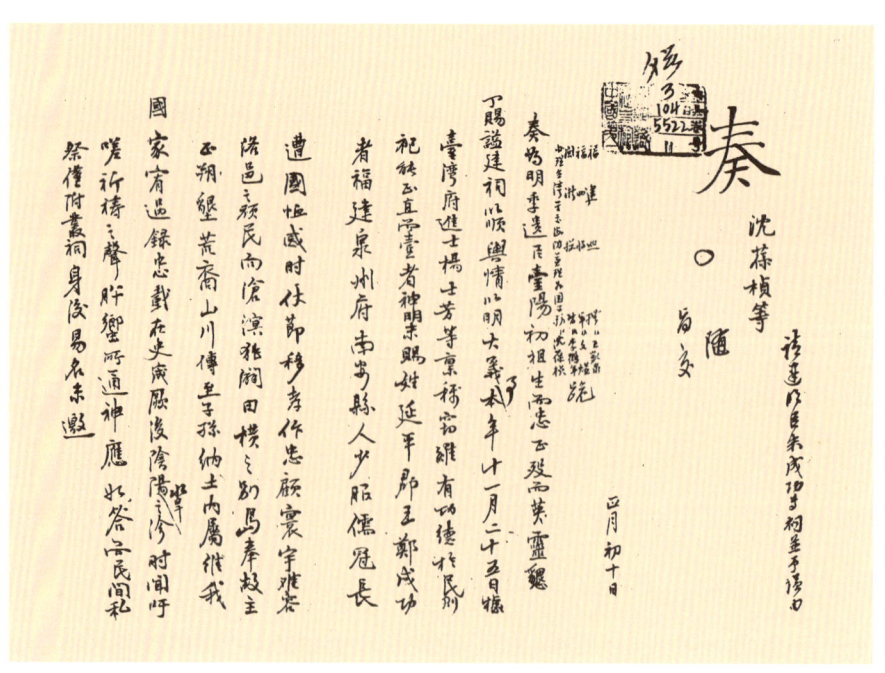

沈葆桢为郑成功请旨为其在台郡建立专祠并予谥事奏折(局部)

复台

开辟荆榛逐荷夷，十年始克复先基。

田横尚有三千客，茹苦间关不忍离。

郑成功在收复台湾不久后逝世，年仅 38 岁。如今，台湾地区台南市赤嵌楼居中的郑成功画像上方，依然悬挂着他的墨宝"东海流霞"。而海峡彼岸的厦门鼓浪屿日光岩上，刻有它的出处——郑成功《赠弟》诗。这是两岸人民对他的纪念与敬仰，更是对海峡统一的深切期盼。

神秘的江南三织造

郭 琪

清代，内务府在江南地区设江宁、苏州、杭州三织造处，负责织造、采办上用及官用的绸缎等纺织品，据《雍正朝大清会典》记载："凡大红蟒缎、大红缎、片金、折缨等项，派江宁织造承办；仿丝绫、杭绸等项，杭州织造承办；毛青布等项，苏州织造承办。"然而，三织造不仅仅是一个简单的织造机构，更是一个神秘的情报机构，肩负着为皇帝密探江南官场动向、笼络士族文人及休致官员、搜集各类信息等重要职责。

密探官场

江南地区向来富庶，是国家赋税的支柱，所以清代皇帝素来十分重视该地区官员的思想动态。康熙四十八年（1709年），康熙帝重新册立胤礽为太子，在写给苏州织造李煦的朱批中指示："近日闻得南方有许多闲言，无中作有，议论大小事。朕无可以托人打听，尔等受恩深重，但有所闻，可以亲手书折奏闻才好。此话断不可叫人知道，若有人知，尔即招祸矣。"

李煦心领神会，暗地里打听消息，先于十二月初二日上奏道："臣闻原任户部尚书王鸿绪，今岁解职回家之后，每月必差家人进京，至伊兄都察院王九龄处探听宫禁之事，无中作有，摇惑人心。又有徽州人程兆麟者，陕西曾做过道官，今往来苏州、扬州，招摇多事，时有闲言。又有苏人范溥，系山东东平州知州，丁忧归里，自称熟于京师要路，亦有招摇不根之语。"次年正月十九日，又密奏道："臣打听得王鸿绪每云：'我京中时常有密信来，东宫目下虽然复位，圣心犹在未定。'如此妄谈，惑乱人心……

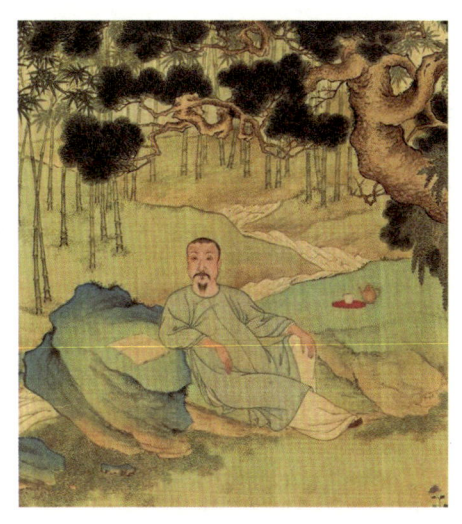

《李煦行乐图》（局部）

而王鸿绪门生故旧，处处有人，即今江苏新抚臣张伯行，亦鸿绪门生，且四布有人，又善于探听。"康熙帝通过李煦的打探，了解了江南地区官员的想法，对重立太子一事考虑得也就越发周详了。

笼络士人

明末清初，江南地区是反抗清军最为激烈的地区之一，当地的士族文人往往于其中发挥了重要作用，因此清代皇帝还赋予了三织造官员在江南地区笼络士族的职责。

康熙朝大学士熊赐履曾历任礼部尚书、吏部尚书等要职，素来清廉，因病身故后家中陷入困境，康熙帝便让李煦前去查看。李煦来到熊家后，发现熊赐履的长子熊志伊身患痰病，言语颠倒，所幸尚能糊口，而次子熊志契、三子熊志夔只有八九岁，跟随生母龚氏生活，十

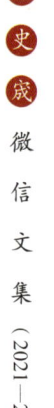

分艰难。李煦便找到江宁织造曹頫，宣读了康熙帝谕旨，委托其照顾熊赐履的家人。熊赐履是当时的理学名士，深受江南士人尊敬，李煦和曹頫的举动大大缓解了熊家人的困境，受到了江南一带士人的交口称颂。

打探情报

三织造还承担了搜集、报告当地各类情报的职责，如农业生产、反清活动等，无不在其关注范围之内。

农业方面，汇报内容包括当地农种、米价、灾害、天气等各类情况。乾隆元年（1736年）九月初一，苏州织造海保上奏："本年江苏各属十余州县，近山近水之处虽间有洼田被淹，统计为数无多……至于各处一切高田、平田、早禾、晚稻秀实丰茂，大胜往年，现在次第刈获，俱有十分收成。"嘉庆十一年（1806年）十二月二十日，江宁织造嵩年上奏："江宁地方自播种二麦之后，天气晴和。入冬以来，前于十月二十九日得有微雨，究未深透。兹于十二月十八日酉时彤云密布，亥刻雪花飘洒，嗣渐缤纷，至十九日寅时止。缘南方气候稍暖，旋落旋融外，积厚尚有三寸，四野一律均沾。"

刺探反清活动情报方面，三织造更是皇帝了解真实情况最重要的渠道之一。康熙朝晚期，江浙一带农民起义频发，如康熙四十六年的太仓一念和尚起义、康熙四十八年的浙江云和县彭子英起义、康熙五十一年的浙江台州渔民起义等。为了弄清楚这些起义的真实起因和围剿经过，康熙帝命三织造官员详细打听。如康熙四十七年，浙江四明山张廿一、张廿二农民起义，康熙帝便指示李煦："又闻浙江四明山有贼，尔密密访问，明白奏来。"李煦不负所托，不仅将整个起义从起事到被剿灭的全过程彻查清楚上奏，并记录下民情舆论："目下众人议论，皆云江浙百姓屡受万岁洪恩，去年偶逢旱灾，辄敢行劫拒捕，各贼实死有余辜。皆地方文武不能教化于平时，又不能消弭于临事，遂致群贼横行，众论沸腾，咸怨地方文武各官疏忽之所致也。"

皇帝心腹

正是依赖江南三织造搜集的大量情报，身居皇宫的清帝才能掌握江南地区相对真实的情况，了解地方官员的一举一动。那么，如此神秘而又重要的情报机构，它的人员又是怎么构成的呢？

《光绪朝钦定大清会典则例》记载："顺治初年定，江宁、苏州、杭州织造诸局，各遣监督一人，笔帖式、库使各一人，三年更代……又议准，江宁、苏州、杭州织造官员缺，于内务府郎中、员外郎内拣选引见授补。"所选中者均为内务府包衣三旗出身，与皇帝有着千丝万缕的关系，深受其信任，如出任江宁织造的曹寅是康熙帝幼年时的保姆之子，被任命为苏州织造的李煦是曹寅的妻兄，曾在畅春园侍奉过康熙帝5年。

康熙五十一年七月，身患疟疾的江宁织造曹寅在扬州气息奄奄，苏州织造李煦代其具折向康熙帝请赐御药医治。康熙帝阅折后，命人将专治疟疾的"金鸡纳"驰送扬州，并亲笔在奏折上叮嘱用法："用二钱末，酒调服，若轻了些，再吃一服，必要住的，住后或一钱或八分，

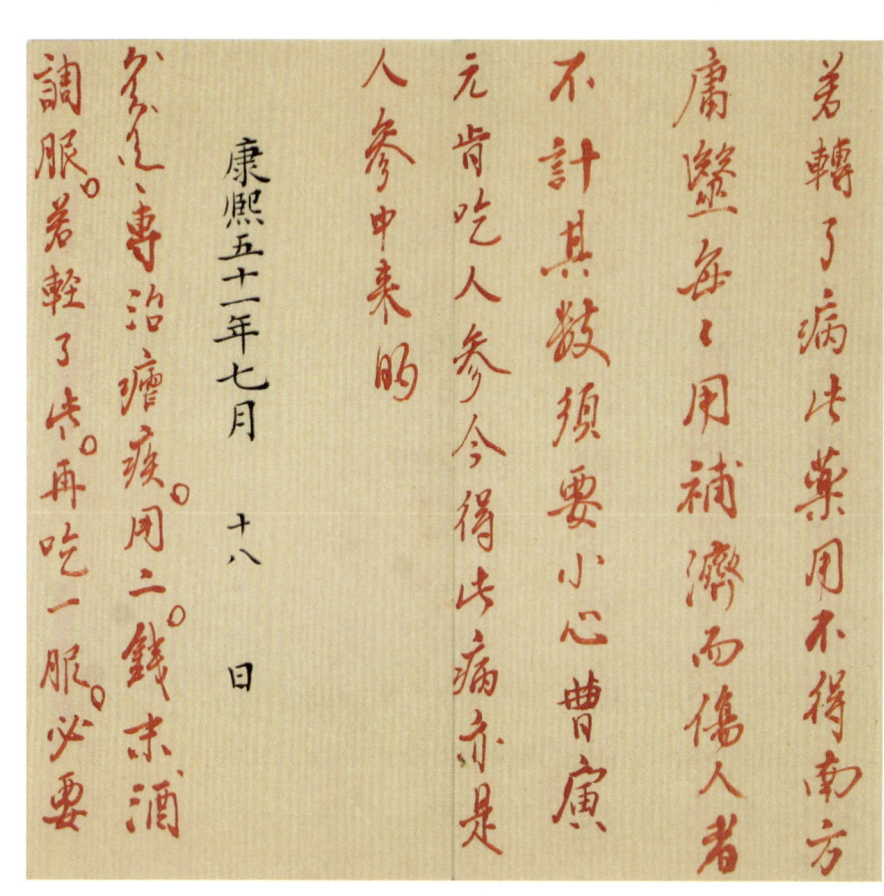

康熙帝亲书"金鸡纳"用法

连吃二服可以出根……须要认真，万嘱。"康熙帝的急切关怀之情流露在字里行间，这种君臣之间与众不同的感情，由此可见一斑。

正是得到了皇帝最直接的关心与信任，江南三织造这个神秘的情报机构才不断发挥着作用，成了皇帝在江南地区的眼线，一直延续到溥仪小朝廷时期。

清朝科场的关节作弊与防范措施

李国荣

清代科场舞弊五花八门，其作弊手法有夹带小抄、枪手冒名、移民冒籍、泄露试题、割换卷子、窜改答卷、买卖功名等十几种之多，其中最为隐秘的应该说是关节作弊。这里就谈谈关节作弊到底是怎么回事，清政府又是如何严加防范的。

诡秘隐蔽的关节作弊

科场关节作弊，始自两宋，盛于明清。

北宋真宗景德年间，朝廷制定了两项在古代科举史上具有重要意义的考场规则：一是糊名，二是誊录。糊名，是将试卷上考生的姓名、籍贯等项用纸糊盖起来，使批阅试卷的考官不知道手头的卷子是何人所作；誊录，则是在考生交卷后，另由考场专雇的誊录人员将考卷重抄一遍，然后再送交考官评阅，这样，就连考生的笔迹，考官也无法认出了。

可是，就在有了弥封糊名和誊录易书这两项防弊措施之后，又有了新的作弊"对策"——订关节、递条子。

关节作弊是科举时代隐蔽性最强的一种舞弊手段。徐珂《清稗类钞》记载："考官之于士子，先期约定符号，于试时标明卷中，谓之关节，亦曰关目。大小试皆有之，京师尤甚，每届科场，送关节者纷纷皆是。或书数虚字，或'也欤'，或'也哉'，或'也矣'。于诗下加一墨圈者银一百两，加一黄圈者金一百两。"如此说来，科场关节指的就是考生与考官为串通作弊而约定的符号、密通的字眼。

一般说来，采用密定关节这一舞弊方式，大多是在应考前考生与考官直接约好，或辗转相托间接地约定，在试卷内诗文某处用什么字作为记号，其中多数是用"夫""也""矣"这一类虚词作暗示，大多用在某文开头、某段结尾。为确保录取时准确无误，每个关节条子都订三四处的字眼。对订好的关节，写在条子上。考官入场后，留心于他要关照的人，凭手头字条上的关节暗号录取，一找一个准，绝不会遗漏。

作弊者暗订关节的绝招，使弥封、誊录等防范措施大打折扣。这真是道高一尺，魔高一丈！

清代科场关节作弊，程度最猖獗，手法最狡黠，危害也最大。清人评说：关节之弊"至本朝而益甚，各分房之所私许，两座师之所心约，以及京师贵人之所密嘱，如麻如粟，殆千百人。闱中无以为计，各开姓名，择其必不可已者登之，而间取一二孤寒，以塞人口"。

纵观清代科场，考官与考生串通勾连的关节作弊案接二连三，到了泛滥成灾的程度。仅是顺治十四年（1657年）北京城的顺天乡试，考官们就甩卖25个关节，结果有7位作弊的考官和考生在菜市口问斩，有关案犯和受牵连的人员108人流放边关。可以说，关节作弊严重地破坏了科举考试的公平，成为科场上的一大顽症。

煞费苦心的禁防措施

为了制止订关节递条子的科场积弊,清政府一直在苦求良策,除在考官的委派上严格执行保密、回避、锁院等项制度外,还在科考细节上加强防范,在考试内容和考务管理上制定了一系列针对关节作弊的禁防措施:

(一)八股考试禁用"大结"

八股文在明清两朝沿用了500余年之久。人们斥责它如何束缚士子见解,僵化人们思想,罪责难逃。也有评论者说,八股文使科考评卷标准化,亦有些许可取之处。八股文还有一个特殊功用,那就是防范关节作弊。

宋代就已发现,常有举子在试卷的内容上特别是开头结尾处用虚词作标记,串通考官作弊。明代根据前朝的经验和教训,认识到要防止关节作弊,须在文章的内容和格式上有相应的规定,这便是严格而刻板的八股文产生的原因之一。

八股文要求通篇文章整齐连贯,结构严谨细密,注重布局谋篇与章法格调,写法上讲究对偶排比,并有严格的字数规定。这对滥用虚词作标记的关节之弊无疑是一种限制。

到了清代,为防范关节,又对八股文作出进一步规定。在明朝,八股文的篇末准用大结,考生可借题议论,发挥汉唐以下之事,遣词造句的自由度相对大些,于是便常有考生将关节埋藏于大结处。康熙帝发现了这一漏洞,于康熙二十六年(1687年)下令:八股考试,禁用大结。

（二）限定卷文虚字

为防范关节作弊，清政府曾一度围绕着在卷内易订关节的虚字想对策。明时曾规定，卷文之内不得随意用虚词，否则以关节论处。

顺治二年（1645年），清王朝第一次举办科举考试，就对考卷开头、结尾各处所用的虚字作出统一规定，禁止士子使用自己拟写的虚字，具体规定是："头场破题用'也''焉''矣'，承题用'夫盖''甚矣''乎欤'，起讲用'意谓''若曰''以为''今夫'，小结用'盖'，大结用'抑''大抵''嗟夫'等字。七篇相同。"十分具体地开列出卷内关键地方统一使用的虚字。

康熙五十六年朝廷颁布旨令，三场考试中"七艺"的破题、承题、开讲等处所用的虚字，誊录朱卷时一律不抄写，使考官根本看不到这些虚字，以彻底杜绝在这些容易做手脚的地方订关节。

乾隆朝时有大臣提出，试卷内破题、承题、开讲等处虚字"概不誊写""自属防弊之一法"，但这样做"于文理既不明顺，且篇幅不完，体制尤多未协"。为此，乾隆四十二年（1777年）规定，三篇卷文统定虚字：承题，第一篇用"夫"，第二篇用"盖"，第三篇用"甚矣"；起讲，第一篇用"今夫"，第二篇用"且夫"，第三篇用"尝思"。到下一科考试时，即将这些承讲虚字错综更换，听凭主考官临时酌定。这些统一拟定的虚字，随同题纸发给士子，用入卷内。这样，所有考生的答卷，在三篇卷文中容易通关节的地方都是一样的虚字，也就难以搞鬼了。这一"防范更为周密"的方法，还由各省乡试推广到礼部

御筆

嘉慶四年二月二十九日內閣奉

上諭據御史沈琨條奏停止會場覆試試卷免填添註塗改字樣一摺已交大學士會同禮部議奏矣因思庶吉士散館翰林大考京官差各試卷向俱另紙起草近年始有添寫草稿之例夫試卷之有草稿原以核對筆跡杜代倩改竄之弊若已登仕版之人在內廷考校非鄉會試及小試可比且試卷並不易書即將原卷呈覽纂草進呈亦於體制未協嗣後翰林京官各試卷均毋庸添寫草稿又鄉會試頭場文字承題小講限用夫蓋甚矣及今夫且夫嘗思等字亦皆起自近年其實此等虛字即不限用亦屬無關弊竇真正關節原不在此此例併著停止欽此

嘉庆帝关于停止限定科考虚字的上谕（局部）

会试。

嘉庆四年（1799年），朝廷颁谕："乡、会试头场文字，承题、小讲限用'夫''盖''甚矣'及'今夫''且夫''尝思'等字，亦皆起自近年。其实，此等虚字，即不限用，亦属无关弊窦。真正关节，原不在此。此例并著停止。"根据嘉庆帝的这一旨意，科场限定虚字的办法此后停止了。

（三）停写"经文"与禁写"篆字"

清朝前期，举子应试《五经》，都是先将自己熟知的一段经文写在卷子开头，这很容易成为考生与考官私订关节的地方。为根绝此弊，雍正二年（1724年）停止了"先写所习本经文"的做法，这是禁防关节的又一举措。

嘉庆五年庚申科乡试考完后，按照定例，各省取中举人的朱卷、墨卷，根据路程的远近，从九月到十二月陆续解送到京，礼部派出专门官员对所有朱卷和墨卷进行磨勘检查。在磨勘过程中发现，四川、广东、广西、云南、贵州等几个省的举子墨卷内"有填用卦画及书写古篆者"。礼部尚书达椿将这一情况奏报，并称查阅磨勘条例，里面没有对书写卦画和篆字如何处理的明文，以后怎样办理，请皇帝明示。

嘉庆帝马上意识到，这里有关节作弊之嫌，传谕礼部："若似此书写卦画及古篆字样，尤非应试文体，且易起记认关节之弊。""嗣后乡、会试场，著礼部通行知照知贡举、监临，出示晓谕，如试卷内有书写卦画及篆体者，即照违示例贴出。其有违例中式者，将本生罚停一科，考官及应帖之外帘各官分别议处，以示惩儆。"嘉庆帝还要求把这条谕旨写入《钦定科场条例》，永远遵行。

（四）禁绝考官与外人交接

在制度上加强对考官的管束和制约，是防范暗通关节的重要一环。清朝从两个方面加大了管理力度：

一是严禁考官在外住公馆。针对各省乡试考官入闱前往往租住公馆，很容易与考生暗通关节的弊端，清政府多次重申，考官到省必须立即进住公所。光绪朝更是严格，场内的所有考试官员和主考一样，一经到省，立即进住指定的公所，并且封固大门，专人巡逻，定时启闭。这样一来，考官们对外交接往来自然断绝了。

二是严禁入闱各官接收场外物件。乾隆四十年规定，顺天及各省乡试，当八月初八日"举子进场完毕后，考试各官不得仍向家中索取什物""如遇考试各官家中送到什物，即全行驳回，不准放进"。这是防止考官的家人私递关节条子的一项有效措施。

此外，清政府还鼓励对关节作弊者揭发状告，这就使考官、士子处于相互监督之下，试图作弊者自然要收敛些。

综上可见，清政府为防范科场上的关节作弊，从考试内容到答卷形式，从考官住所到物品交接，都作出了一系列相应的规定。尽管这些禁防措施严而又严，但关节作弊案却是屡见不鲜，一直没能禁绝。

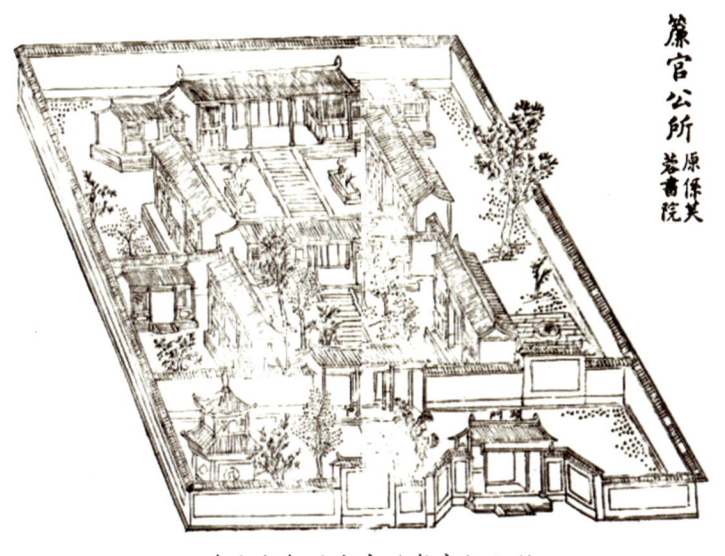

清代成都的帘官（考官）公所

清代对关羽的加封

丁 威

《解梁关帝志》记载："帝姓关，名羽，字云长，本字长生，河东解人也。为人勇而有义，好诵《左氏春秋》，略皆上口。"关羽死后备受民间推崇，又经历代朝廷褒封，清代奉为"忠义神武灵佑仁勇威显关圣大帝"，与号为"文圣"的孔子齐名。明清时期，供奉关羽的庙宇遍布各地，且延伸至海外。

加爵封王 始于宋代

关羽死后的最初谥封是在季汉景耀三年（260年），后主刘禅追谥其为"壮缪"。此时距关羽过世仅41年，这种追封带有褒奖、追念的意味。

给关羽加爵封王始于北宋。宋徽宗赵佶于崇宁元年（1102年）追封其为"忠惠公"，使关公由侯爵晋为公爵；事隔一年，又于崇宁三年（1104年）以"道君皇帝"名义封关羽为"崇宁真君"；大观二年（1108年）再封关羽为"昭烈武安王"；宣和五年（1123年）又封关羽为"义勇武安王"。在短短的21年间，赵佶追封关羽达4次之多，由侯晋公、由公晋王。

封关羽为帝始于明代。万历二十二年（1594年），应道士张通源的请求，晋关羽爵位为"帝"，这是关羽爵位正式由"王"晋"帝"之始，关庙的称谓亦由"忠武"改为"英烈";万历四十二年(1614年),再次加封关羽为"三界伏魔大帝神威远镇天尊关圣帝君"。

清代的统治者对关羽封谥有增无减。入关伊始,顺治九年(1652年),即封关羽为"忠义神武关圣大帝";乾隆三十三年(1768年),加封为"忠义神武灵佑关圣大帝";嘉庆十八年(1813年),天理教林清等人在京起义,被清军镇压,清廷认为,能够顺利镇压起义教众,还应归功于"关帝显灵",因此十九年加封关羽"仁勇"二字;嘉庆二十五年,新疆回部张格尔率众叛乱,历时8年,直到道光七年(1827年)"又蒙关帝垂佑"生擒张格尔,平叛告捷,加封"威显"二字。经过这次加封关帝谥号已增至10字。

咸丰二年(1852年),广西巡抚因关羽显灵庇护省城上奏咸丰帝,加封"护国"二字;咸丰三年,"因汴梁为京师屏藩,贼方肆其猖獗,

清代档案关于加封关羽的记载(局部)

神己代为诛戮……关帝显灵"加封"保民"二字；咸丰六年三月，经两广总督奏请加封"精诚"二字。咸丰七年，加封关羽谥号"绥靖"。仅咸丰帝一人就对关羽加封4次，至此关羽的谥号已增至18字。

同治九年（1870年），加封关帝谥号"翊赞"。光绪五年（1879年），在山西连年大旱之后，终于普降透雨，光绪帝几乎遍封山西各庙诸神，又给关羽增封"宣德"二字，这也是清廷最后一次加关帝谥号。此时关羽的谥号长达22字之多，全称为"忠义神武灵佑仁勇威显护国保民精诚绥靖翊赞宣德关圣大帝"。

清廷不仅加封关羽本人，对其家人也进行了加封。《清实录》记载，雍正四年（1726年）三月，给事中李兰奏请追封关羽祖父爵号，经礼部议定奏报雍正帝"追封关帝三代俱为公爵，牌位只书追封爵号，不著名氏。于京师白马关帝庙后殿供奉，遣官告祭。其山西解州、河南洛阳县塚庙，并各省府州县择庙宇之大者置主供奉后殿，春秋二次致祭"。

崇祀礼典 历代最高

清沿古制，祭祀分大祀、中祀、群祀三等。咸丰三年，清廷继续对关羽进行加封的同时，将关帝祀典升为中祀，享有与历代帝王、文昌帝君相同的祭祀礼遇。咸丰帝下旨"自明年春祭为始，悉照中祀礼举行，乐用六成，舞用八佾，以昭崇奉"。凡行中祀礼，一般遣官往祭，但清代亦有皇帝亲祭者，祭前斋戒两日，届期依既定仪制行祭。

咸丰四年，咸丰帝又诏准关帝祀典行三跪九叩之礼，突破了中祀的拜跪定制。这一年的农历八月十四日，咸丰帝亲到关帝庙祭拜行礼。从此，清代对关帝的崇祀礼典达到有史以来的最高峰。

纵观清廷对关羽不同时期的加封与崇祀，与当时所处的历史背景密切相关。入关伊始，顺治帝吸收了汉族传统文化，加封关羽，注重改变统治集团在汉族人心中的形象，以达到巩固政权的目的。乾隆朝以后，清朝的统治逐渐走向下坡路，天灾人祸、内外危机不断，天理教起义、张格尔叛乱、太平天国起义、鸦片战争等严重打击了清朝的统治，此时的统治者面临严重的统治危机，屡次加封关羽，升格崇祀典礼，迷信关帝神威，通过抬高神灵的地位来振奋统治者的信心，达到挽救统治的目的。残酷的历史事实证明，没有强大国力作为依托，迷信神明并不能挽救清朝的统治。

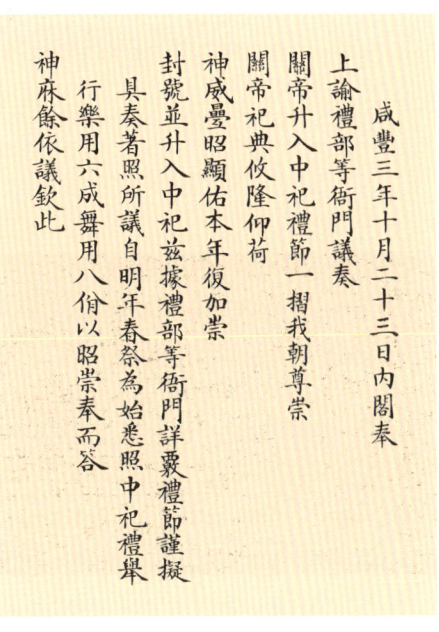

咸丰帝关于关帝祀典升为中祀的上谕

清朝如何奖励多胞胎

刘 恋

《宋人百子嬉春图》页（局部）（故宫博物院藏）

在我国古代，由于长期处于以自然经济为主体的农业社会，人力是最为宝贵的资源之一，因此政府和社会都十分重视人口的繁衍。历史上一直不乏有妇女一产三胎甚至多胎的记载，这本是正常现象，但自唐宋以后，一胎多子逐渐演化为一种人口繁盛的表征，被视为祥瑞之事，受到统治者的重视。在金元时期，开始对一胎多子实施奖励政策；明代时形成奖赏制度，奖赏办法主要是赐钱、给米；时至清朝，一产三胎至多胎的奖赏制度更加完善，在历史档案中常见相应的记载。

制定奖赏办法

清朝统治者认为，一胎多子与禾生九穗一样，实乃祥兆。一旦有家庭中诞生了多胞胎，地方官员通常都会十分重视，派人核验后，上报朝廷，发予奖励。

对一胎多子的奖赏制度始于康熙二年（1663年），《康熙朝大清会典》规定：凡有一胎生产三个孩子且都能存活的家庭，均由官府赏给米5石、布10匹。制度初行时，只要生产了三胞胎的家庭，无论生男生女，朝廷都会给予奖赏。

　　古代社会中普遍存在重男轻女的思想，男孩不仅是劳动力的重要储备，也是徭役的主要征收对象，战时更是士兵的主要来源，因此男孩的出生会更加受到重视。所以自康熙十三年起，对于一产三孩的奖赏改为赏给一产三男的家庭，男女并产以及一产三女的情况则不再列

直隶总督梁肯堂为陈化新之妻一产四男转饬赏给钱米事奏折（局部）

入奖赏范围。如乾隆五十五年（1790年），有直隶完县县民陈化新之妻刘氏，一胎产下4个男孩且俱完好存活，直隶总督专折奏请赏给米与布。

简化奖励程序

康熙初年，如果地方家庭出现一产三男，一般由该地督抚即时上报礼部，奏给皇帝，批准后给予嘉奖。随着后来政局的逐渐稳定，农业生产恢复发展，人口不断滋生，出现一产三男的家庭也较以前有所增多，若每家都经督抚单独奏准再行赏赐，不仅程序太过繁杂，也影响了奖赏的效率。遂于康熙三十五年规定，以后督抚将所在地方一产三男的情况具题礼部后，不必单独奏给皇帝，地方官可以先行赏给米、布，年底再由礼部将当年全国各地出现一产三男的情况汇总上报，自此停止了单题汇报的制度。

礼部汇总题报全国一产三男情况的题本，内容前后也稍有变化：清前期，礼部汇总上报时，要在题本中详细写明咨报人（一般为各省督抚）、产妇籍贯（或所属佐领及旗籍）及姓名；然而到清中后期时，题本上仅书写有某省一产三男的产妇几名。

政策灵活变通

清朝统治者不仅在内地推行奖赏一产三男的制度，也将其有所变通地在从未施行过该制度的地方，如内外蒙古、新疆等边疆地区推行，

> 嘉慶十二年十一月二十九日奉
> 旨察哈爾站兵吹扎布之妻一產三男禮部題請照直省民人之例賞給米五石布十疋蒙古以牲畜為養生之資賚以米布在本家俱不適用著交該都統等核照米五石布十疋所值折給馬牛羊等項牲畜倘後蒙古地方有一產三男者均照此賞賚禮部即載入則例遵行欽此

嘉庆帝关于定例蒙古地区一产三男赏给马牛羊的上谕

这也是清朝"因俗而治"的边疆政策的生动体现。

据档案记载,嘉庆十二年(1807年),蒙古地区察哈尔站兵吹扎布之妻,一胎生产3个男孩,礼部原本题请嘉庆帝,拟照内地一产三男之例给予赏赉米、布。但嘉庆帝考虑到蒙古地区乃游牧之地,应该因地制宜,遂降旨:"蒙古以牲畜为养生之资,赉以米布,在本家俱不适用。著交该都统等核照米五石、布十匹所值,折给马牛羊等项牲

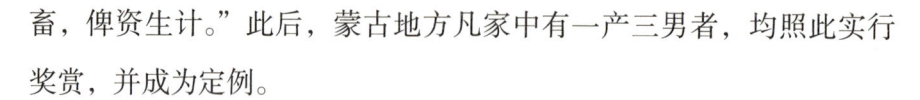

畜，俾资生计。"此后，蒙古地方凡家中有一产三男者，均照此实行奖赏，并成为定例。

此外，在一些边疆民族地区，为了鼓励生育，实行了积极的生育政策，统治者亦适当放宽了对多胞胎的奖赏条件。光绪十八年（1892年），居住在新疆辟展的回人玛木提之妻，一胎生产1个男孩和2个女孩，且其中1个女孩不幸未能存活，吐鲁番厅等官员认为此虽"照完例一产三男微有不同"，但也属于"盛世人瑞"，依然"赏给米五石、布十匹"，新疆巡抚陶模还下令加赏了6两银子。

清朝十分重视人口的出生，对产下多胞胎的家庭给予奖赏。在当时的医疗卫生条件下，产妇及多胞胎子女都能存活下来已属幸运，普通家庭养赡多孩更有一定的难度，朝廷赏给米布奖励，在衣食上对于多胞胎家庭给予了部分帮扶，这在一定程度上缓解了普通家庭抚养多胎孩子的压力。

清代内务府"官房"的来源

徐 莉

住房是民之大事，在清代也不例外。清代内务府是总管皇室宫禁事务的机构，内务府"官房"即内务府所管理的官方房产，这些房产既包括房屋也包括地基。康熙六十年（1721年）内务府设置官房租库负责对官房进行实际管理。乾隆三十六年（1771年），每年派一名内务府大臣专门管理官房租库事务，一年期满，即向皇帝请旨另行选派内务府大臣接管该事务。乾隆年间内务府大臣金简、福长安、伊龄阿、

《嘉庆朝钦定大清会典》关于内务府官房租库职掌的记载

德保、巴宁阿、丰绅殷德，嘉庆朝额勒布、苏楞额、常福、徽瑞、那彦宝等均曾管理过官房租库。

《嘉庆朝钦定大清会典》记载，内务府官房租库职掌有四，分别是出租官房征收房租；官房售卖估算房价；修葺破损房屋；公用官房按旨给发。简言之就是负责官房的出租、出售、修葺和分配。

内务府管理官房数量因各种缘由有所变化，并不固定。在清查时大多有具体详尽的统计数量。据清代档案记载，乾隆四十六年，内府三旗三十五佐领、三十内管领，收管京城内外官房7023间，地基117块7段，在这些官房里"一年共空闲房一千五百九十二间半，地基七十七块七段。租出铺面房四千六百六十五间半，住房七百六十五间，地基四十块。"如此大量的房屋是从何而来呢？

从档案记载来看，内务府官房主要有三个来源：

一、新建房屋。新建官房是内务府官房的重要来源。乾隆三十一年四月二十六日，内务府奏报乾隆帝，正阳门外新建官房工程处，将新建官房1252间交给步军统领衙门和内务府管理。官房租库将这部分新建官房"听官民人等租住"。因官房以檩计间，对照以往旧房和民房的租金，适当调高了租金价格，每月应征租银391两7钱，一年共征租银4700余两。

二、罚没入官房屋。嘉庆元年（1796年）六月，内务府郎中阿克当阿借过原任闽浙总督伍拉纳之子舒崑3000两银子。后来伍拉纳获罪被抄家，查出了阿克当阿写给舒崑的借据，提督衙门勒令阿克当阿限期还款。阿克当阿称在期限之内已经还了1000两，本打算卖掉东直门内北小街的铺面房来还剩余的2000两借款，结果房子没有按时卖出去，他便将东直门内北小街三十二间半房屋按原契纸折银2000余两抵押入官。馆藏内务府呈稿档案中，清楚地记录了阿克当阿抵入官的房屋数量："五檩正房五间，五檩西耳房二间，五檩东厢房三间，五檩西厢房五间，四檩西灰棚一间，五檩东厢房二间，前五檩后三檩搭连房六间，四檩拍三间，共房二十七间。"

罚没入官的房屋还包括了将房屋赔补入官的情况。嘉庆元年八月，原任吉林将军恒秀任内亏空吉林参务银两，需赔补银5000两，因无力完交，将东安门外大鹁鸽市胡同"抵项入官住房七十八间""马圈房二十七间""小鹁鸽市住房十七间""共现存房一百二十二间"按照原契价算作银7000两抵入内务府，为官房租库收管。

三、交回公房。遇有机构裁撤，公房无用则需要交回。如道光八年（1828年）十二月，上驷院所属小马圈奉旨裁撤，所遗房间因现无用处，转交官房租库。此次小马圈交回：小马圈住班房五间，门窗户

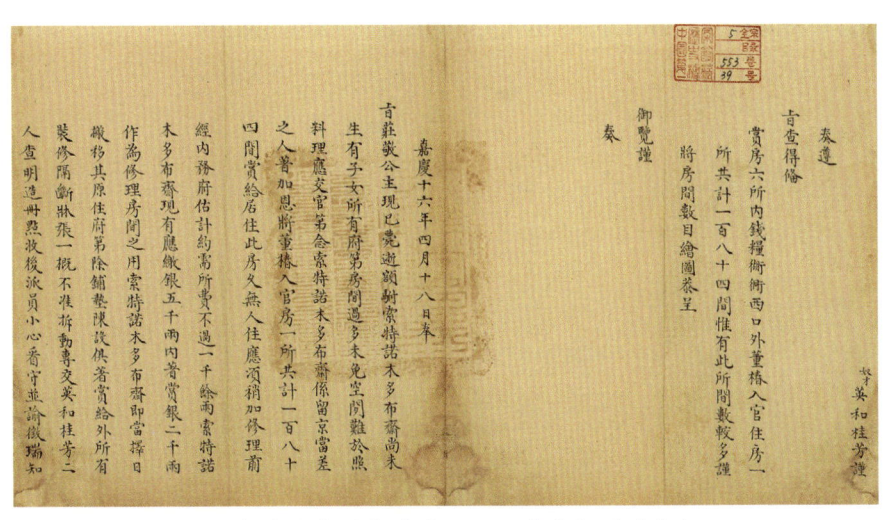

内务府为查得备赏房间处所事奏折（局部）

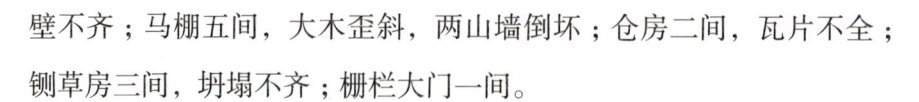

壁不齐；马棚五间，大木歪斜，两山墙倒坏；仓房二间，瓦片不全；铡草房三间，坍塌不齐；栅栏大门一间。

此外，如公主薨逝原住房也要收回。嘉庆十六年，因庄敬公主薨逝，额驸索特诺木多布斋未生有子女，住所房间过多，难以照料，内务府便将原来的居所收回了。考虑到额驸留京当差，嘉庆帝另赏给额驸一所官房居住，计房屋184间，同时赏银2000两用于修葺新赐房屋。

内务府官房租库所管辖各类房屋数量较多，分布于京城各处，来源广泛。通过清代内务府有关官房档案的翔实记载，让我们有机会窥探清代官民居住使用房屋的情形。

清朝人买官房可以"分期付款"

徐 莉

在清代,内务府设置官房租库负责对官房进行实际管理,内务府管理的官房,主要用于出租、售卖、公用及备赏。内务府官房租库所收管各处入官房屋中,铺面房不准售卖,其他房屋、地基在留出出租和皇上备赏的房间之外,其余住房、地基,如有人认买,向皇帝奏明即可令买家交钱认买。

从清代内务府奏案认买房价清单上看,官方对买房之人并无身份上的限制,官员、兵丁、拜唐阿人等均可购买内务府官房。

官房租库负责给出售的官房估价。从史料来看多按檩作价。乾隆时期的档案显示:"凡有入官房间内有应行变价抵项房间,自九檩至

内务府官房分等出售定价表

类型	售价				
	一等房型	二等房型	三等房型	四等房型	五等房型
九檩房	100	90	80	70	60
八檩房	90	80	70	60	50
七檩房	80	70	60	50	40
六檩房	60	50	40	30	25
五檩房	45	40	35	30	25
四檩房	35	30	25	20	15
三檩房	25	20	15	10	5

三檩仍照雍正九年以前旧例，以七十两至十两次第分别估价。"

到了嘉庆时期，内务府对官房售价有了更为详细的规定。根据《嘉庆朝钦定大清会典》的记载，以檩计价，综合考虑房屋的面宽丈尺、檐柱丈尺及有没有倾斜、渗漏等情况，将房屋自九檩至三檩分7种，每种又分5等，每间房屋按照檩数等级售银100至5两不等。

购买官房的付款方式非常灵活，主要有三种：一是交现银付全款购买；二是交部分现银作为首付款，余款在约定年限内扣俸饷还款购买；三是不付首付款，直接扣俸饷还款购买。

第一种，交现银付全款购买者最为省事，选择后两种用俸饷认买官房之人，首付款比例和扣俸饷还款的年限有所变化。乾隆年间，大学士尹继善曾拟定过用俸饷买官房的付款和分期还款政策，以1000两为分界，价格在1000两以上的房子，先交纳首付款一半，即百分之五十，其余银两限8年扣俸饷交纳。价格1000两以下的，如果扣5年俸饷足够还完房款，就扣5年俸饷；如果扣5年俸饷不够还完房款，则先预付首付款一半，其余款项5年还完。

从内务府奏案认买官房档案中可以清晰了解当时人购房付款的情况。

乾隆五十三年（1788年）二月，工部尚书福长安认买雅德入官细瓦厂住房一所，计228间。所有房屋按檩计价：其中七檩房36间，每间价银50两，计银1800两；六檩房23间，每间价银40两，计银920两；垂花门一座，计银40两；五檩房47间，每间价银30两，计银1410两；四檩群房25间，每间价银20两，计银500两；四檩游廊96间，每间价银20两，计银1920两，所有房屋共作价银6590两。

尚书福长安现交价银一半，即首付全部房款的百分之五十，其余银两限两年还完。

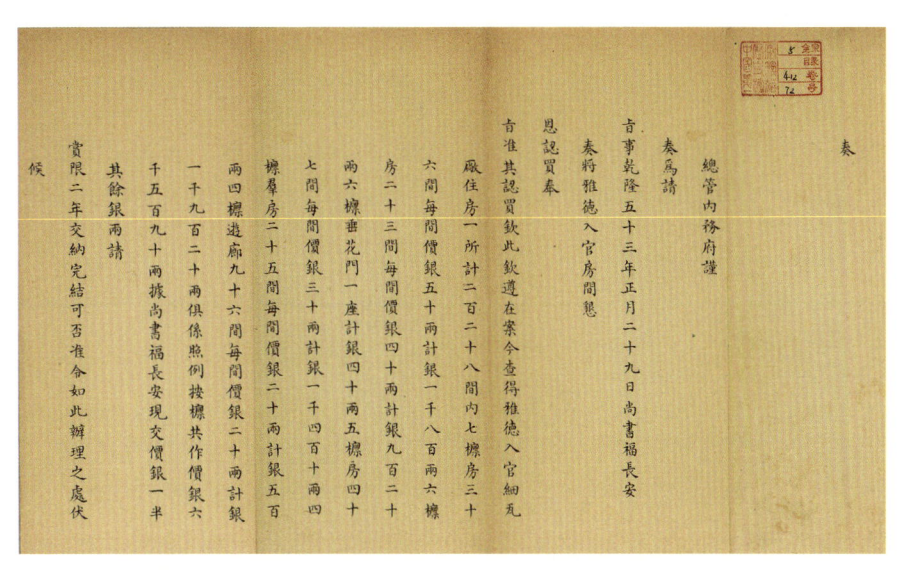

内务府为工部尚书福长安认买官房交银事奏折（局部）

乾隆五十三年五月十三日，总管内务府官房租库进呈的一份认买房价清单里，详细反映了全款现银和分期付款认买官房和地基的情形。房屋根据地段和房间多少价格从几百两到千余两不等，相较房屋，地基相对便宜。镇国将军头等侍卫宗室永琛、员外郎延福、侍读学士法式善等18人，购买的房屋18所、地基1块、院基1块均以现银一次性付款。护军参领宗室伯尔奔、副都统范宜恒、銮仪使隆安等11人认买官房11所，均首付百分之五十，余款按季扣俸饷还款。护军参领永湘等9人认买的11所官房，没有付首付款，而是直接按季扣俸饷还款。此次，共有38人购买内务官房，售出房屋40所，共房1107间，地基1块，院基1块，房价银共38710两4钱9分5厘。现交银

23916 两 1 钱 6 厘，按俸季扣交银 14795 两 3 钱 8 分 9 厘。

内务府虽有所管官房的售卖之责，但卖房的房款并不归入内务府，而是归入户部，进了国库。用俸饷按揭"分期付款"的房款，户部在发放俸饷的时候会直接扣下，这种还款方式似乎比现在银行扣款更直接。可见，内务府为了售卖官房也是想尽办法，采取了灵活的买房付款政策。

清朝也有"公租房"

徐 莉

清代内务府官房除了对外出售，也向在京"公务员"出租。梳理内务府档案发现，内务府官房出租有相应规则，对于租房人员资格有诸多限制，堪称清代版的"公租房"。

以汉员租住内务府官房为例，对租房人员资格作了限定，有切实举措让官房以居住为目的。乾隆末年，经时任工部尚书、总管内务府大臣金简奏准，正阳门外建盖的官房租赁汉员都应为现任在京官员，升迁、离任及降革、丁忧、告假、回籍的官员都不准居住。同时如有汉员呈请租赁，办理官员要即刻向吏部行文，查核其是否具有资格。

官房租库为正阳门外建盖官房租赁居住汉员职名移咨吏部查照事呈稿（局部）

从嘉庆二年（1797年）的一份呈稿来看，申请租住官房的既有低级官员，如吏部司务（正八品）、七品京官；也有高级官员，如吏部侍郎、工部侍郎（均为正二品）；更多的还是中级官员：内阁侍读（正六品）、兵部郎中（正五品）、翰林院侍讲（从四品）、鸿胪寺少卿（正四品）等。

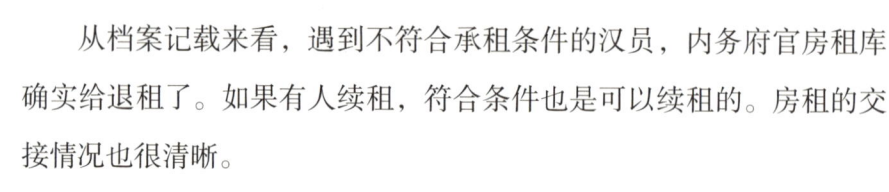

从档案记载来看，遇到不符合承租条件的汉员，内务府官房租库确实给退租了。如果有人续租，符合条件也是可以续租的。房租的交接情况也很清晰。

从嘉庆二年三月的一件内务府呈稿档案附件中，可以清楚地了解位于宣武门外一带的几所"公租房"退租和接续租住情形。

因房屋太小不够用而退租。福建道御史孙球，租住宣武门外上斜街路南官房一所，共36间，该官房每月租银是9两7钱5分，因为房屋太小不够用退租。从嘉庆元年八月到嘉庆二年正月的6个月房租，已经从他的俸银内扣除。礼科给事中王钟健情愿接续租住，从当年二月起按季扣俸饷交房租；还有工部主事习振翎，租住宣武门外延旺庙街官房一所，计7间，因为不够居住而退租，每月租银1两7钱5分，房租已经从俸银内扣至嘉庆二年正月。工部主事郑士超情愿接续租住，从嘉庆二年二月起按季扣俸饷交房租。

因丁忧而退租。古代官员如遇父母、祖父母丧事，需居家守制3年，称为丁忧。乾隆二十九年（1764年）曾颁布上谕：凡丁忧之员，一律离任守制。所以丁忧官员不符合租住内务府官房的条件。户部员外郎焦以厚，租住将军教场三条胡同官房一所，共20间，因丁忧退租，每月租银5两8钱，房租已经从俸银内扣至嘉庆二年正月。额外主事杨毓江呈请租住该官房，其俸银还不够抵扣租银，就在户部七品官张三纲名下俸银内代扣。可能杨、张二位关系特殊或者私下另有协议约定，所以张三纲愿为代扣。

因告假回籍而退租。江西道监察御史孙廷夔，租住正阳门外方壶斋后身官房一所，共28间，因告假回籍退租，每月租银7两3钱，房租坐扣至嘉庆二年正月。兵科给事中温常绶呈请接续租住，按季坐扣俸银交租金。

因另外租赁民房居住而退租。刑部山西司郎中郭仪长，租住宣武门外延旺庙街官房一所，共29间，因另外租赁民房居住退租，每月租银7两8钱，房租扣俸银至嘉庆元年秋季。翰林院编修汪镛情愿续租，按季坐扣俸银交付租金；还有租住正阳门外沙土园官房的翰林院检讨汪滋畹、租住保安寺街官房的户部员外郎章守勋二人也是同样原因退租。

因外放而退租。内阁中书周有声，租住香炉营四条胡同官房一所，共26间，因外放退租，每月租银6两8钱，房租坐扣俸银至嘉庆二年正月。内阁中书张曾献情愿续租，按季坐扣俸银支付租金；还有租住宣武门外将军教场五条胡同西官房的新授知府崔景仪因补放外任退租。

因离任而退租。刑部员外郎袁名器，租住米市胡同官房，共23间，因告病离任退租，每月租银6两5分，房租坐扣俸银至嘉庆二年正月。吏部主事薛淇情愿续租，按季坐扣俸银支付租金。

主动退租。原任兵部候补主事王育琮，租住宣武门外下斜街路西官房一所，共23间，主动退租，每月租银6两2钱，房租坐扣俸银至嘉庆二年夏季，欠交秋季房租。吏部主事赵遵律情愿续租，按季坐扣俸银支付租金，王育琮欠交的秋季房租也在其俸银里坐扣；还有租住宣武门外将军教场六条胡同西官房的刑部郎中吴振藻是因为移房而主动退租。

仅嘉庆一朝，记录内务府官房租库所辖官房交出及续租情形就有

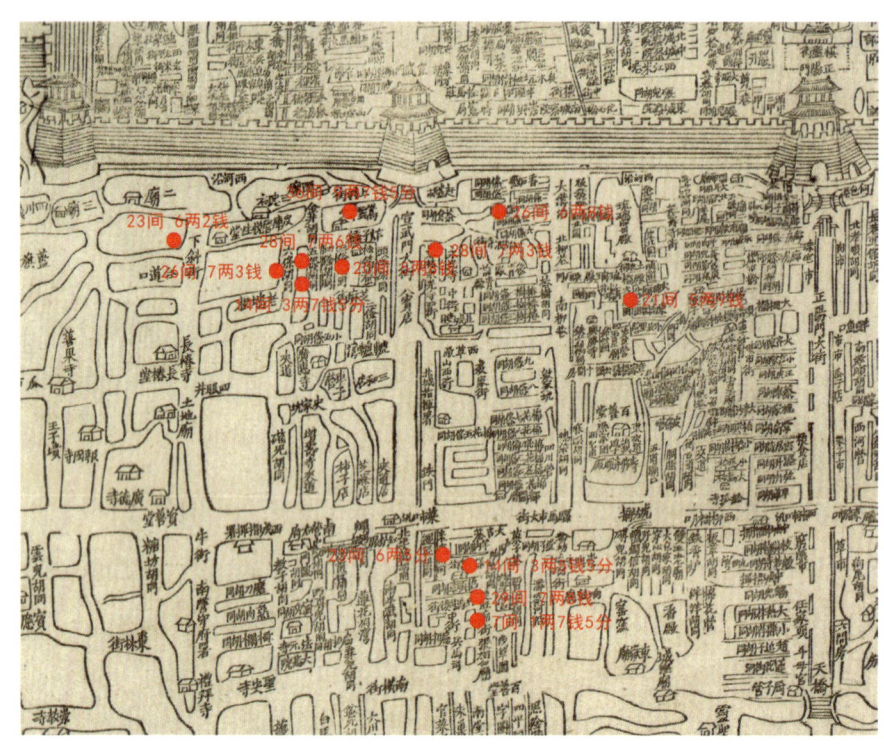

嘉庆二年北京宣武门外部分"公租房"位置示意图（根据档案绘制）

7类，部分反映了退租和接续租住内务府官房的情形，可知当时租住官房的政策会考虑切实的居住需求，避免官房空置。可见，清代的"公务员"也是有"公租房"的，而且有着相当规范的管理制度。

皇史宬南墙的那些事儿

吴焕良

2022年春皇史宬南院修缮工程的工作人员在皇史宬南墙中部偏西位置，除去非墙体原始砖料后，清理出一座结构完整的"随墙门"，经考证应是明代所建。

门是什么样的门

此门的门楣及4个门簪保存相对完好，门扇因密封于墙体之中时日太久，糟朽败坏，仅存一半有余。经现场勘查，此门较皇史宬门左右之东西角门略宽一些。这一相对宽度情况及墙体开门位置，与成图于清乾隆初年的《皇史宬全图》所绘一致。

《皇史宬全图》的成图时间，应在乾隆十二年（1747年）至十五年之间，原藏清宫造办处。该图详细描摹乾隆朝初期皇史宬建筑群，尤其正殿内的陈设情况。图中所绘南院部分，有值房1座，东西两端各有琉璃门1座。南墙中间偏西位置，开随墙琉璃门1座，与现今修缮时所发现的情况吻合。在该门位置处，图上另有注释文字："南墙外系库资胡同，不通别路，门常不开。"

从现存门扇、门楣及门簪安装情况看，此座琉璃门系由外向内开，也即自现今的墙外一侧向南院内部开启。其形制式样，应与紫禁城内各类似院落的随墙琉璃门相仿，只是在装饰等级及繁复程度上，或有些许差别。依目前情况看，门楣之上或为无琉璃装饰的素挂檐，门框两侧直接接砖墙，并未加装石料。但相对于更为朴素些的随墙门，因为加装了门簪，从建筑等级上讲，还是有所区别。综合而言，约为寿康宫区域南侧两座随墙门的取中情况。

关于皇史宬及南侧院落情况，按康熙朝《皇城宫殿衙署图》（以下简称《衙署图》）所示，在皇史宬南墙外，菖蒲河北岸确有一处院落，与皇史宬南院共用同一堵墙。检索已有研究，此图应绘于康熙八年（1669年）底，上距明清鼎革仅20余年。兼之此处并非紧要之处，其街巷院落的布局应与

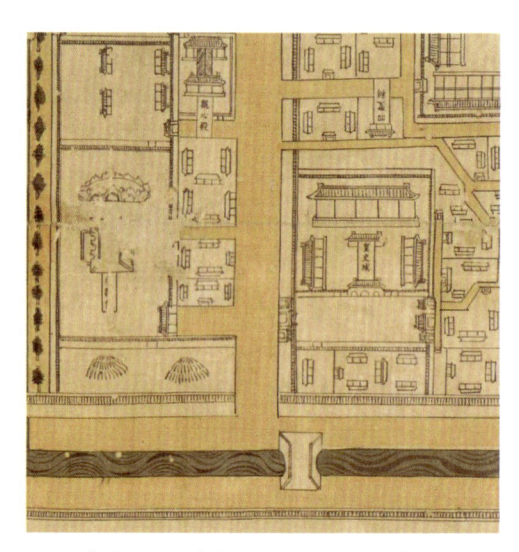

清康熙朝《皇城宫殿衙署图》（局部）
（台北故宫博物院藏）

明末情况相去无多，大致可视作嘉靖朝皇史宬初建后的周界情况。

目前皇史宬"南院"东西琉璃门及北院周墙均为黄色琉璃墙帽，唯独"南院"南墙为绿色琉璃墙帽，有理由怀疑，就原初建制而言，此南墙其实与南侧院落为一体，如此一来，墙上所开随墙琉璃门的朝向更为合乎情理。今日所称皇史宬南院，实际上应当为两处院落共用之夹道。

墙外世界的模样

关于皇史宬南侧这处院落，据单士元先生所著《明北京宫苑图考》一书，在"南城及河东"一节中，称皇史宬南侧有"御作"一处。考其描述，对照《衙署图》，皇史宬南墙之外的这处院落，应该就是明代的"御作"。

据明万历年间曾充任司礼监的太监刘若愚所著《酌中志》内载："（皇史宬）再南，则御前作""专管营造龙床、龙桌、箱柜之类"，设掌作官一员、散官十余员，属司礼监掌印太监或秉笔太监直辖。《大明会典》卷二百七载："司礼监御作房成造龙床等项物料、金箔，成造书画柜匣等项杉木板枋、笔料。"

入清后，至迟到康熙朝前期，如《衙署图》所示，本区域院落规制一如前朝：皇史宬南院与墙外院落共用一墙，南侧院落在墙体上开门，向北通行，除此之外，尚未新辟街巷。至乾隆朝初期，按《皇史宬全图》所绘，南墙之门处已经注明"南墙外系库资胡同"，表明此时的南侧院落，已经出现明显改变。

查阅乾隆朝《京城全图》，可见皇史宬南侧已由完整封闭的院落改建为值房、仓库等用，并新辟一曲折胡同，标称"裤子胡同"，即是《皇史宬全图》所注之"库资胡同"（现称"库司胡同"）。

这套十七排《京城全图》系内大臣海望主持测绘制作，完成于乾隆十五年五月，虽略晚于《皇史宬全图》，但其呈现的地理信息在乾隆十年至十五年之间，仍属同一时期。两相对照可以确认，此时皇史宬南墙之外的区域，已改作他用。也进一步解释了《皇史宬全图》所

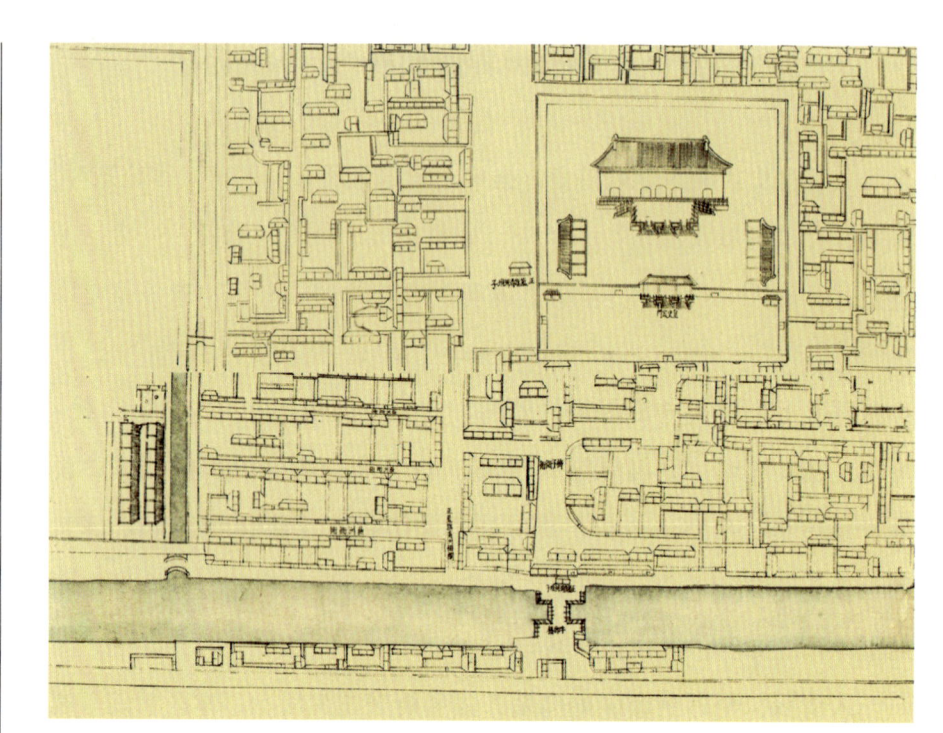

清乾隆朝《京城全图》（局部）

称"不通别路，门常不开"这一说法的具体含义。

同时，完成于乾隆朝初期的这两组图，还透露出另一层信息，即此时墙上所开之门虽已基本失去了通行功能，但并未封堵，只是作为常闭之门存在。

墙外虽有胡同，但整体区域依然处于皇城禁地之内，官仓内库，自然少不了兵丁驻扎值守。而皇史宬本身则额设七品守尉3人、兵丁16人，轮班驻守在南院值房，也就是南墙北侧。如此部署，即便此随墙门未曾封堵，谅也不至于存在安全问题。

从现存的建筑格局来看，皇史宬及南院和南墙以外的库房、胡同，自乾隆朝前期变动后，直至清朝灭亡，未再有明显变化。库资（库司）胡同的走向也一直延续。依常理推断，各项兵丁驻守管理规制，也应一如"祖制"，大体一致。如此一来，开在墙上的这座随墙门，至少在清朝结束前应该没有被封堵。

门洞的消失与重现

民国成立直到新中国成立初期，皇史宬南院先出租给市政机构充作办公场所之用，南院院内在旧有值房基础上，增建平房几处。宫墙之内开出的这座门，直面南侧菖蒲河及长安街。有理由相信，这座门的封堵应该就发生在这一时期。

根据现今实地踏勘情况，推断封堵大致分两个阶段完成。第一阶段，由外而内即自南墙外侧起，以砖石杂料将门洞与墙壁整体封堵取齐，这一变动可能发生于清亡后不久。第二阶段，封堵门洞北侧即南院院内一侧，推断为南院内增建住房时所为。

当然，要准确厘清门洞封堵详情，还应进一步查访相关档案资料方可定谳。但无论如何，这一始建于明代的随墙门，其木制门楣、门框、门扇以及门簪，至迟在20世纪70年代，便已被彻底封堵，"消失"在青砖红墙之内，至今已近半个世纪。

期待皇史宬南院修缮工程能让皇史宬这座保存最完整、建筑最古老的明清皇家档案库建筑群以更好的姿态，更加原初完整的样貌，更好地发挥历史档案及古建筑"存史资政育人"功能，更好助力北京中轴线文化带建设和北京历史文化名城建设。

石室金匮有真"金"

王金龙

2021年9月,位于北京南池子大街南口、有着"石室金匮"之称的国家重点文物保护单位、明清两代的皇家档案库——皇史宬正式向社会团体开放预约参观。当人们走入皇史宬,不仅会被匠心独运、功能完备、设计精巧的正殿古建筑所震撼,也不禁会被正殿内存放的制作精美、保存完好、独具特色的明清皇家档案装具——金匮所吸引,对其背后的历史故事充满好奇。

金匮里头有真金

金匮每座规格为长宽高135厘米×75厘米×130厘米,重达166公斤,内为楠木材质并饰以万寿藤花黄绫,外裹鎏金铜皮并錾刻云龙纹图案,专门用来存放明清两朝皇帝的实录、圣训等珍贵典籍。

清朝工部在制作金匮时,确实要使用一定数量的黄金,因此,称为"金匮"是名副其实的。据清代内务府档案记载,嘉庆十一年(1806年),皇史宬因需存放新修成的乾隆帝圣训和实录要制造一批金匮,工部承担这批金匮的制造任务,要求内务府给发用于制造的"头等赤金一千三百二十六两二钱五分五厘,八成色金五百六十四两四钱八分"。内务府在查看了广储司银库存贮金两的情况后,发现库内并无头等赤金,仅存八成色金及以下的各色金两,于是经向嘉庆帝奏请同意,降低制造金匮所需金两的等级，全部用八成色金作为制造金匮的原料。

据乾隆朝《皇史宬全图》记载，乾隆朝皇史宬正殿内有金匮32座，而至嘉庆朝《皇史宬金匮排架图》中，金匮已增至102座，可见当时存放乾隆帝的圣训和实录共用了70座金匮。然而，这70座金匮是使用了原存东配殿的"前明金匮19座"，仅制作了51座新的金匮，还

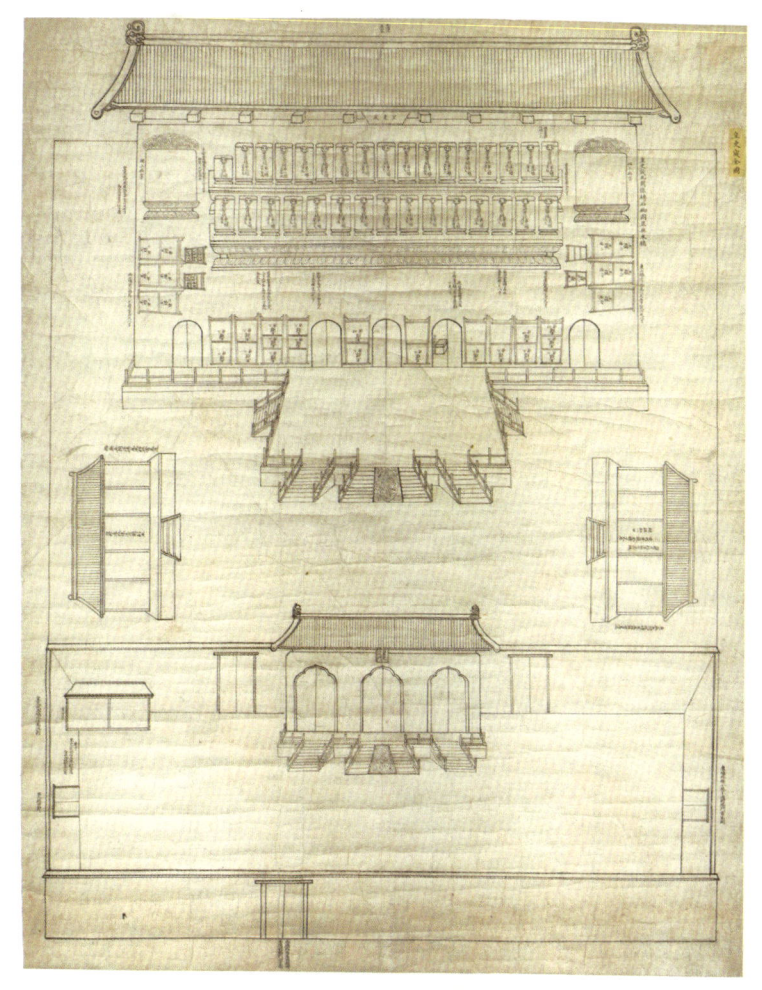

乾隆朝《皇史宬全图》

是全部重新制造，却没有明确记载。就制造金匮的用金量，如果是全部重新制造，则此70座金匮共用八成色金1890.735两，按清代16两进制计算，则每座金匮需黄金近1.7斤；如果使用了旧存的19座明朝金匮，仅重新制作了51座金匮，则每座金匮需黄金多达2.3斤！

金匮数量渐增加

现存金匮共计152座，原存放于皇史宬正殿内石台之上，目前一史馆新馆展藏120座，其余32座仍存皇史宬正殿内。据绘制于乾隆时期的《皇史宬全图》内东配殿存有"前明实录金匮十九座"的记载判断，明朝金匮应为19座，清朝金匮133座。

根据乾隆至光绪各朝皇史宬全图及金匮排架位置图等档案，我们可以详细了解不同时期皇史宬金匮数量的变化情况。

乾隆朝皇史宬正殿内有金匮32座。后为存入新增的圣训、实录，金匮数量逐渐增加。嘉庆朝增至102座，道光朝新增金匮28座，咸丰朝又增加25座，至此金匮总数达到了155座。

然而时至同治朝与光绪朝，金匮的数量却有所减少。同治朝金匮数量减为142座，光绪朝则只有141座。同治、光绪两朝存入的实录、圣训在增多，金匮数量反而减少，究其原因，是皇史宬石台上的金匮近乎摆满，无法腾出多余的位置再行添置，因此只能将前朝金匮中所藏档案进行归并，以腾出金匮贮放新增的实录、圣训。

同治五年（1866年）三月，咸丰帝实录、圣训即将修成，需按惯例存入皇史宬金匮。据当时办理此事的内阁大学士官文奏称，皇史宬

《皇史宬金匮图》

"正殿石台现尊藏三祖五宗实录、圣训金匮共一百五十五匮，石台已将列满，只余二匮地位。今用二十二匮实难安设，臣等再四思维，惟有将匮内尊藏之书，敬谨查阅，酌拟归并。恭查世宗宪皇帝以上匮少书密，均无可归并，惟高宗纯皇帝、仁宗睿皇帝、宣宗成皇帝匮内之书，依次归并，计可余出三十五匮地位，将来尊藏文宗显皇帝二十二匮，绰有余地"。根据咸丰朝、同治朝绘制的2幅皇史宬金匮摆放位置图，此次归并，存放乾隆帝、嘉庆帝、道光帝实录、圣训的金匮均部分被腾出，合计共空出35座金匮，并用其中的22座来贮放咸丰帝的实录、圣训，这与大学士官文奏折内所载正好相符。

"消失"的金漆柜

光绪朝的金匮数量比同治朝又减少1座，亦是由于在存入同治帝实录、圣训时，发现"金匮、石台已将列满"，于是大学士李鸿章奏请光绪帝同意将"匮内之书归并尊藏"，对乾隆、嘉庆、道光、咸丰帝的部分金匮实录等进行了归并，腾出金匮24座。而后，将其中的23座"交工部修饰见新"，为存放同治皇帝的实录、圣训所用。

1922年，光绪帝的实录、圣训修成，照例需存入皇史宬金匮内。据档案记载，存入光绪帝实录、圣训共用了12座金匮，据此，皇史宬金匮总数应为153座。但目前却仅有152座金匮保留下来。再根据乾隆朝《皇史宬全图》记载，当时石台上的32座金匮中，有1座为尺寸较小的"金漆柜"，长0.85米、宽0.46米、高0.96米，专门用来存放雍正帝的满文上谕，与其他实录、圣训金匮相比，"金漆柜"明显要小很多。但目前皇史宬留存下来的152座金匮，规格基本都是相同的，并未发现内有尺寸较小的"金漆柜"。

由此推测，相差的1座金匮应为这座尺寸较小的"金漆柜"，目前尚未发现其下落。但这座"金漆柜"内保存的雍正帝满文上谕档案则完整保存下来。

综上可以看出，现存152座金匮中，应有明朝金匮19座，清朝金匮133座。清朝的133座金匮中，32座应制作于乾隆朝初期或之前，其他则分别制作于嘉庆、道光和咸丰朝，而同治和光绪朝应没有再制作新的金匮，仅是对原有金匮做了一些"修饰见新"的工作。从现存金匮的制作工艺、匮体云龙纹的精美和繁复程度，我们大致可以推断出这些金匮的制作年代。

档案里的土尔扈特万里东归

李 刚

习近平总书记在 2019 年全国民族团结进步表彰大会上的讲话中表示"我们伟大的精神是各民族共同培育的。在历史长河中，农耕文明的勤劳质朴、崇礼亲仁，草原文明的热烈奔放、勇猛刚健，海洋文明的海纳百川、敢拼会赢，源源不断注入中华民族的特质和禀赋，共同熔铸了以爱国主义为核心的伟大民族精神。昭君出塞、文成公主进藏、凉州会盟、瓦氏夫人抗倭、土尔扈特万里东归、锡伯族万里戍边就是这样的历史佳话。"发生在清代的土尔扈特万里东归的历史佳话，被记录珍藏在清宫档案里。

飘落异乡

土尔扈特部是我国蒙古族中一个古老的部落，明清时期属于卫拉特蒙古。卫拉特在明朝时被称为瓦剌，在清朝时被称为厄鲁特、额鲁特。卫拉特蒙古主要有 4 个部落：准噶尔、土尔扈特、杜尔伯特、和硕特。

17 世纪 20 年代，卫拉特各部之间纷争不断，加之牧场缺乏造成严重的经济危机，土尔扈特部首领和鄂尔勒克决定率部西迁至伏尔加河下游地区。当时伏尔加河下游、里海之滨，尚未被俄国占领，完全是一片有待开拓的处女地。土尔扈特人在此劳动生息，建立"土尔扈特汗国"。但 17—18 世纪正值沙皇俄国崛起、大肆扩张之时，沙俄的侵略随即接踵而至，身处异乡的土尔扈特人备受沙俄统治者的剥削和压迫。

土尔扈特部虽然西迁万里之遥，但十分眷恋故土，始终与祖国保持着联系。土尔扈特部多次遣使回国呈递表文、进贡方物以及熬茶拜佛等。清廷也两次委派官员到土尔扈特部颁给敕谕、赏赐物品，表达关心和慰问。这种持续的互访交往，埋下了后来土尔扈特部东归的种子。

毅然回归

俄国通过向土尔扈特部征兵、派兵进驻监视、吞食游牧地、将上层子弟作为人质、在土尔扈特部内扶持东正教势力等做法，不断加深对土尔扈特部的压迫和控制，土尔扈特部日益失去平等地位。

在土尔扈特人走到危机关头之时，受部众拥戴的年轻的渥巴锡继承汗位，开始寻找民族出路。但当时无论是屈服俄国统治，还是反抗俄国保持独立，都很难走得通，只有东归彻底摆脱俄国统治可行。

渥巴锡像

经过精心策划酝酿，乾隆三十五年（1770 年）秋，土尔扈特汗渥巴锡在伏尔加河东岸一个秘密地点，召集策伯克多尔济、巴木巴尔、舍楞、达什敦杜克、达喇嘛罗布藏丹增等召开秘密会议，商定返回祖国，并立下庄严誓言。随后东归计划开始实施。

尽管渥巴锡等人力图对俄国人保密，消息还是不胫而走，俄国人派兵前来打探虚实，并加强对土尔扈特部的监控，这迫使渥巴锡不得不提前行动。原本计划伏尔加河结冰后发动起义，携带西岸1万余户土尔扈特人一同东归。然而当年暖冬，伏尔加河久久不结冰，西岸人无法过河。根据形势的变化，渥巴锡提前召集部众进行总动员，指出如不反抗脱离俄国，则会沦为奴隶。渥巴锡的动员，点燃了土尔扈特人心中奔向光明的火焰，一次永垂史册的行动将要付诸实施。

归途艰险

乾隆三十五年（1771年）十二月初一日，土尔扈特部奋起反抗俄国压迫，派军突袭俄国政府派驻渥巴锡牙帐的兵营，这是公开起义的信号。

渥巴锡将东归的33000多户近17万人的队伍分成3支：巴木巴尔和舍楞率精锐部队前面开路，其余领主在队伍两侧行进，渥巴锡和策伯克多尔济居中。

消息传到圣彼得堡，俄国派出大量哥萨克士兵，紧追东去的土尔扈特人，并对留在伏尔加河西岸的1万余户土尔扈特人采取严密防范措施，防止其追随渥巴锡东返。土尔扈特人面对俄军的前堵后追，浴血奋战。

土尔扈特人很快甩掉尾追俄军，穿越乌拉尔河，进入哈萨克草原。此时，他们遭到哥萨克袭击，9000多名土尔扈特战士壮烈牺牲。后在东进必经的奥琴峡谷，土尔扈特人在渥巴锡的有力指挥下，几乎全歼抢先占据此山口的哥萨克军队，为牺牲的同胞报了仇，哥萨克的拦截被彻底击溃。

但是，艰苦的行程在等待着土尔扈特人，俄国、哈萨克联军2万余人尾追，有人产生动摇，渥巴锡及时召开会议，统一思想、

土尔扈特档封面

鼓舞士气、继续前行，到达叶尔盖河时将俄哈联军抛在后面。在叶尔盖河畔稍加休整时，土尔扈特人又与哈萨克和巴什基尔人的联合军队发生激战，付出巨大牺牲后，击溃了该联军。此后，土尔扈特人又与尾随的小股哈萨克军队发生数次战斗。

东归近17万土尔扈特人，经过一路恶战，加上疾病和饥饿，抵达祖国西北的伊犁河畔时仅剩一半，牺牲八九万人。至此，土尔扈特人在付出巨大牺牲下，历经8个月，行程近万里的东归征程，终以胜利抵达而结束，土尔扈特人跨越2个世纪的回归梦也得以实现。

接纳救济

土尔扈特东归之事，清廷事先并不知晓。乾隆三十六年三月，署

理定边左副将军车布登札布奏报俄方派人来告，清廷才得知土尔扈特部东归的消息。

清廷得到消息后，作出两方面判断和安排，一方面如果是平定准噶尔叛乱时逃往俄罗斯的人回迁，应妥加安置，并谴责俄罗斯当初未遣返逃人。另一方面若是土尔扈特部回归，亦属被俄罗斯压迫返回故土，理当安置接济。乾隆帝对土尔扈特东归表现出了政治上的远见卓识，对此十分重视，派员前往迎接并颁给敕书。

清廷决定接纳土尔扈特部，并着手办理相关安置事宜。从全国各地调拨粮食、衣物、牲畜及银两等物资到伊犁等地，经过派员查看其人口和贫困情况后，立即妥善接济贫困中的土尔扈特人，指给临时性住所安顿，帮助他们渡过难关。仅乾隆三十六年短短几个月里，从各族人民中调集支援土尔扈特部的物资就有：马牛羊20余万头、米麦4万多石、茶2万余封、羊裘5万余件、棉布6万余匹、棉花近6万斤、毡庐400余具。翻开清代档案，一份份各地捐助物品的清单，是历史上各民族兄弟情谊的最好见证。

朝觐封爵

乾隆帝得知土尔扈特回归之初，便决定要在热河避暑山庄召见渥巴锡等土尔扈特首领，并安排钦差大臣额驸色布腾巴珠尔及御前侍卫德赫布等护送土尔扈特首领远赴避暑山庄。因此，渥巴锡等人在渡过伊犁河后，稍事安顿即从伊犁起程，途经乌鲁木齐、巴里坤、哈密、肃州、凉州、宁夏、大同、宣化、怀安，出张家口，直奔承德。

渥巴锡在承德的觐见活动以乾隆三十六年九月十六日为界，分为木兰围场和避暑山庄两段。渥巴锡在这两地都受到了清廷很高的礼遇。

九月初八日，渥巴锡等抵达伊锦霍洛口行营，觐见木兰秋狝至此的乾隆帝。乾隆帝在行幄召见渥巴锡等，用蒙古语问询并赏给茶食，渥巴锡等进献了携带而来的枪支、腰刀、撒袋等物。初九日始，乾隆帝让土尔扈特人等随围观猎，宴赉有加。

十七日，抵避暑山庄。此后，乾隆帝颁布封爵谕令，封渥巴锡为乌讷恩素珠克图旧土尔扈特部卓里克图汗，其他来归大小首领均予封授爵位。乾隆帝还在澹泊敬诚殿接见渥巴锡一行，之后又在四知书屋和卷阿胜境个别召见渥巴锡并与之长谈，渥巴锡向乾隆帝讲述了东归历程和祖辈的历史。

渥巴锡等在避暑山庄住了近半个月，参加了清廷举行的筵宴、火戏、普陀宗胜之庙落成典礼等盛典。乾隆帝还在普陀宗乘之庙内建立《土尔扈特全部归顺记》和《优恤土尔扈特部众记》两通石碑，以垂永久。三十日起，渥巴锡等陆续启程返回伊犁。

永久安置

为了妥善安置回归的土尔扈特部众，使其安居乐业，乾隆帝特颁谕旨，由伊犁将军负责办理永久性安置事务。

经过精心筹划，按照其首领所属部众，分别划给牧地，采用盟旗制度管理。其中旧土尔扈特南、北、东、西四路，分别归喀喇沙尔办事大臣、塔尔巴哈台参赞大臣、库尔喀喇乌苏领队大臣和伊犁将军管辖，并由伊犁将军总统管理旧土尔扈特四部落事务，而新土尔扈特部落归科布多参赞大臣管辖。

清宫档案

清代土尔扈特满汉文档案是清朝中央机关及相关地方官员在办理土尔扈特事务过程中形成的公文，具有独特的客观性、完整性和系统性，是研究土尔扈特历史最原始、最直接的第一手材料。

按照清朝规定，满文和汉文都是国家通用文字，视不同的地区和情况，采用不同的文字书写公文，必要时还以满汉合璧方式书写公文。所以，清廷在处理土尔扈特过程中形成的文书档案中，既有满文书写

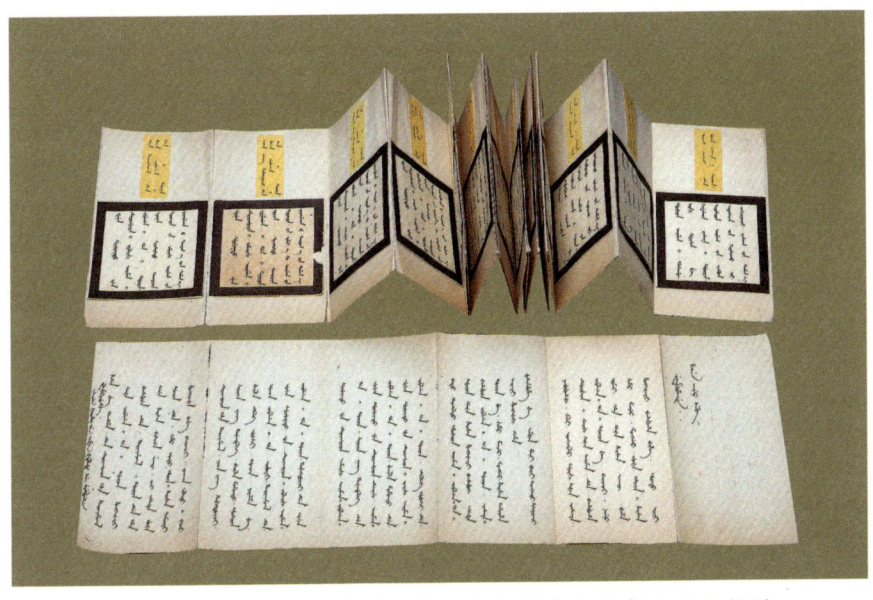

舒赫德等为颁给土尔扈特各部盟长扎萨克印信事片及印式样

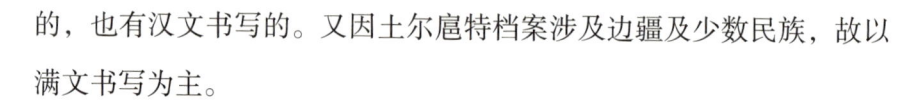

的，也有汉文书写的。又因土尔扈特档案涉及边疆及少数民族，故以满文书写为主。

　　土尔扈特部东归是历史上一次伟大的壮举，是一桩可歌可泣的重大事件，也创造了举世闻名的奇迹，他们虽飘落异乡，但始终与祖国在情感和文化上保持着密切的联系。土尔扈特部万里东归，为增进和维护民族团结、巩固和发展多民族统一国家作出了贡献，也充分表现了中华民族不畏强暴、反抗压迫的光荣传统，彰显了中华民族强大的凝聚力和向心力，其所体现的以爱国主义为核心的伟大民族精神更是中华民族宝贵的精神财富。

《四库全书》征书二三事

丁 好

《四库全书》是我国古代一部规模最大、卷帙最多的综合性丛书，其编修经历了漫长复杂的过程，从乾隆三十七年（1772年）正月征集各地图书开始，到乾隆四十六年十二月第一部《四库全书》修竣入藏紫禁城文渊阁，共历时10年之久。《四库全书》的漫长征书过程中发生了很多小插曲，被翔实记录在了清代档案中。

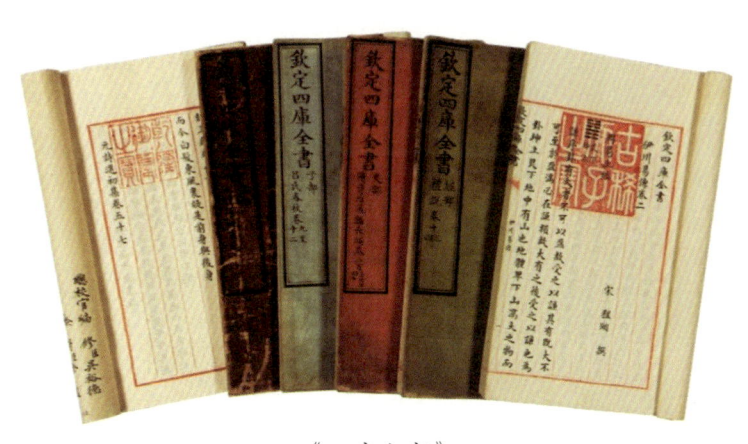

《四库全书》

无书不必交

乾隆三十七年正月，乾隆帝一纸上谕下发全国，要求各省搜集图书，"除坊肆所售举业时文，及民间无用之族谱、尺牍、屏幛、寿言等类，又其人本无实学，不过嫁名驰骛，编刻酬倡诗文，琐碎无当者"

不用征收外，其他书籍都需要悉心留意，将书目上奏。

随着规模浩大的征书在全国展开，乾隆帝在宫中心心念念等待着各省上奏书目。

十月，贵州巡抚图思德上奏，称贵州因位置偏远，素来人际荒芜，人文氛围也不浓厚，自从清代以来才逐渐"蒸蒸日上"，可惜各类书籍"鲜有撰述"。乾隆帝心中无奈，却也知道所述是实，所以并没有

乾隆帝命各省搜集图书的上谕（局部）

严加批驳，只是朱批了一个"览"字。

然而除了收到这份鲜有书目可循的奏报外，下发上谕后10个月内竟无一省上奏书目。乾隆帝甚是不悦，下旨申斥各省督抚的迟疑，告诫各省征书同"民生国计"一样"刻不容缓"，需要从速办理。

奉天府尹博卿额接旨以后非常惶恐，因为关外流传的典籍很少，而且均是常见的四书五经之类，此番又遭到了催促，左右为难。但为表忠心，他很快就上奏了所收集到的书目，虽然没有乾隆帝所要的名人流传下来的旧书，但是博卿额为讨好乾隆帝，多次保证将继续设法访求。乾隆帝深知奉天省"风俗淳朴，本少著述流传"，认为博卿额没有领会自己的意图，还有可能扰民甚至滋生事端，因此斥责其"不晓事"，责令"不必再行访购，以免滋生纷扰"。虽然遭到了训斥，但对博卿额来说却是长舒了一口气，因为他的征书任务就此不了了之。

借书一定还

形成鲜明对比的是，对于"人文渊薮"的江浙地区，乾隆帝则没有这么宽容，他认为这里"书肆最多"，定会不负期待。乾隆三十八年初，随着征书的持续进行，扬州商人马裕进入了乾隆帝的视线。

乾隆帝听说马裕家中藏书丰富，"唐宋时秘册遗文，多能裒辑存贮，其中宜有可观"。顿时心痒难耐，遂下旨两淮监政李质颖派人寻访并借出抄录，并希望"多多益善"。与此同时，两江总督高晋已按照之前的旨意先在马裕家藏书中拣出了书籍133种，李质颖又特地奉旨前往选出了书籍211种，所有书目一并呈送皇帝御览。

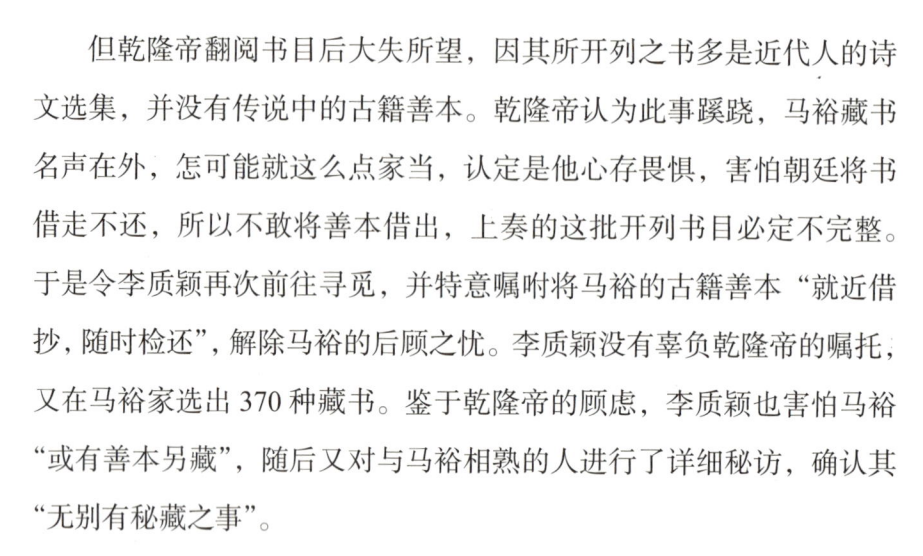

但乾隆帝翻阅书目后大失所望，因其所开列之书多是近代人的诗文选集，并没有传说中的古籍善本。乾隆帝认为此事蹊跷，马裕藏书名声在外，怎可能就这点家当，认定是他心存畏惧，害怕朝廷将书借走不还，所以不敢将善本借出，上奏的这批开列书目必定不完整。于是令李质颖再次前往寻觅，并特意嘱咐将马裕的古籍善本"就近借抄，随时检还"，解除马裕的后顾之忧。李质颖没有辜负乾隆帝的嘱托，又在马裕家选出370种藏书。鉴于乾隆帝的顾虑，李质颖也害怕马裕"或有善本另藏"，随后又对与马裕相熟的人进行了详细秘访，确认其"无别有秘藏之事"。

通过对马裕的多次"搜刮"，前后共呈送书目多达776种。马裕也在封疆大吏的多次寻访下，"主动"恳请将选出书籍呈送，不需要再归还。而对马裕家藏书已经意兴阑珊的乾隆帝并不领情，对此淡淡地说："俟办完《四库全书》，仍将原本发还，留此亦无用也。"

虽然藏书并没有让乾隆帝完全满意，但马裕仍是私人藏书家中进书种类最多的，后来也得到了乾隆帝的嘉奖赏赐。而在整个征书过程中，江苏和浙江共进书9400多种，数量居全国首位，远超其他各省的总和。

"假"书要挨罚

乾隆三十八年十二月初六日，一份军机大臣的奏片引起了乾隆帝的注意。奏片中称：不久前有个叫作戎英的山西人到四库全书处主动进献了两本书，一本是他自己从河图洛书中推衍出的《万年配天策》，另一本是专为乾隆帝平定金川而写的《天人平西策》。并且很神秘地说其中的兵法不方便明言，需要配合他幼时所作的其他书籍领悟，他愿意将目录一并进献。

见多识广、学识渊博的四库馆臣们一眼就看穿了戎英胡编乱造的诡计，考虑到进献的书目中可能有大逆不道的内容，立即让步军统领衙门官员将戎英收押起来严加审讯，并搜查了他所有的进京停留之地，并没有发现不法的字迹和进献目录中的图书。戎英招供称是为了获取功名才进献了这两本书，进献目录中的其他图书也是自己编造的，并且背写出了图书的内容。四库馆臣们一读，哑然失笑，所谓的"避炮攻碉法"等都是民间小说中的一些无稽之谈，根本没有任何实际的用处。

看到戎英为了骗取功名这般胡闹，大臣们认定他必定不是个守法安分之人，所以请旨将其押送刑部，并令山西按察使黄检搜查其在山西的家。黄检领旨后立刻对戎英家住的几间破屋进行突击搜查，发现了一个线缝花布包袱，拆开来看，便是戎英进献目录中的书籍。其妻称，戎英"每日只是痴痴呆呆写书"，并且说"功名富贵都在里面"，上京前将书放在花布包袱中还不许人动。其子称，常听戎英说书籍的内容"天机不可泄露"，等有了识货的人再细细写出来看，所以这些书并没有人看过。但是黄检等人还是不放心，耐着性子将这些书细细翻看一遍，内容全是抄袭前人书籍中的陈词滥调，却也没有什么不法言语，于是将情况奏报给了乾隆帝。

虽然没有什么悖逆的言论，但戎英的这种妄图骗取功名的"捣乱"行为仍令皇帝愤怒。最终戎英被发配乌鲁木齐种地，这般惩处也是为

《乾隆帝写字像》轴（故宫博物院藏）

了震慑同样想通过胡编乱造求取功名的人。

《四库全书》征书过程自乾隆三十七年至乾隆四十三年，历时7年之久，最终征集到书籍12237种，可谓前无古人。基于如此的征书成果，《四库全书》的编修才得以顺利地推进。

《四库全书》纂修中的奖与惩

丁 好

作为中国古代一部规模最大、卷帙最多的综合性丛书,《四库全书》共收录图书 3400 余种,保存了清代乾隆朝以前的大多数重要典籍,是我国古代思想文化遗产的重要组成部分。《四库全书》的纂修共历时 10 年,在下令征集全国各地书籍后,于乾隆三十八年(1773 年)二月设立了四库全书馆,专门负责纂修事宜。在如此长时间大规模的纂修中,要保证成书质量,做好奖惩是必须的,当然也是一件不易的事。

庞大的纂修队伍

在四库全书馆设立后,乾隆帝为全力做好修书工作,组织了一支数量庞大而又结构复杂的纂修队伍。在这支队伍里,有许多人们熟知的学术大家,如擅长经学、古文的姚鼐,兼通经史百家的刘墉,精于算学的李潢、陈际新等,可谓是鸿儒硕学。但是,仅有这些大学问家对于纂修《四库全书》来说是不够的,如此浩大的工程必须职责分工明确,每个人都各司其职。

四库全书馆总体负责的是正总裁和副总裁。最初,乾隆帝派刘统勋、刘纶、于敏中、福隆安、王际华、裘曰修等为正总裁,英廉、庆桂、张若溎、曹秀先、李友棠为副总裁,已经算是人员众多。然而后来,乾隆帝又进行了多次增派补充正、副总裁，至乾隆四十四年二月十二日，所有满汉三品以上大臣中，在四库全书馆中担任过总裁、总阅的已有25人之多，接近总人数的一半。让如此多的高级官员在四库馆中兼任职务，可见乾隆帝对于编修《四库全书》的重视程度。

四库全书馆具体工作由大量纂修人员负责，大致分为缮写、分校、复校、总校几个工序。在缮写阶段，需要将从各地征集来的书籍进行誊录，起初选派了60人，后因为工作量巨大又增加了400人。这些人员均为书法清秀的举人，每人每天需要缮写1000字，除去30天领书交书的时间，每人每年要缮写33万字。在校对阶段，需要对流传和抄录过程中产生的文字错误进行校改，起初设有分校人员32名，

质郡王永瑢等为遵旨议定《四库全书》章程事奏折（局部）

由一名翰林担任总校。但校阅量实在太过巨大，后来又增派了复校人员16名。除此之外，随着编纂的进行，乾隆帝又不断从京外将进士、举人等专门调入四库全书馆工作。

严格的管理条例

《四库全书》纂修的工作量巨大，参与人员众多，由于各人的水平和态度不一，会产生许多缮写和校对错误。乾隆三十八年十月初九日，乾隆帝在阅看修书成果时"信手翻阅，即有错字二处"，他进而又想到"则其余书写舛误者，谅复不少"。在生气之余，乾隆帝反思到"若不定以考成，难期善本"。因此，立即令《四库全书》总裁大臣确立功过处分的章程。

不久，永瑢等就草拟上奏了《功过处分条例》。条例详细规定了各阶段的奖惩措施：在分校阶段，如果校出错字，必须随时更改；如果该字在原版本中就是错的，则免于记过；如果是誊录时写错的，每错一处誊录记过1次；如果能将原版本中的错字看出来，并修改得当，每一处记功1次。在复校和总校阶段，亦如此制。在皇帝御览时，如果发现错字，则相关人员加倍记过，并交部察议。这些功过会详细记录在功过簿上，在官员任职5年期满后，将功过簿详加核对，分列各个等次后送交吏部，作为官员提拔选用的重要参考。对于成绩突出的大力嘉奖，对于有过无功的，则会淘汰后另选人员替换。

这份《功过处分条例》的出台，对于激励人员认真编书有着很大的作用。但是在实际处罚犯错人员时，存在着不公平不合理之处。按照清代惯例,在衙门里当差的官员犯错,一般对低级别官员的处分要比高级别官员重,因为具体事务都是由低级别官员承担,高级别官员只是汇总审看。因此在最初处罚纂修《四库全书》犯错人员时,一般将高级别的总裁罚俸半年,将级别较低的总校、复校、分校等罚俸1年。这实际上对于纂修人员并不公平,没有考虑到《四库全书》编纂与一般衙门办事的不同之处。因为总裁与分校、复校的工作责任是相同的,而且总裁本身俸禄优厚,但低级别官员罚俸一年就可能无法养家糊口。乾隆帝敏锐地发现了这个问题,他下令在处罚时,总裁依旧罚俸半年,级别较低的仅罚俸3个月。乾隆帝还指派阿哥参与《四库全书》的校勘,如阿哥校书有错,与其他官员同等处分,以示公正。

良好的实施效果

《四库全书》纂修过程实际上是乾隆帝与编纂人员的一种博弈,一方面乾隆帝对于《四库全书》期望很高,必须修成流传后世的善本,另一方面一些纂修人员三心二意,各类错误层出不穷。乾隆帝力图通过亲自奖惩的方式,让纂修人员尽心修好《四库全书》。

首先是在阅看核查修书上亲力亲为。乾隆帝花费了大量时间和精力亲自阅看书籍,使得他在奖惩时可以更准确、更有针对性。

其次是对所有纂修勤勉之人大力嘉奖,对校书勤勉的官员授予翰林院侍读等。即使是之前犯错的官员,只要修书有功,也能以功抵过。原本降级留任的纪昀就因修书尽心出力,被破例列入官员升补名单;原本降三级调用的分纂翁方纲,因为在纂修中学识出众,被授为翰林院编修。对于因病去世的总裁官王际华,因其在修书时殚精竭虑,被乾隆帝追封为太子太保,并将之前所有陪革记录全部开复。除了提拔任用外,乾隆帝还会额外赏赐缎匹、荷包、笔墨纸砚等。

再次是对纂修出错之人严厉惩罚。乾隆三十八年十二月二十五日,乾隆帝在批览《金史》时发现,书中的"诚"字错写成了"城"字,立即将承办此书的编修宋铣交部察议。乾隆三十九年二月二十一日,乾隆帝审阅已经精心校对过的《圣祖仁皇帝御制文集》时,发现将"桃花"误写成了"梅花",于是将涉及此书的总裁、复校、分校等人员一并交部议处。

奖惩只是手段,最重要的是触动纂修人员的内心。乾隆四十二年四月初六日,乾隆帝仅将三月以来出错3次以上的总裁、2次以上的编修等交部察议,其余未到次数人员,均予以嘉恩。乾隆帝认为,即使给予察议的处分,不过是罚俸而已,在如此宽厚的处罚下,如果纂

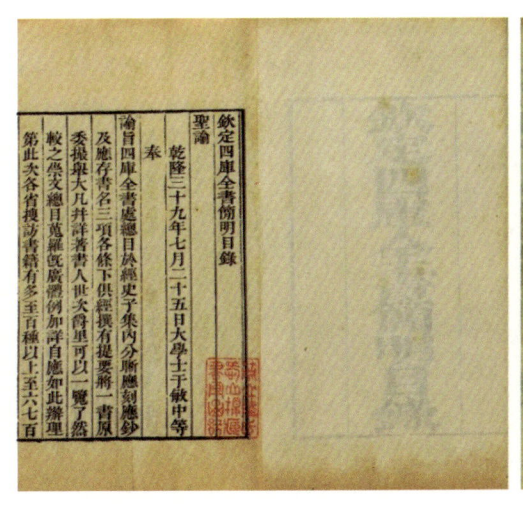

《四库全书简明目录》

修人员还不尽心校阅，他们就会抚心自问，自觉惭愧。事实上也是如此，大学士舒赫德在奏折中就提到："皇上万几之暇，一经披阅即蒙指示，而臣职司校勘未能详细看出，非一二字讹错可比，实属惶愧无地。"可见乾隆帝的奖惩措施确实达到了最初的目标。

一本字典引发的文字狱

伍媛媛

《康熙字典》是清代康熙朝修纂的一部字库大全，是中国古代唯一以皇帝年号命名的字典。全书共收录汉字47035个，在辨形、注音、释义、引例等方面，都比以前的字书更加完备和实用，达到了古代字书发展的顶峰，时至今日仍是学习古汉语和文史研究的重要工具书。然而，在《康熙字典》纂修完成60多年后，竟然因这部字典引发了一场文字狱，上自朝廷官员，下至"黎民百姓"，上上下下牵连了近百人，其影响是相当大的。

举人著书

清初的几代君主，为了维持和巩固对全国的统治，都十分重视学习并利用汉族的传统文化。康熙帝在位期间，"留意典籍，编定群书"，组织文人编纂了众多书籍，如《清文鉴》《渊鉴类函》《古今图书集成》等。康熙帝认为明代所编《字汇》《正字通》均不足依据，于是在康熙四十九年（1710年）提出编修一部大型汉文字典的设想，主张"删繁补漏，辨疑订讹"，博采众家之长，编写一部"古今形体之辨，方言声气之殊，部分班列，开卷了然"的字书。康熙帝任命朝中重臣张玉书、陈廷敬为总纂官，凌绍雯、史夔、周起渭、陈世儒等27人为修纂官，经过6年的努力，字书于康熙五十五年编成，康熙帝钦定书名为《康熙字典》。这部旷世字典的刊刻颁布，成为汉字集大成的工具书。

乾隆朝江西新昌县（今宜丰县）举人王锡侯，因屡次会试落第，故而转向故纸堆寻求精神寄托，潜心著书立说。王锡侯对《康熙字典》做了一番研读，认为《康熙字典》是以部首来分类，因此有"穿贯之难"，于是仿照类书，按"以义贯字"的方法，把读音或意义相同、相近的字，汇集到一处，编写了一部新字典《字贯》，全书分天文、地理、人事、物类4类40部。

《康熙字典》

乾隆三十九年（1774年），《字贯》一书在吉安府隆庆寺刻印出版，并很快行销到江浙湖广等地。王锡侯对这部体例新颖、部头可观的字典寄予厚望，想借它的刊行换取银子，来改变他"床头金尽，瓶中粟罄"的生活困境。然而，《字贯》非但没有换来他梦寐以求的名誉和收入，反而给他招来了杀身之祸。

同族告发

王锡侯的同族王泷南因唆讼发配，后逃回家乡，由于王锡侯的告发又被发配异乡，于是心怀仇恨，一直想找机会报复。乾隆四十二年，王泷南乘全国查办禁书之际，将王锡侯及其《字贯》告至江西巡抚海成处，称王锡侯批注并删改《康熙字典》与叛逆无异。

江西巡抚海成丝毫不敢懈怠，立即于当年的十月初一日，连同《字贯》原书40本上奏乾隆帝，并奏报说：《字贯》一书对《康熙字典》"辄肆议论，虽无悖逆之词，隐寓轩轾之意，实为狂妄不法"，建议"将王锡侯革去举人，以便审拟"。

　　起初，乾隆帝认为该书"不过寻常狂诞之徒，妄行著书立说"，令"大学士、九卿议奏"。但当他看到该书第一本的"提要"，竟然将康熙、雍正、乾隆三帝的名讳直书，没有避讳（按清制，皇帝名字从康熙朝开始回避，凡遇皇帝名号，或改换他字，或删改笔画，或以不书来避讳，否则就以大逆问罪），不禁大发雷霆。乾隆帝认为，直书名讳属于"大逆不道，为从来未有之事，罪不容诛"。谕令将王锡侯"即照大逆律问拟，以申国法而快人心"。

　　刑讯之下，王锡侯供认，他撰写"提要"的初衷是因为自己少年时未知庙讳、御名，是后来科举时才知道的，恐怕少年人不知避忌，本想告诉人们应该怎样写才能避讳，但偏偏自己举例时却忘了避讳，才犯下如此滔天大罪。尽管如此，但在当时文字狱大兴，讳制森严的特殊时期，这是万万不允许的。

　　乾隆帝认为王锡侯身为举人竟敢如此狂悖，平时所作诗文定有讪谤之处，立即下旨，要求彻底查明，明正其罪。决定选派妥干大员把案犯锁押解京交刑部，受牵连的缘坐者亦分起解京。乾隆帝斥责江西巡抚海成未曾细查此书，责令海成速赴王锡侯家中详细搜查禁书，所有不法书籍封固进呈，不得稍有隐饰。同时，乾隆帝又命令各省督抚留心查访禁书，如有印刷本及翻刻本均解京销毁。各省封疆大吏闻风而动，查办禁书的浪潮在全国泛起。

牵连甚广

王锡侯锁押进京不到一月，即于乾隆四十二年十一月二十八日被斩，其21名亲属中有子孙7人均被判斩，其他人"充发黑龙江，与披甲人为奴"。各地查缴的《字贯》等书535部、版片4257块，全部解送军机处销毁。王锡侯的全部家产包括所饲牲畜以及已经典出的房屋，也都被没收入官。

然而，《字贯》案所受牵连者远不止这些。江西巡抚海成因没有发现避讳问题，也遭株连，乾隆帝斥责他"双眼无珠，茫然不见"。且因海成上奏时只建议革去王锡侯"举人"头衔作为惩罚，乾隆帝认为刑罚太轻，替罪人说好话，"实大错谬"。虽然海成事后尽力将功赎罪，星夜驰赴王锡侯原籍，不遗余力地搜查禁书，但乾隆帝仍不饶过，痛骂海成从前查办禁书时以空言塞责，"将大逆不法之书视为泛常""全不知有尊君亲上之义，天良澌灭殆尽"，这次面对"此等大案，亦漫不经意……负朕委任之恩"，着交吏部严加议处，最后海成被判斩监候，秋后处决。

原江西布政使周克开因为看过《字贯》一书，却没能检出悖逆之处，遭到革职处分，交刑部治罪，后发往江南，按同知委用。两江总督高晋也受到降级留任的处分。《字贯》一书刊刻之地吉安府的地方官，如历任知县伍魁孝等、知府卢崧等因犯失察之罪，均受到降级的处分。而侍郎李友棠其人，曾为《字贯》另刻本写诗一首，在搜查禁书时，又发现有王锡侯请李友棠作序的信札和赠李友棠的诗，乾隆帝斥责李友棠"天良已昧"，于乾隆五十五年将李友棠予以革职。原大

江西巡撫臣郝碩謹

奏為

奏明事竊照逆犯王錫侯原籍新昌縣家產業經

查明估變具

奏在案嗣據南昌縣稟稱該縣地方有任石存現

居房屋一所係胡松高出售胡松高係得自王

錫侯之家恐係事後隱寄抑係未絕活產必須

徹底根究當經傳訊任石存據供此屋於乾隆

四十一年典自胡姓胡姓是典是賣伊不知情

隨即查傳胡松高先已前赴雲南生理一面移

關原籍新昌縣訊據王錫侯族人王景海等供

稱聞得此屋久屬他姓係王錫侯自行出售伊

江西巡抚郝硕为报估变逆犯王锡侯原籍家产事奏折（局部）

学士史贻直、钱陈群曾为王锡侯作过序，只因二人已故，不予追究。

至此，这场在清朝文化高压背景下兴起，由改编《康熙字典》引发的《字贯》案终告一段落，成为清朝文字狱的一个典型案件。

和珅的房产去哪了

徐 莉

嘉庆四年（1799年）正月，太上皇乾隆帝驾崩，嘉庆帝即刻出手，果断处置了重臣和珅。和珅数量庞大的家产被抄没入官，房产是其中重要的一部分，嘉庆帝对和珅及家仆被抄的在京房产按不同用途分别进行了处置。

和珅被抄没入官的房产分布在京城、近京州县及热河等地，数量相当可观，既有府邸、花园，又有当铺、店铺、取租房屋等各式房屋。以取租房屋为例，嘉庆四年三月二十八日，绵恩等奏报：和珅契置京城内外取租房35项，共房1001间半，数量不可谓不多。此外，和珅

步军统领绵恩呈查出和珅家取租房地清单（局部）

的家仆刘全、刘印、刘陕、方二、胡六、马八十三、周七、张八、胡四、胡五、方大、方四、方五、常四等人房产也一同被查封。

赏赐之用

嘉庆帝将和珅的府邸、花园、部分当铺、房屋分别赏赐给了十公主、庆郡王永璘、丰绅宜绵等人。

嘉庆四年四月初九日，颁旨对房产如何赏赐进行了详细的说明：将查抄和珅住房前所及祠堂、马圈等处赏给庆郡王永璘，后又将宅门口等处铺面房75间一并赏给；驴肉胡同房间赏给丰绅宜绵；赏给十

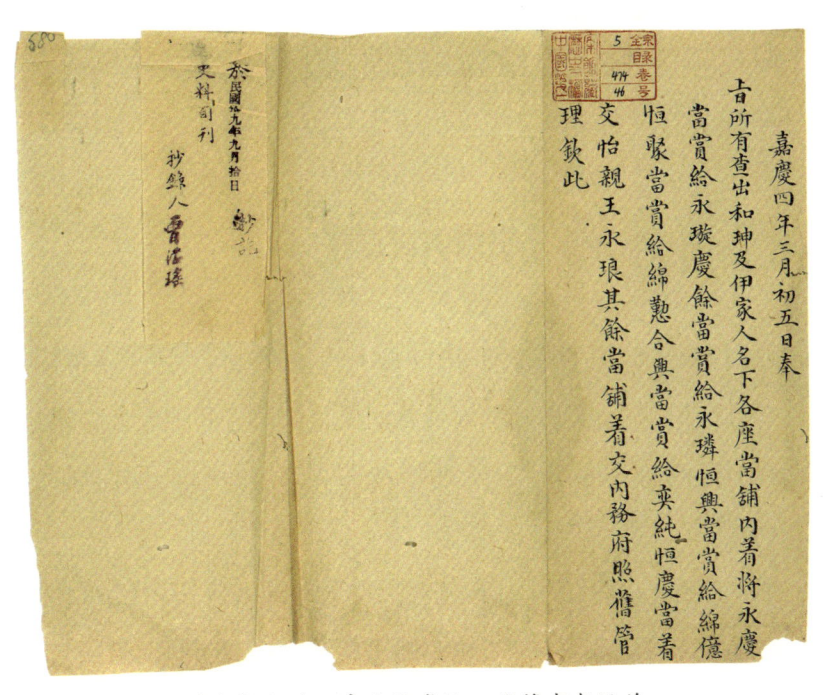

着查抄和珅入官当铺赏给八爷等事奉旨单

公主家仆住房6所计98间，同时将和珅家仆刘全等人在大栅栏的铺面房31间一并赏给十公主。和珅及家仆各座当铺之中，永庆当铺赏给了永璇、庆余当铺赏给了永璘、恒兴当铺赏给了绵忆、恒聚当铺赏给绵懃、合兴当铺赏给奕纯、恒庆当铺交给怡亲王永琅，其余交给内务府照管。

充作公用

查抄和珅在海淀善缘庵附近住房一所，共计128间，其中东南角房27间、马棚5间、灰棚2间赏给实录馆作为公所。剩余94间房交给圆明园收管。善缘庵在圆明园大宫门东侧，福园门之南，因距离圆明园极近，住过许多大臣。《日下旧闻考》卷九十九记载："善缘庵相传系旧刹，本朝重加修葺。"

交内务府处置

查抄和珅家产事宜由提督衙门一手承办，查处房产除了皇帝赏赐、归公处置之外，其余交由内务府处置。提督衙门将和珅入官房间契纸送到官房租库。官房租库派员将和珅坐落在京内的房产逐处查收、入档、收管。

铺面房部分出售出租。官房租库收到和珅入官正阳门外大栅栏等处铺面房共496间，地基1块，即出租铺面房255间，租银95两、小制钱232吊770文。九月份官房租库将空房租出220间，得租小制钱50吊600文，分派给正白旗苏冲阿管领等自当年九月份入档收管征租。而已经租出的255间铺面房，自二月至八月计7个月内应交房租已交各管领等一体查收。

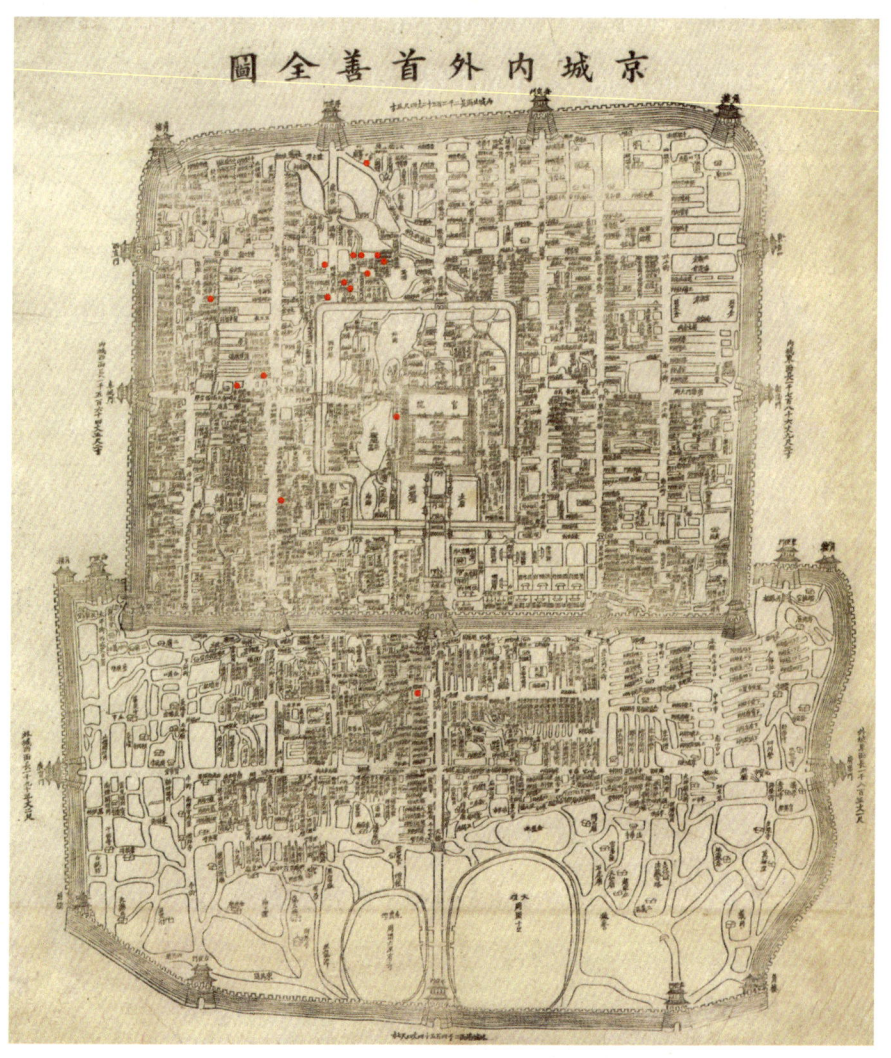

和珅及其家仆部分被抄没官房位置图（根据档案绘制）

部分官房出售。和珅抄没入官房屋，一部分收为公房进行出售。嘉庆四年六月内务府官房租库得到嘉庆帝准许，将陆续收到的官房招人认买。先对房屋按照户部定例进行估价，估价比原来房契多的，按照估价作价；估价比原房契少的，按原契价值作价。侍郎戴衢亨等15人出现银认买和珅及和珅家仆名下入官的房屋15所共计897间半，此次共售卖33896两5钱、小制钱2845吊。

这15所房屋中，和珅入官的房屋2所，其余均为和珅家仆刘全、方二、马八十三等人入官房屋。这部分房屋均距离和珅府邸不远，其中在地安门外8所、德胜门内3所、阜成门内2所、西华门外1所、海淀1所。这897间半房产均为现银售卖，所有售卖所得入内务府广储司银库。

时光流转，和珅被抄没的房产所在地名还都耳熟能详，却不知在历史的长河中已经经历过多少世事变迁。

大器晚成的左宗棠

杨 茉

19世纪下半叶，清朝深陷内忧外患，中国面临侵略危机。清同治四年（1865年），在帝国主义势力的支持下，中亚浩罕汗国的军事头目阿古柏趁机率兵侵入南疆，悍然建立所谓的"哲德沙尔汗国"，妄图分裂我国领土。危急时刻，一代名臣左宗棠发自肺腑地喊出"我之疆索，尺寸不可让人"，临危受命抬棺出征。带领清军收复新疆，踏出我国近代史上坚决对敌斗争、维护国家统一和领土完整的重要一步。

回顾左宗棠的青年时代，我们从中可以更加了解这位在维护祖国主权与领土完整方面作出突出贡献的古代名人的报国情怀和经世理想。

屡试不第 大器晚成

左宗棠（1812—1885），字季高，号湘农上人，湖南湘阴人，晚清中兴四大名臣之一，曾任浙江巡抚、闽浙总督、陕甘总督、两江总督等职。他收复新疆、创办洋务、督办军务，可谓"书勋则钟鼎千秋，论治而堂廉一德"。左宗棠属大器晚成之辈，他从小颖悟异人，16岁参加府试已名列第二，然而在取中湖南乡试后却屡试不第，直到不惑之年才出山入幕，步入仕途。

青年时期的左宗棠饱尝科场失意、家境贫寒之苦，满怀文韬武略之才却未能跻身庙堂施展抱负。但他始终胸怀心忧天下之志，勉励勤学以为实干兴邦之用，追慕圣贤而究经世致用之学，最终厚积薄发，在清末国家内忧外患的不利境遇下成就彪炳史册的爱国功绩。

少时颖悟 广涉深研

左宗棠像

"世之所贵读书寒士者，以其用心苦、境遇苦，望可成才也。"嘉庆十七年（1812年），左宗棠生于湖南湘阴的书香门第世家，深受"耕读传家"之教，5岁时即跟随二位兄长入学，6岁始读《论语》《孟子》等儒学著作，9岁学作八股文。奈何先祖积代寒素，贫寒之迫下无力购书，只得依靠书院的膏火之资维持生计。所幸先后受贺长龄、贺熙龄、陶澍等伯乐赏识，得以借阅诸家藏书。尽管艰难困苦，但左宗棠常以天下为己任，抓住一切机会读书治学，坚持探寻救世之路。

左宗棠的读书之道行不苟合，免于随波逐流，不仅埋头苦读，更深谙"抬头看路"之理。他认为读书为能明白事理，学作圣贤，而非考取科名。取中湖南乡试第18名后，他于道光壬辰、甲午、丁酉三度启行北上参加会试，终究名落孙山，此后绝意科举、潜心读书。

左宗棠遵奉程朱理学，泛读儒学和理学经典著作，探究经世致用之学，认为"宇宙古今事理，均须融澈于心，然后施为有本"。其读书之广，涉及地理学、农学、经济、军事等学科，如《方舆纪要》《郡国利病书》《水道提纲》等山川水道战守机制之著作；其研究之深，对书中所记载的山川险要、战守机宜了如指掌。然而这些书目却使左宗棠遭遇同僚的嘲笑，被认为读所谓"无所用之书"。方不知正是"无所用之书"造就了日后左宗棠收复新疆、平叛回乱的雄才志略。

良师指引 志存高远

古之学者必有师。左宗棠青年时跟随志行高洁的名臣学者，深受启蒙与指引，为其义理经世的思想体系指明方向。

贺长龄为嘉庆、道光两朝大臣，讲求经世实学，主编经世学著作《皇朝经世文编》。道光十年（1830年），就读于城南书院的左宗棠恰逢贺长龄在长沙家中守制，前往拜会。贺长龄对左欣赏至极，称他为国士，此后师徒传道授业，感情深厚。贺长龄不仅向左宗棠传授政学之理，更是将所有官私图史借予左宗棠，在归书时与他讨论学习所得，悉心培植教化，勉励他幸未为"苟且小就"而限制成才，令左宗棠"寸心藏写，未敢偶忘"。

次年，贺长龄离开长沙，将左宗棠推荐给在城南书院主讲的弟弟贺熙龄。贺熙龄同为经世派学者，立志穷经为有体有用之学。此时的左宗棠已"卓然能自立，学则有所得，循然有规矩"，尤为受到贺熙龄重视，向其传授汉宋先儒之书。受贺熙龄教导后，左宗棠将所学理学思想融入见闻，作成《燕台杂感》七律八章，此后十年从学，影响至深。

燕台杂感·其一

西域环兵不计年,当时立国重开边。

橐驼万里输官稻,沙碛千秋此石田。

置省尚烦他日策,兴屯宁费度支钱?

将军莫更纡愁眼,生计中原亦可怜。

另一位师长是陶澍。被道光帝称为"干国良臣"的陶澍为官勤政,所至兴利除弊,"倡行海运""改行票盐",任职期间拒收盐政衙门例送赏银,又拒绝支领盐政养廉,被江南称为"陶青天"。道光十七年,时年26岁的左宗棠正主讲于醴陵渌江书院,两江总督陶澍回乡省墓,知县请左宗棠为其撰写楹联。左宗棠以敬佩之心作出"春殿语从容,廿载家山印心石在;大江流日夜,八州子弟翘首公归",陶澍大喜过望,二人之交由此开始。左宗棠深感陶澍品行可贵,以其为清官表率。陶澍去世后,左宗棠前去教导陶澍之子,在其居所遍览陶澍所藏的本朝宪章,悉心考索《图书集成》中的《康熙舆图》与《乾隆内府舆图》,为其日后的战备谋略奠定了基础。

时代抉择 成就伟业

虽然没有"学而优则仕",但左宗棠的才华早已被众人认可,曾被多次举荐入云贵总督林则徐、两江总督李星沅等名臣之府做幕宾,却因种种原因未能如愿。咸丰二年(1852年),湖南巡抚张亮基接受黎平知府的胡林翼举荐邀请左宗棠入幕,左宗棠前往协助,此后戎马一生，殚精竭虑。

在抵御列强侵略方面，左宗棠以独具的国防战略思想主张"东则海防，西则塞防，二者并重"。收复新疆后，他多次请奏在新疆建省，保卫西北边防。又在中法战事紧张之时督办闽海军务，竭力挽救战局，终促成总理海军事务衙门，推进我国近代的海防建设。

边防莫不以开屯为首务或办之用兵之时以省转馈或办之事定之后以规久远要之得人则有益军储不得其人则虚靡经费且西北治地开荒尤资水利就窪潴水障之令深引渠洫田畦之令普既需人工尤资器具而哈密土质善渗土工石工外别有毛毡包裹之工为他处所军既需多筹器具又需广备毡条开垦之先所费即巨臣于张曜由安西进屯哈密时已津贴过运脚等银五万余两购办毡条价脚银约九万一千余两张曜躬率所部弹力经营而后得著成效计以后踵而行之固此奥区保绥戎藩而成数十百年无穷之利现复经画巴里坤

钦差大臣左宗棠为遵旨筹画新疆军务情形事奏折（局部）

左宗棠也将其青年时期形成的经世思想融入他的政治主张中，认为"因思自强之道，宜求诸己，不可求诸人。求人者制于人，求己者操之己"。他请人赴法国购买"机器、轮机、钢铁等件"并购"大铁船槽"，募雇员匠来闽，多次请奏创设福州船政局、兰州制造局等洋务企业，希望以经世致用的实业救世。虽然洋务运动最终以失败告终，但独立自主的思想与洋务企业的尝试为我国近代工业的发展开创了新局面。

左宗棠身处封建社会的末期，虽然未能挣脱封建统治阶级的藩篱，但他维护国土的功绩与勤学笃行的精神依然值得世人怀念。他一以贯之践行"身无半亩，心忧天下。读破万卷，神交古人"的远大志向，当代青年更应以此为榜样自勉，树立远大理想，成就伟大事业。

西洋妇女乘轿惊动了朝廷

陈宜耘

道光十年（1830年），发生在广州的一件事竟然惊动清代四位封疆大吏联名上奏朝廷，什么事情如此紧要？这件事又是如何显露了当时中西方力量此消彼长和清朝对外禁令逐渐松动端倪的？还要从坐进轿子里的几位西洋妇女说起。

乘轿违规

道光十年八月，几位英国和美国妇女从澳门来到广州商馆。这几位西洋妇女均是外国公司驻广州商馆的商务负责人（一般称"大班"）或商人所携带的女眷，称为"番妇"。刚刚接任为英国商馆大班的盼师的妻子是其中最美丽的一个，她穿着正宗的伦敦时装，身着露背长裙，肌肤雪白，金发碧眼。

晚上，盼师妻子等女眷同一群先生在当时最繁华、时尚的广

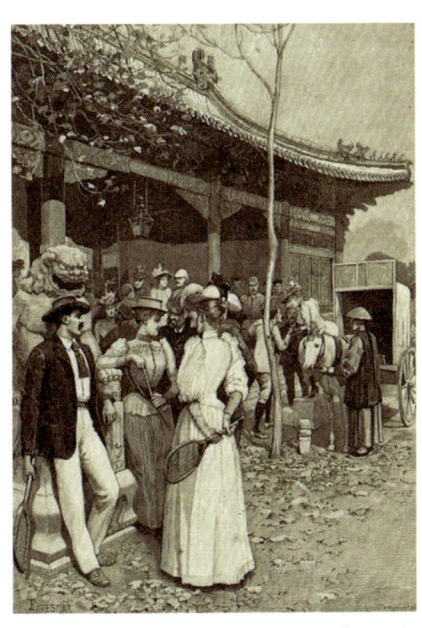

1892年《伦敦新闻画报》刊载的在华洋人的版画

州十三行商业街上游览，盼师妻子又公开违反当时清政府的规定，于众目睽睽下乘坐一顶他人赠送的绿呢小轿进入商馆。此时的中国封建闭塞，即便是在一口通商的广州也不例外，无论洋人走到哪里，都有一大群好奇的中国人跟到哪里。为了看得清楚，各家店铺还打起灯笼，人们纷纷在窗畔、门户中观看西洋景。

官员们被洋人这突如其来的公开违规行为弄得不知所措，立即下令采取有力措施，坚决制止这种行为，并四处张贴告示，重申禁令。诚惶诚恐的广州将军、两广总督、粤海关监督和广东巡抚为此联名上奏：英国大班违反禁令带洋妇进入广州城，此事违背旧例且"有违天朝体制"。

《大清宣宗成皇帝实录》中洋妇坐轿的相关记载

缘何限制

"洋妇"乘轿进城，似乎是一件寻常事。但在100多年前的清朝，却是一个重大的原则问题。

广州开埠之初，就将番妇拒之城外，同时禁止洋商乘轿进入商馆。乾隆十一年（1746年）起，两广总督准许"番妇"居住澳门，但广州城和十三行商馆仍然禁止外国妇女入内。对此，清政府有其自身的考虑。

第一，是一种戒备心态。饱受儒家思想浸染的清朝官员认为，西洋妇女进入口岸，势必伤风败俗。西方妇女的着装、发饰、生活习惯多与中国的传统观念和风俗迥然不同，既没有裹缠足部，又身着暴露过多的服装，还屡屡做出随意同男人握手等动作，被当时的官员认为有伤地方风化、有损天朝礼教。清政府要用隔离的措施，控制"奸邪"的渗透。

第二，出于限制外商的需要。禁止洋妇入城，以防其生养子嗣、在口岸安家落户，通过有意造成来华洋人两地分居，缺少温暖稳定的家庭生活，使得洋人对定居广州产生反感，也就不用担心他们长期滞留不走了。

第三，出于安全的考虑。西方妇女的异样异服，常引来好奇市民的围观乃至滋事，当时就有人愿意出钱以潜入商馆窥视西洋女子来满足好奇心，禁令在一定程度上也有保护外国妇女，防止中外事端之意。

被迫废除

禁令对居住广州的男性洋人形成了强烈的约束和不便。对于每年有一半时间居住在广州商馆的洋人来说，不许妻子随同丈夫安居，这是极难接受的戒律。他们对此深恶痛绝，屡屡想有所突破，矛盾逐渐凸显。

外商违抗禁令的最早记录是乾隆十六年七月，荷兰大班携妇进入广州瑞丰行居住，被广东大吏严厉驱逐。在广州商馆生活了20多年的美国人亨特在《旧中国杂记》中记述道："我们这些可怜的广州外国人，都是身不由己的修道士，就连女人的声音都是一种奢侈品。"英国公司在一份致两广总督的抗议书中，引用了"四海之内皆兄弟"的中国古典名言，并表明全部大班都是本国绅士，有的还是不列颠国家议会成员。公司人员每年需要6个月以上的时间留在商馆，不准携妇同来，使他们感到被贬为卑贱种族的侮辱。

而道光十年的这次事件中，面对清朝官员的严厉举措，英方误以为清军将展开武力行动，遂从停泊在港口的英船上召集武装水手100余人，携带枪炮登陆广州商馆。此举一度使中英关系面临紧张纠纷，但实际上，双方都不愿意把局面弄僵。广东官员怕涉外事件激化，难以向朝廷交代，于是派中方行商做疏导。英方当时也无意与清政府抗衡，迫于压力撤回了进入商馆的武装水手，同时出于维护贸易利益的考虑也想要尽快平息事态。最终经行商协调，英方以盼师患痰疾未愈，需要夫人调护为由，请清政府同意等其病愈再携夫人返回澳门。广东官员接受这一托词以做圆场，盼师夫人在商馆共住了57天，随着盼师的离开,"番妇"与枪炮的僵局暂时平息。而赠送洋商绿呢小轿的东裕洋行司事谢五成了替罪羊,最终瘐毙狱中。

"盼师案"的发生不是孤立事件,它是力量日增的英国对华商界要求突破清朝传统体制的有意行为,他们不单单是要改变外国妇女进入广东省城的旧规,也是试图以此为突破口改变当时清朝的对外限制和中西交往态势。

在第一次鸦片战争之后,英国人将可以"带同家眷"寄居通商口岸的条文明确载入不平等的《南京条约》,条约内明言:"自今以后,大皇帝恩准英国人民带同所属家眷,寄居大清沿海之广州、福州、厦门、宁波、上海五处港口,贸易通商无碍。"这标志着经过漫长时间争执,在力量此消彼长的背景下,清朝关于外国妇女进入中国通商口岸的禁令,终于在英军大炮的威力下遭到废除,并以不平等条约的法律形式将此制度化。

从虎门销烟到《禁烟章程》颁布

卢 溪

禁绝毒品，功在当代，利在千秋。19世纪，以英国为首的西方国家公然向中国输入鸦片，不仅造成中国白银大量外流，扰乱国内货币流通，还对人民身心健康造成严重伤害。国贫民弱，国将不国，各界有识之士纷纷痛陈鸦片之害，清政府也决心严禁鸦片。

道光十八年（1838年）九月十一日的上谕中揭示："鸦片流毒内地，官民煽惑，传染日深！"道光十九年，身为清朝重臣的林则徐以钦差身份赴广东主持禁烟，采取了查封烟馆、逮捕烟贩、收缴鸦片等一系列行动。并且在虎门将收缴的237.6万斤鸦片全部销毁，沉重打击了毒贩的嚣张气焰，表现出中国人民反抗帝国主义的坚定决心，史称"虎门销烟"。这一振奋人心的场景，也被铭刻在了人民英雄纪念碑上。

虎门销烟后，林则徐曾言："斯时荡秽涤瑕，幸免流毒于四海，此后除奸拯溺，尤期约法三章。"然而，1840年英国以"商务受阻"为借口

光绪三十二年政务处议奏禁烟章程（局部）

悍然发起侵略战争，第一次鸦片战争爆发。中国军民奋起抵抗，广州三元里、浙江、福建等地人民纷纷组织起来，英勇抗击英国侵略者。但中国军民也付出了巨大的牺牲，1841年2月，虎门炮台失守，提督关天培等壮烈殉国；同年8月，定海失陷，总兵葛云飞及4000将士阵亡。

1842年，英军进逼南京，清政府议和，与英国签订不平等条约《南京条约》，中国的领土主权、贸易主权、关税主权被严重损害，逐渐沦为半封建半殖民地社会。

1860年，清政府在第二次鸦片战争中再度战败，中国社会半殖民地半封建化的程度进一步加深。两次鸦片战争失败后，清政府一度颁发过《禁烟章程十条》等措施，希图禁绝毒品，但在国家内忧外患之下，却始终无法遏制鸦片泛滥。鸦片等毒品流毒中华大地长达百年之久，有识之士感慨："自鸦片烟弛禁以来，流毒几遍中国，吸食之人废时失业、病身败家，数十年来日形贫弱，实由于此。"

回首历史，从虎门销烟到清末《禁烟章程》颁布，即便屡战屡败，但精神不息，也昭示了中国人民坚决禁绝毒品的一贯觉醒。

见证百年反殖民斗争的九龙城寨

卢 溪

自英国通过不平等的《南京条约》强行"租借"中国领土香港岛起，香港这颗东方之珠蒙尘150余年。百年来，中国人民为维护祖国的主权和领土完整始终坚持抗争，富有传奇色彩的九龙城寨，便是百年反殖民主义反帝国主义斗争的象征。

主权象征

九龙城寨，亦称九龙寨城，位于九龙半岛北部，是历史上中国对于香港法理管辖的重要主权象征。

道光二十二年（1842年），随着中国近代史上第一个不平等条约《南京条约》的签订，英国逼迫清政府割让香港岛后，中国的南疆面临外国最直接的侵略威胁。

九龙半岛在道光朝时已是铺民云集、市镇繁荣之地，由于与香港岛仅隔着狭窄海峡，自香港岛被割让后成为海防第一线，位置极为关键，因此受到了清政府的高度重视。当地九龙山地方，有一座嘉庆年间建成的九龙炮台，旧称"九龙寨"，其历史可以追溯到康熙七年（1668年）清军设立的墩台。道光二十三年，经革职留任的两广总督祁贡奏请，在九龙寨设立九龙巡检司以弹压不法、办理华洋交涉，道光帝的谕旨中将九龙巡检这一职位形容为"海疆要缺"。同时，九龙

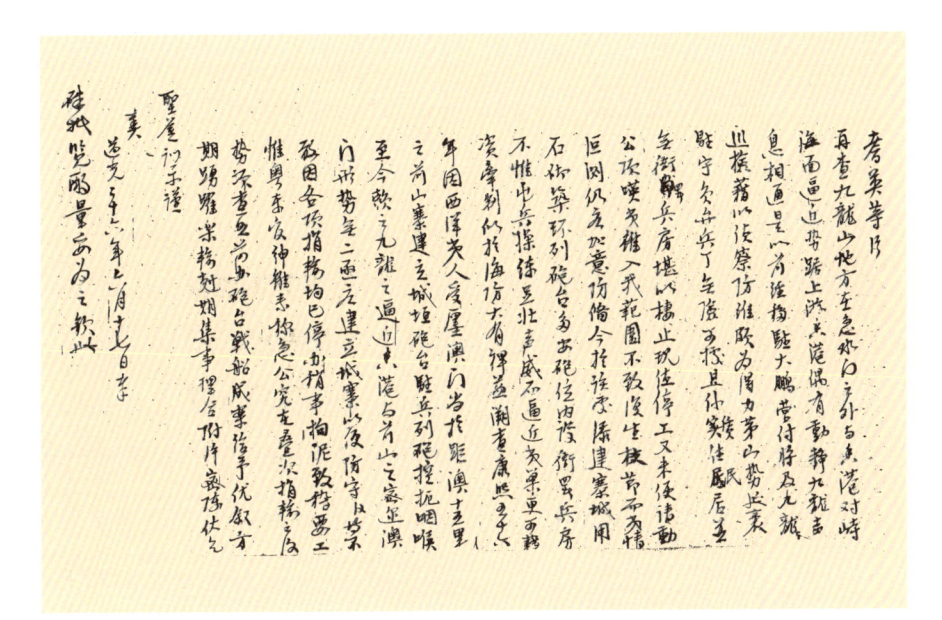

两广总督耆英为香港建立城寨以便防守事奏折

寨还是当地驻军大鹏协的驻扎之所。经过这一轮强化管理，清政府在九龙半岛的军事和行政力量大为充实。

三年后，经两广总督耆英上奏，因"夷情叵测，仍应加以防备……九龙山地方在急水门外，与香港对峙，海面逼近，势据上游"，但"驻守员弁兵丁无险可据，且系赁住民居，并无衙署兵房堪以栖止"，请"于该处添设寨城，用石砌筑，环列炮台，多安炮位，内设衙署兵房"，这是清政府建造九龙城寨的最初构想，并很快得到了批准。

规划中的九龙城寨为方形石城，坐北朝南，位于旧九龙寨附近的"白鹤山南麓下，离海边三里，一片官荒，地平土坚，风水亦利，既无坟田相碍，亦无潮水掩侵"。规划寨墙总长180丈、高1丈3尺、厚1丈4尺，墙体为前后砌石中填沙土的防炮结构；垛墙高5尺、厚

2尺；城寨有4座城门、4座敌楼，其中西门虽建但不开门；北墙依山不设炮，寨墙厚度缩减为6尺，其余三面各配炮32位；城内挖掘水池、开挖水井作为水源，建有副将、巡检衙署，以及演武亭、大校场、军装火药局、兵房、武帝庙等建筑，还预留有修建民房的空地。

九龙城寨之南为原九龙炮台，二者呈掎角之势。炮台也计划加高加厚、修葺建筑，设炮10位。九龙城寨以北的白鹤山上规划一圈腰墙，长170丈、高8尺、厚3尺，均用大块石砌筑，墙上开有长形枪眼，还设有望楼、耳门，以防备有敌居高临下威胁城寨。此外还计划为城寨驻军建造大快船1只，与省河沙尾艇相似，长5丈2尺、宽1丈2尺。

道光二十六年十月初七日，九龙城寨工程在祭土神后正式兴工。在修建过程中，发现南面地势低洼，遂将南寨墙加高2尺4寸；又因为城寨内东北地基局促，将北寨墙填筑19丈、厚度改为7尺，这样一来寨墙总长度为199丈。此外还增厚寨墙墙基、挖砌城外壕沟、添筑东门照墙、加用炮台桩木、减少1座城门，工程经费较原估增加了5540两。

道光二十七年四月十八日，九龙城寨工程完竣，经候补广东知府倪谨验收合格。整个工程共用银36000两，其中工料银31890两，拆迁补偿、薪水口粮等4110两。九龙城寨的建造经费完全依赖当地官绅的捐输，据记载"该省（广东）官绅陆续捐资"，共收捐洋银多达468693两，十数倍于实际工程开支，余款解归藩库。

当地官绅如此踊跃捐输，是因为清代制度对捐输者可加恩授官，此外亦可封典父母妻室、貤封祖父母。但在客观上，捐输得来的充足经费，保障了九龙城寨的如期竣工和中国主权的合理彰显。

界中之界

从九龙城寨的规划施工来看，这是一座精心设计建造的军事堡垒，虽然是基于传统中式营寨建造，没有跟上近代要塞的发展步伐，但依然具有一定的军事防御价值。但对于侵略成性的英国殖民者而言，九龙城寨却是他们进一步侵占香港的重大阻碍。

咸丰六年（1856年）第二次鸦片战争爆发，英方认为占领九龙半岛的时机已经成熟。咸丰八年，英国皇家工兵办事处针对九龙半岛提出"看来最合乎需要的是，取得一块多少大一点的土地，这块土地将包括从九龙岬角到鲤鱼门的整个北部海岸"的建议，香港辅政司马撒尔在一份备忘录中也提及"占领该（九龙）半岛是极端必要的"，以上记录充分暴露了英国殖民者的侵略野心。

咸丰八年十二月，蓄谋已久的英国侵略军非法占领九龙半岛南部，并于两个月后发布布告，称九龙炮台以南的半岛及昂船洲均由英军驻扎掌管。至当年不平等的《北京条约》签订，粤东九龙司地方一区被迫租借，但九龙城寨仍属清政府管辖范围。

帝国主义的狼子野心是永无止境的，光绪二十四年（1898年），英国又强迫清政府签订《展拓香港界址专条》，强行租借新界99年。《专条》内规定"所有现在九龙城内驻扎之中国官员，仍可在城内各司其事"，清政府保住了对九龙城寨的管理权，但此时九龙城寨已被英国控制区团团包围，沦为界中之界，仅具象征意义。

不屈抗争

至此，清政府对于九龙城寨已是有心无力。而英国侵略者依然认为九龙城寨是"无止无休的麻烦和香港及中国政府间经常发生摩擦的源泉"，一直试图彻底占领九龙城寨，九龙城寨军民对此进行了坚决抵抗。

据1898年英方的《香港殖民地展拓界址报告书》摘要中记载：九龙城面积6.5英亩，总人口744名，其中驻军544人、平民200人。此时的九龙城寨已经逐渐失去军事作用，其"城墙有六个哨楼，现用作家庭住宅"。英方在摘要中直言不讳："容许一个像九龙城这样一个驻军的市镇长期为中国官兵占据，看来无论如何均不符合保卫香港武备的需求。"

光绪二十五年，英国决定依据不平等条约接管新界地区，新界乡民自发组织武装抵抗，与英国侵略者爆发"新界六日战"。随后英国悍然违反哪怕已经是不平等的条约，颁发《有关九龙城的枢密院令》，以"中国官员在九龙城内行使管辖权妨碍保卫香港之武备"的离奇理由，宣布"九龙城为女王陛下香港殖民地之重要组成部分，实际与原来即为该殖民地之一部分无异"。随后英军侵入九龙城寨内，城内军民逃散一空，软弱的清政府对此只能表达口头上的抗议。

香港人民早已不满于英国的殖民统治和侵略行径，这次英方接管新界和入侵九龙城寨之举，犹如一根导火索点燃了香港人民积蓄已久的怒火，一时间香港各处都有同胞自发散发传单揭帖，揭露英帝国主义的狼子野心，展现了坚决的斗争决心。英方被迫收敛嚣张的侵略气焰，从已经占领的九龙城寨中撤出。

　　清朝灭亡后，九龙城寨内的军民依然留守于此。1935年，英国殖民政府再度试图驱逐居民并清拆城寨，后因第二次世界大战爆发而中止。抗日战争期间，日本侵略者占领香港及九龙城寨，拆毁了寨墙，为了保护九龙城寨古迹，当地民众将城寨石额埋入地下保存。

　　抗战胜利后，九龙城寨内逐渐聚居大量民众，多次挫败英帝国主义的非法进入。1948年，英方试图清拆九龙城寨，遭到居民们以石块为武器的自卫反击，内地人民也以示威方式声援，英方被迫中止行动。

　　新中国成立后，人民政府积极维护和争取对香港地区及九龙城寨的主权。1962年，英方再次试图清拆九龙城寨，城寨居民成立了反清拆委员会，并草拟文件发往北京寻求祖国支持。中国政府向英方表

20世纪70年代后的九龙城寨

达了严重抗议，在祖国的支持下，城寨居民成功迫使英方搁置了清拆计划。

随着1987年中华人民共和国和英国签订《中英联合声明》，明确了中国政府于1997年7月1日对整个香港地区恢复行使主权，百年游子终于重回祖国母亲的怀抱。关于九龙城寨问题，中国政府和英方达成一致，决定将这座已经破败不堪的城寨清拆，并在尽量保留寨城原有建筑物及特色的基础上兴建一座公园，就是今天的"九龙寨城公园"。

九龙城寨修建于中国日渐沦为半封建半殖民地的黑暗时期，是英勇的中国人民反抗侵略精神的象征，见证了旧中国的腐朽、帝国主义殖民统治的残暴和新中国成立后的日益富强，它像一座纪念碑，记录了中国香港的百年沧桑。

"祠宇壮千秋"的徐定超

张 蕾

徐定超（1845—1917），字班侯，浙江温州府永嘉县枫林人，近代政治家、医学家和教育家。光绪二年（1876年）乡试中举人，光绪九年中进士，先后任户部广东司主事、户部则例馆纂修、顺天乡试内收掌官等。徐定超具有忧国忧民的爱国情怀，务实独到的政治见解，清廉自持的高尚风范，敢同奸佞作斗争的坚毅勇气，在任监察御史期间多次弹劾亲贵权奸和贪官污吏，屡次向清廷疏陈时政、分析利弊，又能接受进步思想参加同盟会，兴办医学和教育，是清末政界、学界的一股清流。

徐定超像

弹劾权佞

徐定超出任监察御史时，针砭时弊，多次弹劾权佞莫锡纶、张嘉年、段芝贵等。

光绪三十三年，徐定超任掌江西道监察御史，特参上海总工程局绅董莫锡纶借端苛敛商民："窃上海总工程局，改官办为绅办，开自治之权舆，定立宪之基础，任大责重，当以得人为先……莫锡纶等置诸不顾，在原有之房捐外另加重捐，无论自产租赁店铺居民，从门面至后进照明季间架捐法逐间计算，虽贫苦之户，亦不能免。偶与理论，即拘局管押，至缴捐后始释。下及船捐、车捐、杂捐，无一不捐，接办甫及一年，怨咨交作，民不聊生……商为国本，财尽民膏，莫锡纶等如此苛敛，坏法乱纪，蠹国殃民，不久将激成事变。"透露出了他的忧国忧民之心。

调任京畿道御史期间，徐定超与御史赵启霖、江春霖、赵炳麟等弹劾段芝贵贿买黑龙江巡抚等事，使段芝贵被革职离京。1913年，袁世凯下令解散国民党，迫使国会停会，以达到篡夺国会职权、进而称帝的野心。徐定超及三子徐象先均为众议院议员，父子俩及一众正义

掌江西道监察御史徐定超纠参上海总工程局绅董莫锡纶（局部）

人士声讨袁世凯："议员可散，而国会不可无。今非法解散国会，是破坏《（临时）约法》也。"

徐定超为官坦荡、爱民惜民，对阿谀奉承的社会风气也是深恶痛绝。武昌起义爆发后，徐定超以67岁高龄出任温州军政分府都督，赴任时当地民众纷纷赶来迎候，不料他改乘别的轮船两天后才悄悄地来到温州，人们又领着乐队、抬了绿呢大轿来接，也被其严词拒绝。

学医救人

徐定超学贯中西，尤其精于医学，他在维新变法时期习医，曾受聘为医员，日诊数百人，救人无数。"戊戌变法"失败后，他大量阅读历代医学经典及名家流派著作，于医学上颇有造诣，在北京医界名噪一时，被京师施药局聘为医员，问诊者接踵而至。

光绪二十八年，清廷创办京师医学堂，徐定超被聘为总教习，同时还被中医界推选为京师神州医药会社社长。他根据我国和日本的中医名著，以及自己的临床实践，撰写了《伤寒论讲义》《灵枢素问讲义》等医学著作，确立了其在医药学上的重要地位。

1912年，温州、丽水一带遭受台风袭击，瓯江中浮尸成千。徐定超不顾自己年事已高，与从侄徐象严、三子徐象先在东门设救生局，救灾民千余人。灾后，他一方面散尽家财，另一方面积极募款，使饥者得食、寒者得衣、病者得治、无家可归者得住宿，老百姓称他为"生佛"。

徐定超对中西医学有着其深刻的理解，他认识到中医理论的博大精深及现代西医解剖学的技艺精湛，认为中医和西医各有所长，应相互学习，遂提出大学堂分设中医专科和西医专科的医学教育模式。为此他专门上奏，分别阐明了中西医的起源和发展历程："夫中国之医，始于灵素，而发明于张机、孙思邈诸大家。所以推阐脏腑经络之理，与夫六气七情之足以病人，草木金石诸药之足以疗病者，几于无美不备。西医则自希腊海普瑞滥觞于先，英之质那尔、法之琶司夺、德之廓荷数人阐明于后。其剖解之工，疡科之效，器具之精良，全体之完备。"并分析了中医与西医的特点："中医多理想，西医凭实验；中医重述古，西医贵求新。"最后提出分别办理学堂的主张："博而不精，不如专而得要。中医于各医内独树正宗，而尤切于实用，宜专授列代名医方药，以溥皇仁，宜附属医局，由知医管理大臣督率筹款经办。西医于中医外别开蹊径，而亦有益民生，宜延聘各国良医，广购历年经验医方、图说，以设专科，由学部另行筹议开设。如此分别办理，则学者习中医以存国粹，习西医以辟新机。"

办学兴国

徐定超虽为清朝命官，但接受了民主主义思想，参加了同盟会，很早就主张教育救国。青年时他从教于东山书院，为家乡培养几百名弟子。又曾受聘为浙江两级师范学堂监督，培养了潘天寿、冯雪峰、胡公冕等大批优秀人才，被人尊称为"永嘉先生"。在他的扶植下，永嘉县立第一高等小学、永嘉县女子学校、东瓯法政学堂等一批学校相继建立和发展。

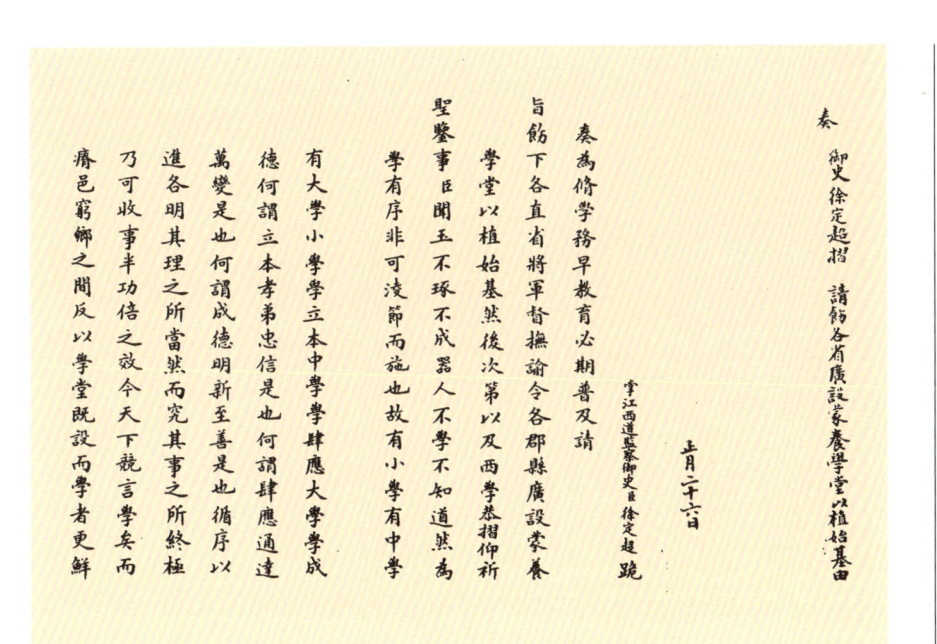

掌江西道监察御史徐定超为请广设蒙养学堂事奏折（局部）

光绪三十三年正月二十六日，徐定超奏请饬下各省广设蒙养学堂以植始基。他在奏折中指出"修学务早，教育必期普及"，呼吁对人的早期培植应打好基础，一级一级地学习，并且也要学习西方的科学文化。奏折中体现了他在教育方面的真知灼见："然为学有序，非可凌节而施也，故有小学，有中学，有大学。小学学立本，中学学肆应，大学学成德。何谓立本，孝悌忠信是也；何谓肆应，通达万变是也；何谓成德，明新至善是也。"小学教育是立人性之本，中学教育是教导学生应付各种事情，大学教育是学习一个人应有的品德，这是一百多年前的古人先贤所倡导的中国式德育教育模式，至今仍有借鉴意义。

徐定超还十分重视家风教育，撰写了《戒训子孙书》，告诫子女

"勤俭耕读"为传家之本，要求子嗣做到"清、勤、慎三字为要"。

1917年11月下旬，徐定超携夫人胡氏一行五人坐船从上海返回温州，所乘的普济轮船在吴淞江口被一艘英国轮船撞沉。徐定超在危急时分，冷静组织民众逃离，要求船员先行救助妇孺。徐定超夫妇二人却不幸罹难，终年73岁。徐定超学问广博而深厚，人品高尚而宽广，正如教育家蔡元培给他的纪念祠所题的对联："御史楼台高百丈，谏官祠宇壮千秋。"

太平天国颁布的《资政新篇》

卢 溪

第一次鸦片战争后，中国逐渐沦为半殖民地半封建社会，中国社会性质发生了根本性的变化，自给自足的自然经济逐渐解体，加上政府的剥削压迫，以及连年的自然灾害，中国面临的民族矛盾和阶级矛盾空前激化，广大农民纷纷揭竿而起。

咸丰元年（1851年），洪秀全领导拜上帝教群众在广西桂平县金田村起义，称"太平天国"。太平天国迅速发展壮大，于咸丰三年攻克南京，改名天京，定为国都。太平军先后北伐西征，夺取了清朝的半壁江山，太平天国运动进入全盛时期。

为了满足农民得到土地的朴素愿望，太平天国颁布《天朝田亩制度》，根据"凡天下田，天下人同耕"的原则，规定按人口和年龄平

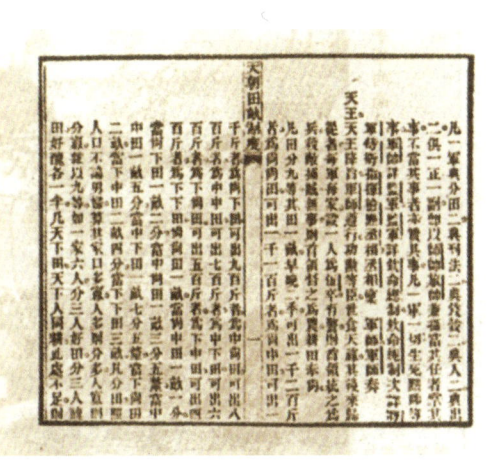

《天朝田亩制度》

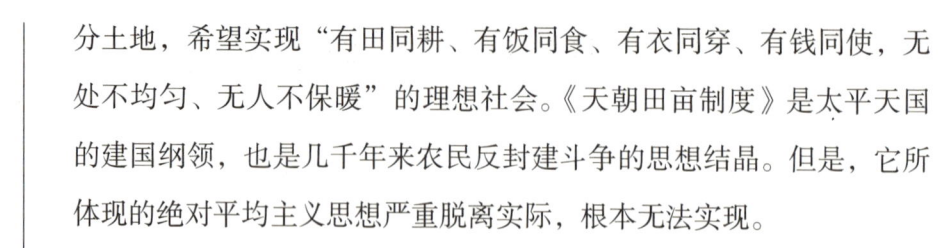

分土地，希望实现"有田同耕、有饭同食、有衣同穿、有钱同使，无处不均匀、无人不保暖"的理想社会。《天朝田亩制度》是太平天国的建国纲领，也是几千年来农民反封建斗争的思想结晶。但是，它所体现的绝对平均主义思想严重脱离实际，根本无法实现。

太平天国定都天京后，领导集团逐渐丧失进取心，腐化堕落，内部矛盾也越来越激烈，最终于1856年爆发严重内讧，史称"天京事变"。"天京事变"后，太平天国由胜转衰，为了扭转局面，1859年洪秀全任命洪仁玕总理朝纲。

洪仁玕，号吉甫，是洪秀全的族弟，曾在香港居住多年，其间留心学习西方文化，成为具有近代意识的知识分子。面对当时复杂的斗争形势，洪仁玕为太平天国提出了一个改革内政和建设国家的方案——《资政新篇》。

《资政新篇》的指导思想是"治国必先立政，而为政必有取资"，即根据客观形势建立合适的政治制度。其内容分为四部分：一、用人察失，严禁朋奸；二、革除腐朽习俗，如女子缠足等；三、效仿西方制度，实行新的经济政策；三、采用新的刑法制度。

其中第三部分是全篇的核心，洪仁玕共列举了28条仿效西方资本主义制度的建议。如政治上建议加强中央领导权，在各省设置地位独立的"新闻官"，建立地方税收机关，严禁贪污等；经济上建议发展近代交通和工业，开办邮政、银行和保险事业，兴修水利，主张保护私有财产等；社会上建议成立士民工会，开设医馆和救济机构，反对传统迷信、查禁庙宇寺观，禁止游手好闲、不务正业，禁止饮酒及吸毒，禁止溺婴、买卖人口和使用奴婢等。

《资政新篇》是中国人首次提出的在中国发展资本主义的设想，集中反映了当时先进的中国人向西方寻找真理和探索救国救民道路的迫切愿望。

但《资政新篇》也存在一定局限性，如未涉及列强对中国的侵略，未将发展资本主义与消灭封建制度联系起来，未将政治纲领与太平天国的现实斗争联系起来。

《资政新篇》因缺乏实践的社会、经济、思想和阶级条件，加之战争环境的影响，最终未能实施。1864年，洪秀全病逝，不久天京陷落，洪仁玕在江西被清廷捕杀。在中外反动势力的联合绞杀下，轰轰烈烈的太平天国运动失败了。

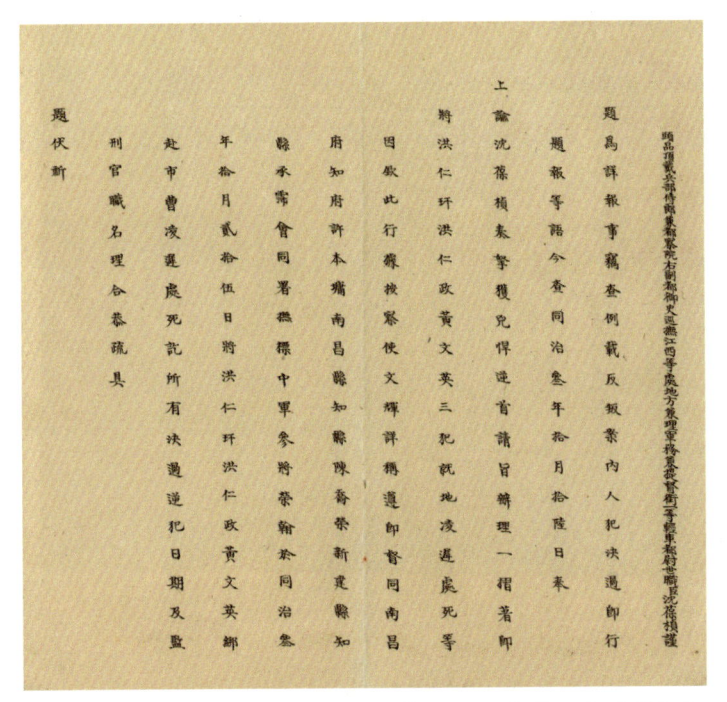

江西巡抚沈葆桢报已处决洪仁玕等重囚日期事题本（局部）

洋务运动与近代教育

卢 溪

第一次鸦片战争失败后，中国沦为半封建半殖民地社会，中国教育也随之发生深刻变化，学习和引入西式教育成为有识之士的共识。19世纪60年代到90年代，由洋务派发起了一场挽救清朝统治的自救运动，称为洋务运动。洋务运动的主要内容之一是学习和引进西方先进技术，具体措施包括兴办新式学堂和派遣留学生等，中国近代教育即由此开端。

洋务运动期间开办的外国语学校有京师同文馆、上海广方言馆、广东同文馆、湖北自强学堂等。京师同文馆，是清末第一所官办外语专门学校，由恭亲王奕䜣和文祥奏请，于1862年正式开办，初以培养

恭亲王奕䜣等为筹设总理各国事务衙门并酌拟章程事奏折

外语翻译、洋务人才为目的，以外国人为教习，专门培养外文译员，属总理衙门。京师同文馆的设立，标志着北京近代学校的正式出现，为北京近代教育的发展树立了样板，提供了借鉴，打下了思想和制度的基础。

洋务运动期间开办的军事学校有福建船政学堂、天津水师学堂、江南水师学堂、天津武备学堂等。福建船政学堂，于1866年由左宗棠奏请创办，是中国近代航海教育和海军教育的发源地。学堂初建时称"求是堂艺局"，1867年马尾造船厂建成后搬迁至马尾，遂改名为福建船政学堂，也称马尾船政学堂。船政学堂的一支为前学堂和后学堂，分习造船、航海；另一支为绘事院、艺圃，后改称图算所、学徒学堂、匠首学堂。

洋务运动期间开办的技术实业学校有北洋电报学堂、天津西医学堂、福州电报学堂、山海关铁路学堂等。北洋电报学堂，又称天津北洋电报学堂，创办于1880年，前身是1878年天津机器局内附设的学堂，这是中国近代第一所工业技术学校，亦是中国最早的电报学校。北洋电报学堂聘请外国教师、技师教授电报、电磁、数学等知识，毕业生被分配到各地电报局工作，为中国近代电报事业发展作出了贡献。

1872年至1875年间，清政府先后派出4批共120名官派留学生赴美国留学，这批学生出洋时平均年龄只有12岁，称为留美幼童。留美幼童们学习了西方先进的工矿、铁路、电报、教育、外交、行政、商业、海军等技术知识，回国者大都在不同岗位上为中国的近代化作出了贡献。

首批留美幼童合影

　　洋务运动时期的新式教育，纳入了西方教育的部分制度和形式，开启了由传统教育向近代教育的转变，培养了一批新式人才，为中国近代化发展积蓄了力量。如京师同文馆后并入中国第一所具有现代意义的大学——京师大学堂，即现在的北京大学；福建船政学堂培养了近代资产阶级启蒙家严复、外交官陈季同、造船专家魏翰等优秀人才；留美幼童中涌现了著名铁路工程师詹天佑、北洋大学校长蔡绍基、清华大学创始人唐国安、矿冶工程师吴仰曾等优秀人才。

晚清台湾电报的创办

伍嫒嫒

中国的电报事业创始于台湾地区。晚清时期，因为外国侵略危机，清廷对台湾的海防地位有了全新的认识，当时钦差办理台湾等处海防兼理各国事务大臣沈葆桢首倡设立台湾电报。其后，在福建巡抚丁日昌及首任台湾巡抚刘铭传的努力下，台湾与祖国大陆之间最终实现了电报的连通，在加强中国的海防及台湾的建设中发挥了重要作用。

沈葆桢倡议设立

同治十三年（1874年）三月，日本以琉球遭风船民漂流到中国台湾被当地高山族牡丹社人所杀为借口，悍然出兵侵略，在台湾南部琅峤地方登陆，是为牡丹社之役。清廷闻讯后仓促应对，授福建船政大臣沈葆桢为钦差办理台湾等处海防兼理各国事务大臣，令其驰赴台湾一带，"体察情形，或谕以情理，或示以兵威，悉心酌度，妥速办理"。

沈葆桢临危受命，在渡海赴台之前即与福州将军文煜、闽浙总督李鹤年等联衔上奏，提出"联外交、储利器、储人才、通消息"四项对策，并指明"台洋之险，甲诸海疆。欲消息常通，断不可无电（报）线"。计划由福州敷设陆路电（报）线至厦门，再由厦门敷设水路电（报）线至台湾，从此两地"瞬息可通，事至不虞仓卒"。这是清朝官员第一次正式请设电（报）线。

五月初一日，清廷正式批准沈葆桢关于在台湾设立电报的奏请，谕令所请设立电线以通消息一事"著沈葆桢等迅速办理"。六月，沈葆桢的法籍顾问、福州船政局监督日意格与上海丹麦人经营的电报公司——大北公司洽商，邀请电（报）线洋匠到台议价，双方初步打算先从台湾郡城敷设电（报）线北至沪尾（今淡水），转白沙渡海，过福清县之万安寨，登陆福州马尾。准备待该洋匠回上海与外国电报公司商定后，即先行开始陆线的施工。

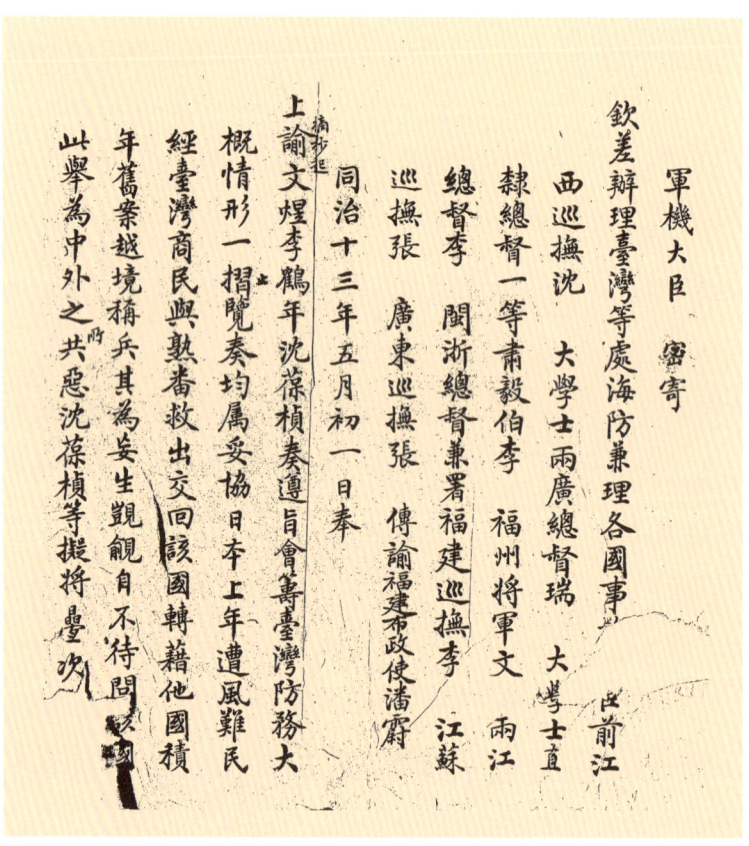

同治帝著沈葆桢迅速办理台湾电线事上谕（局部）

然而，这项约定一方面因洋商欲以旧线充新而未能达成协议。同时，中日两国于九月二十二日签订了《北京专条》，日兵撤出台湾，台疆形势有所缓和，第二年沈葆桢又升调两江总督，因此，台海之间设立电报线的计划也就被搁置下来，一搁便是3年。

丁日昌正式创办

光绪元年（1875年），朝廷任命丁日昌为福建巡抚。根据福建巡抚冬春驻台的规定，光绪二年冬，丁日昌首次东渡台湾，他在履勘鸡笼（今基隆）、苏澳北路后山等地后呈上了"统筹台湾全局"的奏折。提出在台开铁路、办矿务和建电报的计划，并指出"轮路、矿务、电（报）线三者，必须相辅而行。无矿务，则轮路缺物转输而经费不继；无电（报）线，则轮路消息尚缓而呼应不灵"。不仅如此，丁日昌还认为电线的建造必须"权自我操"，他说："惟前议由福州造至厦门，系由洋人发纵，太阿倒持，未免利少害多。"这也为日后中国自建台湾电线奠定了基础。

丁日昌的建议得到了恭亲王奕䜣、李鸿章、沈葆桢等人的赞同。有了朝廷的许可后，丁日昌在光绪三年三月二十五日的奏折中提出了修建台湾电报的具体方案，即将省城前存陆路电线移至台湾，化无用为有用。并拟派学生六品军功苏汝灼、陈平国等专司其事，初定于四月动工，先从旗后（今高雄）造至府城（今台南)，再由府城造至鸡笼。四月十四日，这一提案得以奉旨施行。

在台湾修建电报线的工程紧锣密鼓地准备开来，七月初十日自府

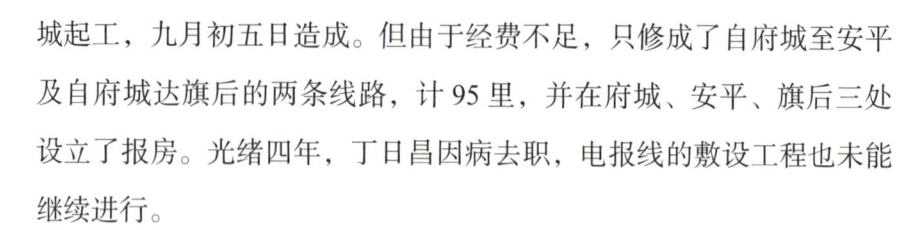

城起工，九月初五日造成。但由于经费不足，只修成了自府城至安平及自府城达旗后的两条线路，计95里，并在府城、安平、旗后三处设立了报房。光绪四年，丁日昌因病去职，电报线的敷设工程也未能继续进行。

尽管如此，丁日昌创办的台湾电报线，是中国人自己修建并由中国人掌管的第一条电报线，在中国邮电史上具有重大意义，其创办也引起了中外各方的关注。九月十九日的《申报》就对此进行了报道。

刘铭传艰辛拓展

继台湾电报创办之后，中国陆路电报线的修建开始有了长足的发展。光绪五年，建成津沽线；六年八月，李鸿章奏准设立长达3075里的津沪线，并于次年十月底全线竣工；光绪九年至十年间，经清廷批准又修建了津京线、长江线、广州至龙州线等几条重要干线。但是台湾电线的建设却无所进展，这一局面直至中法战争后方才改变。

刘铭传像

光绪十年中法战争爆发，法军占领基隆和澎湖，并封锁台湾海峡。由于未设跨海电报线，台湾文报不通，几成孤岛。光绪十一年清廷决定设立台湾行省，并在十二月十二日，发布上谕曰："台湾虽设行省，必须与福建联成一气，如甘肃新疆之制，庶可内外相维。"清廷的这一置省原则，使得展设台湾电报至福建以加强台湾与大陆的联系殊为必要。

台湾建省后，首任巡抚刘铭传痛定思痛，于光绪十二年八月二十八日上疏称"台湾一岛孤悬海外，来往文报风涛阻滞，第至匝月兼旬，音信不通"，他指出"水陆电报实为目前急务"，奏请购办台湾水陆电线，认为此举为"必不可缓之图"。

此次台湾电线的架设分为两部分进行。水线部分，经安平至澎湖，再由澎湖至厦门。经过了几家比价，工程最后由怡和洋行承办，并商定先给定银4万两，其余分3年归清。陆线部分，由基隆、沪尾两处海口起，合至台北府城，再由台北府城至台湾府安平止，来往两道议定800里。除木料外，其余皆由德国泰来洋行承办，共价银3万两。

陆线及水线的架线工作原定于第二年的正月和六月分别开工，因材料运输耽搁而有所推迟。陆线延至十三年三月，先从基隆、沪尾合至台北两线架起。海线原计划取道厦门，因海程不便，最终改由台北沪尾接达福州之川石，较之原来海程多了五六十里。八月，安放川石至沪尾的水线。后继续至澎湖放线，抵台南之安平口。十一月间，岛上的陆线也从台南接办，取道彰化，迤逦而北，至光绪十四年二月初一日，终与台北之基隆、沪尾两线接通。"统计水陆设线一千四百余里，分设川石、沪尾、澎湖、安平水线房四所。除台南、安平、旗后原设报局三处外，又添设澎湖、彰化、台北、沪尾、基隆报局五处。一切材料、机器、水线、轮船、木杆工程、勘路、转运、洋匠薪水路费、开局经费，共银二十八万七千余两。"光绪十四年五月初五日，刘铭传上疏奏报台湾水陆电线架设告成。

历史启示

自同治十三年沈葆桢奏请设立台海电报线起，经过众多有识之士的不懈努力，耗费了整整十四年的时间，闽台海底电报线及台湾陆上电报线终于全部建成。由此台湾同祖国大陆的联系更为紧密：一方面，使军情政令瞬息到达，在海防建设上发挥了重要作用。另一方面，台湾电报的架设对台湾地区经济与社会发展也十分有益，台湾本地的糖、茶商人通过电报可以了解国际市场上的产品价格，从而获得更多的收益。

特别是，台湾电报电线的架设，始终遵循着"权自我操"的原则，反映出清政府的强烈主权意识。沈葆桢请办台湾电线之时，因技术力量问题而交洋人办理，然交予洋人的仅仅是建造的权力，这是他一贯所坚持的"予以辛工，责以教造，彼分其利，而我握其权"原则的体现。丁日昌在处理福厦电线纠纷时索性将大北公司所架之电线买下，并"延请洋人教习学生"，迨中国学生学成后自行建造，"倘于理有窒碍难通之处，即翻译泰西电报全书以穷奥妙，或随时短雇洋工一二人以资参核"。刘铭传在拓展台湾电线过程中也反复强调，"惟电杆所用木料及安电工作，一切概由中国自办"，电线建成后由中国管理。这一切确保了当时台湾电报未成为帝国主义侵略中国的工具，其作用与意义不可低估。

然而，几年后中国在甲午战争中战败，将台湾割让给了日本，岛上所建的陆路电线也在《马关条约》里规定"永远让与日本"。可是日本并不满足，办理交接手续时，又贪得无厌地提出将闽台海底电报线一并移交的强盗要求。虽然中国方面就此事与日本进行了数年的交涉，但在日本的武力强占或胁迫下，光绪二十四年十月，还是不得不将闽台海底电报线以 10 万元的价格转售给了日本。

晚清的台湾电报，因日本的早期觊觎而创建，因中法战争而发展，最终却因中日甲午战争而丧失。直至第二次世界大战结束，中国政府恢复对台湾地区的主权，台湾电报业才又回归祖国。

晚清海关邮政的创办

伍媛媛

十九世纪以前的中国信息传递主要依赖古老且传统的邮驿。清前期，官办驿站和民营信局承担了政府和民间的邮寄服务。到清朝末年，传统邮政积弊重重，已无法满足日益增长的通信需求，"文书任意延搁，至数起始遣一马夫送之，故往往有数百里内文书竟迟至十余日始到者。"邮驿制度日渐没落，已走到历史的尽头。

传统邮政积弊重重之时，西方列强在鸦片战争后，借五口通商，

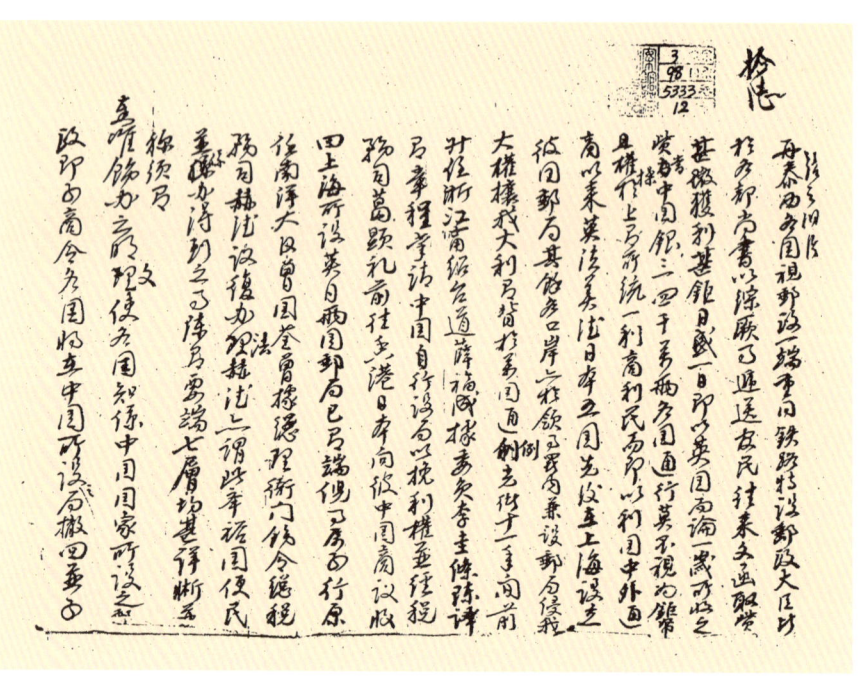

张之洞在开办邮政事奏折内述"客邮"弊病（局部）

在中国纷纷设立各自的邮局，引入他们本国的邮政章程，并发行各国的邮票，称之为"客邮"。"客邮"的出现极大损害了中国的利益，不仅如此，他们还通过邮局，为其走私行动提供便利。中国原有的邮驿体系被不断蚕食瓦解，邮政业局面极为混乱，创办近代邮政愈加迫切，逐渐被提上议事日程。

第二次鸦片战争后，咸丰八年（1858年）签订的《中英天津条约》第四款规定："大英钦差大臣并各随员等，皆可任便往来，收发信件。……由沿海无论何处皆可送文，专差同大清驿站差使一律保安照料"。这样，清政府就不得不担负起保护外国人邮件的责任。

同治四年（1865年），海关总税务司署由上海迁至北京，传递和保护邮件的责任，就移交给了总税务司署。为了邮寄便利，第二年，总税务司署、上海、镇江、天津及沿海各地海关均成立了办理邮递事务的部门，开始了海关兼办邮递的阶段，也是近代邮政的雏形。

海关兼办邮递有着明显的缺陷，它的营业范围窄，业务种类也不多，起初仅为各使馆和海关寄递往来文件，地域也只限于北京、上海等地之间，难以满足各方面信息交流的需求。为了扩大邮递范围，李鸿章委托海关总税务司赫德试办海关邮政。光绪四年（1878年）二月二十日，受赫德委托，天津海关税务司德璀琳在天津宣布海关书信馆对公众开放邮寄业务。随后，北京、天津、上海、烟台、营口五处以海关为基地试办邮政，由此开启了海关试办邮政的

总税务司赫德像

历程。

中国近代邮政由海关兼办到海关试办，为适应邮政通信的需要，邮票的发行迫在眉睫。1840年，英国发行了世界上第一枚邮票——黑便士，邮票的图案是维多利亚女王的侧面头像，在此后的40多年里，先后有140多个国家效仿英国发行了邮票。光绪四年，清代海关邮政发行我国第一套邮票——大龙邮票。大龙邮票图案以蟠龙为主，颜色分为黄色、朱红色和绿色，面值银5分、3分和1分，并有不同版式，由总税务司造册处负责印刷，分批交由天津海关税务司德璀琳发行。光绪十一年，海关邮政又发行了小龙邮票三种，光绪二十年还发行了慈禧寿辰纪念邮票九种。这些邮票成为中国近代邮政发展的珍贵记录。

19世纪80年代，海关试办的邮政陆续在一些通商口岸开设了服务机构，到了光绪二十二年，全国24处设有海关的地方基本上都已开办了海关邮局，这为晚清国家邮政的开办奠定了基础。为此，总理各国事务衙门奏请正式开办国家邮政，随折呈报了赫德拟定的《开办邮政章程》。章程共四项44款，对邮局的机构设置、业务范围等方面作了种种规定。在邮政设局上，规定各海关已设的寄信局改为邮政局，归税务司管理。总税务司署中的寄信局，改为邮政总局，管辖各口邮局。条款中对邮递应禁事宜作了明确规定，要求邮局员役不得擅自拆封信件，否则按律例治罪；不得擅自代寄信件，违者每件罚银五十两等。此外，章程还在邮局的账目、册账及冬季封河时信件的递送作了说明。对于寄送外国邮件，须照万国联约条约办理。而外国寄送之信件，除上海外，须由邮政局转交应收个人，若寄往不联约处所，则由邮政局交给民局转寄。

光绪二十二年二月初七日,光绪帝谕准开办邮政官局。经过一段时间的筹备,光绪二十三年正月十九日,大清邮政总局正式成立。起初,邮政总局仍设于总税务司署内,赫德被总理衙门委令为总邮政司。光绪三十二年,清政府改革官制,中央政府设邮传部,下设邮政司专责管理邮政事务,接收全国邮政,海关与邮政从此分立。

中国近代国家邮政的创办,虽然道路崎岖,步履蹒跚,但最终在艰难复杂的历史嬗变中得以建立,实现了邮权国有。这对促进邮政利权的统一、邮政业务的发展,对加强中外经济文化交流及整个国家的近代化都产生了重要而深远的影响。

弃医救国的孙中山

朱 墨

青年的命运，从来都同时代紧密相连。19世纪后半叶，中国正遭受帝国主义列强野蛮掠夺和封建专制政府腐朽统治的双重压迫，风雨如晦、民生日蹙，国家蒙辱、人民蒙难、文明蒙尘。无数仁人志士前仆后继，都在探索救国救民的道路，孙中山就是其中的杰出代表。青年时代的孙中山目睹山河破碎、生民涂炭，经历了思想转变，最终"一生以革命为己任，立志救国救民，为中华民族做出了彪炳史册的贡献"。

从私塾到西学

1866年，孙中山诞生在与香港隔珠江相望的香山县（今广东中山）翠亨村一个极为普通的家庭中。

1875年，孙中山进入旧式书塾读书，与其他同龄人一样，开始接受传统儒家教育。当时，翠亨村有个太平天国遗兵，叫冯爽观，时常和孩子们绘声绘色地讲述太平军反清的故事。孩子们个个情绪盎然，听得入神。孙中山对此很感兴趣，他对洪秀全、石达开等将领流露出崇拜之情。也许正是从那时起，反抗清王朝封建统治的革命种子，已经在少年孙中山心底开始萌发。

孙中山故居

1878年，孙中山远赴檀香山，比较系统地接受西式的近代教育，由此萌发了"改良祖国，拯救同群之愿"。

1883年，阔别家乡五年的孙中山回到翠亨村，发现这里依旧美丽而贫困，处处充满着落败气息，见不到一丝生机。他不遗余力地宣传改良乡政的理念，还与几位好友一起打碎了村里的神像，遭到本村豪绅地主发难。

带着复杂情绪，孙中山又来到香港求学。1892年，孙中山毕业于香港西医书院，成为中国第一批西医。其间他受到早期改良主义代表人物郑观应的思想影响，郑观应在澳门编成的五卷本《盛世危言》中，就收入了孙中山其时写的《农功》一文。

在接受14年西方教育的过程中，孙中山由一位少年，成长为决心为国为民的爱国青年，为他日后从事革命事业打下了基础。

从救人到救国

孙中山学成行医期间，逐渐意识到医术救人，所救有限，只能救少数人，革命则能救多数人，于是决定弃医救国。

当时社会思潮风起云涌却都未形成成熟理论，无论是地主阶级洋务派、资产阶级维新派，甚至是处在思想萌芽阶段的资产阶级革命派，都有着近似的观念——学习西方。各派之间的思想矛盾，还没有真正的显露，但是他们也有共同的敌人——旧势力。

孙中山先生大演说会公告：列强能否瓜分中国之问题（局部）

青年孙中山第一次救国尝试是上书李鸿章。1894年，28岁的孙中山和青年同乡陆皓东一起到北方游历，在天津经由盛宣怀向李鸿章转递《上李傅相书》，上书洋洋洒洒8000余字，详尽陈述了自己的国强观："欧洲富强之本，不尽在船坚炮利、垒固兵强，而在于人能尽其才，地能尽其利，物能尽其用，货能畅其流——此四事者，富强之大经，治国之大本也。"

时年，朝鲜东学党起义，日本出兵，企图挑起中日战争。李鸿章既要应对政敌，又要斡旋列强，分身乏术，并没有接见孙中山，但却对出国考察农政等建议表示支持，特颁了一张考察护照。

从改良到革命

1894年7月，甲午战争爆发，清军连遭败绩，中华民族日渐滑向深渊。孙中山的"改良情绪"在报国的忧愤中荡然无存，于是远赴檀香山，倡议集结团体，共谋救国。

同年11月，孙中山与20多位进步华侨创立兴中会，取"振兴中华"之意。从此，孙中山决心"拯斯民于水火，扶大厦之将倾"，明确提出了"驱除鞑虏，恢复中华，创立合众政府"的主张。青年孙中山完成了从改良主义向民主主义的伟大蜕变。

自此，在孙中山为代表的革命先驱影响下，革命党人、爱国志士、先进分子集结在振兴中华旗帜下，兴起进步浪潮，发动武装起义，推动了革命大势的发展。

"孙中山先生是伟大的民族英雄、伟大的爱国主义者、中国民主革命的伟大先驱。"孙中山的伟大源于他青年时期就逐渐形成的为中华民族进步而矢志奋斗的精神内核，正如其在《建国方略》中所说："吾心信其可行，则移山填海之难，终有成功之日；吾心信其不可行，则反掌折枝之易，亦无收效之期也。"

清末"天津大学"创办始末

徐春峰

光绪二十一年（1895 年）八月十四日，北洋西学学堂正式创办。北洋西学学堂即今天天津大学的前身，这是我国高等教育史上具有重要历史意义的一件大事。

北洋西学学堂遗址（包括今海河中学、解放南园等处）

时艰孔亟

两次鸦片战争以来，清王朝逐步沦为半殖民地半封建社会，促使着封建士大夫们睁眼看世界，学习西方的先进文化和技术，洋务运动从此兴起。随着甲午战败和《马关条约》签订，民族生存和国家自强更是成为不可逃避的议题。

正是在这种时代背景下，光绪帝曾在光绪二十一年闰五月二十八日发布上谕，强调目前国事艰难，务要因时制宜，上下一心以图自强。要达到这个目的，惟以蠲除痼习，力行实政为先。光绪帝在上谕里列举了需要及时兴办的实政：修铁路、造机器、开矿产、练陆军、整海军等等，立学堂就是其中之一。

洋务派的代表人物盛宣怀同样希望通过创办西学学堂来解决洋务

人才缺乏的问题，从而达到国家自强的最终目的。国家自强首先需要培养人才，培养人才首先需要设立学堂，这是他创办北洋西学学堂的初衷。

在直隶，盛宣怀并不是第一个办西学的人。光绪十二年的时候，前津海关道周馥就请求设立博文学院，同时开设中西学的课程，因为与当时管理税务司的外国人德璀琳意见不和，最终把博文学院的房屋抵押给了银行，办学没能成功。

面对这种情形，盛宣怀的观点是：学堂晚开一年，人才培养就会晚一年。邻国日本已经开始学习西方，广开学堂，不仅选拔海军陆军官兵，还培养外交、制造以及矿业等方面的人才。中国并不缺乏人才，但如果仅仅通过传统方式选拔，是很难和各国来一较高下的。

因此盛宣怀请求设立两所西学学堂，即天津头等学堂和二等学堂，并且和美国驻天津副领事丁家立制定了比较完善的学堂章程。

总督具奏

王文韶（1830—1908），字夔石，浙江人。咸丰二年（1852年）进士，曾任湖南巡抚、兵部侍郎、军机大臣上学习行走、云贵总督、直隶总督兼北洋大臣、户部尚书协办大学士等职。他在办理洋务及发展教育方面，做了不少的努力。光绪二十一年，时任直隶总督兼北洋大臣的王文韶向光绪帝上折，专门奏报了关于津海关道盛宣怀倡捐集资创办北洋西学学堂的相关事宜。

他在奏折里首先转述盛宣怀禀文的内容，包括办学的目的、背景

直隶总督王文韶为津海关道盛宣怀创办西学堂奏明立案事奏折（局部）

和具体的学堂章程，即"自强之道以作育人材为本，求才之道以设立学堂为先。"

头等学堂就是大学堂，二等学堂就是大学预科。

生源及学制方面，二等学堂在天津、上海、香港等处招生，按照水平高低分为4个班（头班、二班、三班、四班），或者说是年级，每班30人。完成二等学堂学业的头班学生30人升入头等学堂，完成头等学堂学业的头班学生经过考试，挑选出人员出洋留学或者委派和洋务有关的职务等等。

经费方面，头等学堂每年需要银4万余两，二等学堂每年需要经费15000余两，不使用现有库款，而是通过倡捐集资来进行。其中，盛宣怀倡捐津海关税银15000两，其他由电报局、招商局的商人捐银，再加上天津米麦进口抽捐，可以筹款54000两左右。

房屋方面，由广西按察使胡燏棻设法筹款，向银行赎回原来博文书院抵押的房屋给头等学堂使用；二等学堂需要另外建造，在房屋没有盖好之前，暂时借用头等学堂的房屋。此外，还规定了4年的具体课程设置等其他内容。

紧接着，王文韶引用光绪帝的上谕来论证西学学堂创办的合法性、重要性和必要性，同时委派两个学堂的总办、总教习等负责人。

王文韶肯定了盛宣怀筹款创办西学学堂的做法符合国情世情，认为章程非常周到妥帖，应该立即实施。同时王文韶又指出，创办学堂事务繁重，必须是既通晓西学又有综合能力的人员才能胜任，因此提出以伍廷芳总办头等学堂、蔡绍基总办二等学堂，并且聘请美国人丁家立做学堂总教习，一切事务由盛宣怀协调办理。

有趣的是，这份奏折所涉及的人物，无论是具奏人直隶总督王文韶，还是其中所提及的现任津海关道盛宣怀、前津海关道周馥，或是学堂总办伍廷芳、蔡绍基、总教习丁家立，都有一个共同的特点，那就是和李鸿章之间有千丝万缕的联系。其中，王文韶是在李鸿章被召入京负责甲午中日谈判后，接任署理直隶总督兼北洋大臣的。盛宣怀、周馥、伍廷芳都做过李鸿章的幕僚，丁家立曾是李鸿章的家庭英文教师。蔡绍基则是首批留美幼童的一员，而其时容闳的幼童留学的倡议，支持者之一就是李鸿章。

正式创办

王文韶奏请北洋西学学堂的奏折是在当年八月十二日上呈给光绪帝的，同时还将奏折内容抄录后和原章程一起，分别呈给军机处和总理衙门两处。八月十四日，也就是公历1895年10月2日，光绪帝在奏折上朱批"该衙门知道"，标志着津海关道盛宣怀提议创办并倡捐集资的北洋西学学堂在形式上通过了最高官方认证。北洋西学学堂正式创办，校址就在天津大营门外的梁家园。

5年后的1900年，八国联军侵华，北洋西学学堂成为当时德军的兵营，学堂教学因此而中断。到光绪二十八年，袁世凯具奏设立天津大学堂，梁家园仍被德军占据，遂重新选择天津西沽武库旧址作为重建之地，任命蔡绍基为总办筹建新校舍，次年4月复学开课。光绪三十一年北洋西学学堂更名为北洋大学堂。

北洋大学堂照片

北洋西学学堂的创办，在我国高等教育史上具有重要的历史意义。北洋西学学堂的大学堂或者说天津头等学堂，就是现在的天津大学的前身，天津大学的校史正是从王文韶的这份奏折开始的。

清末科举设立经济特科

苏文英

科举制度对中国古代社会和文化产生了很大影响，其种种弊端也一直遭到历代有识之士的抨击。鸦片战争后，随着西方列强对中国侵略的加深以及西学的传播，改良中国传统教育体制和考试方式的呼声不断，经济特科在此背景下短暂设立。

有识官员奏请开设

严修（1860—1929），字范孙，东三河县人（今属河北）。他从13岁开始参考，到23岁中会试，经历了10年的科举考试，其后充任翰林院编修、会典馆详校官、乡试试卷磨勘官，1894年授贵州学政。20多年时间里，严修从应试到试人，一直都与科举打交道。这期间，他目睹中法、中日战争之祸，深知旧式之学对于改变国弱民贫现状之无用。严修赴贵州学政任上时，恰是甲午战争爆发不久，途中他不断听到前线战败的消息，加之一路观察政情民俗，更促使他进一步反思中国贫弱的原因。严修认定天下之治乱视乎人才，选育人才要敦品励学，讲求实用。

严修像

光绪二十三年（1897年）九月，贵州学政严修正式向朝廷上奏，折中称："时政维新，需才日亟，请破常格，迅设专科，以表会归，而收实用"，建议仿照康熙、乾隆两朝的博学鸿词科之例开设经济专科。折中称"新科宜设专名""统立经济之专名，以别旧时之科举"，希望以此选拔"以通今为切要，或周知天下郡国利病，或熟谙中外交涉事宜，或算学译学擅绝专门，或格致制造能创新法，或堪游历之选，或工测绘之长"的人才。

第一次浅尝辄止

光绪帝接到严修上奏后，谕令总理衙门会同礼部妥议具奏。光绪二十四年正月初六日，总理衙门上报讨论结果和具体实施方案，建议将严修所奏之专科拆分为"岁举"和"特科"两类，先设立特科，再设立岁举。后来岁举最终未设，而经济特科先后两度设立。

按照总理衙门的方案，经济特科的考录范围分为内政、外交、理财、经武、格物、考功六事：

一曰内政，凡考求方舆、险要、邦国、利病、民情、风俗者隶之

二曰外交，凡考求各国政事、条约、公法、律例、章程者隶之

三曰理财，凡考求税则、矿产、农功、商务者隶之

四曰经武，凡考求行军、布阵、管驾、测量者隶之

五曰格物，凡考求中西算学、声、光、化、电者隶之

六曰考功，凡考求名物、象数、制造、工程者隶之

应试经济特科者须由三品以上京官及督抚学政举荐，无论已仕未

光绪二十四年正月初六日内阁奉

上谕总理各国事务衙门会同礼部奏遵议贵州学政严修请设专科一摺据称就该学政原奏分别酌拟以六事一曰内政凡考求方舆险要邦国利病民情风俗者隶之二曰外交凡考求各国政事条约公法律例章程者隶之三曰理财凡考求税则矿产农功商务者隶之四曰经武凡考求行军布阵管驾测量者隶之五曰格物凡考求中西算学声光化电者隶之六曰考功凡考求名物象数制造工程者隶之由三品以上京官及督抚学政各举所知无论已仕未仕注明其人何所专长咨

光绪帝关于设立经济特科的上谕（局部）

仕均可，举荐时要注明考试者的专长。经济特科考试由总理衙门会同礼部组织，在保和殿以策论形式开考，经阅卷大臣拟定等第名单，再经过复试，便可带领引见，听候擢用。

　　同日光绪帝发布上谕，允准总理衙门所议，谕令各大臣日后对已知的经济人才"出具切实考语、陆续咨送，不得瞻徇情面，徒采虚声，俟所保人员汇齐至百人以上，即可奏请定期举行特科，以资观感"，

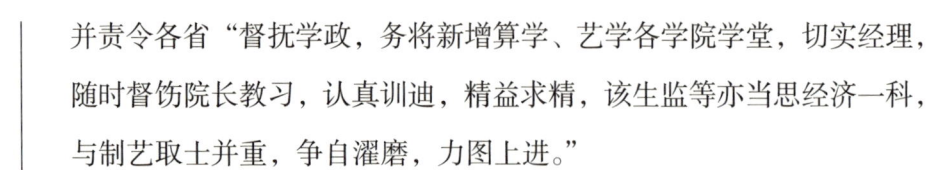

并责令各省"督抚学政,务将新增算学、艺学各学院学堂,切实经理,随时督饬院长教习,认真训迪,精益求精,该生监等亦当思经济一科,与制艺取士并重,争自濯磨,力图上进。"

光绪帝的谕令下达后,朝臣督抚便围绕特科一事纷纷提出自己的看法和建议。除少数人认为特科不必急于举行外,多数人主张经济特科不仅应迅速举办,而且还建议为更好地收取人才,可以自荐报考。

同年五月二十五日,光绪帝再次发布谕旨,"著三品以上京官及各省督抚学政,各举所知,限于三个月内,迅速咨送总理各国事务衙门,会同礼部奏请考试一次,俟咨送人数足敷考选,即可随时奏请定期举行,不必俟各省汇齐,再行请旨"。

光绪帝下举特科之诏后,荐者纷起。据统计,特科保荐人才为235人,重荐者12人。正当朝廷积极准备开考之时,"戊戌政变"发生,特科被迫废止。

本次经济特科之设虽半途而废,但对新式学堂的兴办起到了积极作用,此后全国各地经济学堂纷纷设立,当时情形正如盛宣怀所奏:"俾天下新设学堂书院,所教有用之学,皆得学成而各尽其用,宇内学生莫不争自濯磨。"

第二次昙花一现

1900年,八国联军侵占北京,慈禧太后和光绪帝匆忙西狩。1901年两宫回銮后,清政府希图施行新政以改变困境。

光绪二十七年四月十七日,慈禧太后懿旨称:"为政之道,首在得人，况值时局阽危，尤应破格求才，以资治理，允宜敬遵成宪，照博学鸿词科例，开经济特科，于本届会试前举行……著各部院堂官，及各省督抚学政，出具考语，即行保荐，并著政务处大臣拟定考试章程，先期请旨办理，朝廷振兴百度，母子一心，惩往日之因循，望贤才之辅治，尔诸臣当详加延揽，各举所知，共济艰难，以维邦本，使中兴人才之盛，再见于今。"

时隔3年，经济特科被宣布恢复，但直到2年后才正式开考。

光绪二十九年闰五月十六日，经济特科正场考试在保和殿进行，共有186名考生参加考试，录取梁士诒等48人为一等，桂坫等79人为二等，准予覆试（复试）。

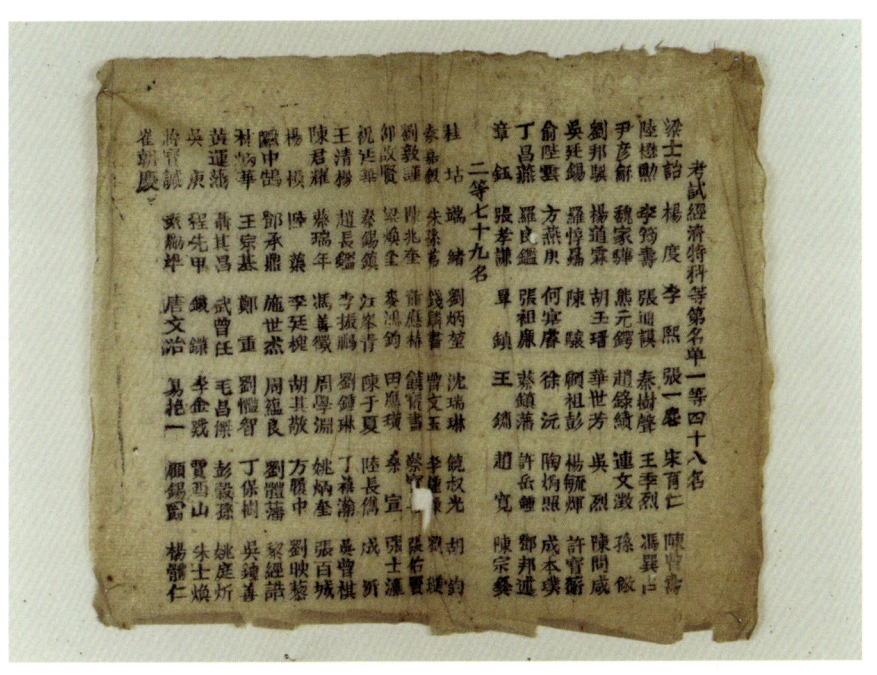

光绪二十九年经济特科等第名单（南京中国科举博物馆藏）

闰五月二十七日，经保和殿覆试，本次经济特科共录取一等9人，二等18人：

一等之袁嘉谷、张一麐、方履中、陶炯照、徐沅、胡玉缙、秦锡镇、俞陛云、袁励准；

二等之冯善征、罗良鉴、秦树声、魏家骅、吴钟善、钱鑅、萧应椿、梁焕奎、蔡宝善、张孝谦、端绪、麦鸿钧、许岳钟、张通谟、杨道霖、张祖廉、吴烈、陈曾寿。

经济特科是清末新政特设的科举制科，是对传统科举的补充和改良。但因为清政府政局动荡，统治者昏聩腐朽，经济特科并不能达到招录人才、挽救统治的目的，还遭到社会舆论的抨击，此后再无举办。1905年，在中国实行了1300多年的科举制度被彻底废除。

清末黑龙江城回乡难民的安置

邵琳琳

光绪二十六年（1900年）庚子国变及之后几年内，黑龙江城（亦称瑷珲城，时为黑龙江副都统治所，位于今黑龙江省黑河市爱辉镇）先后经历战争和瘟疫，致死伤病故者达几万人，幸存者纷纷南下逃亡避难。事后，为让黑龙江城原官民回乡归业，清朝地方政府采取了一系列措施。

瑷珲城模型（黑河市瑷珲历史陈列馆藏）

官民回籍不可缓

庚子之难前，黑龙江城所在的瑷珲地区包括江左旧瑷珲和江右新瑷珲，其中旧瑷珲称为萨哈连乌拉霍通，即满语的黑龙江之意。当地人口有7万余人，战争和瘟疫导致城中近一半的人口死亡，而余下的"旗丁难户四万余众"则辗转流离别城。黑龙江城是边疆重镇，军民逃离后城中无将、无兵、无人，守疆重责形同虚设。

光绪二十九年，署黑龙江将军萨保奏称：黑龙江城难户回业"万不可缓者也"，难民"稽居省垣（黑龙江将军治所，今齐齐哈尔）已

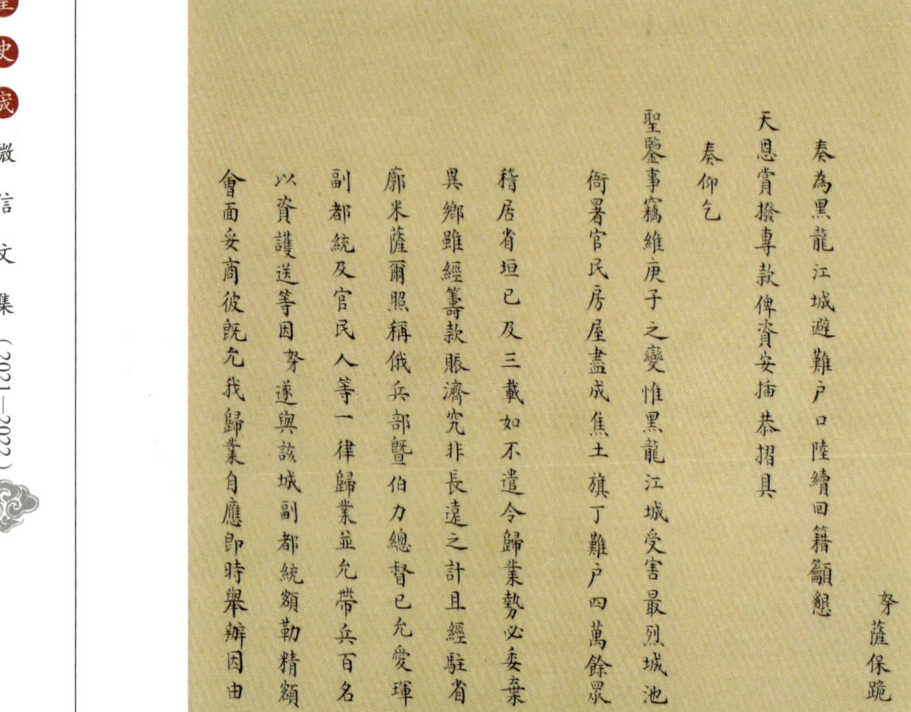

> 奏為黑龍江城避難戶口陸續回籍懇
> 天恩賞撥專款俾資安插恭摺具
> 奏仰乞
> 聖鑒事竊維庚子之變惟黑龍江城受害最烈城池
> 衙署官民房屋盡成焦土旗丁難戶四萬餘眾
> 稽居省垣已及三載如不遣令歸業勢必委棄
> 異鄉雖經籌款賑濟究非長遠之計且經駐省
> 廓米薩爾照稱俄兵部暨伯力總督已允愛琿
> 副都統及官民人等一律歸業並允帶兵百名
> 以資護送等因弩遂與該城副都統額勒精額
> 會面妥商彼既允我歸業自應即時舉辦因由
>
> 薩保跪

署理黑龙江将军萨保为黑龙江城避难旗户陆续回籍吁请赏拨专款事奏折（局部）

及三载，如不遣令归业，势必委弃异乡"。当时黑龙江城池、衙署等虽被焚毁，但土地还在，难民辗转各地居无定所，生计十分艰难，为防止重镇变弃地，难民回迁归业刻不容缓。

回乡归业困难多

在战乱年代，安置难民收抚散兵，是恢复社会秩序的当务之急。

光绪二十九年，萨保和黑龙江副都统额勒精额会同商议黑龙江城官民归业事宜时决定，首先由省城垫付3万两白银作为路费，其次由额勒精额派黑龙江城协领桂升率兵招抚难民回乡，其饷银自九月初一日起按月由省城垫发。

黑龙江城皆旗属之丁，难民初归，百废待举，土地荒芜已久、颗粒未收，为保证旗人生计，还需解决两个难题。

首先是经费问题。当时清廷国库空虚，薪俸、兵饷难以如期发放，庚子之变中省府备用金库又被洗劫一空，而官民归业"所有沿途用资及牛具籽种与苫盖窝铺等费，非二三十万不可"。为此萨保奏请朝廷筹拨专款20万两，可财政乏力的朝廷并未批拨款项。

光绪三十年，署齐齐哈尔副都统程德全奏陈黑龙江省善后情形时，提出一个变通之法，即"权提前在江省办理便民会盈余银二万一千余两，并另筹的款，拣派妥员前往瑷珲城基附近地方草创办公房舍，为异日规复旧基地步，并一面筹运粮石，以资平粜、招集商民，以通有无。庶几归者有所依赖、未归者亦闻风兴起。俟陆续起程后，如查有赤贫之户无力自归者，再行量为资遣"。此法重在发挥官民各自的作用，官府全盘调度，难民自行归业，以节用度。

其次是土地分配问题。回迁的官民麇集江右，江右人口骤然增加，但适宜耕种的土地有限，为解决土地分配问题，官府大力推行土地清丈制度，制定《瑷珲招垦章程》，对"清丈""授田""放荒"和"公利"等垦务事宜做出规划：

一是，将江右各旗屯分为南、北、西三界，由委员、书役会同界官各乡屯长按屯勘丈分界，对于此前旗民"所垦地段率多错杂"的情

重建后的瑷珲城魁星楼

况予以梳理。

二是，按规定授田，"凡现在管业之户，无论所管地方是否自业，抑系代垦插占，均就现管地方，按照每户丁口拨给，每人以二垧为率，先仅原占熟地划拨，如熟地不敷分拨，再将附近生荒，参照本年奏准旗丁生计成案办理"。

三是，因地制宜放荒，对于无法归业的江左旗户，"视人丁多寡拨给荒地"等，并鼓励民户在瑷珲属地上下游地方设农业公司。此外，把授田、放荒、开垦学田等所获公利作为设学堂、办警察的经费，兴办黑龙江城地方的公利事业。

官民归业有"红利"

虽然采取了种种措施，但拨款、占地等问题未能得到及时妥善解决，负责办事的桂升还因"遇事敷衍塞责"等故被参革职并发往军台效力赎罪。光绪、宣统朝之际，辗转流徙江省各地的黑龙江城难民近10年才渐次回乡归业，其时黑龙江城的人口日渐繁盛，此次在官府倡议下完成的难民回迁，对黑龙江城地方和清廷中央分别产生不同的影响。

对地方而言，土地格局发生变化。光绪三十四年，署黑龙江将军程德全奏请裁撤官屯、驿站，黑龙江城地区官庄地、站丁地改为民地，

"民地"的概念正式出现在该地区。光绪末年，姚福升推行授田、放荒，使得该地区旗民占有土地的格局发生明显变化，此后民田合法化，正式纳入收税范围，此举亦为边疆招垦奠定了基础。

对清廷而言，庚子之难后，朝廷上下意识到若要图存，移民实边势在必行，遂积极在黑龙江城地区招民垦荒、移民实边。随着招垦政策的不断调整，增设民官专理垦务，清末吉林、奉天及内省汉民开始迁居黑龙江城地区，垦荒也有所发展。

北京协和医学堂的创建

王 玲

19世纪后期，外国教会在各地陆续办起医院，将西方新医学引进中国。北京协和医学堂及其临床医院，作为北京协和医学院（中国医学科学院）及协和医院的前身，正是创建于这一时期。

科龄医士的提议

咸丰十一年（1861年）北京东单牌楼北双旗杆地方有一所英国伦敦会开办的施医院（又名双旗杆医院），该医院自开办以来，每年接诊3万余名患者，在京城建立了良好的信誉。40年后，光绪三十年（1904年）在施医院就职的英国医士科龄针对"中国有病之人，每有非必死之症，而往往致死者，或由医治之不精，或由调治之已晚，死于非命"的医疗状况，倡议在北京建立一所高等西医学院——北京协和医学堂，专门教授中国学生，研究医理。

科龄憧憬协和医学堂学生将来"追学医者果有成就，于以散诸四方。不惟通都大邑广设医馆，即僻壤穷乡到处林立。则抱病者，既不受庸医之害，又不至有耽误之虞"，北京协和医学堂的创建顺应了当时社会需求，因此科龄医士设立医学堂的倡议一经提出，当即得到清政府的鼎力扶持，慈禧太后得知此消息后，特别批准"赏给英国医士科龄所建医学堂一万两"，一些王公大臣也纷纷解囊相助，共募集到

《大清德宗景皇帝实录》关于捐助科龄医生的记载

社会各界捐款1200两。科龄用所筹款项在北京东单牌楼北石牌坊右边建造了一座引人注目的西式教学大楼。

光绪三十一年底，协和医学堂大楼落成，科龄致函庆亲王奕劻，希望仿照西方习俗邀请光绪帝莅临学堂。当时在西方社会，一个国家成立医学堂是头等善事，经常会有国家元首出席开学典礼，这是一种非常有宣传意义的公益活动。因在中国史无前例，科龄未能如愿以偿。但是清政府钦派大员出席了协和医学堂开学典礼，各国驻华公使与会庆贺，盛况空前，各国媒体也为此做了隆重报道，提高了北京协和医学堂在世界的知名度。

先进的办学理念

北京协和医学堂原计划招收学生数百名，各科教习数十名。开学之初，学生不满百名，为提高办学水平，该校除中国教习外，还高薪聘请到洋教习20余名。

北京协和医学堂为了普及推广西医知识，使中国学生深入理解西医学精髓，对该校教员提出了严格的要求。科龄要求各国教员将教材全部翻译成中西文对照版本，以便学员对所学知识融会贯通，并翻印各种医学书籍出售于世，让更多的中国人系统地学习西医理论和医疗技术。科龄为协和医学堂购置了当时世界上先进的医疗设备。北京协和医学堂学员入学之前，要经过国文、西文、动物、植物、格物、化学各学科严格考试，择优录取，宁缺毋滥。入学之后学习5年，"最初两年教授英语、普通学及医学大要，后两年教授内科、外科，最后一年可根据自己的志愿专修某科"。毕业时要经过英、法、美、德、奥、意、日本等各国医官共同校阅考核，合格者予以文凭。没能通过者，再展年限，继续学习，直至达到合格毕业。

北京协和医学堂校舍是两层洋楼，并设有化学实验室、外科治疗室、外科病房、内科、眼科。学生可在附属医院临床实习，自行为病人诊疗治病。

毕业文凭获官方认可

为了使北京协和医学堂学生毕业文凭得到清政府认可，科龄通过多方努力，呼请仿照中国医学馆办法，学生毕业时由协和医学堂给予文凭，清政府学务处在毕业证上加盖印章。光绪三十一年年底北京协和医学堂大楼刚刚竣工，科龄院长第一次向清政府提出申请，要求学务处给未来的北京协和医学堂学生在毕业文凭上盖印。学部在学堂开学典礼的前一周驳回科龄的申请。

宣统元年（1909年）学部出台了《通行各省各学堂毕业条例》，在给各省行文中宣告："凡学生毕业应由本学堂填给毕业文凭，以表明其为何等程度，俾将来有所考试，现在京外各学堂设立日多，学生毕业者亦日众，此项文凭亟须定一通行准则，以期整齐划一。"因此，该条例规定："高等以上各学堂毕业文凭由学部刊印。中等以下各学堂毕业文凭，京师由督学局刊印，外省由提学使司刊印。""学部直辖之高等以上各学堂，由本学堂自行呈请发给，非学部直辖之高等以上各学堂，由提学司或该管衙门核明，转请学部或咨照学部发给。中等以下各学堂由本学堂或劝学所呈由各该衙门核明，转请督学局或提学司发给。"由此我们可以断定北京协和医学堂是一所高等学堂，因为它属于由本学堂自行呈请发给毕业文凭，咨照学部盖印的一类学校。

宣统二年科龄院长再次请英国驻华公使麻穆勒致函外务部会办大臣那桐，为行将毕业的北京协和医学堂学生请奖，并请按照所考之高等程度给予相当之中国功名。经过科龄院长多方奔走呼吁，同年学部批准："查协和医学堂当时呈请立案，曾经本部批准于该学堂毕业时，

北京协和医院启用典礼照片

由本部派员考察。如果及格,加给准其充当医生执照,以昭信守。此次毕业自应照案办理,届时由本部派员考察,视其及格,即予准充医生执照,以符原案。"同时驳回协和医学堂要求按所考之高等程度给予相当之中国功名的请求。

经费紧缺难以维持

北京协和医学堂是一所集教学、研究与临床实验于一身的高等教育学院,由于这里的医生医术精湛,治学严谨,很快博取了各国驻京人士以及清政府的信任。光绪三十三年清政府外务部将协和医学堂列入专为驻京外国人看病的指定医院,并每月送银100两,津贴协和医院医生随时为外国人看病出诊费。北京协和医学堂开办初期,每年需用银不到6万两。随着医学堂知名度提高，各地病人慕名而来，加大了医院的各项开支。到宣统三年已直线攀升到10万两。清政府对协和医学堂的捐助仍旧停留在每年1万两，科龄院长不得不再次向清政府申请补助。此时的清王朝已国库空虚。但外务部和税务处硬是各挤出1000两，捐助协和医学堂。虽然杯水车薪解决不了根本问题，但是足以证明清政府对协和医学堂的重视程度。

1915年北京协和医学堂由于经费严重紧缺，到了难以维持地步，被迫变卖所有权，1915年6月美国洛克菲勒基金会收购了北京协和医学堂的全部财产，包括附属医院。7月美国洛克菲勒基金会下属"中华医学基金会"正式接管北京协和医学堂，并沿用原校名称。美国投资收购了北京东单三条豫王府全部房地产，在其原址上建造了一片气势恢宏的具有浓郁东方特色的建筑群，1917年新校舍落成，扩大了北京协和医学堂的规模。

北京协和医学堂为中国近代医疗卫生事业作出了重大贡献，它为中国培养了一批优秀的医学专家，为传播近代新医学起到了积极促进和推动作用。

冒死保护秋瑾墓的吴芝瑛和徐自华

屈春海

自古巾帼多奇志,而说到清末女杰,便不可不提秋瑾,鉴湖女侠秋瑾的传奇人生,在中国革命史上留下浓重的一笔。光绪三十三年(1907年)7月,秋瑾在绍兴被清政府杀害,时年31岁。其从容就义后,吴芝瑛和徐自华两位女士勇敢地站了出来,冒着被清政府严惩的危险,为安葬秋瑾和保护其墓不遗余力,几经周折,最终实现了鉴湖女侠"埋骨西泠"的夙愿。

秋瑾像

三位女杰

秋瑾(1875—1907),祖籍浙江山阴(今绍兴),自称鉴湖女侠,是近代妇女解放的先驱。秋瑾在日本留学和假期回国期间,结识了孙中山、徐锡麟等民主革命人士,加入了光复会和同盟会,并被选为同盟会浙江省主盟人,积极参与推翻清政府的革命运动。

秋瑾的两位结拜姐妹吴芝瑛与徐自华,也是有过人之处的奇女子。吴芝瑛,字紫英,号万柳夫人,安徽桐城人,是教育家吴汝纶的侄女。其工诗文、善书法，有《西泠悲秋图》等作品印行问世，严复曾为其写《吴芝瑛传》。吴芝瑛居京时，与秋瑾近邻，两人同怀报国情怀，遂成至交，于1904年换了庚帖，立誓"贵贱不渝，始终如一"。

徐自华，字寄尘，号忏慧，浙江石门人。其工于诗、词、文，尤以诗歌著名，著有《听竹楼诗钞》《忏慧词》。徐自华出身名门望族，曾任南浔浔溪女学校长，与在浔溪女学任教的秋瑾结识，遂定生死交。

秋瑾、吴芝瑛和徐自华三位女杰互相帮助，也互相影响。当秋瑾抱着独立自主、男女平权、教育救国的梦想打算赴日本留学时，正是在吴芝瑛的帮助下才得以成行。秋瑾的理念则深刻影响了吴芝瑛和徐自华二人，徐自华后也加入了同盟会。

1906年秋，秋瑾与徐自华在西湖畔凭吊岳飞墓时，曾感言自己死后若能埋于此地，将终身无憾，这一幕从此深深烙印在了徐自华心中。

女侠之墓

1907年5月，徐锡麟筹备在安庆起义，秋瑾准备在浙江等地响应。但徐锡麟因故提前起义失败，本人也被捕牺牲，秋瑾的起义计划完全泄露，形势十分危急。同志们劝她暂避一时，秋瑾决心做中国妇女界为革命牺牲的第一人，被捕后于1907年7月15日英勇就义。

秋瑾之死，很快激起了社会舆论的谴责，掀起的波澜完全出乎清政府的意料。一般民间舆论多以之为爱国新女性，因被徐锡麟案株连而惨死，大都深表同情，也反映出清末的人心向背。在汹涌的舆论面前，时任绍兴知府贵福自知无法在绍兴安身，不得不弃官归隐。1个月后，避难在外的秋氏亲族陆续回到绍兴城里，秋瑾的大哥秋誉章来到卧龙山麓，找到了露天停放的秋瑾灵柩，因殡舍拒绝收容，只得暂放于绍兴大校场近旁的乱坟堆中。

秋瑾遇难后，吴芝瑛、徐自华商定：按照秋瑾遗愿，一定要合力营葬鉴湖女侠于杭州西湖。

1907年12月6日，吴芝瑛致信徐自华，认为当务之急还是先领出灵柩安葬秋瑾，实现其"埋骨西泠"的夙愿："寄尘吾姊，英鉴！顷闻刑名家言，秋妹之柩未经家族认领，则此时发封厝坛尚在地方官权力之下，他人不得移动。昨已托志成先生函商乃兄秋兰绩先生，在该县具禀领柩，以便吾姊前往即可扶之而行。买地以吴氏出名者，妹拟自营生圹于中，使众周知一无所疑。一并葬吾妹于其旁，如此则吾姊妹生死不离亦一快事。异日发表后，官场见在吾生圹界内或碍难干涉。区区苦心望姊再函达兰绩，预将妹柩领出为幸。"

吴芝瑛为安葬秋瑾事致徐自华明信片

明信片中道尽了二人为安葬秋瑾一事之殚精竭虑及志同道合者之间的患难真情。

1908年1月，徐自华来到绍兴，和秋誉章商定了秘密运送秋瑾灵柩去杭州的计划。随后，徐自华寄书吴芝瑛："妹已在西湖苏堤春晓处购得葬地，望速派人来杭料理造墓事。"吴芝瑛接信后立即派人前往杭州造墓。

半个月后，徐自华派人到绍兴，和秋誉章一起护送秋瑾的灵柩抵达西湖孤山西泠桥西侧的临湖草地。在凛冽的寒风中，秋瑾灵柩缓缓放入青砖砌成的墓穴中。吴芝瑛亲题墓碑"呜呼！山阴女子秋瑾之墓"，后为体现秋瑾之英气风骨，又改为"呜呼！鉴湖女侠秋瑾之墓"。

这次行动计划周密，营葬顺利，没有惊动新闻界，更没有惊动官府，秋瑾烈士终于安葬在这青山绿水环绕的西湖边，鉴湖女侠"埋骨西泠"的遗愿方才实现。

1908年2月，徐自华等人在凤林寺召开追悼秋瑾大会并谒墓致祭，与会者400余人。会后成立了"秋社"，徐自华为秋社主任。1908年秋，吴、徐二人觉得秋瑾冢太过简陋，又在土冢上加盖了墓亭，亭柱上还镌刻了多副颂扬秋瑾的对联。

护墓风波

1908年10月，御史常徽来到杭州巡游西湖，于西泠桥畔意外发现了秋瑾墓，回京后立即奏请平毁秋瑾墓、严惩营葬发起人吴芝瑛和徐自华。很快从北京发出了"廷寄浙抚，查照办理"的谕旨，命浙江巡抚增韫严行查办。

消息一经传出，在社会上引起极大公愤，上海商绅连日召开会议，并衔名上书两江总督端方力争此事。

可敬的是，吴芝瑛、徐自华二人得到消息后，毫不退缩。吴芝瑛本来重病咯血，住进了德国医院，得知官府要严惩自己后，她主动从德国医院搬回家中，为的是不愿寄身外国医院，以免有接受异族保护的嫌疑。徐自华则"优游上海"，一副毫不在意的态度。

吴芝瑛还上书两江总督端方，表明"彭越头下，尚有哭人；李固尸身，犹闻收葬……是非纵有公论，处理则在朝廷。芝瑛不敢逃罪，只求尚书密商固帅，勿将秋氏遗骸暴露于野，以示圣朝宽大之惠，于公泽及枯骨之政。"她还勇敢地把责任全部揽到自己身上："愿一身当之……勿再牵涉学界一人！"表现出了可贵的担当精神。

1908年10月，浙江巡抚增韫接到谕旨，左右为难。两江总督端方也致电北京和浙江询问具体情形。经过电报沟通，增韫领会端方之意：墓可平，碑可铲，坟迁移，人不拿。

增韫便暗中派人联系曾经共事过的秋瑾堂叔秋桐豫，秋家弄清增韫的意图后，由秋誉章赶回杭州，按照事先设计好的程序，以秋瑾家属的名义给增韫提交了一份自行迁葬秋瑾尸棺到绍兴埋葬的文件，增韫装模作样批复同意，给外界制造出家属主动迁坟的假象。待秋瑾灵柩一迁走，增韫马上命令官差到西泠桥畔把秋瑾墓全部铲平，而后就向朝廷奏报了平坟经过，算是完成了朝廷交办的任务。

几经周折，秋瑾灵柩又迁回绍兴。次年，秋瑾丈夫王子芳突然病故，王家以秋瑾之子王沅德的名义，提出把秋瑾灵柩迁回湖南与丈夫

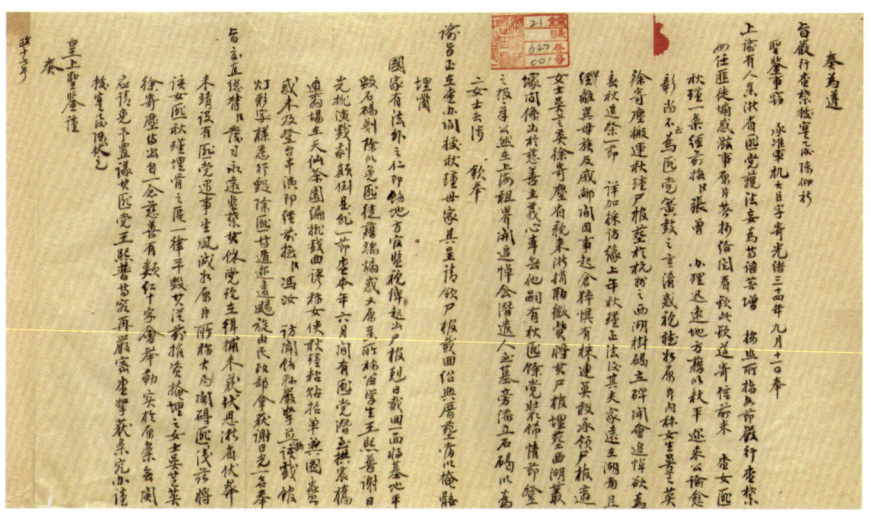

浙江巡抚增韫奏报秋瑾尸棺由母家领埋等事奏折

合葬，棺柩被辗转运回湖南后，葬在株洲白马垅大冲王家老屋旧宅的后山。

辛亥革命后，徐自华召集秋社同仁上书浙江省议会，提议"迎还秋瑾遗骸，还葬西湖"。经秋瑾之子王沅德同意，到1913年秋瑾殉难六周年时，秋瑾的遗骨重新安葬在了西湖的西泠桥畔。

秋瑾为革命牺牲，吴芝瑛和徐自华努力保护秋瑾墓，她们都是革命战士，也都是为民族复兴作出过贡献的真女杰！

革命党人彭家珍刺杀清末重臣良弼

苏文英

1912年1月26日深夜11点,在京城西安门北大红罗厂附近,突然一声炸弹爆炸的声音打破了夜晚的寂静,清朝保守派大臣良弼在爆炸中负伤,两日后因伤重不治身亡。此次爆炸不是意外,而是革命党人彭家珍实施的刺杀行动,他本人也在行动中壮烈牺牲。

革命党人彭家珍

彭家珍(1888—1912),字席儒,四川金堂人。据老同盟会员冯自由在《革命逸史·彭家珍事略》记载,彭家珍16岁考入四川武备学堂,随后被公派赴日本考察军事,在日本与一些四川同乡加入了同盟会。1905年彭家珍回国,由父辈友人推荐投身于四川总督锡良麾下,锡良因其"丰资英发、学识宏富"甚为器重之,1907年命彭家珍担任云南陆军学堂教练官。1910年7月,经同盟会员刘介藩介绍,任奉天讲武学堂及东三省学兵营讲师。1911年,盛京将军赵尔巽接替徐世昌出任东三省总督,彭家珍便向赵请求担任天津兵站司令部副官,并获批准。在天津期间,彭家珍得以与驻扎于河北滦州的陆军第二十镇军官王金铭、施从云、冯玉祥等人"密谋大举"。兵站有免费乘车券,彭家珍私下里赠送给革命党人,为他们往来于京奉之间提供方便,前后共赠送了数万张,这对于后来滦州义军及京津一带同盟会的活动起到了积极作用。

1911年11月6日，清廷释放了行刺摄政王载沣的汪兆铭（汪精卫）、黄复生等人，汪兆铭邀集彭家珍与白逾桓等人在天津成立同盟会京津支部，汪任支部书记，白任参谋部长，彭任军事部长。他们租了天津俄租界的洋房作为办事机关，并推举彭家珍与黄复生、赵铁桥等人前往上海联络南方革命党人，请求他们给北方革命党人以支援。于是彭家珍与黄复生便到了上海，学习、研究制造炸弹的技术与方法。

天津俄租界老照片

不久，江苏都督程德全任命彭家珍为北方招讨使，革命党人也推举他为北方暗杀部部长。彭家珍等人便将军械、炸弹等秘密由秦皇岛运往北京，彭家珍本人也由上海返回了天津。他将各种事务性的工作分配给同志吕绍、刘应移等，自己则慨然承担了最艰巨、最危险的刺杀满清权贵的使命。

良弼（1877—1912），爱新觉罗氏，字赉臣，满洲镶黄旗人，是大清开国皇帝努尔哈赤之弟巴雅喇的后裔，其祖父大学士伊里布曾在1842年代表清政府与英国签订《南京条约》。

良弼生于四川成都，幼年丧父，与母相依为命，寄籍湖北。光绪二十五年（1899年）由该省选送入成城学校、日本陆军士官学校，为留学生第2期学生，学习步兵专业。毕业回国后，历任练兵处军学司副使、陆军部军学司司长、修订法律馆谘议官、禁卫军第一协统领、军谘府军谘使等职，宣统二年（1910年）二月，随载涛赴日、美、英、法、德、意、奥、俄8国考察陆军，同年秋参与组织滦州秋操。良弼在满洲贵族中以"知兵闻名"，是清末改军制、练新军、立军学的主要干将，清廷新式的军事体系基本是在他的手上建立起来的。良弼与满洲亲贵中颇为能干的恩铭、铁良、端方、载泽并称"满洲五虎"，在晚清堕落的官僚队伍中，尤其是在皇室中，堪称鹤立鸡群。

1911年10月10日，武昌起义爆发，革命浪潮一浪高过一浪，各省纷纷宣布独立。1912年元旦，中华民国临时政府在南京成立，孙中山就任中华民国临时大总统，建立了一个资产阶级共和国性质的革命政权。

油画《孙中山就任临时大总统》

清朝主政的摄政王载沣根本驾驭不了局势，为挽救摇摇欲坠的清王朝，不得不重新起用闲居在家的袁世凯为内阁总理大臣，并授予他南北议和之全权。袁世凯"挟和议以自重"，大耍两面手法，一方面以北洋军的优势兵力压迫、诱使革命军妥协，一方面又借革命军挟制清帝退位。

1912年1月12日，为对抗辛亥革命，清皇室贵族良弼、毓朗、铁良、载涛、载泽等秘密召开会议，1月19日以"君主立宪维持会"（亦称"宗社党"）名义发表宣言，强烈要求隆裕太后坚持君主政权，反对共和。"宗社党"在京、津等地积极活动，坚持反对南北和议、主张死拼到底。宗社党虽有原军谘大臣载涛、军谘大臣毓朗、江宁将军铁良等位高权重之人，但真正的党魁是良弼。

良弼在辛亥期间虽没有实权，只是军谘使，但却是铁杆保皇党，强烈反对共和，多次向隆裕太后提出弃用袁世凯，重组内阁。良弼力图逆历史潮流挽救清政府的举动，却使得清廷"上下皆恃以为重"。

为捍卫辛亥革命成果，打击清政府内保守派势力，彭家珍决定立即挟带炸药进京，伺机刺杀良弼。

彭家珍打探到清室内廷将于1月26日召集诸皇亲国戚，秘密商议南北战事。他觉得机会难得，就避开众人，写下绝命书，并叮嘱仆人于第二天早晨将自己的一些衣物等运往天津。

为防敌人密探，行动当天彭家珍没有直接去良弼住宅，而是穿着标统的制服、身佩军刀，乘车至金台旅馆，自称是从沈阳而来，到北京找"良大人"有军情禀告，并用崇恭的名片登记住宿。然后改乘金台旅馆的马车，先到军谘府及良弼旧宅，都没能遇到目标，接着又往红罗厂良弼新宅。

在清末民政部档案中记载了当时刺杀良弼过程："据良弼家人声称：家主于本日晚八钟公出后，约至十一钟即有人叩门，喊称拜客，当告以家主公出，其人正拟回车，适家主乘车回宅，家人上前回禀，其人突向掷放炸弹，家主在车夫身后，是以仅伤左腿等语。当经详细检查，见其人身着军衣，面目炸毁，不易辨认。并由尸身搜出名片数纸，系东三省讲武堂监督兼备补第二营管带崇恭，小手枪一支，子弹六粒，剪断皮带一条，皮靴腋一个，炸弹一个，军刀一把，旧传单一纸。……据金台旅馆掌柜郭宴斋电称，本日巡警查店之后，有一崇姓军官雇坐本馆马车赴城内良宅拜客，闻说掷放炸弹，车夫亦被炸伤，复经派员赴该馆查悉，该军官系于是日由京奉车站下车，到馆赁定楼房一间，随雇马车赴内城良宅拜客。检查所赁屋内，遗有灰呢军官风帽一顶，军国民歌三纸。各等情先后禀报前来……该军官崇恭业经自行炸毙，已敕殓埋，并电东三省总督详细查复，另行办理。"

行动中，革命党人彭家珍不

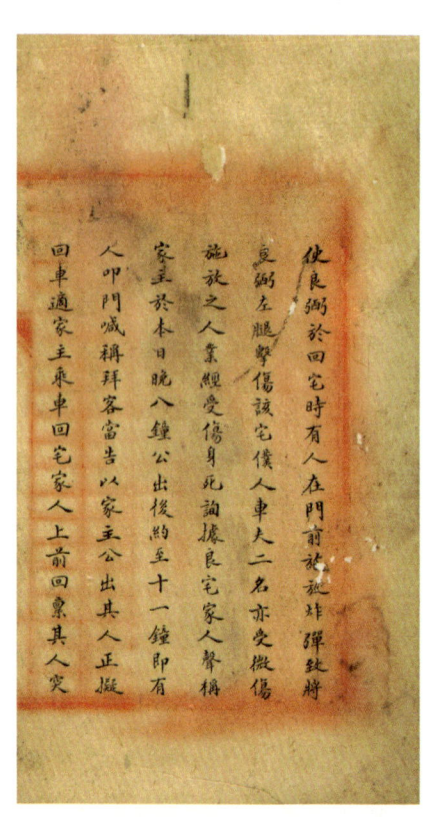

民政部报军谘使良弼被炸弹轰伤情形事奏底（局部）

幸被一块弹片击中头部，壮烈牺牲，时年 23 岁。良弼也于两天后不治身亡。

1912 年 2 月 12 日（辛亥年十二月二十五日），隆裕太后以小皇帝溥仪的名义颁布了逊位诏书，宣布退位。统治中国 268 年的清王朝寿终正寝，中国两千多年的封建帝制就此终结。

1912 年 3 月，为表彰彭家珍功绩，孙中山以中华民国临时大总统名义追赠彭家珍为"陆军大将军"，令建彭家珍专祠、修墓、铸铜像、建纪念堂。1912 年夏，由同盟会同志商请，孙中山临时大总统主张将彭家珍原棺迁往万牲园（今动物园）与杨禹昌、张先培、黄之萌三烈士合葬，修建四烈士墓。1953 年，中央人民政府向彭家珍烈士家属颁发了由毛泽东主席签署的"革命牺牲国人家属光荣纪念证"，高度赞扬其"丰功伟绩，永垂不朽"。